Drimmel · Die Häuser meines Lebens

Heinrich Drimmel

Die Häuser meines Lebens

Erinnerungen eines Engagierten

Amalthea

© 1975 by Amalthea Verlag, Wien · München
Alle Rechte vorbehalten
Schutzumschlagentwurf: Charlotte Oltmanns
Gesamtherstellung: Jos. C. Huber KG, Dießen vor München
Printed in Germany
ISBN 3-85002-061-4

Inhaltsverzeichnis

DAS SCHELMENLOCH

Am 25. Jänner 1795 heiratete die Tochter des Weinhauers Karlhofer in Sooss bei Baden, Niederösterreich, den Bauern Ludwig Driemel. Und seither heißt der Bauer und Hauer in Sooss, Haus Nummero 39, Driemel. Auch Triml, Trimmel, Trümmel, zuletzt Drimmel geschrieben. Im Haus Nummero 39 in Sooss wurde vor genau hundert Jahren mein Vater, Georg Drimmel, geboren. Hier hatte er zeitlebens sein Vaterhaus. Ich dagegen habe kein Vaterhaus. Diesen Unterschied habe ich in meiner Generation erlebt.

Im Alter erlebe ich jetzt die Experimente, die in einer vaterlosen Gesellschaft mit dem Menschen gemacht werden. Nur mehr wenige Menschen haben ein Vaterhaus, alle anderen haben eine Geburtsstätte, die meistens eine Gebärklinik ist. Das Wort Vaterland nehmen viele modern denkende Menschen nicht gerne in den Mund, und die das Wort pathetisch gebrauchen, sollten das lieber sein lassen. Die intellektuellen Kosmopoliten, für die die ganze Welt ein einziges Dorf sein soll, so wie es der Amerikaner McLuhan verstanden haben will, leben nach dem Refrain des Studentenliedes: ubi bene ibi patria. Die deutschen Studenten sangen so um 1806, als sie kein Vaterland hatten, weil Herr in Deutschland die Franzosen waren. 1919 haben die Österreicher ihren letzten Landesvater aus dem Land vertrieben und Habsburger schätzt man zumeist nur mehr, wenn sie zum Inventar der für den Fremdenverkehr attraktiven Kapuzinergruft gehören. Gott-Vater aber ist in aller Form abgesetzt und von einigen Theologen ausdrücklich für tot erklärt worden.

Ich bin zeitlebens kein Klerikaler im herkömmlichen Sinne

gewesen und habe diese von Gegnern gebrauchte Bezeichnung jeweils nur als nom de guerre verwendet. Auch war ich im Politischen kein Monarchist, und ein Haus werde ich nie besitzen. Wenngleich ich also mit leichtem Gepäck in der vaterlosen Gesellschaft von hinnen reise, bin ich so ziemlich mit allen Bewegungen in Konflikt gekommen, die zu meiner Zeit das, was mit Vater begrifflich tatsächlich oder wörtlich etwas zu tun hat, ersatzlos gestrichen haben möchten. Mit einem Wort: Ich geriet in erhebliche Konflikte mit dem, was man den Fortschritt nennt.

In fortschrittlich orientierten Kreisen wurde ich, wenn schon nicht beschimpft, so wenigstens in einem abschätzigen Sinn als ein Romantiker, als ein romantisch veranlagter Mensch bezeichnet. Das Eigenschaftswort romantisch hat der Mensch von heute, cool, smart und clever, wie er sein möchte, nicht gern in seiner Bezeichnung. Denn romantisch heißt so viel wie: unprosaisch, gefühlsschwärmerisch, phantastisch, seltsam, im Politischen aber: emotional-unkritisch. Das sind Eigenschaften, denen ich mich, ich gebe es zu, zuweilen gerne hingebe. Mit denen ich mich aber auch in mir selbst zeitlebens herumgeschlagen habe. Ich gebe etwas auf meine Empfindungen und ich konnte meine Einbildungskraft, wie man jetzt sagt, testen.

Ganz und gar nicht aus einer Gefühlsaufwallung kam meine Hinneigung zur Romantik, zu der Geisteshaltung, die vor einhundertundfünfzig Jahren im Gegensatz zur Aufklärung und zum restaurativen Denken entstanden ist. Oder um es theoretisch zu erfassen: Ich mißtraue sowohl dem revolutionären Prinzip als auch dem reaktionären. Was in der Philosophie Materialismus und Positivismus heißt, Chiffren, unter denen vieles verstanden wird, hat mich immer am stärksten herausgefordert. Meinen Eltern und Lehrern habe ich es zu danken, daß ich kein bloßer Anti-Antiklerikaler, kein bloßer Anti-Marxist, kein bloßer Anti-Liberaler geworden bin. Meine Weltanschauung ist keine Sammlung solcher Verneinungen. Gegnerschaften, vor denen ich mich nicht ducke, kommen, so glaube

ich, aus dem Unterschied zu jenen Positionen, aus Bejahungen, die der Generalbaß meiner Existenz sind:
Das Religiöse in meinem Wesen mußte mich in Gegensatz bringen zur ganzen Bandbreite eines herrschenden Zeitgeistes, der im Grunde areligiös ist. Das Volkstümliche verstand ich in einem metaphysischen Sinn, nicht als das, was einmal Rousseau und Marx aus dem Volk machten. Und indem ich dem Volkstümlichen auch als Kind der Großstadt verbunden blieb, konnte es nicht ausbleiben, daß ich in Auseinandersetzung mit dem Intellektualismus geriet, der in Kosmopolitismus, in ein voraussetzungsloses Weltbürgertum überschwappt. Während meiner Jugendzeit, in den zwanziger Jahren, wurde meine Generation in Österreich in einem nationalen Sinn erzogen und das hat mich einem Liberalismus verfremdet, der die ratio über die natio stellt.
Bei all dem ging ich nicht mit einem Kontrahierblick, mit einem herausfordernden Blick durch meine Zeit. Ich hatte nur wenig Respekt vor jenem Typ des geschickten Wellenreiters, der nicht nur im kurzen Wellenschlag der über uns kommenden Ideologien obenauf bleibt, sondern auch noch in sich immer eine verstandesmäßige Rechtfertigung dessen hat, was man in vielen Fällen Charakterlosigkeit nennen könnte. Den Satz Hugo von Hofmannsthals, wonach meine österreichischen Landsleute die Eigenschaft haben, sich bis zur Charakterlosigkeit in eine fremde Mentalität einzuleben, habe ich sehr früh als Warnung gehört.
Als ich 1964 nach innerparteilichen Konflikten aus der österreichischen Bundesregierung ausschied, deutete der damalige Generalsekretär unserer Partei mit dem scharfen Blick des Gegners mein Wesen allerdings anders: Ich sei ein verbrauchter Typ. Ich sei keiner eigenen Gedanken fähig. Ich verschlösse mich neuen Ideen. Kritik gegenüber war ich, wie Presseleute mir vorhielten, sehr empfindlich. Aber ich habe Dinge, wie sie mir 1964 der Generalsekretär unserer Partei sagen ließ, sehr genau in mir erwogen und das Leben hat meinem Romantizis-

mus einige Dämpfer aufgesetzt. Indessen waren es erst die Technokraten des Neo-Liberalismus und die Anhänger jener Neuen Linken, die während der Marx-Renaissance der sechziger Jahre in Kirche, Partei und Staat auftauchten, die mich in meine jetzige Eremitage vertrieben haben. Nachdem ich mich wehrte, bis ich allein dastand.

Es war der Vater des Neo-Liberalismus Wilhelm Röpke, der mich in der kritischen Auseinandersetzung mit Futuristen wie Ernst Bloch bestärkte und mich zwang, das konservative Prinzip tiefer und gründlicher zu erfassen, als dies Reaktionäre tun, die einen bloß oberflächlichen Konservativismus zur Schau tragen; weil niemand gerne als Reaktionär angesehen wird. Meine persönliche Bekanntschaft mit Wilhelm Röpke verdanke ich Reinhard Kamitz, der als parteiloser Finanzminister der Ära des österreichischen Bundeskanzlers Julius Raab zusammen mit diesem ein haltbares Bündnis christlicher Demokraten mit Liberalen, die keine Agnostiker sind, verkörpert hat.

Schon als Student fand ich in den Gedankengängen, die Romantiker zu ihrer Zeit in Lehren über den Staat und die Gesellschaft entwickelten, eine geistige Erstausstattung für das, was auf mich zukam. Unvergessen blieb mir die Warnung Adam Müllers vor einem Staat, der bloße Manufaktur, Meierei, Assekuranzanstalt oder mercantile Sozietät ist. In altväterischer Sprache ist in diesem einen Satz ausgesprochen, was ich jetzt, als alter Mann, erlebe.

Je zudringlicher die aus halbfertigen Statistiken und Ersatzreligionen bezogenen sogenannten Zeitanalysen wurden, desto mehr Kontrolle gewährte ich meiner eigenen Intuition. Je mehr Intellektuelle als Menschen, die ihres Verstandes nicht mehr mächtig sind, in meiner Umgebung auftauchten, desto mehr hielt ich mich an den Glauben. Zumal dann, als in der Welt nach Einstein das, was man Zufall nennt, in den Anschauungen der Naturwissenschaftler eine Rolle spielte. Je mehr die exakten Naturwissenschaften in ihrer wissenschaftlichen Diszipli-

niertheit Grenzen erkannten, hinter denen der wissenschaftliche Absolutismus des 19. Jahrhunderts keinen Halt mehr hat, desto mehr benutzte ich die Kriterien der Geschichte anstatt jener, die ausschließlich aus den Naturwissenschaften bezogen werden. Chefideologe meiner Partei war ich nie. Diesen Titel hat mir die Publizistik verliehen. Meine Partei hat und hätte mich nie dazu gemacht und ich selbst möchte kein Ideologe sein. Denn ein Christ braucht keine Ideologie, also eine Ersatzreligion. So habe ich als ein Anhänger des konservativen Prinzips, das ja immer nur eines der Metalle in einer bestimmten Legierung des Politischen ist, mit der Zeit die Rolle eines Non-Konformisten bekommen. Weil ich die jeweils herrschenden Prinzipien der Revolution und der Reaktion nicht bejahen kann und will. In einer Zeit, in der Typen abgestempelt werden wie Schlachtvieh, konnte es nicht ausbleiben, daß mir in der Weder-noch-Haltung, die ich gegenüber Revolution und Reaktion einnahm, der Vorwurf gemacht wird, ich sei ein bloßer Eklektiker: Ein Mensch, der das von diesem und dies von jenem nimmt, um sich seine Welt zu schaffen.
Indem ich gewissen typenbildenden Kräften schon in meiner Studentenverbindung widerstand, wurde ich für viele Menschen, bedauerlicherweise auch für Freunde, das, was der Wiener eine Strapaz nennt. Es war nicht leicht, mir Freund zu sein. Julius Raab, einer meiner besten Freunde, hat es mir oft genug gesagt. Umso mehr bin ich Menschen, die oft recht verschieden von mir in Herkunft und Anschauung sind, dankbar, weil sie mir bis ins Alter ihre Freundschaft bewahrten.
Die Freundschaft, wie sie junge Menschen gerne und vorbehaltlos geben und nehmen, ist trotz des Gesagten eines der stärksten Motive meines Lebens gewesen. Die Suche nach Freunden hat mich als Studenten in eine katholische Studentenverbindung geführt und damit in den Kreis einer Minorität an den österreichischen Hochschulen. Nicht politische Interessen machten mich zu dem, was man in Österreich einen Cevauer, einen Angehörigen einer Verbindung des Korporationsverbandes katho-

lischer Verbindungen, nennt. Die hohen Prinzipien Religion und Vaterland brauchte ich nicht erst dort zu suchen, ich brachte den Sinn und das Engagement dafür von Haus aus mit. Auch um der Wissenschaft willen hätte ich nicht den Couleurdeckel aufgesetzt. Ich suchte die Freundschaft in einer Gesinnungsgemeinschaft, in der nicht alle immer das Gleiche dachten, indessen willens und imstande waren, in bestimmten Kategorien gleich zu denken. Den CV erlebte ich so, wie ihn der geistreiche Redakteur der sozialdemokratischen »Arbeiter Zeitung« Oskar Pollak einmal diagnostiziert hat: Ich sah ihn nicht, ich spürte ihn. In mir.

Nie kam ich vom Haus in Sooss Nummero 39 los, vom Vaterhaus meines Vaters. Sooss liegt am Ostabhang des Wienerwaldes, also am Ostabhang der Alpen, auf halbem Weg zwischen den Kurorten Baden und Vöslau. Es ist heute ein renommierter Weinort in der Umgebung Wiens. Wer an Sooss denkt, denkt an Wein, Backhendel und Heurigenfidulität. Und die drei Dinge kann man in der Tat in Sooss in gleicher Qualität bekommen, wie in den Weindörfern am Stadtrand von Wien, deren alte Ortsnamen mit jenem klingenden »ing« enden. Grinzing, Sievering und so weiter.
Sooss ist mehr. Sooss liegt nahe der uralten Grenze, die einmal die Staufenkaiser endgültig gegen den Osten gewonnen haben. Als Realschüler wußte ich schon, daß es sich bei dieser Grenze um die eines früher bestandenen großen Reiches handelt, das die einen das Heilige Römische Reich, die anderen später das Reich der Deutschen Nation nannten. 1866, als schon meine Soosser Großmutter Bäuerin auf dem Hof Nummero 39 war, ging dieses Reich im schleißigen Gewand des Deutschen Bundes zugrunde. Und von diesem Untergang hat man ein bißchen im Vaterhaus meines Vaters erlebt, wie noch zu erzählen sein wird.
Die Grenze, von der hier die Rede ist, ist aber auch die Ostgrenze jenes Österreich, das als Ostarichi vor fast tausend Jahren zum ersten Mal in einer Urkunde erwähnt wird. Andere

Länder des Hauses Österreich haben die Habsburger im Verlauf der Jahrhunderte ihrer Herrschaft in Europa bald hinzugewonnen, bald wieder verloren. Schließlich fingen die Nationen der Habsburgermonarchie an, aus dem alten Reich auszuziehen, um, jede für sich, einen Staat zu gründen. 1918 und dann wieder 1945 hat es im Westen der Republik Österreich nicht wenige Landsleute gegeben, die hätten ihre engere Heimat lieber an die benachbarte Schweiz angeschlossen. Und während meiner Ministerschaft lernte ich einen liebenswürdigen und intelligenten Regierungskollegen aus Tirol kennen, der das Problem Südtirol auch in der Form für lösbar hielt, indem man das österreichische Nord- und Osttirol mit dem italienisch gewordenen Südtirol in einem anderen Staat wiedervereinigt. In einem anderen Staat hieß: Nicht in Österreich.

Für die Österreicher, die im Land der Enns wohnen, für die unterderennsischen Österreicher, ist Österreich das Schicksal, dessen sie sich nicht entledigen können. Dieses Schicksal liegt dem Bundesland der Republik Österreich ebenso auf wie vorher dem Herzogtum, später Erzherzogtum Österreich und der ursprünglichen Markgrafschaft. Die Prinzen des Hauses Habsburg heißen Österreich. Das Volk nannte sie nur Erzherzoge, obwohl sie auch in vielen anderen Ländern Prinzen und Herzoge und Grafen waren.

Die unterderennsischen Österreicher können aus ihrer österreichischen Haut nicht heraus. Wie schwer es einem Österreicher, und nicht nur einem unterderennsischen Österreicher, ankommt, mit seiner Haut andernorts zu existieren, hat der Dichter Guido Zernatto, Österreicher aus Kärnten, in dem letzten Gedicht vor dem Tod, das er 1943 in seiner Emigration in New York verfaßte, noch einmal bekannt:

Dieser Wind der fremden Kontinente
Bläst mir noch die Seele aus dem Leib . . .
Andre Menschen, einer anderen Welt geboren,
Mag's erfrischen. Ich bin hier verloren
wie ein Waldtier, das in Winternächten schreit.

Sooss liegt an einer windigen Ecke. 1945 hat man Preußen-Deutschland zusammen mit Japan als die kriegslüsternen Völker einer Menschheit, die den Frieden will, abgeurteilt. In diesem Strafprozeß blieb die Tatsache unberücksichtigt, daß seit 1400 nicht die Preußen und ihre Nachkommen am öftesten auf den Schlachtfeldern zu treffen gewesen sind, sondern Franzosen und Österreicher. Die Soosser hätten das in Kenntnis der Geschichte ihres Ortes den Großen Herren von 1945 sagen können. Aber sie wurden nicht gefragt und sie haben wohlweislich den Mund gehalten. Hätten die Soosser nicht seit Jahrhunderten eine alte Räuberhöhle als Zufluchtsort gehabt, wer weiß, ob man heute noch in diesem Ort den guten Wein, die saftigen Hühner und die Fidulität der Wohlstandsgesellschaft kaufen könnte.

In den Erzählungen meiner Soosser Großmutter, von denen ich als Bub nicht genug zu hören bekommen konnte, spielten die schaurigen Szenen des Geschehens in einer Höhle, die in unmittelbarer Nähe von Sooss zu finden ist. Sie heißt seit jeher das Schelmenloch, weil sie einmal Räubern und Dieben als Zufluchtsort gedient hat. Höhlenforscher und Zoologen haben sich aus wissenschaftlichem Interesse mit der Höhle beschäftigt. Aber das gehört nicht hierher. Außer vielleicht die Tatsache, daß der gute Kaiser Franz zu einer Zeit, als er in Baden zur Kur weilte, von der Höhle erfuhr und er als einer, der an Dingen der Natur interessiert war, die Höhle sehen wollte. Ein Soosser führte den Kaiser ins Schelmenloch und bekam dafür einen Gulden. Noch in meiner Kindheit konnte ich die Männer beim Heurigen streiten hören, ob ein Gulden ein fürstliches Geschenk gewesen oder ob der Kaiser knauserig gewesen sei. Diese Debatte endete meistens mit Reminiszenzen der Alten, die zu erzählen wußten, was man noch in ihrer Jugend mit dem Bruchteil des Wertes eines Gulden, mit ein paar Kreuzern, für Herrlichkeiten kaufen konnte.
Ob der Gute Kaiser Franz gewußt hat, daß einige seiner Vorgänger sich fast ein Jahrhundert lang mit jenen Böhmischen

und Ungarischen Brüdern herumschlagen mußten, die um 1400 das Land terrorisierten und die eines ihrer Standquartiere im Schelmenloch hatten, weiß ich nicht. Diese Brüder waren Beutelschneider, zuweilen auch Halsabschneider, Häuslanzünder und den Weibern gefährlich. Immer wieder stößt man in mittelalterlichen Quellen auf derlei Typen, Latrones und spoliatores, in Zusammenhang mit denen unangenehme Vorfälle genannt werden: incendia et rapinae. In der heutigen sogenannten gesellschaftskritischen Geschichtsschreibung und Literatur werden diese gewerbsmäßigen Leuteschinder, die einmal im Dienst eines Herren, dann auf eigene Rechnung arbeiteten, als revolutionäre Urtypen gefeiert. Für das Landvolk und also auch für die Soosser von damals war es einfach ein schweres Unglück, wenn einer von ihnen mit durchschnittener Kehle im Getreidefeld lag oder seine Frau von einem dieser Kerle schwanger ging. Mit der Zeit bekamen die Soosser die Erfahrung, daß Freiheiten, die ihnen die Böhmischen und die Ungarischen Brüder versprachen, bei weitem unangenehmer waren, als die Lasten, die ihnen die Grund- und Landesherren auferlegten. Und daß es doch ein unerwünschtes Risiko ist, kerngesund in den Weingarten zu gehen und abends als eine ausgeraubte Leiche nach Hause zu kommen. Man fand sich mit der Obrigkeit ab. Das ist die Erfahrung aus der Geschichte des Bauerntums, das Jahrhunderte zuvor Revolution machte, ehe der erste Proletarier auf die Barrikaden stieg.

Einige Generationen nach der Vertreibung der Böhmischen und der Ungarischen Brüder wurde deren Räuberhöhle für die Soosser selbst Zufluchtsort. Das war damals, als 1529 die Türken zum ersten Mal Wien belagerten. Eine türkische Streifschar stöberte die im Schelmenloch versteckten Soosser auf und räucherte sie aus wie einen Schwarm Hornissen. Es wäre nie dazu gekommen, wußte meine Soosser Großmutter zu erzählen, hätte nicht ein Frauenzimmer den zuerst vergeblich suchenden Türken ihren unbekleideten Hintern zum Spott gezeigt und so die Aufmerksamkeit der abziehenden Muselmanen gereizt. Derlei wird auch andernorts erzählt. Tatsache ist, daß nach der Tragödie im Schelmenloch nur neun Soosser überlebten. Sie hatten sich im Wald einzeln verborgen, kamen nach Abzug der Türken aus ihren Löchern hervor und fingen noch während des Winters auf 1530 an, das von den Türken niedergebrannte Dorf neu aufzubauen.

Die Türken haben den Soossern nicht die Schneid abgekauft. Während der Reformation leisteten sich die Soosser einen evangelischen Prediger und das war kühn. Denn Grundherr des Ortes war ein Kloster. Vielleicht hatte das Kloster, wie das zu Zeiten vorkommt, damals interne Schwierigkeiten und so kamen die Soosser mit ihrem religiösen Nonkonformismus soweit gut weg. Ob sie je wieder so richtig fromm geworden sind, hat meine Großmutter aus dem benachbarten Gainfarn immer bestritten. Das was man Bigotterie nennt, habe ich in Soss und im Vaterhaus meines Vaters nicht angetroffen.

Im 17. Jahrhundert haben die Österreicher insgesamt nur etwas mehr als zwei Jahre Frieden, aber mehr als siebenundneunzig Jahre Krieg erlebt. Zwar kamen die schwedischen Streitscharen nicht über die Donau ins Viertel unter den Wienerwald. Dafür aber kamen andere Truppen, und es waren in diesem Jahrhundert vieler Herren Truppen unterwegs, auch nach Soss. 1683 kamen die Türken zum zweiten Mal, diesmal mit einer nie vorher gesehenen Truppenmacht, nach Ostösterreich. Während im benachbarten Baden die meisten Bewohner der Stadt massakriert oder in die Sklaverei abgeführt wurden, kamen die Soosser mit der bloßen Verwüstung ihrer Umgebung, jedenfalls mit dem Leben davon. Offenbar hatten die Türken von 1529 keinen Hinweis auf das Schelmenloch hinterlassen. Dafür hinterließ ein türkischer Geschichtsschreiber, der 1683 vor Wien gestanden hat, einen Hinweis, der in Zusammenhang mit dem Weinort Soss bemerkenswert ist. Dieser schreibt die Schuld für die 1683 vor Wien erlittenen Niederlage des Osmanen dem Umstand zu, daß sich die Gläubigen im Heer des Großwesirs verleiten ließen, in den Weinkellern der Ungläubigen das zu trinken, was berauscht macht und gemäß dem Koran verflucht ist. Vielleicht retteten 1683 die Bestände in den Soosser Weinkellern den Ortseinwohnern das Leben. Später hat dieser Wein unter solchen Umständen, ich meine zu Besatzungszeiten, leider auch eine andere Wirkung erzeugt. Nicht nur Heere, Streifscharen und Banden kamen über die benachbarte Grenze. Der Osten hielt auch andere Gefahren bereit. 1713 schleppte eine Frauensperson aus Ungarn die Pest ein. Noch dazu war damals auch ein Krieg, der schon ins zwölfte Jahr ging und in dem es keine Aussicht auf ein Ende gab. In der bäuerlichen Gesellschaft fielen alle Lasten zuletzt auf den Bauern. So mancher Stich aus jener Zeit zeigt sehr drastisch, wen der Bauer ernähren mußte und es sind auf diesen Bildern unterschiedliche Arten von Menschen und Tieren zu sehen.

In den beiden nächsten Generationen gab es gleich Serien von Kriegen, darunter einen, der sieben Jahre dauerte und der das Land aufs äußerste erschöpfte. Wenn nachher in Böhmen, dem reichsten Land der Monarchie, wegen der Hungersnöte Bauernaufstände ausbrachen, wie muß es erst in anderen, weit ärmeren Ländern ausgesehen haben. Damals hantierte auf dem Ungarhof, auf dem 1795 mein Ururgroßvater heiratete, die Großmutter jener Kathi, die als erste diesen in unserer Familie oft gebrauchten Namen trug.

Es könnte einen wundern, daß 1789 die Revolution ausgerechnet im reichsten Land Europas ausgebrochen ist. In Frankreich, dessen Boden im Siebenjährigen Krieg so gut wie nicht verwüstet wurde. Die Bauern in Österreich hätten vielleicht mehr Grund dazu gehabt, ihre Grundherren zu verjagen, ihre Schlösser anzuzünden, ihre Frauen zu vergewaltigen und überhaupt die Aristokraten aus dem Land zu vertreiben. Denn während man in Frankreich noch lebte »wie Gott in Frankreich«, gab es am Ende der Regierungszeit Maria Theresias und trotz der fortschrittlichen Reformen ihres Sohnes Josef II. keine guten Zeiten. Denkt man an den Lohn, den in Frankreich die Bauern als Dank für ihre Teilnahme an der Revolution von 1789 bekommen haben, dann haben die Soosser, die damals keine Revolution machten, mit ihrem Zuwarten auf bessere Zeiten nicht viel verloren. Hätten sich die Soosser schon damals mit europäischer Politik beschäftigt, dann wären sie gewahr geworden, daß die in der Revolution von 1789 aufgekommenen neuen Herren in Frankreich, die reichen Bürger, die Bauern nach getaner Dienstverrichtung in der Revolution sogleich wieder in ihre vor der Revolution bestandene Armut und Bedeutungslosigkeit zurücksinken ließen. Die französischen Bauern waren als latrones und spoliatores gut, denen man ein Zeit lang incendiae und rapinae als Lustgewinn gewährte. Und die man als brauchbare Kämpfer später in die Regimenter Napoleons steckte, in deren Reihen sie Österreich nur zu gut kennen lernen sollten.

Als Ludwig Driemel 1795 auf den Hof in Sooss Nummero 39 heiratete, war noch nicht einmal der erste jener Serie von Kriegen aus, deren letzter 1815 endete. Er muß sich schwer getan haben mit seinem Bauern. In einer Zeit, während der es in Sooss immer wieder Einquartierung eigener und fremder Truppen gab, Zug- und Schlachtvieh geliefert werden mußte und Spanndienste den Bauern oft weit weg führten von seinem Hof. Für die Requisitionsscheine oder das Geld der Zahlmeister bekam man wenig, oft nichts. Manchmal gab man den Bauern nicht einmal einen Schein, sondern einen Tritt in den Hintern. In dieser kriegerischen Zeit bekam der Hof die Nummer 39. Es war eine Konskriptionsnummer, die bedeutete, daß unter dieser Nummer die männlichen Hausbewohner für den Militärdienst in Evidenz gehalten wurden.

Ich konnte als Bub nicht verstehen, warum mich die Mutter und die Großmütter Gebete lehrten, in denen immer wieder die Furcht vor Feuer und jähem Wasser, vor Pest, Hunger und Krieg anklang. Die Jungen von heute sind sich sogenannter exi-

stentieller Bedrohungen offenbar mehr bewußt, wenngleich sie
davon mehr reden als wissen. Die Furcht der Alten war berech-
tigt. Angst hatten sie zum Unterschied von modernen intellektuellen Neurotikern keine. Sie konnten sich nicht einmal bewußt werden, daß sie zu Zeiten nervös waren, denn dieses
Wort entstand erst um 1830 im Französischen.
Ansonsten haben die Soosser und vor allem die Driemel im
Haus Nummero 39 gut getan, unter den Strohdächern fleißig
um Schutz vor Blitz und Ungewitter sowie vor Feuer zu beten.
Wenn ich meinen Vater zum Heurigen nach Sooss begleitete,
konnte ich zuhören, wie alte Feuerwehrmänner von Brandkata-
strophen erzählten, denen nicht einzelne Häuser, sondern halbe
Dörfer zum Opfer fielen. Die Zahl der Bauern, die nach einem
Brand von den Federn aufs Stroh kamen und deren Kinder im
Peripherieproletariat der wachsenden Großstädte verkamen, ist
nicht abzuschätzen. Die Soosser Großmutter brauchte den Stoff
ihrer diesbezüglichen Erzählung erst gar nicht weit herholen.
Ihr verstorbener Mann hatte als Zwanzigjähriger den Brand
seines Elternhauses erlebt.
Im Winter 1854, während hinten, weit in der Türkei und in
Rußland die Völker aufeinanderschlugen, war in Sooss eine
Eskadron österreichischer Ulanen einquartiert. Hulaner, wie
meine Großmutter im österreichischen Sprachgebrauch diese
in mehrfacher Hinsicht leichten Reiter nannte, hatten im Stöckl
des Haues ein Wachzimmer. In der Nacht zum Aschermittwoch
kam dieser Beritt nach einer feuchten Verabschiedung des Fa-
schings ins Quartier zurück. Einige dieser Hulaner müssen in
jener Nacht nicht ganz fest auf ihren Reiterbeinen gestanden
haben. Denn einer stieß den Kerzenleuchter um, das Feuer
fiel auf die Strohlagerstätten der Hulaner und gleich stand das
Stöckl, der ganze Hof und die anschließende Häuserzeile in
Flammen. Das Feuer konnte sich deswegen verheerend ausbrei-
ten, weil die Hulaner laut Wachvorschrift keine Zivilpersonen
in die Wachstube ließen — vielleicht waren nicht nur Hulaner
drinnen — und weil im Untern Ort die Dorfeinfahrt so eng

war, daß die Löschwagen nicht durchkamen. Da nutzte es gar-
nichts, daß sogar die Hofspritze des kaiserlichen Lustschlosses
Laxenburg ausrückte. Am Morgen des Aschermittwochs stand
die Witwe Anna Maria Driemel vor rauchenden Trümmern
und sie mußte sehen, daß ihr heiratsfähiger Ältester ein Dach
über den Kopf bekam.

Die bäuerliche Gesellschaft kannte nicht die Probleme der Frauenemanzipation. Das sogenannte patriarchalische Prinzip kam
keinem Geschlecht, sondern der Qualität zugute. War der Bauer
ein Lapp und sein Weib eine tüchtige Bäuerin, dann holten sich
die Knecht' und die Dearn' die Ta'werker aber auch die
mitarbeitenden Kinder selbstverständlich von der Bäuerin die
Anweisungen. Meine Soosser Großmutter war nach dem frühen
Tod ihres Mannes vierzig Jahre Witwe, aber ihre Autorität
wurde auf dem Hof auch dann anerkannt, als sie selbst längst
im Ausgedinge lebte. Und auch ihre Schwiegermutter wurde
nach der Katastrophe von 1854 mit den Folgen der Brandkatastrophe fertig. Ohne daß ein Bauer im Haus gewesen wäre. Sie
gehörte einer Generation an, die, wie man heute sagen würde,
schwere Existenzbedrohungen durchzustehen hatte.
1830 haben die Angehörigen dieser Generation während der
Choleraepidemie viele ihrer Eltern und Geschwister auf dem
Cholerafriedhof beerdigen müssen. Die uralte Begräbnisstätte
im Umkreis zwischen dem Wehrturm der Kirche und der alten
Wehrmauer reichte nicht aus, um die Toten aufzunehmen. Zumal die Kontumazvorschriften sehr streng waren. Noch zu meiner Zeit gab es den Soosser Cholerafriedhof. Die Grabhügel
waren eingeebnet, aber das hohe Holzkreuz erhob sich über
das niedere Mäuerl und war von weither zu sehen, wenn man
mit der Elektrischen Bahn von Baden her durch die Felder fuhr.
Und die Jungen von 1830 standen auf dem Höhepunkt ihres
Lebens, als nach 1848 die Grundentlastung finanziert werden
mußte. Gewiß waren schon unter Joseph II. die Robot meistens
in Geld abgelöst worden und die Last der Grunduntertänigkeit

war geringer geworden. Aber die Grundentlastungsverpflich-
tungen der Bauern wurden auf deren Anwesen hypothekarisch
gesichert. Eine Brandkatastrophe traf unter solchen Umständen doppelt schwer. Trotzdem hat die Witwe Anna Maria
Driemel sehr bald wieder ein Dach über dem Kopf gehabt. Und
sie war dazu imstande, weil noch die Haus- und Dorfwirtschaft
funktionierte, die es den Bauern und Hauern ermöglichte, vorwiegend mit eigenen Mitteln und Möglichkeiten mit den Folgen
der Brandkatastrophe fertig zu werden. Die öffentliche Hand
intervenierte, Hand angelegt haben die Bauern selbst.
Um für alle Zukunft eine genügend breite Dorfeinfahrt und
eine schöne, breite Dorfstraße zu bekommen, mußten nach der
Brandkatastrophe die Neusiedler im Unteren Ort mit ihren
Häusern auf eine neue Baulinie zurückweichen. Wo dafür
Grund und Boden notwendig war, ließen die Ureinwohner, wie
die namentlich erfaßten Stammfamilien des Ortes hießen, eigenes Areal ab. Und die Ureinwohner, die Großkopfeten oder
Kulaken, wie man heute sagen würde, machten mit ihren Ge-
spannen die notwendigen Fuhren, karrten Sand und Steine an
die Baustellen. Legten selbst Hand an. So wurde vor 120 Jahren
von fünfhundert Soossern, Männer, Frauen, Greisen und Kindern, ein kompliziertes und kostspieliges Problem gelöst, das
heute nicht ohne die Einschaltung mehrerer Instanzen, Ressorts
und Verbände bewältigt werden könnte. Im Zeitalter der
Ochsenfuhrwerke und der bloß händisch geleistet Arbeit kamen
die Bewohner der Neubauten rascher unter Dach, als das jetzt,
im technokratischen Zeitalter möglich wäre.
Allerdings lebten die Menschen damals in jenem verfluchten
rückständigen Österreich, unter einer reaktionären, ineffizien-
ten Regierung. Im k.k. Ministerium für Kultus und Unterricht,
zum Beispiel, herrschten unglaubliche Zustände. Es gab um diese Zeit nur einen einzigen Sektionschef und etwa ein Zehntel
des Personalstands, der jetzt von zwei Ministerien am Minoritenplatz benötigt wird. So sparsam war die staatliche Verwaltung zu Beginn einer Kulturepoche, ohne deren Ertrag die

moderne Welt nicht denkbar wäre. So wurde der ganze Kommunikationsraum, der heute noch zwischen Mailand und Lemberg, Padua und Prag trotz nationaler und sozialer Revolutionen in der Europäischen Mitte existiert, regiert. In Italien lernen Schulkinder etwas von der Qualität der früheren österreichischen Verwaltung in der Lombardei und Venetien und von der Fortschrittlichkeit habsburgischer Herrscher in Toskana. Hierzulande ist diese Verwaltung so etwas wie eine Witzkiste ausgelabberter Kabarettisten oder eine Vorlage für die Skurrilitäten Herzmanovsky-Orlandos.

Nicht immer lagen Hulaner in Sooss in Quartier. Nach der Niederlage der Österreicher im Krieg von 1866 gegen Preußen kamen Sachsen in den Ort. Damals hat die sächsische Armee das eigene Land den Preußen preisgegeben, um den verbündeten Österreichern auf deren Rückzügen bis an die Donau zu folgen. Nach Sooss wurde eine sächsische Batterie verlegt. Auf der Had', wo damals der Hüter noch die stattliche Kuhherde der Soosser weidete, machten die Sachsen ihr Geschützexerzieren. Im Haus Nummero 39 waren Fahrkanoniere mit ihren Pferden untergebracht. Es war gerade Schnitt und die Bauern hatten alle Hände voll zu tun. Die Großmutter erwartete ihr zweites Kind. Trotzdem waren die Sachsen keine unerwünschten Gäste.
Man könnte sich vorstellen, daß es unter solchen Umständen, nicht zuletzt aus Sprachschwierigkeiten, zu Mißverständnissen und Reibungen gekommen wäre. Aber die Sachsen von 1866 waren rare Leut'. Ich erinnere mich genau dieses Eigenschaftswortes, das die Großmutter sechzig Jahre nach der Einquartierung der Sachsen gebraucht hat. Rar, also: Menschen mit denen es sich auskommen ließ. Und noch eines anderen Umstandes erinnere ich mich, dessen die Großmutter Erwähnung tat. Die sächsischen Fahrer kochten — ja, was kochten wohl Landser von Anno 1866 — eine Kartoffelsuppe, die auch der Großmutter, die sie mitlöffeln ließen, geschmeckt hat. Wenn man

bedenkt, daß Kartoffelsupp' bei Preußens auf die Dauer mäßig beliebt war; und wenn man sich an jene bösen Gerüchte erinnert, die von der Kochkunst der Sachsen, namentlich von ihrer Kaffeezubereitung, zu Zeiten im Umlauf waren, dann gibt das einen logischen Schluß: Die Sachsen und die Soosser waren bescheiden in ihren Ansprüchen und sie waren dabei nicht unglücklich. An die sächsische Kartoffelsuppe habe ich später oft gedacht, wenn ich die moderne Büffetausstattung eines Soosser Heurigenwirtes von heute vor Augen hatte.

Kriegszeiten waren nur ein Plus für das Risiko der Soosser. Immer hockte das Risiko, auch in Friedenszeiten, in den Feldern und Weingärten des Ortes. In ihren jüngeren Jahren erlebte die Großmutter eine Scharlachepidemie im Ort. Sie hatte Glück, daß von ihren zehn Kindern keines unter den siebzehn waren, die der Krankheit hilflos zum Opfer fielen. Später konnte man sich besser gegen Krankheiten schützen, nachdem Bezirksspitäler gebaut wurden und der Arzt auf dem Land nicht mehr ein Landfremder war. Wenn aber die Natur mit der furchtbaren Gewalt eines Wetterschlags kam, dann war und ist der Bauer und Hauer machtlos.

Mit der Zeit lernten es die Soosser, den Jungwein im ersten Jahr oft mehrmals abzuziehen, anstatt ihn auf dem Geläger bis zum Verkauf liegen zu lassen. Bald stand ihr Roter dem berühmten Vöslauer nicht nach und neben dem blauen Portugieser bekam der Veltliner seine Qualität. In den achtziger Jahren verbreitete sich sich aber die Reblaus in den Weingärten und mit den Weinerträgen war es zunächst auf Jahre hinaus zu Ende. Diese Jahre haben in der Erinnerung meines Vaters, sie waren seine Jugendjahre, eine tiefe Kerbe hinterlassen. Wären die Soosser Hauer nicht zugleich Bauern gewesen, sie hätten Hunger gelitten wie in alten Zeiten. Auch so ging es auf einem großen Hof, wie dem, der meines Vaters Vaterhaus war, notig zu. Einmal, so erzählte der Vater in diesem Zusammenhang, wurde im Hochwinter der Tunnel der Südbahn bei Guntramsdorf verweht. Da lief der Vater kilometerweit im tiefen Schnee, um rechtzeitig zur Stelle zu sein, wenn die k.k. Privilegierte Südbahngesellschaft Schneeschaufler zum Freimachen des Tunnels aufnahm und sie ein paar Kreutzer verdienen ließ.

Als es dann gelang, mit reblausfesten Reben die verwüsteten Weingärten neu auszusetzen, folgten noch Jahre, in denen auf Ernte und Ertrag gewartet werden mußte. Hauer konnte man damals nicht, wie heute, als Wochenendagrarier sein. Alle Arbeit am Stock und im Garten mußte händisch getan werden und die Hauer arbeiteten sich in einem langen Leben krumm und lahm. Im Jahr als die Reblaus kam, verlor die Soosser Großmutter den Mann. Sie blieb mit ihren Kindern allein auf dem Hof. Der Vater hat zu mir nie von einer heilen Welt gesprochen oder von einer guten alten Zeit, Sprüche, die man jetzt im Mund führt, um die Vergangenheit abzuqualifizieren. Für ihn war die Zeit seiner Jugend keine düstere Erinnerung. Auch nicht die drei Jahre, die er in St. Pölten abdienen mußte. Eine Präsenzdienstzeit, während der es keinen Lehrlauf gab. Nicht einmal für die mit Intelligenzbörtel der Einjährig-Freiwilligen, die ihr einziges Dienstjahr rasch heruntergerissen haben.

Den Sommer 1917 und jenen des Jahres 1918 habe ich schon zum Teil bewußt im Haus Nummero 39 erlebt. Das Dorf war damals ohne Männer. Die Onkeln und die älteren Cousins sah ich nur, wenn sie auf Urlaub kamen oder wenn sie auf ihrer Fahrt von der Front oder an die Front in unserer Wohnung in Wien kurz Station machten. Was Krieg ist, erfuhr ich nicht aus Heldensagen. Für mein neugieriges Ohr fiel genug von dem ab, was in den Gesprächen der Älteren hin und her ging. Die Cousins aus den Marschkompagnien von Hoch- und Deutschmeister brachten allerlei seltsame Ansichten mit, die ich aus den Erzählungen anderer nicht heraushörte. Diese Ersatzreservisten waren die ersten Drimmel, die später rot wurden.
Lange Stunden saß ich zusammen mit der Großmutter am Guckerlfenster ihres Zimmers. Wir schauten die Dorfstraße

hinab und warteten, wer und was wohl kommen würde. Aber auch die blühendste Phantasie hätte uns nicht eingeben können, was einmal, als die Großmutter längst tot war, über den Ort kommen sollte. 1944 zerstörten Fliegerbomben Teile des Hauses Nummero 39. Zwei Menschen kamen ums Leben. Das Schelmenloch wurde Luftschutzkeller der Soosser und erstes Versteck, als der Endkampf über den Ort hinwegging. Im April 1945 drangen sowjetische Kampftruppen in Sooss ein. Tagelang ging in der Umgebung des Ortes der Infanteriekampf weiter. Am Ostermontag 1945 fing es im Unteren Ort zu brennen an. Als die Gefechte in der Umgebung von Sooss zu Ende waren, wagten sich Greise, Frauen und Kinder hervor aus Schelmenloch. Sie fanden ihre Häuser zum Teil zerstört, geplündert und verwüstet, was Plünderer nicht in ihren Sack stecken können und daher lieber devastieren. Nach den Kampfverbänden kam im Troß der Roten Armee der Teufel in den Ort. Frauen und Mädchen wurden vergewaltigt.

Damals, im Sommer 1945, bekam ich eine Ausgabe einer US-Soldatenzeitung in die Hand. Ein Reporter, der Deutsch als Muttersprache hatte, schrieb ungerührt und mit einem Gefühl der Genugtuung, das er nicht vollends unterdrücken konnte, vom damaligen Schicksal der Frauen und Mädchen in Deutschland. Es dauerte ein Vierteljahrhundert, ehe in der freien Welt des Westens abgedruckt wurde, was der russische Dichter Alexander Solschenizyn auf Grund seiner Erlebnisse als Artillerieoffizier der Roten Armee über damalige Bräuche in seinem Werk »Archipel Gulag« geschrieben hat:

Wären damals die Mädchen Deutsche gewesen, jeder hätte sie vergewaltigen, nach ihnen schießen dürfen und es hätte fast als kriegerische Tat gegolten. Wären es Polinnen oder verschleppte Russenmädel gewesen, man hätte sie nackt übers Feld jagen dürfen oder ihnen die Schenkel klatschen, als Spaß, nicht mehr. Ende des wörtlichen Zitats.

In Sooss wollten sich zwei Mütter zusammen mit ihren Kindern im Teich ertränken. Eine der Mütter konnte nicht mehr gerettet werden. Und auch in Sooss wurde auf Zivilisten geschossen: Auf den alten Meßner, der kein Werwolf war und einen guten tschechischen Namen trug. Und während in den Soosser Rieden der gute Jahrgang 1945 heranreifte, holten sich die Sieger aus den Kellern den alten Wein, der gut tat, wenn man sich verlustieren wollte. Es bedurfte der Pornowelle von heute, um über diese Erinnerungen die Bilder sexueller Exzesse und Perversitäten wie einen klebrigen Film zu ziehen, um sie vergessen zu machen.

In Sooss war der Krieg mit dem Waffenstillstand vom 9. Mai 1945 noch nicht zu Ende. Der bereits mehrmals überplünderte Ort mußte immer wieder aufs neue Truppenverbände ins Quartier nehmen, einmal einen solchen von Regimentsstärke. Wo waren die Zeiten der raren Sachsen von 1866 und die der besoffenen Hulaner, samt allem, was sie unversehens im Suff angerichtet hatten. Seither war der Fortschritt um ein gutes Stück weiter gekommen und eine Spitze des Fortschrittes gehörte zu den Siegern von 1945. Sie richteten sich in Sooss eine Kommandantura ein.

Ich weiß: Das Schicksal, das die Soosser während vieler Generationen ihrer Existenz an der Grenze erlitten haben, ist kein Ausnahmefall in der Geschichte. Während meiner Studentenzeit und nachher in den wilden dreißiger Jahren habe ich nur zuweilen das Bewußtsein dieses Risikos des Lebens verloren. Während der Kriegsgefangenschaft aber saß ich an langen Abenden mit Schlesiern, Ost- und Westpreußen, Pommern und anderen beisammen, deren Angehörige kein Dach mehr hatten und die als Heimatvertriebene einem ungewissen Schicksal entgegengingen. Soferne sie nicht zu den Unzähligen gehörten, die auf der Flucht oder bei der Vertreibung ums Leben gekommen waren. Die bei diesem Anlaß an Vertriebenen begangenen Kriegsverbrechen haben nie gezählt, die Täter tragen stolz ihre Tapferkeitsauszeichnungen aus dieser Zeit und sie saßen über deutsche Kriegsverbrecher zu Gericht.

Da ich nun einmal ein Romantiker bin, sind für mich die Gefühle dieser Heimatvertriebenen, so wie die aller Menschen, die in meiner Zeit die Heimat verloren, keine emotionalen Übersteigerungen, wie man um 1972 geschrieben hat. Oder Sentimentalitäten, die einer Realpolitik zur Entspannung in Europa und in der Welt im Wege stehen. Mögen die Ostverträge, die 1973 die deutsche Regierung des Nobelpreisträgers Willy Brandt geschlossen hat, das Schicksal der Heimatvertriebenen als: gewesen, hinstellen. Mag man versuchen, Wundränder zu glätten und Narben wegzuoperieren. Mag man materielle Schäden ersetzen. Es bleibt der Amputationsschmerz, und der Verstümmelte spürt die verlorenen Gliedmaßen, gleichgültig ob die Schlechtwetterfront aus Ost oder West kommt.

Solange der Mensch die Verwegenheit hat, auch nach Katastrophen und über Schutt, in dem die Knochen der in der Katastrophe zu Tode Gekommenen verfaulen, an Ort und Stelle wieder ein Haus zu bauen, solange hält das Continuum einer Kultur. Denn das Schöpferische im Menschen wächst nicht nach wohlwollender Beseitigung ideeller und materieller Gefahren. Es wächst in einer Existenz zwischen Gefährdung und Geborgenheit. Geborgenheit sucht und findet der Mensch im Haus. Mein Vater gehörte zur letzten Generation einer Gesellschaft, die noch nicht in modernen nomadisierenden Horden durch eine Welt ziehen mochte, die ein einziges Dorf ist. Als Student sang ich, sentimental wie ich also bin, mit einer seltsamen Ahnung die Strophe des Liedes von der Wanderschaft der Prager Studenten, dessen Text von Eichendorff stammt:
Nun weht schon durch die Wälder der kalte Boreas;
wir streichen durch die Felder von Schnee und Regen naß;
der Mantel fliegt im Winde, zerrissen sind die Schuh,
da blasen wir geschwinde und singen noch dazu:
Beatus ille homo qui sedet in sua domo,
et sedet post fornacem et habet bonam pacem.
Meine Generation hat mehr den kalten Boreas zu spüren bekommen.

Im umbauten Raum, im Haus, erlebte der Mensch, der seine Höhle verließ, seine selbst geschaffene Geborgenheit. Sein Schicksal und das seines Hauses verbindet sich. Wenn er stirbt, bleibt etwas von ihm in und an seinem Haus, Und die Menschen, die nach ihm in die Räume dieses Hauses kommen und darin ihre Zeit leben, nehmen bewußt oder unbewußt etwas vom Schicksal des Hauses und jener, die vorher darin wohnten in sich auf. Aus gutem Grund haben die Alten Hausgeistern geopfert.

Alle Hochkulturen wachsen über dem Boden bäuerlicher Kultur. Österreich ist zuerst Geist geworden in seiner Musik, betont Hugo von Hofmannsthal. Dieser Geist stammt aus bäuerlicher Volksmusik, der Joseph Haydn, Leopold Mozart und Franz Schubert besonders nahe waren. Um 1973 hoffte Leonard Bernstein, es werde auch der amerikanischen Musik gelingen, den Weg von der Volksmusik über das Musical zur Volksoper zu durchschreiten. Mit welcher Ehrfurcht müssen wir angesichts der Bescheidenheit des amerikanischen Dirigenten und Komponisten zur österreichischen Musiktradition emporschauen. Anstatt sie nach dem Abstreifen geschichtlicher Gewordenheit abzutun und in der Nachahmung die Chance der eigenen Entwicklung in Freiheit zu verspielen.

In der Baukunst brach bisher stets das gültige Neue einer Stilrichtung zuerst durch. Dies gilt trotz des Sonderfalles Österreich, den Hugo von Hofmannsthal festgestellt hat. Das Unbehagen, das viele Menschen in den Produkten der nach 1945 florierenden Wohnbauindustrie empfinden, deckt die Krise des modernen Menschen eindeutiger auf, als larmoyante Kulturkritik der Publizisten. In einer Stunde wie dieser müßte die staatliche Kulturpolitik die Moderne gegen reine Denkmalpflege und die Denkmäler unserer Kulturlandschaft gegen die Hybris der Moderne in Schutz nehmen, anstatt Modernitäten nachzuhinken. Ob es eine proletarische Kunst geben kann, bleibt fragwürdig. Eine bäuerliche Kunst kann es geben, solange es Bauern gibt, die mehr sind als Technokraten im Bereich der Agrarwirtschaft.

Als Schüler und Student, später noch manchmal als Politiker, habe ich Bauern kennen gelernt, deren Persönlichkeit auffallen mußte. Auffallen durch die Ruhe, die von ihren Gesichtern ausging; durch jene karge Sprache, die sich so sehr von dem Wortschwall der in Mikrophone gesprudelten Statements mit soundso viel abgezählten Worten unterschied; und durch die Weisheit des Verstummens. Die besten der so geprägten Typen haben etwas von einem archaischen Kunstwerk an sich, dessen Form und Oberfläche, nachdem es durch viele Hände gegangen ist, end-gültig wurde.

Als ich mich nach 1969 aus dem öffentlichen Leben zurückzog, behielt ich die Präsidentschaft des Österreichischen Freilichtmuseums, dessen Anfänge auf meine Tätigkeit am Minoritenplatz zurückgehen. In Stübing bei Graz soll einiges vom Besten der Volksarchitektur aus der bäuerlichen Welt, das sonst in der Industrielandschaft verloren ginge, erhalten werden. Quasi ein Erinnerungsmal dafür, daß cultura vom Tätigkeitswort colere abgeleitet ist, was bedeutet: pflegen, behüten, verehren. In diesem Freilichtmuseum habe ich eine Art geistiges Ausgedinge. Ich sitze nicht darin, wie ein alter Indianerhäuptling, der nach seiner letzten Niederlage in einem Reservationsgebiet verdämmert, sondern: In der Anschauung des Hauses und bei Betrachtungen, die mich durch alle meine Häuser führen, die mir einen Teil dessen, was an ihnen ist, mit auf den weiteren Weg gegeben haben.

Über 800 Jahre existiert der Ort Sooss an der Grenze. In dieser Zeit wurden aber die Soosser keine Wehrbauern. Die Narben die sie tragen, sind anderer Natur. Der Genius loci blieb feucht. Die Chronik des Ortes, die zur 800-Jahr-Feier herauskam, zeigt die Bilder dreier Uralter, die zu den Jugendfreunden meines Vaters gehörten. Mit den heute üblich gewordenen Mitteln der Statistik wurde errechnet, wieviel Soosser Weines wohl die drei greisen Hauer zeitlebens getrunken haben. Von dem damals 84-jährigen Pagler Josef weiß der Chronist, daß es sich um eine Gesamtliterzahl von 43 000 gehandelt hat. Der nur 83-jährige Ungerhofer brachte es gar auf 47 700 Liter. Und der jüngste des Trios, der nur 82-jährige Schwertführer Franz gar auf 49 800 Liter.

Die drei ins biblische Alter gekommenen Soosser standen damals nicht wie windschiefe, vom Alkoholismus zerfressene Figuren da, auch wenn sie ein wenig gebeugt waren und den zaundürren Alten die scheinbar leeren Hosenböden um die Beine schlenkerten. Die drei sind nämlich keine Nichtstuer und Nichtsnutze gewesen. Hinter den Quantitäten genossenen Weines stand eine Arbeitsstatistik, die überzeugt: Der Schwertführer Franz hat insgesamt 299 500 Stunden gearbeitet und die beiden anderen Uralten standen ihm in der Arbeit nicht nach. Soviel Wein getrunken zu haben, war nicht Suff, sondern Genuß eines Haustrunks in der Vor-Coca-Cola-Epoche.

Auch darf eines nicht vergessen werden: Die drei Uralten waren die Überlebenden der vom Tod sieben mal sieben gesiebten Jahrgänge der Zeit um 1875. Als sie Buben waren und an der Hand des Vaters in das Grab sahen, in das man den Großvater versenkte, konnte sich der Vater ausrechnen, daß ihm nicht viel mehr als fünfundzwanzig Jahre zu leben bleiben und ihm dann seine Söhne nachsehen würden. Denn damals hatten die wenigen Überlebenden aus der großen Zahl der Neugeborenen eine Lebenserwartung für sich, die im Durchschnitt über vierzig Jahre nicht viel hinausging. Aber derlei Berechnungen waren vergessen, wenn nach der Leich', beim Totenmahl ohne falsche Sentimentalität gegessen und getrunken wurde und die Musik, die eine schandbare Trauermusik geblasen hatte, eine ganz gute Tafelmusik hinkriegte.

Die Alten, Nachfahren von Generationen rebellierender Bauern und Söhne der Generation des österreichischen Bauernbefreiers Hans Kudlich von 1848, wurden keine Klassenkämpfer. Sie fühlten sich nicht als die Verdammten dieser Erde, auch wenn sie den lößigen oder steinigen Boden ihrer Weingärten hundertmal verflucht haben und ihr Schweiß auf diese Erde troff. Oft sahen sie mürrisch, verkniffen und verbittert drein. Nur selten sah ich, als ich in Österreich und in Holland unter ihnen zu Hause war, eines jener leeren, ausgelaugten und ausdruckslsoen Gesichter, die man schon in der Frühe, noch ehe die Arbeit begonnen hat, in den Massenverkehrsmitteln der modernen Großstadt vor sich hat. Weil diese Bauern ihre Umwelt mit einem so großen Selbstverständnis erlebten, konnten sie Selbstsicherheit um sich verbreiten.

Jetzt, nachdem die erste Welle des Industriezeitalters über uns hinweggegangen ist und viele schon ein besseres nach-industrielles Zeitalter ausmalen, setzte eine Idealisierung der bäuerlichen Welt von gestern ein. Der Umweltschutz, der Landschaftsschutz und der Denkmalschutz haben sich der versinkenden Kulturlandschaft des Bauern bemächtigt. Progressive Künstler, die ihren Mitmenschen Behausungen zumuten, in die ehedem kein Hofhund gezogen wäre, verzichten ihrerseits auf derlei Modernität und leben für sich in der kleinen, runden und heiteren Welt eines früheren Bauernhauses, das sie nach ihren Vorstellungen umfunktioniert haben. Um der besagten Künstler willen verzeihe man mir das Modewort umfunktionieren. Futuristen, deren Finger während der Arbeitszeit auf den angenommenen Kurven des Zukunftserfolges emporgleiten, dem Jahr 2000 entgegen, ziehen es für sich persönlich vor, den Schmuck ihrer Wohnung aus Antiquitätenläden oder Spezialgeschäften zum Abverkauf bäuerlichen Hausrats zu beziehen.

Volksbrauchtum, Volkstrachten und Volksmusik blühen in der als Garten- und Erholungslandschaft der Industriegesellschaft gedachten Reservationsgebieten der bäuerlichen Welt. Nachdem die Meeresstrände verschmutzt und so wie die Hochtäler mit häßlichen Hochbauten verschandelt sind, setzt die Flucht in die kleine, runde, heitere Welt des Bauern ein. Das ist Mode und daher gefährlich. Denn Mode ist nicht stilbildend, sondern Teil der provisorischen Daseinshaltung, die zur kollektiven Neurose der neuesten Zeit gehört. Mode war es bis vor gar nicht langer Zeit, den zivilisationsfernen oder gar -feindlichen Bauern zur bleibenden Figur ganzer Jahrgänge von Witzblättern zu machen. Die in einem Klassenzimmer versammelten acht Jahrgänge der einklassigen Landschule wurden in der Propaganda geradezu Sinnbild jenes rückständigen Österreichs, das nach den Erträgen des in anderen Welten gewonnenen Bildungsfortschrittes lechzen sollte. Die Tatsache, daß aus der österreichischen Landschule viele der ganz Großen der Wissenschaft und Kunst hervorgingen, daß Anton Bruckner und Franz Schubert Lehrer an einer einklassigen Schule waren, wird sorgfältig unter Verschluß gehalten.

Mein Vater hat die einklassige Landschule in Sooss besucht und nach ihm auch mein ältester Bruder, der sich als späterer Diplom-Ingenieur, Lehrer und Landesschulinspektor ein ganz anderes Bild dieser Schule bewahrte, als es nachher, zum abschreckenden Beispiel hingehalten wurde.

Kultiviertheit, namentlich auch bäuerliche Kultur, ist etwas ganz anderes als die intellektuelle Politur vieler, auch agrarischer, Technokraten. Sie kam und kommt, so wie die Kultiviertheit adeliger Landherren, selten von der Verschulung des Menschen. Während eines lebenslangen Umgangs mit Intellektuellen habe ich viele Menschen kennen gelernt, die nie eine Höhere Schule oder eine Hochschule betreten haben, die aber gebildete Menschen gewesen sind. Trotzdem wird immer mehr Vertrauen in jenen Schein einer Kultiviertheit gesetzt, die der Betreffende mit Hilfe eines gestempelten Scheins ausweisen kann. Prinz Eugen von Savoyen könnte nach den jetzt geltenden dienst- und besoldungsrechtlichen Vorschriften weder Offizier im Bundesheer noch österreichischer Diplomat werden. Weil er nie Zeugnisse einer Schule besessen hat. Nichts gegen Zeugnisse im öffentlichen Unterricht. Aber eine Kultur, deren Träger mehr und mehr auf den Besitz von Zeugnissen angewiesen sind, steht auf schwachen Füßen.

Als auf dem Hof der Soosser Großmutter der Taktschlag der Drescher verstummte und im Stadl die Dreschmaschine aufheulte, ging eine Zeit zuende, die unwiederholbar ist. Und just bis dahin hat es gedauert, bis nach vielen Generationen ein Drimmel die Schwelle überschreiten konnte, hinter der, wie man sagt, eine große Welt anfängt. Auf dem Höhepunkt meinner Laufbahn als Politiker haben mich Bauern aus Niederösterreich auf ihren Schild gehoben, weil sie wollten, daß ich anstatt Josef Klaus Bundesparteiobmann meiner Partei werden sollte. Ein bißchen schwer getan haben sich meine Landsleute aus Niederösterreich schon, als sie mein Gewicht hochstemmten, zumal ihnen weder die Wiener noch die Kollegen vom Arbeiter- und Angestelltenbund in der Öffentlichkeit zu Hilfe kamen. Wir, die Bauern aus Niederösterreich und ich, haben es damals nicht derpackt. Aber es bleibt mir eine der schönsten Erinnerungen, daß selbst bis zum Tag jener Wahl in Klagenfurt im Jahre 1963 ein Schatten des Hauses Sooss, Nummero 39, auf meinen Lebensweg gefallen ist. Ein Schatten, der mir guttat in meiner Hitzigkeit.

Wien wurde Dienstort meines Vaters. Viel mehr ist ihm die
Stadt wohl nie geworden und bis zu seinem Tod nutzte er jede
sich bietende Gelegenheit, um wenigstens ein paar Tage außerhalb der Stadt in ländlicher Umgebung zu verbringen. Auch die
Mutter fühlte sich in der fremden Stadt nicht zu Hause. Obwohl
unter Nachkommen ärmlicher Hintersaßen ehemaliger Grundherren aufgewachsen, blieb in ihr die Sehnsucht nach den
großen Föhrenwäldern in der Umgebung ihres Heimatdorfes.
Die bedrängten Lebensverhältnisse, unter denen sie, zumals als
ein lediges Kind, im Dorf aufwuchs, das Holzklauben und
andere mühselige Arten des Lebensunterhalts waren ihr nicht
Alptraum einer schlechtverbrachten Jugend, sondern helle Erinnerung in Häuserschluchten der Stadt. Als Bub mußte ich mit
ihr oft weite Wege quer durch die Stadt gehen, wenn es sie
zog, eine Verwandte oder Jugendfreundin aufzusuchen, die es,
so wie sie, in die Stadt verschlagen hatte. Solche Erinnerungen
waren der Mutter nicht der Krückstock im Alter, sondern Luft,
die sie zum Atmen brauchte, um es in der Fremde auszuhalten.

Allein unter diesen Voraussetzungen fiel es den Eltern nicht
leicht, in der damaligen k.k. Reichshaupt- und Residenzstadt
Wien, noch immer eine der zehn größten Städte der Erde, Fuß
zu fassen. Ehe ich auf die Welt kam, fing ein Umherziehen in
der Stadt an; aus einer Gangküchenwohnung in eine Zimmer-
und Küche-Wohnung; aus einer billigen Mietwohnung in die
zinsfreie Wohnung eines Hausmeisterpostens. Mein Elternhaus
war kein umbauter Raum mit einer Kinderstube, es war ein
seelischer Zusammenhalt, in dem die Glieder mit großer Spann-

kraft aneinander hingen. Was in der bäuerlichen und handwerklichen Hausgemeinschaft von jeher und wie selbstverständlich entstand, nämlich das familienhafte Gefüge, brauchte in der neuen, eher familienfeindlichen Umwelt neuer Motive. In einem stets gefühlsbetonten Beisammensein respektierten die Eltern den sakramentalen Charakter der Ehe unbedingt. Daraus und aus dem Bewußtsein des Zusammengehörens wuchs der Wille, eine Familie zu werden.

Meine Eltern hatten nur fünf Kinder, lauter Buben. Die Soosser Großmutter hatte als Witwe zehn Kinder großzuziehen. Wieviel Respekt mein Vater als Kind vor seinem Vater zu dessen Lebzeiten gehabt hat, weiß ich nicht. Aber ich kannte den Respekt, mit dem mein im übrigen recht ungestümer und erst durch Lebenserfahrungen gebändigter Vater seiner Mutter begegnete. An diesem Respekt änderte sich nichts, als mein Vater schon ein Fünfziger war. Die Art des Respekts, die mein Vater seiner Mutter erwies, unterschied sich doch sehr von der, mit der ich meinem Vater begegnete. Auch in meinem Elternhaus war der Vater nicht bloß Unterhaltsverpflichteter. Er war präsent. Selbst dann, wenn ihn der Dienst oft tagelang von der Familie fern hielt. Die Autorität war da, aber ich spürte sie meistens gar nicht als Pression oder Drohung. Mit einem Wort: wir waren keine vater-lose Familie.
Von seinem einundzwanzigsten Lebensjahr bis zu seiner Pensionierung hat Vater Uniform getragen. Er war in diese Uniform nicht hineingezwängt, sie gab ihm Halt, so wie jedes Standeskleid, auch das des Priesters, Halt gibt und nicht so sehr Standesunterschiede hervorhebt, sondern dem Träger hilft, an sich zu halten. Jedenfalls war mein Vater kein Kommißknopf. Er blieb im Grund ein bäuerlicher Mensch, der dem Staat dient. Nicht als Lakai oder als Büttel, sondern so, wie es ihm sein Hauptmann vorgelebt hat. Dieser Hauptmann war mir ein Begriff.
Ich erinnere mich des Tages, an dem der Vater sein bestes Ge-

wand anlegte. Wir sagten anlegen, nicht anziehen. Es war der Anzug, den er bei seiner Hochzeit getragen hat und der noch nach seinem Tod adrett gehalten im Kasten hing. An jenem Tag ging Vater zu einem Begräbnis. Mir war kein Todesfall in unserer Familie oder Bekanntschaft in Erinnerung und daher frug ich meinen Vater, wer gestorben sei. Er antwortete kurz: »Mein Hauptmann.« Diese Antwort mußte für Jahre genügen. Es vergingen Jahre, bis mich der Vater einmal zu Allerheiligen zu einer Gruft auf dem Wiener Zentralfriedhof führte. »Hier ist mein Hauptmann begraben«, sagte der Vater. Die Antwort verwirrte mich. Denn nach der Inschrift auf dem Grabstein war der unbekannte Tote kein Hauptmann, sondern ein General gewesen. Würden und Auszeichnungen, deren Bedeutung ich noch nicht verstand, waren unter dem adeligen Namen vermerkt. Diesen Namen vergessen zu haben, ihn an dieser Stelle nicht nennen zu können, bedauere ich sehr. Denn unser Hauptmann, der ein General gewesen ist, war keine Farcefigur wie der Hauptmann von Köpenick. Ihm verdankt mein Vater sehr viel und wir, die Söhne unseres Vaters, wohl noch mehr. Er war einer jener Offiziere, bei dessen Namensnennung seine Mannschaft das besitzanzeigende Fürwort »unser« verwendet. Für einen, der zu ihnen gehört.

Der Vater war ein Sechsundneunziger-Diener. Das bedeutet nicht, daß er ein Dienstmann mit der Nummer 96 gewesen ist. Dienen hieß in diesem Fall so viel wie dem Staat dienlich zu sein. Als Soldat bei den Kaiserlichen. Wenn der Vater mit Jugendfreunden über einen Dritten redete, dann hatten die Alten eine seltsame Methode zur Feststellung des Lebensalters des Betreffenden. Sie sagten: der war ein Fünfundachtziger-Diener und jener ein Achtundneunziger-Diener. Die Zahlen bezogen sich nicht auf die Nummern irgendwelcher Regimenter, sie bedeuteten das Jahr, in dem einer zur Ableistung seines Präsenzdienstes einrücken mußte. Wer nicht gedient hatte, besaß nach dieser Zählweise keinen Stellenwert. Im brutalen Jargon gewisser Wiener Vorstadttypen wurde einer, der bei der Musterung als untauglich befunden wurde, Staatskrüppel genannt. Und wer sich so den Dienst beim Militär ersparte, mußte ursprünglich eine Abgabe, die »Krüppelsteuer« zahlen. Das gute Wienerherz, das seine Gefühle dem Lied anvertraut, gab den Heurigensängern eine Strophe ein, in der es von einem Staatskrüppel hieß:

Der hat zum Rennen g'schaut
Den hab'n s' ausseg'haut
Krüpp'lsteuer muß er zahl'n.

In den zwanziger Jahren, als ich ein Bub war und derlei Erinnerungen der Alten aufschnappte, gab es genug Krüppel in den Straßen der Stadt zu sehen. Einer saß Tag für Tag und bei jedem Wetter neben dem Tor der Malteserkirche in der Kärntnerstraße der Wiener Innenstadt. Er trug noch seine alte Feldbluse und auf der linken Brustseite klimperten einige silberne und bronzene Medaillen. Mit einer immer gleichlautenden Phrase, deren Aussprache wie MG-Feuer tuckerte, bot der Invalide Schnürriemen an: »Kein Pa-pier, kein Stroh, son-dern echt ga-ran-tier-te Wa-re.« Das zog in einer Zeit, in der die bessere Qualität alter Ware, Vorkriegsware, mehr galt als ein neueres Produktionsdatum.

Als 1914 der Krieg ausbrach, wurde der Jahrgang meines Vaters nicht mehr eingezogen. Von der Soldatenzeit des Vaters blieb mir ein schwarzer Koffer aus Holz, wie ihn Soldaten hatten, um darin ihre Proprietäten, das was ihnen und nicht dem Staat gehörte, aufzubewahren. Ich bewahrte in diesem Koffer mein Spielzeug und später meine Bücher auf. Auf der Innenseite des Koffers stand in einer herzförmigen Umrahmung einiges über meinen Vater zu lesen unter anderem, daß der Georg Trümmel Zugsführer gewesen ist. Der Familienname war falsch geschrieben, aber die Chargenbezeichnung stimmte laut Militärpapieren des Vaters. An der Stelle, wo das Wort Zugsführer stand, war das Holz mehrmals vorher abgeschabt worden.

Denn um Zugsführer zu sein, mußte der Vater vorher Gefreiter und Korporal gewesen sein.

Hier wird nicht die atemberaubende Geschichte der Karriere eines Zugsführers im Landwehr-Infanterie Regiment Nummero 21 erzählt, sondern es wird der Ablauf der Geschichte wieder in die Nähe der Person des Hauptmannes gebracht. Mein Vater diente schon im letzten Jahr und stand immer noch als Gemeiner in der Doppelreihe. Da bekam er einen neuen Hauptmann, seinen Hauptmann, und dieser gab ihn in kurzen Abständen zweimal zur Beförderung ein. Mit anderen Worten: mein Vater fiel auf, was bei den Kaiserlichen nicht jenen Sinn »unangenehm auffallen« hatte, der bei Preußens mit dem Gebrauch der Wendung »Ich bin aufgefallen« meistens verbunden war. Also mein Vater fiel seinem Hauptmann im guten Sinn auf und ihm war die Laufbahn eines längerdienenden Unteroffiziers zugedacht. Solche Längerdienende gingen schließlich als Zertifikatisten ins Zivilleben ab. Ein Zertifikatist war Inhaber eines Zertifikats, eines Scheines, der ihm die unabweisbare Anwartschaft auf einen Posten im Staatsdienst gab. Zertifikatisten dienten nicht als Manipulanten oder dergleichen, sie hatten die Möglichkeit, sich im Kanzleidienst emporzudienen. Das Wort certus, das in Zertifikat steckte, bedeutete also: sichere Erwartung von Gehalt, Rang und Pension.

Für den Vater schien die Zukunft als Knecht oder Tagwerker im Dorf zu Ende zu sein. Man wird auch in der heutigen, dem Komiß nicht sehr aufgeschlossenen Zeit, verstehen, daß mein Vater gegenüber seinem Hauptmann allen Grund zur Dankbarkeit hatte. Als Zertifikatist konnte er zwar nicht vom Fleck weg heiraten, denn es konnte geschehen, daß er zuerst einen Dienstposten anzutreten hatte, der weitab von daheim lag und an dem er sich erst eine Bleibe schaffen mußte; es stand ihm jedoch eine gesicherte kleinbürgerliche Existenz offen. Aber daraus wurde nichts.

Wenn ich jetzt die Fotografie betrachte, auf der mein Vater in der Extrauniform eines Zugsführers zu sehen ist, dann könnte ich mir denken, daß auch ihm das gelingen hätte können, was seinem Urgroßvater Ludwig Driemel gelungen ist. Nämlich die Tochter eines Wirtschaftsbesitzers zu heiraten und Bauer auf einem Hof zu werden. Halte ich zum Vergleich das Jugendbild meiner Mutter daneben, dann verstehe ich, daß sich der Vater in diese Frau verliebt hat. In eine Frau, die ein lediges Kind war, die als Hilfsarbeiterin in einer Fabrik arbeitete und zunächst dem Vater nichts mitbrachte als eine Passion fürs Leben, die auch noch für uns Kinder reichte, um uns eine frohe Kindheit zu schenken. Aber just damals, als ein künftiges Zertifikat in Griffweite war, hatte meine Mutter einen Arbeitsunfall, nach dem ihre rechte Hand verkrüppelt war. Sie verlor die Arbeitsmöglichkeit und mein Vater mußte ohne weiteren Verzug einen Beruf anstreben, der ihm die Möglichkeit zur Heirat und Versorgung seiner Braut gab.

Sein Hauptmann hatte keine Freude darüber, daß die Armee einen guten Unteroffizier verlor. Aber es war eben ein Hauptmann, der nicht nur seinen Kompaniedienst tat. Und er ermöglichte es dem Vater, in Wien bei der k.k. Sicherheitswache einzutreten. Ohne Zertifikat. Jetzt war der Vater auch in dienst- und besoldungsrechtlicher Hinsicht ein Diener. Mit sehr bescheidenen Aufstiegsmöglichkeiten und mit einem Gehalt, der bei weitem geringer war als der gelernter Arbeiter, die gegen den Staat demonstrierten, dem mein Vater diente.

Einmal hatten wir eine Familie als Nachbarn, deren Mitglieder ihren Aggressionen lautstark Ausdruck gaben. Kamen die Eltern in Streit, dann schloß die Mutter die Debatte fast regelmäßig mit der Feststellung, sie wolle nicht länger ihrem Mann und den Kindern den Trampel machen. Küchentrampel ist in der jetzigen Epoche der Frauenemanzipation eine Bezeichnung, die moderne Frauen ungeniert für jene Geschlechtsgenossinnen gebrauchen, die noch der Trampel der ominösen drei »K« sind: Küche, Kinder, Kirche. In diesem Sinn war meine Mutter ein Trampel und ich gestatte mir, ihr an dieser Stelle dafür die schuldige Ehrenbezeigung zu erweisen. Denn was waren alle meine Taten im öffentlichen Leben verglichen mit der einen Tat dieser Frau: unsere Mutter zu sein, Kinder zu erziehen, anstatt Bestandteile zu stanzen oder einen Schreibtisch besetzt zu halten.

Die bei dem Arbeitsunfall verkrüppelte Hand der Mutter sah sich nicht gut an. Aber ich bekam bei diesem Anblick kein weiches Mitleidsgefühl und noch weniger ein Trauma. Daß die Mutter trotz dieser Verletzung und ihrer späteren schweren Erkrankung eine ganze Frau und Mutter blieb, daß sie zur Arbeit im eigenen Haushalt zu Zeiten die Arbeit einer Hausmeisterin auf sich nahm und daß sie immer wieder in bessere Häuser in Bedienung ging, weil das Geld knapp blieb, all das erzog mich der Mutter gegenüber zu einer Ritterlichkeit. Ich gehörte noch zu jener Generation, die erst an der Universität die Herkunft der Worte Minderwertigkeitsgefühl oder Schuldgefühl wissenschaftlich definiert bekam. Ich rechne es mir als Glück an und ich bekenne, daß ich sehr lange Zeit so dumm gewesen bin, von einer ödipalen Bindung nichts zu wissen. Bindungen ohne Schuldgefühle oder Ödipuskomplex halfen in unserem Fall bei Notständen, mit denen wir fertig werden konnten, wenn wir alle an einem Strang zogen. Am Bett eines kranken Kindes oder einer kranken Mutter werden Ehen zuweilen dauerhafter als an jenen Betten, in denen sich die Erlösung von sexuellen Zwängen abspielt. Das Glück, das wir empfanden, wenn einer nach glücklich überstandener Gefahr oder Krankheit wieder gesund und froh unter uns war, schuf keinen Lustgewinn, dafür aber einen Ertrag, der länger anhielt als gesagter Gewinn es vermag.

Als die Mutter zweiunddreißig Jahre alt war, starben im Zeitraum von knapp anderthalb Jahren drei ihrer Kinder. Zwei davon innerhalb von drei Wochen. Von dieser Tragödie war später zuweilen die Rede. So sparsam die Äußerungen der Mutter waren, so konnte ich doch spüren, daß meine Eltern mehr beklagten als das, was man heute mißlungene Familienplanung nennt. Die drei verstorbenen Brüder lebten in der Erinnerung der Mutter bis zu deren Tod. Unter ihren höchstpersönlichen Habseligkeiten fanden wir Erinnerungsstücke, wie sie eine Mutter, die ein Kind geliebt und verloren hat, behält. Nach unserer Vorstellung von einem Leben in einer zukünftigen Welt waren die drei Brüder nicht in den Schachtgräbern auf dem Wiener Zentralfriedhof verschwunden. Und mir, der ich sie nie gekannt habe, blieb das Gefühl, als würde die Mutter in mir auch die Verlorenen lieben.

Im Zeitalter der Entproletarisierung erlebte ich später, daß nicht wenige Politiker Wert auf das Image eines Volksmannes, eines Selfmademan und eines Herkömmlings aus dem Proletariat legen. Einige legen ein Makeup an, um diesen Eindruck zu erwecken. Ich bin kein Selfmademan. Ohne die Leistungen meiner Eltern wäre ich nie geworden, was ich schließlich werden konnte, wobei ich in diesem Zusammenhang gar nicht so sehr daran denke, daß ich einmal Minister gewesen bin. Ich für meinen Teil hätte gerne auf unleidliche Notverhältnisse meiner Jugendzeit verzichtet, auf jenen Hunger, von dem heute verschiedene Typen reden, ohne selbst die ganze Grausamkeit des alltäglichen Hungers gespürt zu haben.
Als Bub stand ich oft am Straßenrand, wenn hinter roten Fahnen scheinbar endlose Demonstrationszüge aus den Vororten in die Innere Stadt zogen. Die gebändigte Wucht des Marschierens, das unaufhaltsame Voranschreiten und die Diszipliniertheit der Massen machte auf mich einen tiefen Eindruck. Ich wuchs nicht in Haß gegen die alte Arbeiterpartei auf. Auch mein Vater, der bei solchen Demonstrationen seinen Dienst als Sicherheitswachmann, in der Republik sagte man: Sicherheitswachebeamter, tat, erzog mich nicht zum Hassen, so heftig er in seinen Gefühlen sein konnte. Aus seinen Erzählungen wußte ich, daß schon in der Monarchie schwere tätliche Auseinandersetzungen mit den Demonstranten stattgefunden haben. Einmal warf in Ottakring eine Frau ein Bügeleisen auf den Vater.

Nur die Pickelhaube hat seinen Kopf vor schwerer Verletzung beschützt. Nachher, so fuhr der Vater fort, hätten auf dem Habsburgplatz die Bosniaken eine Salve über die Köpfe der Demonstranten hinweggeschossen. Die Stille, in der nachher unzählige Menschen auf dem Platz verharrten, sei unheimlich gewesen. Mein Vater bewahrte sich eine gute Erinnerung an Arbeiterführer, wie den bekannten Abgeordneten aus Ottakring Franz Schuhmeier, der auf so schmähliche Weise getötet worden ist. Das Wienerische, das an Schuhmeier gewesen ist, nannte mein Vater in einem Atem mit der Art des Bürgermeisters Doktor Lueger.

Im Jahre 1934 lernte der Vater den im Wiener Polizeigefangenenhaus inhaftierten späteren Bürgermeister Theodor Körner persönlich, im Dienst, kennen. Die Achtung, mit der nachher der Vater als gewesener Soldat vom roten Körner, vom General Körner, sprach, war für mich ebenso überraschend wie beeindruckend. Es gab also andere, die mehr waren als Gegner. Auch das erfuhr ich im Elternhaus.

Ich weiß nicht mehr, wie alt ich gewesen bin, als ich zum ersten mal die Worte Prolet und Diktatur gehört habe. Als Realschüler lernte ich im Geschichtsunterricht, was eine Diktatur ist und unser liberaler Geschichtslehrer versäumte nicht, die Terrormethoden Römischer Diktatoren der Antike herauszustreichen. Ein Diktator war also etwas anderes als ein Kaiser, von dessen Sohn meine Mutter ein Bild bei sich aufbewahrte. Prolet aber war ein Schimpfwort. Ich habe die Hybris derer, die andere Proleten geschimpft haben, ebenso verachtet wie mich die Hybris anderer empörte, die eine Diktatur der Proletarier wollten. Ich sah in die Reihen der Marschierer und fragte mich, wie sie wohl die Diktatur ausüben würden, wenn sie einmal die Diktatoren sein werden.

Je besser ich lesen konnte, desto rascher erfaßte ich den Text der roten Spruchbänder, die in den Demonstrationszügen mitgetragen wurden. Was mit der Inschrift: Weg mit dem § 144 eigentlich gemeint war, ahnte ich nach der diesbezüglichen Frage an die Mutter. Wenn ich aber las: Heraus aus der Kirche, dann sagte ich mir: nein. Ich sah keinen Grund, der Kirche fernzubleiben, ich besuchte sie regelmäßig, ohne Zwang, und inmitten der Massen, die Maiandachten beiwohnten, fühlte ich mich geborgen. Manchmal trug man Puppen in den Demonstrationszügen mit. Die hingen an einem Galgen und hatten eine Tafel mit einem Namen um den Hals gebunden. Meistens war es der Name, der daheim mit großer Achtung genannt wurde. All das beunruhigte mich.

Auch ich wäre gerne in großen Demonstrationszügen mitmarschiert, hätte gerne eine Fahne oder ein Spruchband getragen. Aber die Eltern und ich marschierten nur am Katholikentag inmitten der Massen, die über den Ring zum Heldenplatz zogen und die, wenn sie sangen, Prozessionslieder, wie zu Fronleichnam anstimmten. Ich dachte dann an die Wucht in der Bewegung der anderen und ich empfand, daß vielleicht mehr getan werden müßte, als Prozessionslieder zu singen. Offenbar dachten meine Eltern, vor allem die Mutter nicht so wie ich. Ihnen genügte die Unerschütterlichkeit ihres religiösen Glaubens.

Worte wie: Ideale oder Idealismus, habe ich im Elternhaus nie gehört. Meine Eltern hätten mit diesen Worten nichts anfangen können. Die Mutter liebte keine langen Predigten, den Kommandoton des Vaters verstand sie zu mäßigen und für Diskussionen unter Intellektuellen fehlte die Aura. Ich habe meine Standpunkte nicht aus einer sorgfältig assortierten väterlichen Bibliothek oder aus Konversationen in Mamas Salon bezogen; ich bekam sie im Elternhaus vorgelebt und von anderen eingebläut. Eingebläut im wahrsten Sinne des Wortes. Was aber letzten Endes hielt und mir Halt gab, das war das heute so umstrittene Vorbild. Das lebendige, gesunde und anhaltende Vorbild des Lebens meiner Eltern. Entscheidend wurde für mich nach eigenen Erfahrungen das, wofür sie dauernd einstanden, woran sie festhielten, was ihnen etwas bedeutete. Und: wem oder was sie ihre Treue bewahrten.

In den manchmal harten Konflikten zwischen Vater und Mutter lernte ich, zuerst mit Entsetzen, daß auch Menschen, die für mich erste und unanfechtbare Autoritäten waren, Fehler an sich haben können. Fehler, die ich als Kind instinktsicher erfaßte. Bis ich an die Hochschule kam, wußte ich , daß es Heilige gab, die sündigten, Helden, die feig waren und Eltern, die zueinander lieblos sein konnten. Diese Erkenntnis war schmerzhaft. Aber sie bewahrte mich, nachzubeten, was damals Millionen beteten, nämlich: der Führer hat immer recht. Und dieses Mißtrauen in große, starke Männer brauchte in meinem Alter angesichts eines Mao Tse-Tung erst gar nicht durch die schmähliche rote Bibelgläubigkeit der Verehrer des Großen Vorsitzenden geweckt zu werden.

Wissensmäßig war ich den Eltern, beide Abgänger einer einklassigen Landschule der achtziger Jahre, bald weit überlegen. Damit imponierte ich daheim niemandem. Es gab also Wertvolleres im Leben als bloßen Intellekt. Nie haben die Eltern ihre Überlegenheit und meine Abhängigkeit dadurch spürbar gemacht, daß sie mit den Opfern prahlten, die sie um unserer Studien willen freiwillig trugen. Erst als ich älter und einsichtiger wurde, verstand ich, daß das von mir mit der größten Selbstverständlichkeit betriebene Studium keine Selbstverständlichkeit war. Ich sah, daß unseretwegen die Eltern sich vieles versagten, was Eltern, die ihre Kinders nicht studieren ließen, sich gerne und öfters mit Freude genehmigten.

Noch war es nicht üblich, fremde Hilfe für das Fortkommen der eigenen Kinder in Anspruch zu nehmen. Der Staat erließ mir auf Grund meiner Zeugnisse ganz oder zum größten Teil das Schulgeld. Aus einer Schülerlade bekam ich die Lehrbücher. Das waren die Hilfen Dritter und sonst nichts. Meine Eltern machten nicht den Buckel krumm, um Wohltaten zu empfangen und mein Bruder und ich erlernten bald, eigene Kräfte anzuspannen, um die Hürden des Lebens zu nehmen.

In Kinder- und Jugendbüchern stieß ich oft auf eine Wendung, die mir anfangs seltsam vorkam und über die ich mich schließlich ärgerte. So hieß es da: der Bub war arm, aber fleißig oder: das Mädchen war arm, aber anständig. Das Adverb: aber, schien anzudeuten, daß unter armen Leuten Fleiß und Anständigkeit nicht die Regel waren. Und daß andererseits Kinder, die nicht arm waren eo ipso fleißig und anständig werden. Meine Skepsis gegenüber materiellem Reichtum wurde geweckt, weil ich eine Realität erlebte, aus der ich ganz andere Erfahrungen bezog.

Als ich Kindern aus besseren Häusern Nachhilfeunterricht erteilte, wurde ich gewahr, daß auch Besitz, Bildung und gesellschaftlicher Rang im Elternhaus gefährliche Notstände erzeugen können. Einige dieser Schüler hatten eine wunderschöne Mama, aber keine Mutter; sie hatten Angst, so mit den Eltern zu reden, wie ich es zu tun gewohnt war. Der scheinbar hinreißende Satz des Dichters: Erst kommt das Fressen, dann kommt die Moral, war offenbar unmoralisch. In der Wohlstandsgesellschaft, die ich als alter Mann erlebe, beweist die Statistik, daß es eine Kriminalität des Wohlstands gibt, die der Fortschrittsgläubigkeit meiner Jugendtage ins Gesicht schlägt.

Als Bub hörte ich die Witze, die man sich über Frau Pollak, Verkörperung des Neureichtums nach 1918, erzählte. Nach dem, was ich nach 1945 bei Neureichen neueren Modells an Unkultiviertheit erlebt habe, nehme ich Frau Pollak in Schutz. Daß Kulturbesitz eine gewisse Askese mit zur Voraussetzung hat, war mir eine Anschauung, die ich besaß, bevor ich Siegmund Freud kennen lernte. Neu war mir nach der Lektüre von Freuds Werken nur, daß gerade dieser Satz von vielen Freudianern offenbar vergessen oder überlesen wird. Für einen Kulturpolitiker kann es nicht Primäraufgabe sein, den Kulturschaffenden Askese zu predigen; dafür sorgen in der Industriegesellschaft schon andere Politiker. Ich habe aber als Politiker vor der Vulgärmeinung gewarnt, wonach eine Wohlstandsgesellschaft im Wohlfahrtsstaat imstande sein soll, die schöpferischen

Kräfte des Menschen dadurch zur vollen Entfaltung zu bringen, daß man dem Menschen die Risiken des Lebens abnimmt. Wer derlei Politik machen will, kennt offenbar nicht die Herausforderung jener Nöte, in denen das entstand, was man die Höchstleistungen menschlicher Schaffenskraft nennt. Freilich: in meiner Jugend habe ich keine Asketen kennen gelernt. Die meisten Menschen waren so arm, daß sie nicht einmal genug hatten, um Askese zu betreiben.

Was sich in die Klein- und Kleinstwohnungen meiner Volksschulkameraden drängte, war oft das Volk, das Maxim Gorki beschreibt. So eng der Wohnraum oft war, es mußte darin Raum geschaffen werden, um einem Zimmerherrn sein Zimmer einzuräumen. War so ein Zimmerherr in der Wohnung, dann mußten wir Kinder beim Spielen mucksmäuschenstill bleiben. Denn ein Zimmerherr, der alleinstehende Herr, dem ein Inserat ein helles, reines Zimmer in ruhiger Lage versprochen hatte, bestand darauf, nichts von jenem Kinderlärm zu hören, in dem sich die Standfestigkeit einer Mutter zu bewähren hat. Ohne das Geld des Aftermieters, wie nach dem Allgemeinen Bürgerlichen Gesetzbuch der Zimmerherr hieß, stimmte aber nicht die Haushaltsrechnung der Mutter. Zimmerherrn waren richtige Herren, verglichen mit bloßen Bettgehern. Einmal schickte mich der Lehrer in die Wohnung meines Freundes Karl, der schon tagelang die Schule schwänzte. Die Mutter, tuberkulosekrank, lag in dem einen früheren Ehebett, das in eine Ecke des Zimmers gerückt war. In der gegenüberliegenden Ecke hatte der Bettgeher seine Bettstatt. Er hatte rings um dieses Bett mit Kreide eine Demarkationslinie gezogen und er knurrte die Kinder böse an, wenn sie diese Linie überschritten. Als ich es unversehens tat, schrie er mich an: »I werd' dir die Ohr'-waschl'n aufzieh'n wia an Wecker, Raubersbua, g'scherter.« Das mit den Ohrmuscheln blieb mir im Ohr. Ich lernte, anderer Menschen Lebensräume zu respektieren.

Ich habe die Heldensagen der Alten gelesen, aber sie haben mich nicht tief beeindruckt. Weil ich mit dem so geschilderten Heldentum in meiner Umgebung wenig anfangen konnte.

In der Oberstufe der Realschule hatte ich eine Redeübung über Dostojewskis »Raskolnikow« zu halten. Sie war mein erster rhetorischer Erfolg in der Öffentlichkeit. Die Anerkennung dafür bekam ich von dem in der Klasse anwesenden Landesschulinspektor Karl Furtmüller. Nach 1945 durfte ich diesen hervorragenden sozialdemokratischen Schulmann auf dieses mein Schulerlebnis anprechen.

Angespornt durch den Eindruck der Redeübung und deren Stoff, studierte ich nachher die Werke Dostojewskis gründlicher. Ein solches Konzentrat aus einer Weltanschauung, über der, äußerlich betrachtet, eine unendliche Düsternis liegt, forderte meine Empfindungskraft oft bis zur Unausstehlichkeit heraus. In meinem Fall half dieses Erleben einer Dichtkunst, den gewissen Überhang idealisierender Lebensvorstellungen abzubauen, bevor mich das Leben selbst vollends in seine Gewalt bekam.

Dostojewskis Vorstellung vom Helden führte mich zu einem neuen Verständnis meiner Umgebung. Eine Minute, eine Stunde lang Held zu sein, das sei leichter, als in stillem Heldentum den Alltag zu tragen, schreibt der Dichter. Und dann sein Aufruf: Nehmt es nur auf euch, das Leben in diesem grauen, eintönigen Alltag, dieses Wirken, für das euch niemand lobt, dessen Heldentum niemand bemerkt, das in niemandem Interesse für euch erweckt. Wer diesen grauen Alltag, so schließt Dostojewski, erträgt und dennoch Mensch bleibt, der ist wirklich ein Held.

Es gab also, außerhalb des Christentums, diesen Humanismus. Ein Heldentum, das nicht vom Pathos der Revolution getragen wurde. Wann und wo würde ich Menschen treffen, die so heldisch dachten, wie dieser Russe, der mir ein wenig unheimlich war. Nach dem Krieg stieß ich bei der Lektüre von Maxim Gorkis Lebenserinnerungen auf einen Grad der Düsternis des Alltags, wie er selbst in den Werken Dostojewskis, die Memoiren aus der Gefangenschaft abgerechnet, selten ist. Schon eine häßliche Wunde quer über das Gesicht, die auffallen muß, könnte das Dasein des Einzelnen aus einer gräßlichen Alltäglichkeit herausheben und bemerkenswert machen, schreibt Gorki. Dieser dramatische Ausbruch, die Hinwendung zur Gewalttätigkeit des Revolutionärs, ist aber der Beginn des Verzichts auf einen Humanismus, dessen Dostojewski auch in der Abwendung von Gott fähig ist. Hier, bei Gorki, stieß ich auf die stärkste Herausforderung jenes revolutionären Prinzips, das meine Empfindungsstärke stets so sehr beeindruckt hat. Aber ich stand an zu vielen Gräbern der »anderen«, um eine Existenz bejahen zu können, deren Fundamente die Grabhügel ihrer Feinde sind.

Im Elternhaus gab es keine von Vater und Mutter erlernte und gekonnt gehandhabte Erziehung. Aber ich spürte derlei Methoden sehr früh in gewissen Büchern und später in Jugendgemeinschaften, in denen die Animateure zeigten, daß sie das von ihnen Erlernte nicht vergessen haben. Jede Lektüre hat ihren Lernertrag, auch wenn der Autor sich von vornherein gegen diesen seinen Erfolg verwahrt. Nutzanwendungen aber, die der Blinde mit dem Stock greifen kann, verdarben mir die Freude am Buch. So wie mir das Sezieren eines literarischen Werkes im Deutschunterricht oft widerlich wurde. Gegen die Erziehung der Gefühle, notwendig wie sie ist, habe ich mich besonders gesträubt. Der Bub ist bockig, sagte die Mutter.

So unpathetisch unser Gebet war, so unpathetisch war das Österreichertum, das mir vorgelebt wurde. Der Vater war Österreicher und die Mutter war Österreicherin, obwohl ich nie gehört habe, daß sie diese Bezeichnung auf sich angewendet hat. 1914, als der Krieg ausbrach, verkaufte der Vater sein elterliches Erbteil, eine schmale Riemenparzelle in einer Riede bei Sooss. Damit schieden wir endgültig aus der Riege der Haus- und Grundbesitzer aus. Mit dem Erlös des Grundstückverkaufs wurde Kriegsanleihe gezeichnet. Nach 1918 ging der Wert der Anleihe verloren. Obwohl Vater und Mutter sonst jeden Heller umdrehten, bevor sie ihn ausgaben und unnötige Ausgaben ihre harte Kritik fanden, wurde über diesen Verlust nicht mehr gesprochen.

Österreich erlernten wir nicht wie eine Lesebuchgeschichte. Es war für uns aber auch nicht die Chronique Scandaleuse, die als »Letzte Tage der Menschheit«, gedichtet von Karl Kraus, nachher abgedruckt worden ist. Wenn Karl Kraus nachher behauptet: so ist es damals gewesen, so hab er es gesehen und das hätte er gehört, dann steht diese fragwürdige geschichtliche Wahrheit in einem seltsamen Gegensatz zu jener Aufbruchstimmung, mit der Karl Kraus 1914 mitgegangen ist.

Das Österreichbild des Karl Kraus', in dem es von Leuteschindern, Feschaks, Tachinierern, Kriegsverbrechern und Kriegsgewinnern sowie von dümmlichen Patrioten, Seniliszenzen und Staatshämorhoidariern nur so wimmelt, wäre selbst mittels Galgen, Geldgendarmerie und Terror nie imstande gewesen, einen vierjährigen Vierfrontenkrieg gegen die Sieger von 1918 durchzustehen. Das verschmutzte und übermalte Bild Altösterreichs, das in den zwanziger Jahren überall herumgezeigt wurde, hat mich nicht überzeugt, sondern empört. Geschichte wurde für mich nicht Fundgrube für Ideologien, vielmehr Hilfe zur Beseitigung des klebrigen ideologischen Films, den moderne Meinungskneter zuweilen über die geschichtliche Wahrheit ziehen.

Die daheim geübte Solidarität: einer für alle, alle für einen, erlebte ich noch einmal und besonders eindrucksvoll in den letzten Lebenstagen der Mutter. Nach meiner Matura machte ich mich zum letzten Mal für den geliebten Sommeraufenthalt im Ferienheim am Wolfangsee fertig. Zehn Tage vor meiner Abfahrt in die Ferien mußte die Mutter, die selbst kein Wort über die Gefahren ihrer Gesundheit hören ließ, ins Spital gebracht werden. War es die Sorge wegen meines Feriengepäcks, war es das Wissen um die letzten Dinge ihres Lebens, ich weiß es nicht, jedenfalls wollte meine Mutter weg aus dem Spital und nach Hause. Das aber wollten die Ärzte nicht gestatten und sie hatten, wie sich bald herausstellen sollte, ihre Gründe für die Verweigerung einer Entlassung aus dem Spital. Das Ende war da.

All dessen ungeachtet befahl mir die Mutter, es war einer der wenigen strengen Befehle, die sie mir gab, ihre Kleider und Schuhe ins Spital zu bringen. Da sie an die im Depot des Spitals befindlichen Kleider nicht herankam, wollte sie die von mir gebrachten im Badezimmer anstatt der Spitalskleidung anlegen, um heimlich das Spital verlassen zu können. Als Mutter und ich tatsächlich unangefochten die Straße erreichten, geschah etwas Erstmaliges: Mutter ließ mich ein Taxi holen, wir bestiegen es und fuhren heim. In ihrer Küche setzte sie sich nieder und stützte den Kopf auf jenen Tisch, auf dem sie immer unser Essen zubereitet hatte und um den wir saßen. Dann zog sie meinen Kopf zu sich herab und küßte mich. »Jetzt ist es gut...«, sagte sie nach einer Pause. Ehe sie sich zu Bett begab, öffnete sie den Deckel des Klaviers, um ein paar Töne der Etuden zu versuchen, die sie sich selbst eingeübt hatte.

Zwei Tage nachher, zeitig am Morgen, verließ ich zusammen mit meinem Bruder unsere Wohnung. Er fuhr nach Leopoldau in die Fabrik, in der er als Ingenieur arbeitete, ich zum Bahnhof, in die Ferien. Mutter öffnete eines der Straßenfenster unserer Wohnung, in die wir aus der Hausmeisterwohnung endlich entkommen waren. Ich höre jetzt, wie sie meinem Bruder nachruft: »Hilf dem Heini tragen«. Sie meinte: das Gepäck tragen. Es waren aber die letzten Worte, die ich aus dem Mund der Mutter hörte. Unbewußt drückte sie das Prinzip aus, das in unserem Elternhaus gegolten hat.

Ich erlebte in meinem Elternhaus kein Einzelschicksal. Unzählige Menschen meiner Generation hatten so ein Elternhaus. Aber mein Elternhaus war, so wie die Kirche, Raum, der uns umgab

51

und Geborgenheit gab. Auch wenn es kein umbauter Raum war. Dieses Haus blieb mir Gegenwart. Auch dann, als es nicht mehr bestand. Es gehört zu allen meinen Häusern. Für mich sind die Tage im Elternhaus das, was Eduard Mörike in seinem Gedicht »Im Frühling« andeutet: Alte, unnennbare Tage.

Im Diskussionsjargon von heute ist derlei etwas, was zu der gewissen heilen Welt gehört, die nicht heil war; zu einer guten alten Zeit, die nie gut gewesen ist; zu Erinnerungen, die bestenfalls Modewert im Zeitalter einer Nostalgiewelle besitzen.

Im Gegensatz zu solchen Anschauungen war die Welt, aus der ich komme, nicht alt, sie war vielmehr brandneu und eben erst 1918 aus den Retorten der Sieger gekommen. Sie war das Experiment, das jetzt, in den siebziger Jahren, die Uralten wie Ernst Bloch, Hermann Marcuse und viele andere in ihrer Revolution versuchten, aber zu ihrer Zeit nicht zu Ende brachten und das sie im Kampf gegen die Generation ihrer Zeit nicht zu Ende brachten und das sie im Kampf gegen die Generation ihrer Söhne, die dieser Revolution widerstanden, mit Hilfe der Enkel vollenden möchten. Diese Welt war ganz und gar keine gute Welt, am wenigsten im Umkreis meiner Existenz. In ihr trug man Spruchbänder, auf denen in balkengroßen Lettern stand: Nie wieder Krieg. Aber hinter diesen Spruchbändern marschierten Massen, die zum Klassenkampf gedrillt wurden. In meiner Jugend war viel von Antimilitarismus zu hören, aber es wurde in allen Massenquartieren zum Kampf, zum letzten Gefecht zwecks Erkämpfung des Menschenrechts aufgerufen. Um dieses Menschenrecht zu erkämpfen, mußten in Rußland Millionen Menschen umgebracht werden.

Viel öfter als das Wort Demokratie hörte ich das Wort Diktatur. Es sollte eine Diktatur der Proletarier werden, der Kindermacher. Ich hörte und las die Reden der anderen und sie sagten mir: verbrenne, was du bisher angebetet hast und bete an, was du bisher verbrannt hast. Auch im Gebrauch dieses Bibelwortes bewährte sich die Dialektik: Gott sollte in den Feuerofen kommen, damit es die Welt ohne Gott geben kann.

Als ich im Herbst 1918 in die Erste Klasse der Allgemeinen
Volksschule für Knaben eintrat, hingen an der Stirnwand des
Klassenzimmers das Kreuz und das Bild des jungen Kaisers.
Eines Tages waren Kreuz und Kaiserbild verschwunden. Daheim blieb das Kreuz an seinem Ort. Und meine Mutter kaufte
ein Bild des Sohnes des Kaisers, der im Exil gestorben war,
und legte es zu anderen Bildern, die sie ansah, wenn sie sich
allein wähnte.
Wir, ich meine jene, die in meinem Elternhaus waren, gehörten
nicht zur großen Schar derer, die schon damals in Wien über
jene kompakte Mehrheit verfügten, aus der die heutigen Stützen der Gesellschaft gewachsen sind. Daß wir zu den Wenige-
ren und Schwächeren gehörten, erfuhren wir bald am eigenen
Leib. Damals gab es in Wien ein Boulevardblatt, das meist-
gekaufte Blatt, mit der aufgedruckten Devise: Wo es Stärkere
gibt, immer auf Seite der Schwächeren. Es war gut, daß ich das
Blatt zu Gesicht bekam. Nach Beurteilung der eigenen Lage erfuhr ich so, daß es Schwächere gab, für die dieses Blatt nichts
übrig hatte.
Es war gut, unser Elternhaus zu haben. Bis ich selbst stark genug war, um bei den Schwächeren mitzumachen.

DIE KIRCHE

Die Kirche war für mich, als ich ein Bub war, ein großes Haus, in dem ich die Bilder Gottes und seiner Heiligen sah. In der Kirche sein, hieß damals, an der Seite der Mutter die Singmesse zu hören, selbst mitzusingen und mitzubeten. Wenn ich den Kreuzweg ging oder inmitten einer großen Schar die Maiandacht erlebte, spürte ich das, was ich später Andacht nannte. Das hohe Kirchentor war jedenfalls die Schwelle, hinter der mein kindischer Unfug aufhörte.

Kirche wurde für mich nicht ängstliches Warten an bedrohlicher Nähe von Beichtstühlen. Schwarz-finstere Geistliche waren für mich nicht Kirche. Ich sah auch sie gerne: in ihren Ornaten, beim Gottesdienst. Dann staunte ich sie an und ich erfaßte mit der Zeit den Rhythmus der Messe, das geheimnisvolle Murmeln lateinischer Texte oder die gewaltige Kirchenmusik an hohen Festtagen, die emporriß. Die Kirche schien mir weder uni-form, noch uni-formierend zu sein. Jeder feierte die Messe mit, die ihn am besten auf das Geheimnis einstimmte: der eine die stille Frühmesse, der andere ein Hochamt, bei dem der lateinische Choral gesungen wurde. Daß es eine Amtskirche gibt, eine dürre Konstruktion, erfuhr ich mehr aus Büchern und in einem Lebensalter, in dem mich auch die Amtskirche nicht mehr wackelig machte in meinem Glauben.

So wie ich die Schule nicht durch das Amtszimmer des Schulwartes betrat und das Theater nicht durch die Regiekanzlei, ging auch mein Weg in die Kirche nicht über die Pfarrkanzlei, die Sakristei oder einen katholischen Verein. Die Mutter sprach zuweilen, wenn sie meinte, ich würde nicht neugierig zuhören, auch recht kritisch über Zustände in Pfarrkanzleien oder

Sakristeien. Aber sie übertrug ihren Ärger nicht auf das, was hinter dem Speisgitter geschah, wie man damals die Kommunionbank nannte. Auch darin wurde die Mutter mir Vorbild.

Daß die Kirche mit Dingen wie Ordnung und Disziplin verbunden ist, brachte mir die Gainfarner Großmutter in ihrer Manier bei. Die Art, wie sie uns Buben auf Rufweite mit Gott schon früh am Morgen brachte war drastisch. Die hier geschilderte Prozedur muß sich im Winter 1917 oder 1918 ereignet haben. Den Hochwinter verbrachte nämlich die Gainfarner Großmutter in unserer Wiener Wohnung. Für mich fing das Ganze so an:

Im Bett unter der Tuchent liegend, umgeben von einer tiefen und wohligen Dunkelheit, genoß ich einen Zustand, von dem ich wünschte, er würde nie ein Ende nehmen. Ich fand es absurd, ein Kind dieser Annehmlichkeit zu entreißen und es in die Finsternis eines kalten Wintermorgens zu jagen. In voller Deckung liegend, verdrängte ich die Ahnung, daß schon die Funzel einer winzigen Öllampe durchs Zimmer wanderte. Hätte ich durch die Tuchent sehen können, ich hätte bemerkt, daß die Großmutter schon unterwegs war, um uns Buben aus den Betten zu bringen. Die Großmutter mußte, bevor der Vater aus dem Nachtdienst heimkam, den Schlafraum in einen Tagraum, in ein Wohnzimmer verwandeln. Gegen diese unausbleibliche Tatsache kämpfte ich an, um Minuten zu gewinnen, die ich noch im Bett verbringen konnte. Aber da fing die Großmutter zu singen an. Ihr Gesang war bei weitem nicht so schön wie der der Mutter. Aber ihre Stimme war auch im hohen Alter noch stark und den Gesangstext artikulierte sie morgens mit der Schärfe, die keinen Zweifel an dem, was gesagt sein sollte, aufkommen ließ. Da ich Melodie und Text ihres als Weckruf gedachten Gesangs unzählige Male hören mußte, kannte ich den Text bald auswendig. Ich werde ihn zeitlebens nicht vergessen. Die für uns schmerzhafte Prozedur begann, indem die Großmutter ein altes Wallfahrerlied anstimmte. Die ersten Zei-

len des Textes paßten fatalerweise zur Schläfrigkeit eines Buben, wie eine Dusche auf das bettwarme Gesicht:
Auf, auf und auf!
All' Groß' und Klein'.
Wir reisen jetzt nach Gutenstein.
Zu Maria Gnadenthron,
Zu ihr und ihrem Sohn.
Die dreimalige Aufforderung, aufzustehen hörte sich so an,
wie später beim Kommiß das morgendliche Wecken: Kompanie, aufstehen! Der Text des Morgenliedes reizte meinen bübi-
schen Trotz. Weil von vornherein feststand, daß keine Notwendigkeit bestand, jetzt, mitten im Winter, Vorbereitungen
für eine Wallfahrt ins entfernte Gutenstein zu treffen. An manchen Tagen versuchte ich es, mit einem hinhaltenden Widerstand die Zeit meiner Bettruhe zu prolongieren. Ich rührte mich
nicht. Ich hoffte, der Anblick eines schlafenden unschuldigen
Kindes würde rührend wirken. Und in diesem Augenblick kam
das Verhängnis über mich. Kamen nämlich mein Bruder und
ich nicht rasch aus den Betten, dann besprengte uns die Großmutter mit einem Naß. Anfangs dachten wir, es sei Weihwasser
und das Naß gehöre zur Fortsetzung der gesanglichen Prozedur. Indessen gingen bei längerem Widerstand oft derartige
Mengen von Wasser über unsere Köpfe nieder, daß uns schließlich klar wurde: solche Mengen Weihwassers konnte der Weih-
brunnkessel, der neben der Zimmertür hing, einfach nicht fassen. Weihwasser oder nicht, die Großmutter sorgte für die Ein-
stimmigkeit auf den Tag und bekam uns aus den Betten.

In der bäuerlichen Gesellschaft gehörten Wallfahrten zum
Brauchtum und zur Einteilung des Jahres in Zeiten der Arbeit
und der Ruhe. Jeweils abgestimmt auf das Kirchenjahr. Wenn
die Zeit des Schnittes war, machte man keine Wallfahrten.
Aber um Peter und Paul, wenn die Heuernte vorbei war, ging
man los.
Für die Aufklärer und Merkantilisten im Österreich des 18.

Jahrhunderts war die Zahl der kirchlichen Feiertage zu groß. Die Feiertage hielten die bäuerliche Bevölkerung zu oft und zu lange von der produktiven Arbeit ab. In diesem Punkt dachten die Fortschrittlichen des 18. Jahrhunderts nicht viel anders als die Technokraten des 20. Jahrhunderts. Man redete nicht von Efficiency, man handelte dementsprechend schon damals.

Die tagelangen Fußreisen, die mit Wallfahrten verbunden waren, sind insbesondere Kaiser Joseph II. ein besonderer Dorn im Auge gewesen. Man merkt in den diesbezüglichen einschränkenden obrigkeitlichen Verfügungen den Duktus des ungeduldigen Kaisers. Wie so oft bei seinen Maßnahmen, hatte er auch in dieser Sache in vielen Punkten recht, im Ganzen irrte er. Denn immaterielle Werte gibt es eben, auch wenn sie in der Staatsverrechnung nicht zu Buch stehen.

So irrten die Ratgeber zum Beispiel, als sie den Direktoren der verstaatlichten Priesterseminare eingaben, sie sollten den Geistlichen mehr von Stallfütterung, Blitzableitern, Wirtschaftswegen, Pockenimpfung und dergleichen beibringen, anstatt sie Predigen zu lehren, die die Anschauungen der Zuhörer himmelwärts richten. Und es irrten jene Theologen, die meinten, die Bauern würden mehr auf ihren Pfarrer hören, wenn sie sähen, daß der Pfarrer auch ein guter, erfolgreicher Bauer ist. Je mehr Rationalismus und Materialismus damals viele Geistliche aus gelehrten und geheimen Gesellschaften in die Kirche einschleppten, desto mehr wurde die Kirche vom momentanen Zeitgeist durchsetzt. Die auch heute nicht ganz unbekannte Idee vieler Christen, sie würden der Kirche nützen, wenn sie dem jeweils herrschenden Zeitgeist zu Nutze sind, führte dazu, daß dann, wenn ein Zeitgeist abstarb, damit auch das in diesem Zeitgeist verhaftete Stück Kirche verloren ging. Das geschah im Zeitalter des Liberalkatholizismus ebenso wie später in jenem des Positiven Christentums des Nationalsozialismus und des Religiösen Sozialismus.

Wallfahrten konnte der Staat zu Zeiten eindämmen oder ganz verbieten, und manchmal scheint es, als würde dieses religiöse Brauchtum wie anderes von selbst erlöschen. Die Soosser führten den Brauch ein, in jedem Jahr im September ins Helenental bei Baden, zur Cholerakapelle zu gehen. Um für das Erlöschen der Cholera von 1830 zu danken. Wallfahrten nach Gutenstein und in das weit entfernte Maria-Zell wurden ebenfalls zu Fuß gemacht. Auch während solcher religiöser Vorhaben kam der Alltag nie zu kurz. Indem man dem Gnadenheiligtum näher kam, kam man sich untereinander näher. In Dingen, die ausgesprochen und besprochen sein wollen. Feindschaften wurden eingeebnet, Heiraten angebahnt, Grundstückstransaktionen erwogen. Und der Dorftratsch eines ganzen Jahres wurde durchgehechelt. Es konnte allerdings geschehen, daß zerstrittene Nachbarn noch störrischer heimkamen, als sie ausgezogen waren. Nicht jede während einer Wallfahrt besprochene Heirat gedieh. Und Tratsch hatte die Nachwirkung, die Tratsch behalten wird, so lange Menschen leben werden.

Wallfahrten wurden nicht aus krasser Wundergläubigkeit unternommen, eher um das zu finden, was man Trost und Erbauung nannte. Da und dort wurde Wohltätigkeit geübt, sofern sich das Wort wohl-tun im Zeitalter klagbarer Ansprüche an den Sozialstaat noch anhören läßt. Niemals aber ging es auf unseren Wallfahrten so zu, wie es ein russischer Tendenzmaler des 19. Jahrhunderts in einem populär gewordenen Kolossalgemälde drastisch illustriert hat:

Tölpelhafte, schwitzende und unter der Bürde dahinstolpernde Bauern, zerlumpt und in zerrissenen Bastschuhen, schleppten auf einem massigen Gestell eine riesige Ikone. Dieselbe Sonne, die unbarmherzig auf die in einer dichten Staubwolke daherkommenden Wallfahrer niederbrennt, gibt dem Gold der Ikonenverzierung einen flirrenden Glanz. Krüppel, Idioten, Bettler und Diebe umdrängen die Ikone, deren Schimmer vor allem auf ein aufgeputztes imposantes Frauenzimmer fällt. Plärrende Weiber folgen und andere Bauern latschen, indem sie sich ins

Unvermeidliche fügen, hinterdrein. Berittene zaristische Gendarmerie sieht auf Ordnung. Sie treibt mit Knuten den Zug an, hält ihn zusammen. Solche primitive Tendenz wird heute durchschaut und selbst in den Werken des sozialistischen Realismus nicht mehr akzeptiert.

Film, Theater und Fernsehen verbreiten die selbe Tendenz viel raffinierter, unterschwellig, wie man sagt. Immer ist es das Bild einer Amtskirche, die die Masse willenlos macht und sie mit Lüge und Gewalt zu einem Ziel treibt, das den Autoritäten des Establishments zusagt. Der Zuschauer erfährt, daß die Inhaber der Autorität zwar nicht selbst an den faulen Zauber glauben und daß sie Paramente lediglich als Antiquitäten ihrer Traumvillen schätzen; daß aber diesen Autoritäten jede Art des Wallfahrens lieber ist, als eine Demonstration, die sich selbst ihr Ziel sucht und dafür kämpft. Die moderne Tendenzkunst illustriert zeitgemäß und sie erfüllt ihre Pflicht als engagierte Kunst.

Es kann geschehen, daß auf dem Bildschirm ein Nachglanz der eben gespielten Wallfahrt sichtbar ist, während schon die nächsten Tendenz ins Bild kommt. Etwa Äußerungen primitiven kommunistischen Glaubens in China. Massen, die abwechselnd Mao-Bibeln hochrecken oder Zitate aus dieser Bibel im Takt schreien. Über dem Ganzen strahlt die Ikone der kommunistischen Ersatzreligion, diesmal das Bild Mao Tse-Tungs, ein anderes Mal das Lenins oder Trotzkis. Das Bild des Großen Vorsitzenden Mao verhält sich in seinen Ausmaßen zu der vom Tenzenmaler des 19. Jahrhunderts dargestellten Ikone wie ein Leintuch zu einer Briefmarke. Maos Bild wird nicht nur von chinesischen Kulturrevolutionären geschleppt. Es hängt in katholischen Häusern, Heimen und Studentenwohnungen. Denn es ist das Symbol eines humanen Kommunismus, an den sich manche Christen klammern wollen, um das Dritte Jahrtausend zu erreichen. Immer sind Josephiner, unruhig gewordene Österreicher, unterwegs.

Bleibender Ertrag meines Erlebens der Kirche ist eine Kirche, die überall und unter allen Umständen präsent bleibt. Ob sie mächtig ist oder unterdrückt.

Während meiner Kriegsgefangenschaft in der US-Stockade Q 5 N 71 wartete ich lange Zeit nicht auf die Heimkehr, sondern auf die Nachricht vom Überleben meiner in Wien gebliebenen Familie. Ich wußte nur, daß es in der Umgebung des Donaukanals schwere Bombardierungen gegeben hatte und daß zuletzt der Endkampf über unser Wohnviertel hinweggegangen war. Ob meine Frau und meine kleine Tochter das alles überstanden hatten, blieb fraglich. Der Gedanke quälte mich, und das entging nicht dem amerikanischen Lagerkommandanten, dessen Dolmetsch ich war.

Ich lebte inmitten der amerikanischen Mannschaft. Aber wir, die Männer in Feldgrau, waren für die Amerikaner Luft, schlechte, stinkende, nach Leichengeruch stinkende Luft. Denn es war die Zeit, in denen alle Zeitungen voll waren mit Berichten aus den eroberten KZ. Wir Gefangene waren verpflichtet, unseren Wächtern die militärische Ehrenbezeigung zu erweisen, den Wächtern aber war es ausdrücklich verboten, darauf zu erwidern. Mit der These von der verbrecherischen Kollektivschuld aller Angehörigen des Großdeutschen Reiches und der gleichzeitigen These von der völligen Schuldlosigkeit der siegreichen Alliierten wurde ein Tabu errichtet, ein Geßlerhut auf eine Stange gehängt, den jeder zu respektieren hatte.

Unserem Lagerkommandanten First Lieutenant Howard E. Woodward war es unter diesen Umständen nicht gestattet, auf die von mir endlich erhaltene Nachricht vom Überleben meiner Familie einzugehen. Zwischen uns stand der Non-Fraternizations-Bann. Der spätere Captain Woodward stammte aus Kansas, das ließ sich nicht leugnen, wenn man erst einmal seine Sprache und sein Wesen kennengelernt hatte. Er war die Verkörperung des Typs jenes Infanterieoffiziers, der lebend davongekommen war. Breite Ordensspange mit zahlreichen Battle-Stars, das herzförmige Verwundetenabzeichen und das Infan-

teriekampfabzeichen an der linken Brust. Die Freude, die ich
über die Nachricht von daheim hatte, mit mir nicht teilen zu
können, ging offensichtlich über seine Kräfte. Er ging in der
Schreibstube auf und ab, verqualmte mit seinem Pfeifenrauchen
den Raum und zog immer wieder die Stirne kraus. Endlich
schien ihm ein Gedanke gekommen zu sein. »Ich fahre morgen
zur Wallfahrtskirche in Pompei«, sagte er im dienstlichen Ton.
»Und Sie kommen mit, damit mir jemand auf meinen Jeep
aufpaßt und er nicht gestohlen wird, während ich in der Kirche
sein werde.«
Es kam anders. Ich hielt nicht Fahrzeugwache, sondern kniete
neben dem amerikanischen Offizier an der Kommunionbank.
Er in seiner tadellos gereinigten und gebügelten Sommeruniform,
ich in der gleichen Uniform. Bloß waren die von mir getragenen
Stücke giftgrün gefärbt und von den aufgemalten Buchstaben
POW, also Kriegsgefangener, übersät. Es war dies in jener Zeit
ein ganz unübliches Bild einer unzeitgemäßen Fraternisation
vor der Öffentlichkeit. Um uns waren keine Ferienreisenden in
der Kirche, die neugierig herumgucken, sondern heimische
Wallfahrer. Sie hatten ihre Anliegen nach Pompei mitgebracht,
so wie wir die unseren. Daher weder zudringliche Blicke, noch
abweisende Feindseligkeit. Von diesem Tag bewahre ich bis
heute ein Erinnerungsbildchen. Ins Italienische übertragen ist
darauf ein Wortlaut, der nichts anderes besagt als der Text
eines vergilbten Heiligenbildes, das die Großmutter 1869 in
Gutenstein bekommen hat: Ai piedi della Virgina SS. di Pompei ho pregato per voi.

Vieles von meinem katholischen Glauben verdanke ich Christen, die man einmal im katholischen Österreich die A-Katholiken genannt hat. Unter Briefen, die ich im Nachlaß der Mutter
fand, war einer, den ihr im Jahr 1920 meine damalige holländische Pflegemutter, Frau von Lenning, aus Winschoten, Gro-
ningen, geschrieben hat. In diesem, vor einem halben Jahrhundert geführten ökumenischen Gespräch der Mütter, heißt

es zunächst, meine Mutter solle sich wegen meines leiblichen Wohlergehens keine Sorge machen. Da Frau van Lenning selbst und ihre Familie evangelischen Glaubens sei, habe man ein Dienstmädchen aus Brabant aufgenommen. Das sei sehr verläßlich und werde dafür sorgen, daß ich wegen meines katholischen Glaubens nicht zu kurz komme.

Brabant, Katholizismus. Niederländische Reformatoren haben einmal die Bezeichnung Katholizismus geprägt, so wie man im alten Österreich von A-Katholiken gesprochen hat. Nachher haben Katholiken mit dem Wort Katholizismus ihren Gegenbegriff zu Protestantismus erfaßt. Man muß, so wie ich, die Denk- und die Lebensformen des holländischen Katholizismus, das beinharte Exercitium, erlebt haben, um den Aufruhr verstehen zu können, der unlängst gerade in Holland in der Kirche entstanden ist. Als ich 1954 österreichischer Kultusminister wurde, gab es in Österreich noch einen Teil der Geschichte der Reformation und Gegenreformation, der Gegenwart war: die Einstellung der Protestanten zu einem Staat, der einmal das katholische Österreich hieß. Noch immer war das sogenannte Protestantenpatent aus 1861 in Kraft, mit dem sich der Staat der liberalen Ära nicht nur Kontrollbefugnisse, sondern das Vorrecht zu Entscheidungen in innerkirchlichen Angelegenheiten der Evangelischen Kirche vorbehalten hat. Diesen Überrest eines Staatskirchentums in den Beziehungen unseres Staates zu allen Kirchen und Religionsgesellschaften zu beseitigen, war meine Absicht bei Eintritt in die Regierung. Gerade im Falle der Evangelischen Kirche ist mir das auch gelungen.

Hundert Jahre nach dem Inkrafttreten des Protestantenpatents feierte die Evangelische Kirche 1961 das Zustandekommen der neuen gesetzlichen Regelung ihrer Beziehungen zum Staat. Bei den gesetzesvorbereitenden Verhandlungen war es dazu gekommen, daß ich, wie der lutherische Landesbischof Gerhard May in seiner Festrede erwähnte, bei der Streichung der Überreste staatskirchlicher Auffassungen evangelischer als die Evangelischen gewesen sei. Derlei fiel damals noch auf. Nicht darauf hielt ich mir an einem Tag wie jenem etwas zugute, sondern auf meine Lehrmeisterin in ökumenischem Denken. Ich gedachte vor meinen evangelischen Landsleuten meiner holländischen Pflegemutter des Jahres 1920, deren Verhalten dem späteren österreichischen Kultusminister, vor allem dem Christen, Vorbild geblieben ist.

In »Betragen« hatte ich als Schüler nicht immer die beste Note. Aber nur einmal ist es geschehen, daß ich im Fach Religion die im allgemeinen leicht erreichbare Note 1 nicht bekam. Damals war ich sechzehn Jahre alt. Es ist dies ein Alter, in dem die großen Agnostiker und Atheisten der Weltgeschichte auf ihren religiösen Glauben zu verzichten pflegen. Um so großartige Dinge hat es sich in meinem Fall nicht gehandelt. Ich begann lediglich im Religionsunterricht zu disputieren und dabei mit Meinungen aufzutrumpfen, die mir von dritter Seite eingegeben worden waren.

Monsignore Franz Lang, der bei uns Religion unterrichtete, war ein geistig und körperlich regsamer Mann. Wenn er sonntags die Schulmesse zelebrierte, sahen wir, wenn er das Knie beugte, unter der Soutane die Skihose. Und Monsignore Lang war nicht nur in sportlichen Dingen vielen seiner Kollegen voraus. Übers Grab hinaus danke ich ihm für die Duldsamkeit und für die Geduld, mit denen er im Unterricht auf Streitthemen einging.

Nur ein einziges Mal riß ihm der Faden der Geduld, nachdem ich bis zur Erschöpfung die Frage gestellt hatte, warum der Papst sei Jahrhunderten ein Italiener sei. Monsignore warf seinen Schlüsselbund, den er während der Diskussion in der Hand hatte, zu Boden, der Ring zerbrach und wir alle stürzten aus den Bänken, um die Schlüssel wieder einzusammeln. Für mich entstand eine beschämende Situation. Ich stand nämlich am Schluß der Szene vereinsamt in der Klasse da. In einer Klasse, deren Solidarität eisern war. Ich wußte, daß im Klassenzimmer nicht wenige saßen, die in dem fraglichen Punkt viel radikaler

dachten, als ich es geäußert hatte; die mit ihrem Glauben längst
fertig waren. Die aber die Note 1 im Fach Religion nicht aufs
Spiel setzen wollten, weil sie auf jenes Plus an besten Noten
mit angerechnet wurden, das das Gesamtkalkül vorzüglich ergab. Die Frage, warum der Papst zuletzt immer ein Italiener
sei, wurde im Umkreis des Zweiten Vatikanischen Konzils viel
gründlicher, sicher zum Teil mit weniger Offenheit ventiliert,
als ich es 1928 in einem Klassenzimmer getan habe. Längst ist
das geistige Klima in der freien Welt entnationalisiert und dennoch liegt das fragliche Thema, eine Generation später, auf dem
Tisch. Weil es dabei nicht um die natio geht, sondern um das
Papsttum, um den Fels, von dem Christus gesprochen hat.
Übrigens: Ich bekam die Note 2 in Religion nicht wegen des
zerbrochenen Schlüsselbundes und auch nicht wegen meiner Ansicht in der Streitfrage. Monsignore Lang gab mir die Lektion
puncto Disziplin im Dialog. Etwas, das damals zwar nicht zum
Lehrgegenstand gehörte, aber eine Lehre wert war. Wenn ich
im päpstlichen Wappen die Schlüssel sehe, denke ich zuweilen
an die Schlüssel Monsignore Langs und an die Lektion, die er
mir gab.

In den Jahren, in denen Buben anfangen, den Glauben der
Kindertage abzustreifen, bekam mein CREDO eine unerwartete Stärkung. Während meiner Schulzeit habe ich dank einer
Hilfsaktion insgesamt anderthalb Jahre in Holland verbracht.
Die erste Zeit davon, wie erwähnt, im protestantischen Norden, die übrige Zeit im katholischen Süden des Landes. Als ich
in die große Kinderschar des Bauern und Pächters Hendrik
Schevers in Schijndel, Nordbrabant, aufgenommen wurde, hatte eben einer der Söhne sein Theologiestudium begonnen. Von
den insgesamt zwölf Kindern wurden zwei Söhne Priester,
zwei Töchter Klosterschwestern. Noch war es nicht so weit und
von den Zwölfen fehlte der Bäuerin zunächst nur einer bei
Tisch. So kam ich neben sie zu sitzen, und es tat gut neben
der Bäuerin den Platz zu haben. Denn meistens aßen alle aus

einem Topf oder einer Pfanne und der Kleinste brauchte schon die Unterstützung der Mutter, um nicht leer auszugehen. Dafür sorgte Mutter Schevers. Sie war Mutter, so gut wie Frau van Lenning. Keine Dame, sondern eine holländische Bäuerin mit der ganzen Herzhaftigkeit, die die spätere Kronprinzessin Beatrix der Niederlande auszeichnet und sympathisch macht.

In meiner Erinnerung steht der geschlossene Block der Backsteinkirche von Schijndel. Sonntags ging ich mit meiner jüngsten Pflegeschwester den weiten Weg quer durch Felder und Wiesen zur Kirche. Der Platz vor der Kirche war an Sonntagen schwarz von Männern, die zu ihrem Festtagsstaat noch meistens Klompen, Holzschuhe, trugen. Leider wurde ich mit größter Eile durch diese Männerrunde und hinein in die Kirche geschleust. Die Männer hatten das unausrottbare Vorrecht, erst nach dem damals noch üblichen Stufengebet die Kirche zu stürmen. Der Krach, den sie mit den Holzschuhen auf den Steinplatten des Kirchenbodens verursachten, war gewaltig. Er wiederholte sich regelmäßig, wenn sich diese Stehplatzbesucher niederknieten oder vom Knien aufstanden. Der Lärm und die nachfolgende tiefe Stille machten auf mich großen Eindruck. Auf mich, der ich unter dem regulären Kirchenvolk kniete.

Donders hieß der Pfarrer von Schijndel. Und er war ein Donnerschlag, besonders wenn er predigte. Später habe ich eine malerische Darstellung der sieben Todsünden gesehen. Verglichen mit der sprachlichen Bewältigung desselben Themas, wie es Pastor Donders hinkriegte, war die Kunst des Malers eine blasse Andeutung langweiliger Sündhaftigkeit. Ich habe viele später gedruckte Predigten berühmter Kanzelredner gehört. An sich paßt das Wort Rede nicht zum Begriff Priester und Kanzel. Wie immer: das übliche Lob, einer könne reden, wie gedruckt, führt auf eine falsche Fährte und paßte jedenfalls nicht zum Wortgebrauch des Pfarrers von Schijndel. Diese Diskrepanz kann jeder bemerken, der eine Predigt gehört hat und nachher deren Bandaufnahme abspielt. Selbst das Tonband ist nicht imstande, das festzuhalten und zu reproduzieren, was das eigentliche Erlebnis im Moment der Predigt ist. Wenn im Mittelalter bedeutende Volksprediger in lateinischer Sprache in Deutschland predigen und größten Eindruck hinterließen, dann deutet dieses Phänomen an, was eine Predigt ausmacht.

Jede Rede ist ein einmaliges und unwiederholbares Ereignis. Darin unterscheidet sie sich vom theatralischen Gebrauch der Sprache, der unter dem Gesetz eines literarischen Fremdwerkes sowie der Regie steht. Warum ist die Rede eines wenig sprachgewandten Redners im Vergleich zur geschulten Sprechweise eines Rundfunksprechers noch immer zuweilen sinnfälliger und packender? Weil bei der Spontaneität einer Rede der Zuhörer Zeuge der Vorgänge im Inneren des Redners wird. Er erlebt die momentane Wortfindung, die der Eingebung des Komponisten gleicht. Er macht das Ringen um Formulierungen und um den Stimmausdruck mit. Und er wird mitgerissen von der Polemik, die unausgesprochen zwischen dem Redner und dem Zuhörer hin und her geht. Der Beifall und das Nein der Zuhörer sind deren Waffen im Kampf mit dem Redner, sind das Feuer, das zur Bewegtheit seiner Worte gehört.

Die parlamentarische Formel: das Wort hat der Abgeordnete ... händigt dem Redner die Chance aus, die er mit seiner Wortmeldung haben will. Da nun aus bestimmten Gründen viele Parlamentarier nicht ihr Wort hic et nunc gebrauchen, sondern das in einem Manuskript erstarrte Wort oder das von einem Dritten geliehene Wort, ist der Sinn des Parlaments abhanden gekommen.

Das altfranzösische Wort parlement kommt vom Tätigkeitswort parler, was heißt: sprechen, reden, aber nicht: lesen oder vortragen. Wo zwischenmenschliche Beziehungen auf den Austausch vorbereiteter Statements abgestellt sind, entsteht ein Vakuum. Instinktiv hoffen Millionen von Menschen, auf sogenannte Gipfelgespräche, in denen die echte Gezweiung stattfindet, in der man sich gegenseitig das Anderssein zugesteht.

Der Pfarrer von Schijndel warf geballte Ladungen unter seine Bauern, wenn er auf der Kanzel stand. Das orientalische Sprichwort: eilfertig betritt der Prediger die Kanzel, doch nur ungern verläßt er die Stätte des Wortes, galt nicht für Pfarrer Donders. Als ein holländischer Kaskop wußte er, wieviel Zeit er hatte, um seinen Sprengstoff in die Kaskoeppe seiner Zuhörer zu befördern. Er war körperlich und geistig gesund, keineswegs der Typ jenes Intellektuellen, der sonntags die Kanzel mit dem Liegebett eines Psychiaters verwechselt. Wahrscheinlich hätte er sich geschämt, sich bei seinen Gäubigen in aller Stille einzuschleichen. Er klopfte fest an die Tür, ging geradewegs hinein und kümmerte sich zuweilen nicht, ob sein Kommen sehr willkommen war. Im Ganzen war seine meist kurze Predigt kein rhetorisches Meisterwerk. Sie war, wie ich das später bei anderen Predigern beobachtete, ein Stück Volkskunst, ursprünglich wie Volksmusik im Vergleich zur Höhe vollendeter Klassik. Da gab es keine Chiffren, die niemand zu dechiffrieren, und keinen Rebus, den niemand auflösen könnte. Was gesagt wurde, kam mit wünschenswerter Klarheit von der Kanzel herab. Ein Beispiel der Rede des Pfarrers von Schijndel ist mir unvergessen. Denn diese Rede ging mich an.

Während des Erstkommunionsunterrichts, den er mir an Hand des deutschsprachigen Katechismus gab, kam Pfarrer Donders dahinter, daß ich mein Morgen- und Abendgebet im Bett liegend sprach. »Im Bett!«, donnerte er. »Solche Gebete gehen in die Tuchent. Wer zu Gott beten will, der stehe auf oder knie sich nieder.« Das Gebet ist eine fromme Erhebung der Seele zu Gott und kein Einschläferungsmittel. Beim Pfarrer von Schijndel habe ich meinen Katechismus gelernt.

Über das innere Kirchentor hatte Pfarrer Donders mit Zierschrift folgende Inschrift anbringen lassen:

Spüwt niet op de ground.

Hebt eerbied voor Gods huis.

Den ersten Satz dieser Aufforderung, der einen mehr hygienischen Sinn hat, lasse ich unübersetzt. Der Leser wird die Bedeutung erraten. Der zweite Satz, betreffend Gott und seine Kirche, war gemeinverständlich. Die Freunde eines saftigen Priems wurden damit an einschlägige Verbote ihrer Bäuerinnen erinnert. Viele Bauern rauchten damals ihren Tabak nicht, sie kauten ihn. Und sie gingen damit, wie mit allem, sparsam um. War sonntags ihr Stehkonvent vor der Kirche zuende, dann legten sie einen halbgekauten Priem auf einen Mauervorsprung der Kirche. Diese Deponate waren tabu. Als ich einmal meine Pflegemutter wegen dieses mir widerlichen Brauchs fragte, schnitt sie mir mit zwei Worten die Rede ab: »Moet niet!« Was bedeutete; Laß das. Nicht jeder Bauer trennte sich von seinem Priem, bevor er in die Kirche ging. Daher der Spruch über dem Kirchentor. Der Pfarrer von Schijndel stand mitten im Leben. Wenn Priemen, dann Priemen, wenn Beten, dann Beten. Er hatte etwas von der Weisheit einer großen Heiligen an sich, die allerdings eine adelige Dame war und die zu ihrer Zeit von dem Zusammenhang zwischen einer köstlichen Geflügelspeise und dem Beten gesprochen hat.

Mit Theologieprofessoren kam ich nicht immer zurecht. Umso dankbarer bin ich den Pfarrern, die ich erlebte und von denen einige meine Freunde wurden. Der große Patriarch von Konstantinopel Athenagoras war zwar kein Pfarrer, indessen hatte auch er Vorbehalte gegenüber Theologen. Während einer langen Unterredung, die er mir und meinem hochgelehrten Begleiter im Phanar gewährte, wiederholte er mehrmals und jeweils mit einem Seitenblick auf meinen Nachbarn: »Gäbe es keine Theologen, wir wären längst die eine Kirche«. Die lange Heimreise nach Wien benützte mein Begleiter, mir zu erklären, daß ohne die Theologen die Kirche im Wandel der Zeiten nie hätte bestehen können. Wenn ich recht verstanden habe, dann ist es die Aufgabe der Theologen, jene Paßstücke zu liefern, mit denen das Unwandelbare sich mit dem ständigen Wandel des Wahrheitsverständnisses fügt. Ich aber hatte während des Flugs den Haken vor Augen, der heute noch im Torbogen des niedergebrannten Phanars eines Vorgängers Athenagoras steckt und an dem ein Mob besagten Vorgänger aufgeknüpft hat. Unter dieser Pforte dachte ich an die Pforten der Hölle und an das Versprechen Christi, daß diese Pforten seine Kirche nicht überwältigen werden können. Beruhigt hörte ich den weiteren Ausführungen meines Reisebegleiters zu.

Meine Jugend fiel in eine Zeit, in der die ursprüngliche Neugierde am Zuhören und Zuschauen noch nicht via Hörfunk und Fernsehen gestillt wurde. Es gab noch keine Starprediger und keine priesterlichen Fernsehstars. Das Kirchenvolk ging oft eine Stunde und mehr, um eine gute Predigt zu hören. In Wien, Neumargarethen, inmitten den von der sozialdemokratischen Stadtverwaltung für ihre Parteigänger erbauten Wohnhäuser predigte in einer Notkirche ein alternder Pfarrer. Die Kirche war so prunkvoll wie ein Flugzeughangar. Der Pfarrer hieß Johann Stadler. Mich beeindruckten seine Predigten, weil er, von einer bis aufs Blut verfeindeten Umwelt eingekreist, für sein armes Kirchenvolk über die Nöte sprach, mit denen sie — oft von weit her — in seine Kirche kamen. Dabei schlug er sich nicht im Vorfeld des Politischen herum, er ging den Zweifelnden und Verzweifelten nach, deren es genug gab. Wenn so oft gesagt wird, die Kirche sei die Kirche der Reichen, dann kann ich dem nur entgegenhalten, ich habe zeitlebens mehr Arme in der Kirche getroffen. In der Kirche des Pfarrers Stadler gab es jedenfalls keine Reichen. Für diese Armen war Pfarrer Stadler ein positiver Held. Kein Grübler, der den Menschen noch mehr Fragwürdigkeiten aufbürdete, als sie ohnedies in die Kirche mitbrachten. Auch keiner von den Selbstgewissen. Der Pfarrer von Neumargarethen war ein demütiger Mensch, dessen Menschlichkeit in einer Zeitwende, als die politischen Verhältnisse schon bis zum Zerreißen gespannt waren, katholisch, was heißt: ein Ganzes bildend, gewirkt hat.

Nach dem Pfarrer von Schijndel und dem Pfarrer von Neumargarethen lernte ich während meiner Studentenzeit den damaligen Pfarrer von Gumpoldskirchen Emeran Heske kennen.

Dieser Pfarrer inmitten der blühenden Weinberge von Gumpoldskirchen kam aus den Bergen Schlesiens, auf denen ein Wein wächst, über den ich wegen meiner Sympathie für die Schlesier kein weiteres Wort sage. So nüchtern wie viele seiner Landsleute aus seiner alten Heimat war mein väterlicher Freund Emeran nun nicht. Es gab Gedichte von ihm, die er selbst vortrug und er hatte genug Humor, um zu der mäßigen Qualität seiner Poesie auch die Selbstpersiflage zu liefern. Er gehörte zu den ersten, deren man sich 1938 nach dem Umbruch versicherte, um ihn von seinem Posten zu verjagen. Während des Krieges besuchte ich Freund Emeran in seiner neuen Pfarre. Sie lag im Marchfeld, unweit der Rieden einer Weinsorte, deren Qualität zwar mit dem Gumpoldskirchner keinen Vergleich aushält, die aber auch etwas in sich hat. Auf meine besorgte Frage: »Wie geht es Dir denn, Emeran?«, erwiderte der Pfarrer von Spanberg: »Schlecht. Denn ich darf nur mehr das reine Wort Gottes predigen.« Und dann, nach einer Pause: »Keine Angst, sie greifen mich schon noch.« Als ich betreten schwieg, klopfte mir der Pfarrer auf die Schulter und schloß: »Es ist schon gut so. Man soll einmal sagen, der Emeran ist zum Schluß als Pfarrer eingesperrt worden und nicht wegen seiner Politik.«

1932, in meinem dritten Hochschulsemester, traf ich zum ersten Mal den damaligen Hochschulseelsorger Dr. Karl Rudolf. Es geschah dies in den ärmlichen Räumen des Katholischen Studentensekretariats in der Wiener Josefstadt. Zwischen den beiden Weltkriegen wurden Doktor Rudolf mit seiner geistigen Ausstrahlung der nie mehr erreichte Betreuer für uns alle. Schon tauchten im politischen Wetterleuchten der frühen dreißiger Jahre scharf unterschiedene Typen auf, die auf tiefe Risse im österreichischen Katholizismus hindeuteten: Bundeskanzler Engelbert Dollfuß, der am 25. Juli 1934 von Nationalsozialisten ermordet wurde. Wilhelm Wolf, der geistvolle Mentor der katholischen Studentenschaft von damals und später Außenminister im Anschlußkabinett Seyss-Inquart. Und Ernst Karl Winter, Vizebürgermeister von Wien in der Ära Dollfuß, von dem die früheste Formel des Linkskatholizismus in Österreich stammt: Rechts stehen, links denken. Doktor Rudolf hielt für das junge Volk dieser in sich zerrissenen Epoche das, was man einmal im Deutschen Recht Heimgehrecht nannte, im religiösen Kernbereich parat. Das half uns, den Glauben zu bewahren. Es war damals, als wir zu Beginn des Bürgerkrieges in Spanien, 1936, mit Entsetzen sahen, daß in diesem Krieg Katholiken auf Katholiken schossen, weil sie glaubten, ihr Glaube gäbe diesen Schießbefehl. Es kam die Zeit, in der auch in Österreich junge Katholiken von Werken der katholischen Dichter Bernanos, Maritain und Mauriac tief beeindruckt wurden. Dichter, die in Spanien von den Roten für sich reklamiert wurden. Ehe noch das zwischen uns vollends aufriß, was eine Generation als ein Aufruhr die Kirche durchtobte, kamen die Ereignisse des Jahres 1938 über uns. Jetzt waren wir alle im Feuerofen. Was vor 1938 die Katholische Aktion begonnen hatte, vollendete nachher die Gestapo: die Auflösung des blühenden katholischen Vereins- und Verbindungswesens. Eine ganz neuartige Gemeinschaft katholischer Intellektueller entstand damals im sakralen Raum, wo der Priester, Professor und zeitkritische Betrachter Otto Mauer zuerst hervortrat.

Aus Krieg und Kriegsgefangenschaft habe ich nach unzähligen Filzungen in Sammel-, Transport-, Arbeits- und Entlassungslagern mein Katholisches Feldgesangsbuch, Heeres-Dienstvorschrift 372, heimgebracht. Ich habe es in der linken Brusttasche getragen und der ganze Schweiß, der das von den Amis abgenommene Soldbuch durchtränkte, hat auch dieses so ganz und gar unkriegerische Buch in sich. Monatelang hatte ich das kaum handgroße Ding als einzigen Lesestoff. Es hat mich gelehrt, wie wenig Lesestoff man braucht, um immer wieder zu meditieren. 1945 widmete Papst Pius XII. den deutschen Kriegsgefangenen in Italien ein Gebetbuch. Das Vorwort schrieb der Papst selbst

in deutscher Sprache. In jener Sprache, die damals viele eine
Zeit lang vergessen haben oder nur voller Verachtung und für
Schimpfworte gebrauchten. Ich erinnere mich des Zitats eines
Satzes von Gorch Fock, das am Anfang des Gebetbuches stand:
Ich weiß nicht, wohin mich Gott führt, aber ich weiß, daß er
mich führt. Um diese Zeit verteilte auch die Ökumenische Kom-
mission eine Ausgabe des Neuen Testaments, die im Zwingli-
Verlag in Zürich gedruckt worden war. Die vorgeschriebene Er-
laubnis zum Lesen dieses von meiner Kirche nicht autorisierten
Textes hatte ich nicht. Heute haben evangelische und katholische Christen ein und dieselbe Textausgabe. Aus vielen, weit
auseinanderliegenden und oft dürftigen Quellen, kam das
dünne Gerinnsel der Ökumenischen Bewegung der christlichen
Kirchen von heute zusammen.
Wieviel sogenannten A-Katholiken ich es danke, katholisch geblieben zu sein, ich weiß es nicht. Waren es früher evangelische
Christen, so sind es mir im Alter Christen der Ostkirchen gewesen, die mir halfen, den Intellekt aus dem Glauben zu bän-
digen. Der Haken im alten Phanar hakte in mir ein.

Gerade in Extremverhältnissen blitzte auf, was das Ewige ist.
Als Kriegsgefangener der USA erlebte ich, daß mir der T 5 der
US-Army, Rocco Pacchiucco, anvertraute, er habe Schwierigkei-
ten mit seiner Heirat. Zwar seien seine Eltern und die seiner
Braut aus Neapel gebürtig, indessen lebten seine Eltern im
Slum von New York, die der Braut nach wie vor in der Haupt-
stadt des alten Königreichs Beider Siziliens. Und die Eltern der
Braut hätten herausbekommen, daß es mit dem religiösen Glau-
ben des T 5 (Technical Sergeant) der USA nicht weit her sei.
Das passe ihnen nicht und noch weniger die Tatsache, daß er,
Rocco, nicht gefirmt sei. Rocco schämte sich, mit diesem Pro-
blem seinen Army-Chaplain anzugehen und so entschloß er
sich, ohne Wissen seiner Kameraden die Firmung nachzuholen.
Für diesen Fall sollte ich, POW Drimmel Heinrich, Uffz., 81
G-740705, sein Pate sein. Ob er in Zivil zur Firmung gehen

73

würde, fragte ich Rocco. Nein, dazu müsse er um Erlaubnis einkommen und dabei würde alles auffliegen. Ob er glaube, ich, in meiner giftgrün eingefärbten Uniform, übersät mit den Buchstaben POW, könnte ein repräsentativer Pate sein, erwiderte ich? Niemand würde in der Kirche Anstoß nehmen. Ich sagte zu.

So kam der Tag, an dem Rocco und ich in der Bischofskirche standen. Er in einer etwas schmuddeligen US-Army Uniform, ich in der gleichen Uniform, Modell giftgrün. Ich legte die rechte Hand auf die Schulter meines Firmlings und es geschah alles, was ich selbst als Firmling und später als prominenter Firmgöd erlebt habe. So wie in der Wallfahrtskirche von Pompei gab es keine Aufsehen. Erst in der Sakristei entwickelte sich unter lebhafter Beteiligung aller anderen Firmgöde eine lebhafte Diskussion. Nach meinem Beruf gefragt, sagte ich: POW. Der Schreiber erwiderte unter dem Beifall der Umstehenden, das sei kein Beruf, sondern ein Unglück. Und wir wurden uns einig, damals in der Sakristei in Neapel, im Stützpunkt dessen, was man nur Amtskirche nennt: wir alle sind Christen.

In der Reihe der Pfarrer, die mich nach dem Krieg auf langen und gefährlichen Wegstrecken begleitet haben, ragt der Dompfarrer von St. Stephan, Karl Rafael Dorr hervor. Im Unterschied zu mir aus der reformfreudigen Neulandbewegung der Zwischenkriegszeit hervorgegangen, gelang es ihm, so wie es Doktor Rudolf einmal unter den Gebildeten verstanden hatte, die große Schar der Christen aus allen Zerstreuungen der Zeit zurückzuholen. Der im Krieg zerstörte Dom, dessen Wiederaufbau mit dem Namen Dorr verbunden ist, war zu seiner Zeit noch nicht bloßer Anziehungspunkt und Rastplatz für Touristen. Dompfarrer Dorr machte ihn zu einem Mittelpunkt moderner Großstadtseelsorge. Und die Wiener fingen an, den Dom nicht nur bei Firmungen aufzusuchen, sondern dann, wenn »der Dorr« predigte.

Es war dies die Zeit, in der, von Fall zu Fall, auf einem der riesig großen Plätzen einer Stadt ein von weither gekommener Geistlicher, dem der Ruf eines wortgewaltigen Redners vorausging, seine Stimme aus Lautsprechern erschallen ließ. Ein sogenanntes MG Gottes, ein Starprediger. Das war dann ein wahres Feuerwerk in der Nacht, die über den noch schlecht beleuchteten, kriegszerstörten Städten lag. Und wenn die letzte Rakete der feurigen Rede verglommen war, blieb es wieder bei der Notbeleuchtung. Und alte Pfarrer und junge Kapläne mußten sich im Tagwerk abmühen, daß die Kirche in der Stadt blieb.

Dorr alarmierte nicht. Er hatte viel Humor und Witz. Er war theologisch gründlich geschult. Und er hatte so gar nicht jene Eigenschaft, die man gerne einem sogenannten Hetzpfaffen anhängt. Ihm gelang es, Menschen einander näherzubringen, die oft sehr unterschiedlicher Herkunft waren. Mancher katholische Integralist oder Loyalist wunderte sich über gewisse Böcke in der Herde des Dompfarrers. Die Frage: Was, der auch? ging hinter dem Rücken des Pfarrers, der es eben mit dem einen Schaf hielt, das sich in der Wüste verlaufen hatte, weil er sich der neunundneunzig anderen gewiß sein durfte. Er durfte das.

Karl Rafael Dorr war einer der wenigen Menschen, die es in Kreisen von Priestern, Staatsmännern, Politikern, Wirtschaftsführern und Funktionären von Interessenvertretungen geben muß, soll der Apparat nicht total funktionieren. Menschen, die auf Anruf für andere Menschen da sind. Die scheinbar auf den Anruf gewartet haben, die offenbar immer Zeit für andere haben und aus deren Stimme man nicht den Ärger wegen der quälenden Störung inmitten unaufschiebbarer Arbeit heraushört. Die auch nicht die Stehsätze eines Public Relations Officer abhaspeln oder es verstehen, den sogenannten Fall unversehens in der Masse gleichgelagerter Fälle zu deponieren. Dorr wußte das offene Geheimnis, daß von jedem Kummer fast die Hälfte allein im Gespräch von Mensch zu Mensch wegschmelzen kann und so der Rest oft lösbar wird. Als Karl Rafael

Dorr 1964 starb, stand schon die gefährliche Westwetterfront über dem Katholizismus in Österreich.

Nach 1945 kam eine umfassende Gemeinschaft katholischer Studenten und Altakademiker in Österreich nicht mehr zustande. Der in den Auseinandersetzungen mit dem Nationalsozialismus erstarkte Linkskatholizismus trat immer stärker hervor.

Die bereits erwähnten Ideen Ernst Karl Winters wurden vor allem von Karl Maria Knoll, 1963 verstorben, schärfer profiliert und auf aktuelle Probleme bezogen. Kurz vor seinem Tod, ehe noch die ersten Wellen der New Left und der Marx-Renaissance der sechziger Jahre Österreich erreichten, schloß Knoll sein Lebenswerk in einer kritischen Auseinandersetzung mit dem Naturrecht ab. Immer muß der Typus Spartakus zum Typus Paulus treten, forderte Knoll, denn ohne Spartakus ist Paulus Resignation oder Paravant, Verzicht auf Besserstellung oder Wandschirm der herrschenden Klasse. Zehn Jahre später, 1973, ging Karl Rahner diesen Weg zu Ende. In dem von ihm herausgegebenen Theologischen Taschenlexikon wird die Solidarisierung von Christentum und Marxismus aufgezeigt. Verbliebene Differenzen sollen nach Rahner, Jesuit, lange Jahre Theologieprofessor in Innsbruck, von vielen als Doyen unter den katholischen Theologen des deutschen Sprachraums angesehen, in unserer Gegenwart eher praktisch als theoretisch vermittelt werden.

Monsignore Otto Mauer, der angeblich um 1950 wegen eines Naheverhältnisses zur Österreichischen Volkspartei als ein politisierender Geistlicher vom Amt des Koadjutors für Theodor Kardinal Innitzer ausgeschlossen wurde, befand sich um diese Zeit in einer Konfrontation mit Karl Maria Knoll. Später machte er die Rochade nach links mit. Er starb 1963 nach heftigen Anklagen gegen einen Katholizismus, der sich den im Anschluß an Marx entstandenen Philosophien verschlossen hat.

Vor mir, auf dem Bücherbord meiner Wohnung, stehen nebeneinander die Fotografien des Papstes Johannes XXIII. und des US-Präsidenten Abraham Lincoln, welch letzterer im technischen Sinn konfessionslos gewesen ist. Das Bild des noch bartlosen Lincolns ist ein Abzug von einer noch vorhandenen Originalplatte. Es liegt also ein bißchen von dem Licht darauf, das zu Lebzeiten von Lincoln ausging. Das Bild des Heiligen Vaters ist das offizielle Geschenk an den österreichischen Kultusminister des Jahres 1962. Eine Erinnerung an langwierige Bemühungen, zur Lösung der Konkordatsfrage in der Zweiten Republik.

Ob wohl der verstorbene Heilige Vater etwas dagegen hat, daß er in meiner Wohnung in eine so seltsame Nachbarschaft mit dem konfessionslosen amerikanischen Politiker geriet? Ich glaube nicht. Ich habe beide Bilder immer gerne um mich gehabt, weil sie mich an notwendige Eigenschaften erinnern, die mir zuweilen sehr abgehen: Geduld und Duldsamkeit. In diesem Jahr 1974 werden in Nahost Knoten, die im Politischen immer wieder entstehen, nicht behutsam und mit Geschick gelöst, sonder wieder mit dem Schwert durchhauen. Und wenn diese Zeilen in Druck erscheinen werden, wird die Menschheit schon mehr über die fatalen Auswirkungen wissen, die entstehen, wenn einmal der gordische Knoten durchhauen ist. Die Menschheit. Und also auch die Österreicher, die nicht länger in einer Welt leben, in der sie gelassen Hochzeit machen, während andere Krieg führen.

Ich habe die Tage jenes gewaltigen Ansehens erlebt, das Papst Pius XII. zu seinen Lebzeiten genossen hat. Eine Stunde lang ging das Donnerwetter dieses Papstes über mich her, als ich ihn als österreichischer Kultusminister der Wahrheit gemäß aufmerksam machte, daß das Dollfuß-Konkordat in der Zweiten Republik nicht mit Majorsmethoden zur Anwendung gebracht werden könne. Daß man sukzessive Teillösungen angehen müsse, wie es dann auch geschehen ist. Und doch blieb mir von dieser Stunde das Wort des Papstes zum Abschied, nicht das Donnerwetter, in Erinnerung, ein Wort, durch das Humor blitzte. Als mir der Papst, wie üblich, Rosenkränze für meine Angehörigen mitgab, stammelte ich: »So viele, Heiliger Vater. Man wird glauben, ich habe den Vatikan geplündert.« Der Papst lächelte und erwiderte, wohl in Erinnerung an die Anwesenheit der Landsknechte im Vatikan: »Das mag schon vorgekommen sein.«

»Es gibt in Rom niemanden, der mehr tot wäre, als Pius XII.« Mit diesen Worten empfing mich ein römischer Gewährsmann, als ich zur Inthronisation des Papstes Johannes XXIII. nach Rom kam. Die Formulierung überraschte mich, denn mein Gewährsmann hatte noch unlängst an einem Sammelband mitgearbeitet, in welchem die Persönlichkeit des verstorbenen Papstes herausgestrichen wurde. Indessen: was war schon die Sottise des klerikalen Diplomaten, verglichen mit den brutalen Verunglimpfungen, mit denen nachher die Linkskatholiken meiner Heimat, Priester und Laien, über Pius XII. herzogen.

Beim Tode Pius XII. war ich noch nicht so alt, um fürchten zu müssen, eine gerechte Beurteilung des historischen Wirkens dieses Papstes in der Ära des Zweiten Weltkriegs nicht mehr zu erleben. Ich erlebe heute tatsächlich die Revision des Urteils, das eine kurzatmige Zeitgeschichte über Pius XII. gefällt hat. Begegnungen mit Pius XII. und Johannes XXIII. stehen nebeneinander in meiner Erinnerung. Pius XII. ließ mich in meiner Konkordatspolitik gewähren, Johannes XXIII. ermutigte mich darin. Als sogenannter klerikaler Politiker habe auch ich erlebt, daß die Kirche bei vielen politischen Begräbnissen von Politikern und Staatsmännern mitgeht und daß sie dabei zu achten hat, daß sie nicht selbst in den Sarg zu liegen kommt. Ein Klerikaler, der derlei nicht auf sich nehmen will, soll sich besser ein anderes Los aussuchen, als das eines klerikalen Politikers. Was mich aber als Katholiken beeindruckte, ist die Größe der Kirche, die in sich so scharf profilierte Persönlichkeiten wie Pius XII. und Johannes XXIII. Raum in einem unzerreißbaren Continuum gewähren kann.

Zur Inthronisation des Papstes Pauls VI. reiste ich mit einer Regierungsdelegation, in der ich, wie Ministerrat, Nachbar meines sozialistischen Kollegen, des Justizministers Christian Broda, war. Zum ersten Mal fand die Feier vor dem Dom, auf dem Petersplatz statt. Als zu Beginn der Zeremonie der neugewählte Papst als erstes mit den Worten: Sic transit gloria mundi, begrüßt wurde, sahen wir, mein Kollege Broda und ich, einander an. Wir verstanden uns und waren wohl gleich beeindruckt.

Das Continuum im Religiösen, nicht eine gewisse Ausrichtung für das Politische, wurde der Haltepunkt, oder wie ich es mit einem Fremdwort nenne: der Pivot meines Lebens. Ich fand es befreiend, im Katholizismus nicht auf diverse Meinungen klerikaler oder laikaler Intellektueller angewiesen zu sein, sondern auf eine Wahrheit, die absolut ungeschichtlich ist, bauen zu können.

Die stillen Messen, die Roraten in der Adventzeit und die stumme Betrachtung im Aufblick zu dem Schönen, das die christliche Kunst dem Wahren geweiht hat, brachten mir denselben Ertrag wie die Betsingmesse oder ein Requiem, das nicht für einen Konzertsaal komponiert wurde, sondern angesichts der vier letzten Dinge, um die der Komponist wußte.

Unvergeßlich ist mir die Messe in der armseligen Ludwigskirche, die abseits der Straße in Moskau fortbesteht, und unvergeßlich ein Tag in St. Peter in Rom. Da ist meine Erstkommunion am blütenweißen Überhang der Kommunionbank in Schijndel und die Messe in einem verlausten Unterstand am Don, bei der wir die hungrigen Mäuse vom Meßtisch verjagen mußten. Alt geworden, habe ich keine Angst, von Erinnerungen an eine heile Welt überschwemmt zu werden, denn das Erleben meines religiösen Glaubens ereignete sich in einer Welt, die aus den Angeln gehoben war und in der die Macht des Unheiligen meistens mehr Divisionen für sich hatte.

1956, im vierhundertsten Todesjahr Kaiser Karls V., des Habsburgers, in dessen Reich die Sonne nicht unterging, durfte ich anläßlich einer Ausstellung das Exemplar der »Nachfolge Christi« in die Hand nehmen, das der Kaiser benutzte. Man machte mich auf Verschmutzungen und Eselsohren an jenen Seiten aufmerksam, die der Monarch wohl am öftesten gelesen hat. Ich schlug eine dieser Seiten auf und stieß auf den Satz: Bewahre zuerst in dir Frieden. Nachher kannst du auch anderen Frieden bringen.

Ich sehe, für mich bleibt im Alter kein Hobby, sondern schwere Arbeit.

Die Schule

Gleich um die Ecke war die Schule. Die Allgemeine Volksschule für Knaben und Mädchen in der Grüngasse. Ich wußte längst, daß das meine Schule war, lange bevor ich zum ersten Mal durch das Tor gegangen bin, über dem: Für Knaben, stand. Vor dem anderen Tor mit der Aufschrift: Für Mädchen, habe ich oft gestanden. Nicht, um auf die bezopften Mädchen in ihren Schürzenkleidern zu warten. Mädchen taugten nicht für unser männliches Spiel. Und die Aufschrift: Für Mädchen, stimmte ohnedies nicht mehr. In der Mädchenschule war eine Art Kaserne untergebracht, in der die Marschkompanien zusammengestellt wurden, die dann auf einem der Wiener Frachtbahnhöfe einwaggoniert und an die Front gefahren wurden. Wenn die Soldaten in Viererreihen durch unsere Gasse marschierten, blies der Trompeter das jedermann geläufige Marschsignal der österreichischen Infanterie:

Ta ta tara, hast Äpf'l g'stohl'n

Ta ta tara, Bir'n a.

Und wir Buben liefen neben den Soldaten her, die meistens niemanden hatten, der sie zum Abschied begleitete. Einmal gelang es mir, den ganzen Marsch bis zum Matzleinsdorfer Frachtenbahnhof mitzumachen. Ein Wachmann, kam zu der nicht unbegründeten Annahme, daß ich bei dem Ganzen nichts zu suchen hatte und ich bemerkte seine Absicht zu spät. Es erfolgte meine erste Arretur. Einmal, als der Marsch Richtung Westbahn ging, kam ich nicht so weit. Wieder landete ich auf einer Wachstube und, an das erinnere ich mich, wurde von den Kollegen meines Vaters mit Pfirsichen verpflegt.

Im Herbst 1918 war es dann so weit, daß ich durch das den Knaben bestimmte Tor ging. Der erste Schultag war zugleich der letzte, an dem ich vom Elternhaus in die Schule geleitet wurde. Das Ausbleiben dieser Begleitung bereitete mir keinen Schmerz. Buben, die zur Schule gebracht und nachher abgeholt wurden, paßten ohnedies nicht in die mehr männliche Rotte der Klasse.

Zu Beginn des ersten Schultags standen die Mütter der Schüler längs der Wand zu beiden Seiten der Klassentür. Mir fiel, indem ich die Reihe der Mütter entlang sah, etwas auf an meiner Mutter, von dem ich noch nicht wußte, was es war. Sie war, was ich erst allmählich gewahr wurde, älter als die anderen Mütter, sie hatte schon die Züge jener Krankheit an sich, die sie nie mehr loswerden sollte, und sie hatte den unförmigen schwarzen Mantel an, der aus einer eingefärbten Militärdecke zugeschnitten war. Doch ich war nicht traurig, denn der Schulbesuch brachte mir einige spürbare Vorteile. Das Klassenzimmer war, zum Unterschied von unserem Wohnzimmer, im Winter geheizt. Vormittags geheizt, muß ich sagen, denn vormittags gab es daheim in diesem letzten Kriegswinter keinen geheizten Ofen. In der Klasse gab es keine rußenden Ölfunzeln oder stinkenden Petroleumlampen, denn über uns ergoß sich an Wintertagen das ungewohnte elektrische Licht. Der Winter von 1918 auf 1919 war der erste Friedenswinter, aber die Not war noch größer als die des letzten Kriegswinters. Die ersten Notzeiten nach 1945, die ich nicht in der Heimat erlebte, sind wahrscheinlich noch härter gewesen. Was die Menschen damals so schockierte, war der Zusammenbruch einer Ordnung, wie ihn vorher keine Generation nach einem verlorenen Krieg erlebt hat. Immer wieder fiel die Lieferung von Leuchtgas und elektrischem Strom aus, die Straßenbahn verkehrte nicht, zwischen den Pflastersteinen wuchs im Frühjahr Gras und die Menschen gewöhnten sich erschreckend schnell an die Verschmutzung, die überall herrschte. Diese Welt war weder heil noch hell noch heiter. Ich empfand all das zunächst gar nicht. Es wurde mir

aber bewußt, als ich 1920 nach Überschreiten der holländischen
Grenze in ein Land kam, das mir wirklich heiter, hell und heil
zu sein schien.
Ich will hier nicht vergessen, was mir die Schulklasse heimlich
machte: hier hatte ich einen fixen Platz, meinen Platz. Da war
keine Enge, in der es wie zu Hause hieß: mach Platz, oder geh'
dort hin, oder geh' weg von da. Stillzusitzen schien mir keine
Qual zu sein, denn ich genoß die Tatsache, eine unbestreitbare
Seßhaftigkeit erworben zu haben. Es gab aber Eindrücke, die
Unbehagen verursachten.
Da war ein Geruch, der hauptsächlich vom Anstrich des Fuß-
bodens kam. Ich kannte diesen Geruch, weil mich die Mutter
manchmal aufs Postamt oder auf die Markenstelle im Bezirks-
amt mitnahm. Der klebrige Film, der die Bodenbretter be-
deckte, war angeblich staub-schluckend und nicht-schmutzend.
Er hatte eine Farbe, deren Grundton dunkler als dunkelbraun
war. Dazu kam, besonders im Turnsaal, ein Mief, der von
Generationen verschwitzter Schulbuben herrührte und der mir
die Turnerei vom Anfang an unappetitlich machte.
Trotzdem wurde mir die Schule nie so anrüchig, wie sie vielen
Großen unseres Landes nach deren Lebenserinnerungen geworden ist. Wenn ich bedenke, daß ich 1918 in die Volksschule eingetreten bin und 1935 mein Hochschulstudium abgeschlossen
hatte, dann ergibt sich, daß ich siebzehn Jahre meines Lebens
in der Schule verbracht habe. Trotzdem glaube ich nicht, daß
ich in den langen Jahren verschult worden bin. Denn ich habe
mir immer neben der Schule meinen Freiheitsraum zu wahren
gewußt. Ein gutes Gedächtnis half mir, mit dem, was ich in der
Schule hörte und einem Minimum von Hausübungen auszu-
kommen. Auf Nachhilfen konnte ich nicht rechnen. Meine Eltern wären weder wissensmäßig noch finanziell dazu in der
Lage gewesen. Nach den jetzigen Lebenserwartungen habe ich
ein Viertel meiner Jahre im Umkreis der Schule verbracht. Deswegen rechne ich die Schule zu meinen Häusern.

Die ersten Worte schrieb ich mit einem Griffel auf eine Schiefer-
tafel. Die bereits arrivierten Schüler höherer Klassen, die mit
Feder und Tinte umzugehen gelernt hatten, schimpften uns
deswegen Taferlklassler. Heute sind die Einwände gegen die damaligen Methoden zum Erlernen des Schreibens Legion. Während meiner vierzigjährigen Dienstzeit hatte ich Gelegenheit,
die handschriftlich verfaßten Ausarbeitungen früherer Kollegen mit denen von heute zu vergleichen. Wie froh war ich,
zu erfahren, daß die Konzeptsbeamten zu Großvaters- und
Urgroßvaters Zeiten ihre Referatsentwürfe fast ausnahmslos
in einer gut leserlichen, oft sehr hübschen Handschrift verfaßt
haben. Je näher die Datierung der Approbation an die Gegenwart heranrückt, desto flüchtiger, schlampiger und unleserlicher
wurde die Handschrift mancher Referenten. Heute wird ein
sogenanntes Papier nicht mehr händisch verfaßt. Im akademi-
sierten Management der Industriegesellschaft kann der Gebildete alle Risiken der Orthographie und der Stilistik auf eine
Stenotypistin oder das, was man den Papierkram nennt, auf
eine Sekretärin abwälzen. Dadurch nimmt die Beschäftigung
mit dem Wort und mit dem Lesen des Wortes ab. Der in
den USA aufgekommene Begriff eines Illiterate intellectual
bezeichnet nicht nur einen ungebildeten Intellektuellen, er
illustriert einen Menschen, der des Wortes nicht mehr mächtig
ist.
Das Wort und das Buch spielten in meinen Leben eine große
Rolle. Ich ging anfangs auch deswegen gerne in die Schule, weil
ich Lesen lernen wollte. Vorher hatte zu Hause nicht immer jemand Zeit dazu, mir vorzulesen. In meinem Koffer lagen
schon einige Bücher, deren Illustrationen meine Lesewut anreiz-
ten. In der ersten Schulnachricht, die ich nach Hause brachte,
stand in der Rubrik Lesen die Note 2. Keine 1. Wie es zu dieser Benotung kam, weiß ich nicht, denn mein Fleiß, der ja hinter dem Erlernen des Lesens her war, wurde mit der Note 1 be-
wertet. Ich war jedenfalls bemüht, rasch lesen zu lernen und ich
schaffte es. Das erste Wort, das ich buchstabieren konnte war:

Ast. Noch heute weiß ich die folgenden Wörter unserer Fibel der Reihe nach auswendig: Ast, Nest, Fisch, Rad, Dach, Uhu, Mond, Esel und so weiter. Wir mußten diese Reihenfolge nicht auswendig lernen; sie blieb in meinem Gedächtnis. Weil die Worte Stufen der Leiter waren, die ich hinaufgelangen mußte, um des Buches habhaft zu werden. Die frühere sogenannte analytisch-synthetische Lesemethode, nach der ich unterrichtet wurde, ist heute abgetan. Fragen der Methodik gehören zu den umstrittensten Themen der Pädagogik. Hierher gehört die Frage, wie gut ich im Lesen unterrichtet worden bin, nicht. Ich weiß nur, daß ich einer Generation angehöre, die den Zugang zum Buch leichter und häufiger gewonnen hat, als die heutige. Meine Fibel ist nicht nur das erste, sondern das unerläßlichste Buch meines Lebens geworden.

Als ich Schreiben lernte, wurde ich mir der Tatsache bewußt, daß ich ein Linkser bin. Es gehört zur Begründung der üblichen Aburteilung des einstigen Schulwesens, auf die Brutalität hinzuweisen, mit der angeblich früher Linkser in dieser ihrer Anlage gebrochen und zu einer gewissen Fertigkeit der rechten Hand gezwungen wurden. Im Elternhaus war ich als Linkser nie irgendwelchen Zwängen ausgesetzt. Ich löffelte meinen Brei und meine Suppe unbeanstandet mit der linken Hand. Die Gabel faßte ich ebenfalls mit der Linken an und damit hatte ich ein Gebot der Tafelsitte intus. Außer dem Griffel, der Feder und dem Kugelschreiber habe ich kein Instrument jemals mit der rechten Hand angefaßt. In den Fächern Freihandzeichnen, Malen und Darstellende Geometrie brachte ich mit der linken Hand sehr gute Noten hin. Niemand hat mich gewaltsam dazu gezwungen, meine Linksfertigkeit zu vernachlässigen. Außerhalb der Schule war ich beim Fußballspiel als Linkser die überraschende Ausnahme, die oft beim Spiel einen Vorteil hat. Den gleichen Vorteil hatte ich im Fechten. Und später gelang es mir, auch die langweiligste Tischdame zur Linken in ein Gespräch zu ziehen, indem ich meinen Suppenlöffel mit der Linken ergriff, mich deswegen entschuldigte und so ein Thema hatte, das bis zum Dessert vorhielt.

Im Sinne der heute in Österreich vorgetragenen Schulgeschichte habe ich das Ende der Drillschule erlebt oder doch Reste dieses Systems in der nachfolgenden Lernschule. Ich will hier nicht lange auf meine Anschauung eingehen, wonach ich es für das wichtigste im Schulwesen halte, dem Menschen beizubringen, wie man lernt. Denn der Lernvorgang endet nicht mit dem Entlassungszeugnis. Die Gruselstory in der heutigen Aburteilung des als reaktionär hingestellten österreichischen Schulwesens ist die Darstellung des früheren Martyriums des Kindes, die unter der Autoriät der Eltern und der Lehrer stattgefunden haben soll. Aber Kindesmißhandlungen ereignen sich in der modernen, aufgeklärten Gesellschaft, wie das die Statistik leider bestätigt, von Jahr zu Jahr häufiger. Die Politische Verfassung der Volksschulen der k.k. österreichischen Provinzen von 1805 räumt das Recht zu körperlicher Züchtigung primär den Eltern ein. Der Lehrer durfte nur in Gegenwart der Eltern Züchtigungen vornehmen. Eine Mißhandlung des Schülers wurde als Polizei-Übertretung verfolgt.

Dem Lehrer war in dieser Schulordnung aufgetragen, sich nicht etwa durch ein finsteres, mürrisches Aussehen, durch den Gebrauch der Rute und des Stocks, durch Ruhmredigkeit und dergleichen bei der Jugend Ansehen erwerben zu wollen. Sondern durch seine Kenntnisse, seine moralischen guten Eigenschaften, durch männliches, anständiges und sich immer gleichbleibendes Betragen. Der Einwand: Papier sei geduldig wird akzeptiert, indessen wird in unserer Zeit bedrucktem Papier noch mehr Geduld zugemutet. Immer mehr Vorschriften stehen auf dem Papier und bleiben dort stehen.

Zwänge, denen heute der Lehrer und der Schüler ausgesetzt sind, hat die so hart verurteilte heile Welt von früher vielfach überhaupt nicht gekannt. Neuere Formen der Schulorganisation, der Lehrmethoden und der Lehrerbildung können bei weitem nicht mehr die unausstehlichen Folgen des Streß ausglei-

86

chen, dem Lehrer und Schüler in immer stärkerem Maße unterworfen sind. Moderne, vom Streß getrieben Menschen schaffen mit der Zeit in ihrer Umgebung, in Schule und Beruf Zustände, die viel quälender für ihre Umgebung sind, als die Rute im Fenster oder die drohende Hand eines seelisch gesunden Erziehers. Peter Drucker, einer der heutigen Publizisten, die in den USA und in Europa in den Listen der Bestsellerlisten obenan stehen, hat unlängst die Meinung vertreten, es sei falsch, von einer heutigen Krise des Schul- und Erziehungswesens zu sprechen. Es gäbe in dieser Hinsicht keine aktuelle Krise, vielmehr sei das Ganze von allem Anfang an ein Irrtum, ein Fehler gewesen. Damit kommt die heutige Schulreform in den Mahlstrom jener intellektuellen Revolution, die wieder einmal Tabula rasa machen möchte, um in einer Stunde Null der Menschheit ein Recommencer à zero zu versuchen.

Narrow minded, wie dies in der Ära der Reeducation nach 1945 von den Experten des Alliierten Erziehungsdirektoriums zuweilen behauptet wurde, war man im alten Österreich nicht. Auch nicht in den eines finsteren Klerikalismus verdächtigten Schulen katholischer Orden und Kongregationen. Engelbert Pernerstorfer, Waise nach einem armen Schneider und Revolutionär von 1848, hat seine am Wiener Schottengymnasium erworbene Bildung zeitlebens genau so geschätzt wie sein Mitschüler Victor Adler, mit dem zusammen er einer der Großen in der Geschichte der österreichischen Sozialdemokratie wurde. Im alten Vielvölkerreich, das kein Schmelztigel der nationalen Kulturen gewesen ist, haben es nicht nur Kinder besserer Häuser erlebt, zu Zeiten inmitten der Schuljugend einer »anderen« Nation aufzuwachsen und so in neue Horizonte zu gelangen. Die Kulturpolitik der Monarchie, die den heutigen geistigen Kommunikationsraum in der Mitte Europas geschaffen hat, war nicht darauf aus, ein Herdfeuer unter einem Melting pot zu unterhalten, wie das zum Beispiel in den USA geschehen ist.

Zustände, die nach 1918 in den Nachfolgestaaten der Monarchie sichtbar wurden, beweisen, daß in diesen neugegründeten Staaten der Stand der nationalen Kultur in den Landesteilen jeweils am höchsten entwickelt gewesen ist, die einmal innerhalb der schwarz-gelben Grenzpfähle lagen. Innerhalb dieses geistigen Kommunikationsraumes war es möglich, ein west-östliches Kulturgefälle zu begradigen und im Raum zwischen dem Bodensee und dem Pruth einen geistigen Besitzstand zu hinterlassen, den nach 1918 und 1945 die nationalen und sozialen Revolutionen nicht vollends demolieren konnten.

Damit ist das Wort Monarchie gefallen. Ich gehöre dem letzten Jahrgang an, bei dessen Schuleintritt das Kreuz und das Kaiserbild an der Stirnwand des Klassenzimmers hingen. Eines Tages waren beide Symbole verschwunden. Damals wurden die steinernen Doppeladler, die am Amtsgebäude waren, mit Sackleinwand verhüllt, solange das Zeug hielt. Man war froh, daß sich das Deutsche Reich der Melodie des »Gott — erhalte« bemächtigte und man damit eine weitere Erinnerung an die Kaiserzeit außer Landes gebracht hatte. Um im Geschichtsbewußtsein die Habsburgerära quasi wegzueskamottieren, griff man auf die Symbolik der Babenbergerzeit zurück, machte man die Farben rot-weiß-rot zu den Farben der neuen Staatsfahne. Eines Tages sah ich die Mutter damit beschäftigt, auf der Pikkelhaube des Vaters den Namenszug des alten Kaisers — FJI — mit einem rot-weiß-roten Band zu überdecken, wobei ihr der weiße Stoffstreifen zu schmal geriet. Dieses Weiß in der Fahne der jungen Republik haben am Tage ihrer Ausrufung, am 12. November 1918, linksradikale Aktivisten aus jenen Fahnentüchern gerissen, die dann vor dem Parlament gehißt wurden. So wurde die rote Fahne hochgezogen.

Staatskanzler Karl Renner, der in der Nacht vom 11. zum 12. November 1918 handschriftlich einen Entwurf für die republikanische Staats- und Regierungsform verfaßt hat, kümmerte sich höchstpersönlich um die Symbole der neuen Staatsidee. Ein nur mehr einköpfiger Adler der Republik der Arbeiter, Bauern

und Bürger hielt in den Fängen Sichel und Hammer. Auf dem
Kopf des Adlers konnte man bei näherem Hinschauen so etwas
wie eine Bürgerkrone wahrnehmen. Aber die durch den Umsturz der Verhältnisse erschreckten Bürger sahen an dem Wap-
pentier nur Sichel und Hammer und waren entsetzt, fortan in
dem einzigen Staat zu leben, der außer der Sowjetunion sich
dieses Symbols bediente.

Der Opernkomponist Wilhelm Kienzl wurde bemüht, für den
von Karl Renner verfaßten Text einer Staatshymne eine Melodie zu komponieren. Unter meinen späteren sozialdemokratischen Ministerkollegen fand ich nicht einen, der imstande gewesen wäre, den Rennerschen Text fehlerfrei herzusagen, ge-
schweige denn die Melodie Kienzls zu summen.

Wäre nicht Österreich gewesen, hätte es nicht auch in der Republik sogenannte sichtbare Auszeichnungen gegeben. Als Or-
densdekoration wählte man das Krukenkreuz, das nach 1933
aus Gründen einer Tradition, die der Vaterländischen Front
mehr zustand als der Republik, Symbol der Ära Dollfuß geworden ist.

Um republikanischer als die Französische Republik zu sein,
strich man 1919 aus den historisch gewordenen Namen der Ari-
stokratie alles, was auf die Tradition des Feudalstaats Bezug
hatte. In dieser Hinsicht war man in Österreich konsequent.
In meiner Volksschulklasse hatte ich einen Mitschüler, dessen
italienischer Familienname mit der Silbe »dal« begann. Es bedurfte einer langwierigen Prozedur, ehe man davon Abstand
nahm, im Schülerverzeichnis das ominöse »dal« zu streichen.

Es mußte dazu kommen, daß ich mit dem neuen Geist der
neuen Schule höchstpersönlich in Konflikt geriet. In der vierten
Volksschulklasse sollten wir einen Aufsatz über das Thema:
Ein Sonntag in Wien, schreiben. Ich schrieb und beschrieb mit
wachsendem Engagement, wie ich mit meinem Vater an einem
Sonntag durch die Innere Stadt gegangen bin. Da war die Erwähnung der Hofburg, des Heldenplatzes, wobei ich die Denk-

mäler der beiden kaiserlichen Heerführer nicht ausließ, kurz gesagt: das, was im sozialistisch gewordenen Österreich der Zweiten Republik das Unerläßliche einer attraktiven Sightseeingtour durch die Innere Stadt ist. Gespannt wartete ich auf die Rückgabe der korrigierten Hefte, auf eine gute Note. Umso mehr war ich enttäuscht, als ich nicht nur sah, daß ich auf diesen Aufsatz die schlechteste Note bekommen hatte, sondern eine längere, mit roter Tinte hingeschriebene Belehrung, mit der sich der Lehrer offenbar für seine Person salvierte. Es hieß da nämlich, ich hätte nicht das schreiben dürfen, was ich von dritter Seite gehört habe, sondern das, was uns im Unterricht über die historischen Orte gesagt worden ist.

Dadurch, daß man in den Wiener Schulen nach 1918 das neue Staatsbewußtsein schützen wollte, indem man das bisherige Geschichtsbewußtsein unterdrückte und tendenziös beschmutzte, bekam das Neue, unansehnlich wie des rebus sic stantibus sein mußte, keineswegs mehr inneres Leben. Der Staat erschien uns als eine dürre Konstruktion mit Amtscharakter. Das Wappen, für dessen Entwurf kein Künstler gesucht worden war, eignete sich am besten für die berühmte österreichische Amtsstampiglie. Und diesen Zuschnitt bekamen die Staatsfeiern: Staatsoffizialität unter Ausschluß der Öffentlichkeit. Öffentlichkeit gab es nur, wo die Partei Karl Renners, die die Republik weniger als die res publica, denn als ihre res privata ansah, die Republik hoch leben ließen. Als nach 1920 die Sozialdemokratische Arbeiter-Partei (SDAP) nicht mehr der Regierung angehörte, ließ sie es sich angelegen sein, die Republik vor deren nunmehr bürgerlich gewordenen Regierung zu schützen. Dazu organisierte sie eine Privatarmee, den Republikanischen Schutzbund. So wiederholte sich das Paradoxon der Verfassungskämpfe unter Kaiser Franz Joseph, als sich oppositionelle Deutsche die einzige verfassungstreue Partei gaben.

Während meiner Schulzeit begann die Demokratisierung der Schule. Schon vorher, 1918, war den Schülern an Höheren Schulen die sogenannte Koalitionsfreiheit zugestanden worden. Da-

nach konnten sie Mitglieder von Schülerorganisationen werden, ohne dafür, wie bisher, bestraft zu werden. Die politischen Parteien, aber nicht nur diese, benutzten die neue Gelegenheit, um in ihrem Vorfeld Schüler- und Studentenbünde zu organisieren. Noch funktionierten die gedachten Schulgemeinden nicht, doch gab es bereits innerhalb der Klassen Fraktionen, die den im Nationalrat vertretenen politischen Parteien entsprachen. Die unausrottbare dümmliche Kommersphrase, wonach angeblich dem, dem die Jugend gehört, auch schon die Zukunft gehören soll, habe ich in dieser Zeit zum ersten Mal gehört. Niemand dachte daran, daß nach Erfahrungen, die man leicht aus der österreichischen Schulgeschichte hätte ziehen können, diese Formel falsch war und auch heute noch, da sie in einem anderen Wortlaut gebraucht wird, falsch geblieben ist. Denn:
Von den 80 000 Wiener Schulkindern, an deren Spitze Bürgermeister Doktor Lueger im Kaiserjubiläumsjahr 1908 dem Monarchen gehuldigt hat, standen zehn Jahre später die meisten in den Kadern der Partei, die das Rote Wien aufzubauen für notwendig befand.
Hätte Otto Glöckel ahnen können, daß in seinen im klassenkämpferischen Sinn reformierten Schulen jene Jugend heranwuchs, die am 15. März 1938 Adolf Hitler auf dem Wiener Heldenplatz begeistert zugejubelt hat? Wer hätte gedacht, daß in den von nationalsozialistischem Geist durchtränkten Schulen des Dritten Reichs jene Jugend hervorgehen würde, die man nach 1945 die skeptische Generation nannte.
Und: nicht die Kinder der Kindermacher, der Proletarier, haben mitten im Wirtschaftswunder der Nachkriegszeit die Revolution der Neuen Linken angezettelt, sondern die Wunderkinder diverser Wirtschaftswunder, die sich als selbstausgewählte, rettende Eliten, linksüberholend nach vorne drängten.
Was also ist von der jüngsten Welle der Reform zu halten, die mit einer Revolution in der Schule die Gesellschaft revolutionieren will? Wieviel ist diese Kommersphrase wert?

In den Wiener Schulen, die ich nach 1918 besuchte, war zwar die von der Sozialdemokratie betriebene Schulreform zu Zeiten heftig zu spüren, die Reformer bekamen es aber mit einem Problem zu tun, das heutigen Schulpolitikern der linken Linken in der Bundesrepublik Deutschland genauso zu schaffen macht: da gibt es Lehrer, die sind aus einer anderen Webe, die müßte man ausrotten, hätte man nicht bereits die Kader der Neuen Linken in den Lehrerkollegien.

Der Staat, den ich in der Volksschule und in der Höheren Schule erlebte, wurde von vorwiegend freisinnigen Intellektuellen in Verwaltung und Schule sowie von a-politisch erzogenen Offizieren des Heeres und der Exekutive getragen. Diese Exekutive hätte nie gegen die Republik geputscht und das liberale Element im Staate hätte den Sozialdemokraten in dessen Auseinandersetzungen mit den Klerikalen keine besonderen Schwierigkeiten bereitet. Der Antiklerikalismus österreichischer Intellektueller ist eine Stahlsaite, die von der Zeit des Josephinismus bis in die jüngste Gegenwart gespannt ist. In meiner Jugend hörte ich ein Wort des damaligen Bundeskanzlers und Parteiobmanns der Christlichsozialen, Prälat Ignaz Seipel, wonach es die Quintessenz christlicher Politik in Österreich sei, die effektive Minderheit der Christen möglichst selten sichtbar werden zu lassen.

Tatsächlich habe ich während der ganzen Jahre, die ich an der Höheren Schule verbrachte, nicht mehr als drei oder vier Lehrer kennen gelernt, deren Katholizität unbestreitbar war. Umso mehr Respekt bewahrte ich mir vor den anderen Lehrern, die es sich nie, wie heute üblich, herausgenommen hätten, mich konträr zu meiner Herkunft und Anschauung politisch oder weltanschaulich zu beeinflussen.

Mein Klassenvorstand in der Unterstufe hieß Othmar Müller. Er war keine Alltagstype wie sein Name. An der Quartseite seines mächtigen Schädels markierte ein schlecht genähter Schmiß unübersehbar seine waffenstudentische, deutschnationale und antiklerikale Herkunft. Bis heute weiß ich nicht, warum er mich schon in der ersten Unterrichtsstunde zu seinem Secretarius, wie er es nannte, gemacht hat. Damals gab es noch keine Schulgemeinde, in die ich erst viel später als ein Klassensprecher gewählt worden bin. Mich haben das Vertrauen, das einerseits Othmar Müller und andererseits meine Klassenkameraden in mich setzten, erzogen. Nichts änderte sich im Verhalten meines alten Lehrers, als ich ihn später im Couleur meiner katholischen Verbindung begrüßte. Im Auf und Ab der dreißiger und vierziger Jahre, das wir, seitenverkehrt, gleichermaßen erlebten, blieb alles beim alten. Was unter diesen Umständen ein Lehrer dem Schüler sein kann, spürte ich, als ich, jetzt schon Unterrichtsminister, am Grab Othmar Müllers stand und der Sprecher der Wiener Philadelphen das Fiducit nachrief.

In der Höheren Schule gab es manchmal jedes Jahr einen anderen Lehrer in einem bestimmten Fach. Nach Othmar Müller wurde ein Jahr lang Norman Linker mein Deutschprofessor. Nomen est omen. Aber der noble Linksintellektuelle machte im Klassenzimmer nicht Politik. Ich erlebte eine andere, ungewohnte Aura, die mich instinktiv wachsam machte, in der ich Zugang zur zeitgenössischen Literatur meiner Jugendzeit bekam. Es konnte einem in dieser Zeit geschehen, daß man zu versativ wurde.

Unverkennbar liberal in seiner Gesinnung war der Lehrer meines Lieblingsfaches Geschichte, Gerhard Scherff. Sein Vortrag war auch für jene, die diesem Fach nur ein mäßiges Interesse entgegenbrachten, interessant. Er machte uns auf wertvolle Neuerscheinungen zur Zeitgeschichte von damals aufmerksam und ich gewöhnte es mir an, in Geschichte auf dem laufenden zu bleiben und es nicht mit dem Reifezeugnis sein Bewenden haben zu lassen. Im Geschichtsunterricht wurde mir ein vorwiegend historisch ausgerichtetes Denken beigebracht, das mich von dem raschen Wechsel der Ideologien, den ich zeitlebens beobachten konnte, mehr unabhängig machte und, was nottat, ruhiger in meinen Reflexen auf Aktualitäten. In der ambivalenten Situation zwischen Revolution und Reaktion,

die nach 1918 herrschte, beschäftigte mich der kurz zuvor statt-
gefundene Untergang der vier Großreiche: der Habsburger, der
Hohenzollern, der Romanows und der Osmanen deswegen besonders, weil daraus für mich die Frage nach dem Endgültigen
in der Geschichte entstand. Die Frage, ob es nach dem: gewesen,
einen Rückgriff auf frühere Verhältnisse geben kann, ob Fortschritt an sich eine Qualität ist, die auch dann verteidigt werden muß, wenn darin Irrtümer, Fehler und Gefahren zutage
treten?

Nach recht primitiven Gedankengängen unternahm ich es, im
Fach Geschichte meine Maturahausarbeit zu schreiben. Bei der
Lektüre des Stoffs zum Untergang des Osmanischen Reiches
stieß ich auf einen Schatz, den ich später erst richtig ausbeuten
konnte: das Werk des österreichischen Orientalisten Joseph von
Hammer-Purgstall. So sehr mich, ungeschult wie ich in sol-
chem Arbeiten war, die Fülle des Stoffes und der Anschauungen
verwirrte, so gut tat mir eine gewisse Korrektur meiner in
der Umgebung des Soosser Schelmenlochs entstandenen Ansicht
über die Türken und ihr Reich. Denn alle Grausamkeit der
Methoden konnte nicht über die religiös-weltanschauliche Toleranz hinwegtäuschen, in der sich das Osmanische Reich vor
den meisten späteren, ideologisch strukturierten Weltreichen
unterscheidet. Der Untergang des Osmanischen Reiches hinterließ, so wie jener der anderen Kaiserreiche in Europa ein Vakuum, das neue Ordnungsmächte anziehen mußte. Die Sieger
von 1918 waren bei der Obduktion des Türkischen Reiches
ebensolche Stümper wie bei der der Habsburgermonarchie. Es
blieben sogenannte Restprobleme übrig, die noch zwei Generationen später, in meinem Alter, gefährlich werden sollten. Ich
denke nur an die Palästinafrage.

Ich war noch sehr jung, als ich mich mit der Frage nach den
künftigen Ordnungsmächten in Europa beschäftigte. Die Ordnung von 1918 war für mich zu vage und als junger Mensch
empfand ich sie als ungerecht, nicht wissend, daß bei derlei

Regelungen das Kriterium der Gerechtigkeit nur selten die Gewalt der Tatsachen korrigieren kann. Damit wandten sich meine Hoffnungen wieder dem Deutschen Reich zu. Im Koalitionsvertrag, den die Christlichsoziale und die Großdeutsche Volkspartei 1922 geschlossen hatten, hieß es, daß bei der Schaffung der Lehrpläne die Grundsätze einer nationalen Erziehung berücksichtigt werden müßten. Als Schüler wußte ich von derlei Koalitionspolitik nichts. Ich spürte deren Ertrag im Unterricht. Wir lernten auf Deutschland zu schauen, und ich begann in der Revolution von 1918, die mir anfangs nur als Umsturz sozialer Verhältnisse erschien, auch die Kraft einer nationalen Revolution zu erkennen.

Als Realschüler lernten wir nicht Latein. Nachdem ab der Oberstufe für mich feststand, daß ich nicht, wie mein Bruder, die Technik besuchen wollte, nahm ich mit einigem Eifer am Unterricht des Freifachs Latein teil. Im übrigen war der Unterricht in den modernen Fremdsprachen Französisch und Englisch kein Schnellsiederkurs für Sprechen und Konversation. Hier wird nicht Handelskorrespondenz oder Dolmetschkunde gelehrt, sagte ein Französischlehrer, dem ich meine anstoßende Aussprache mit verdanke. Dieser Lehrer gab sich gar keine Mühe, an unserer Aussprache herumzufeilen. Vielmehr unterwarf er uns einem beinharten Exercitium in der Grammatik, und vom Finale seines Unterrichts blieb mit ein Teil Literaturgeschichte, der mir eine Umschau in einem fremden Kulturkreis ermöglichen sollte. Ich konnte Klassiker beider Sprachen seitenlang auswendig hersagen. Aber ich war verwirrt, als ich zum ersten Mal mit einem Franzosen reden sollte. Die erste Konversation, die ich mit einem englischsprechenden Individuum hatte, fing mit jenem: Hands up! an, mit dem uns die US-Army in ihren Gewahrsam nahm.

Auslandsreisen gab es für mich keine und der Schüleraustausch fing erst an. Aber ich habe mit Paul Sallière, Schüler am Lycée Chanzy in Charlesville, korrespondieren können. Im Februar

1928 schrieb er mir, seine Fußballmannschaft, die von Revin, habe gegen eine Pariser Mannschaft herrlich gespielt, aber unverdient mit 3 : 4 verloren. Paul schickte mir eine Karte mit einer Ansicht der stillen Schönheit des Maastals seiner Heimat. Er und ich hätten uns in den kühnsten Phantasien nicht vorstellen können, daß nach einem Dutzend Jahren just an dieser Stelle die Katastrophe der französischen Armee im Zweiten Weltkrieg beginnen, und daß dann ich eine deutsche Uniform tragen würde.

In den Jahrzehnten meiner Zugehörigkeit zum Unterrichtsministerium lernte ich die weitverbreitete Ansicht kennen, daß der Normalzustand des Schul- und Erziehungswesens dessen Reform sei. Als Schüler wußten wir noch wenig von dieser Weisheit, aber wir spürten, wie das ist, wenn auf einem wackeligen Prüfstand Schule gehalten werden muß. Die Hektik, die Kennzeichen aller Eiferer und professionellen Reformer ist, ließ einem eben begonnenen Experiment oft nicht einmal Zeit zu Bewährung; dafür wurde andererseits die Taktik verwendet, mit scheinbar unverbindlich gemeinten Schulversuchen jene Provisorien zu schaffen, die sich dann in Österreich als so schrecklich definitiv erweisen. In unserer Inkonsequenz geraten uns nämlich bloß die ernst gemeinten Definitiva schlecht. Ich denke, dafür muß es doch einen tieferen Grund geben als die Inkonsequenz der Österreicher.

In Fragen des Schul-, Erziehungs- und Volksbildungswesens hatten sich 1920 die Väter der österreichischen Bundesverfassung nicht einigen können. Es entstand ein Provisorium, das in diesem Fall 42 Jahre dauerte und erst während meiner Ministerschaft mit den Schulgesetzen 1962 abgeschlossen werden konnte. In diesen 42 Jahren fand statt, was man den Schulkampf nannte. Als Schüler der Oberstufe wurden wir bereits in diesem Kampf eingesetzt. Die im Nationalrat vertretenen politischen Parteien hatten ihre Vorfeldorganisationen für Schüler und Hochschüler, und die Herren Studenten brachten etwas Feuer und Bewegung in die starre Positionsstrategie der Schulpolitiker des Landes. Damals habe ich zum ersten Mal an politischen Versammlungen teilgenommen. Ehrenwerte Politiker, einige noch mit Stehkragen und Plastronkrawatte, schämten sich nicht, uns Pennäler auf die Barrikaden zu treiben. Und frustrierte Schüler erklärten uns, daß nicht sie in der Schule, sondern die Schule an ihnen versagt hätte. Wir alle hatten reichlich Gelegenheit zu Jux und Provokation und somit bekamen wir, was uns in diesem Alter zustand.

Aber da war nur eines, das mir auffiel: die Entschiedenheit in politischen Dingen trat bei den jungen Sozialisten viel früher zutage. Mir genügte der religiöse Glaube. Dieser schien ihnen, ob sie nun Christen oder Juden waren, wenig mehr zu sagen. Sie dachten als Schüler schon rein politisch. In der Zeit, als Sergej Eisensteins Film »Panzerkreuzer Potemkin« Furore machte, lud mich mein Klassenkamerad Georg Hahn in seine Wohnung. Ich hatte mit einem Matador-Baukasten ein neues Modell gebaut und dafür einen Preis bekommen. Georg hatte einen viel größeren Baukasten dieser Art und lud mich ein, bei ihm zuhause eine Flotte von Kriegsschiffen zu bauen.

Ich kam gerne mit Georg zusammen, denn er hatte mein anfängliches Vorurteil gegen Karl May widerlegt und meine danach entstehende Lesewut aus seiner unerschöpflichen Karl-May-Bibliothek stillen können.

Sein Baukasten war so reich ausgestattet, daß ich damit eine ganze Flotte bauen konnte. Und dann inszenierte Georg mit dieser Flotte und seinen Zinnfiguren die Geschichte der Meuterer des Panzerkreuzers »Potemkin«. Ich erinnere mich an die Sache mit den Maden im Fleisch. An die Figuren, die Georg von den Schiffen purzeln ließ, so wie damals, 1905, die Meuterer ihre Offiziere über Bord warfen. Zum Schluß befestigte Georg an den Masten rote Fahnen. Sein Spiel endete mit dem Sieg der Meuterer und Revolutionäre.

Der kleine Hahn bewohnte mit seinen Eltern eine große, luxuriös ausgestattete Wohnung in einem der Neubauten, die vor 1914 als die letzten der bürgerlichen Ära entstanden sind. Sicher hat Georg nie Maden im Fleisch zu sehen bekommen. Und was die Matrosen des »Potemkin« ekelte, war ihm kein Begriff. Minderwertiges oder gar verdorbenes Essen kam in diesem Haus nicht auf den Tisch. Georg war kein Prolet und kein Proletarier. Und doch redete er vom Hunger, von den Reichen, die an diesem Hunger schuld sind, und von Unterdrükkung. Als würde er selbst inmitten der Hungernden, der ins Unrecht gesetzten, der Schwächeren leben. Woher bezog er Vorstellungen von Dingen, die er nie erlebt hatte?

Ich war schon fast sechzig Jahre alt, als mich Simone de Beauvoir, die Lebensgefährtin Jean-Paul Sartres, in dieser Hinsicht aufklärte. In ihren Lebenserinnerungen setzt sich die alternde Dame gegen Sittenrichter zur Wehr, die ihr ihren Wohlstand und ihre großbürgerliche Lebensweise zum Vorwurf machen. Simone, die an der Seite Sartres auf der linken Linken marschiert, tröstet sich mit der Tatsache, daß sie nur von Vertretern der Rechten mit derlei Vorwürfen belästigt wird. Niemals nähme man in Linkskreisen einem Linken Vermögen übel, selbst wenn der Betreffende Milliardär sei.

Als ich von Simone aufgeklärt wurde, hatte ich schon längst eine schwere Auseinandersetzung mit meinem sozialistischen Ministerkollegen Oskar Helmer hinter mir. Helmer kam aus der alten Arbeiterpartei und es erbitterte ihn, als ich während eines Wahlkampfes die Frage des Klassenkampfes in der Wohlstandsgesellschaft zur Diskussion stellte. Dieser Klassenkampf, so sagte ich, höre auf, wenn gewisse Klassenkämpfer beim Klang der Internationale nicht mehr die Faust ballen können, weil ihnen dabei ein ansehnlicher Diamant am Ringfinger im Weg ist. Ich habe in dieser Rede nicht phantasiert, sondern illustriert, was man eben in Kreisen einer neuen Prominenz zu sehen bekommt.

Trotzdem geht die Revolution namens der Proletarier in der freien Welt des Westens weiter. Nach meinem Ausscheiden aus der Bundesregierung brachte während der Marx-Renaissance der sechziger Jahre die Neue Linke neue Treibladungen in die Schulpolitik. War es den linksintellektuellen Revolutionären, Söhnen und Töchtern aus guten Häusern, nicht gelungen, mit ihrem Aufruhr an die Massen heranzukommen und sie zu revolutionieren, so sollte jetzt die Schule und mit ihr die Gesellschaft revolutioniert werden. Das Experiment wurde politisch relevant, als die Mini-Minorität der intellektuellen Aufrührer der sechziger Jahre anfingen, in das Management so ziemlich aller Parteien, Verbände und Kirchen einzusickern.

Als ich Schüler war, wollte der sozialdemokratische Reformer Otto Glöckel das, was er die reaktionäre Drill- und Lernschule nannte, beseitigen. Als alter Mann erlebe ich, wie eine unduldsame Neue Linke die Schule zur Drillstätte und zum Exerzierplatz für ihre Revolution machen möchte. Wie oft in früheren Zeiten der Unruhe, sind es auch jetzt zuweilen Priester, die ihre Soutane an den Nagel hängen, um als Prädikanten der Revolution unter die Massen oder in die esoterischen Kreise der Intellektuellen zu gehen. Für solche priesterliche Existenzen wurde der 1926 in Wien geborene Exjesuit Ivan Illich typisch und typenbildend.

In der Schüttzone Mitteleuropas aufgewachsen — Vater katholischer Dalmatiner, Mutter evangelisch gewordene Jüdin — wurde Illich in den Vereinigten Staaten im Mahlstrom der New Left groß. Seelsorger in Slums, Rektor einer Hochschule, Idol des modernen Politchristentums Lateinamerikas. In der Nähe von Mexiko City, in Guernevaca, unternahm es Illich, die Revolutionierung der Gesellschaft mit der Revolutionierung des bisherigen Bildungswesens zustandezubringen. Das Forderungsprogramm, das allen Studentenrevolten seit den sechziger Jahren zugrunde liegt, jenes des Free Speach Movements der amerikanischen Universität von Berkeley, geht auf die Gründung einer pädagogischen Fakultät oder Hochschule los, die das Grundstudium in der Sozialwissenschaft und den Geisteswissenschaften übernehmen soll. Guernevaca wurde ein

Mekka derer, die in diesem Sinn Revolution machen wollen; für junge Menschen, die sich von allen überkommenen Werten, Hierarchien und Apparaten lösen wollten. In der Umgebung Illichs hofften sie, den Ort schöpferischer Freiheit zu finden.

Illichs Haus in Guernevaca entstand als Haus mit offenen Türen. Es gab im wörtlichen Sinn keine Türschlösser, keine Schulordnung und all das nicht, was zur Gefahr der Verschulung des Menschen angeblich oder tatsächlich beiträgt. Ein Dutzend Jahre lang lief Illichs Experiment. Aber um 1972 stellten neue Besucher in Guernevaca seltsame Veränderungen fest: Dem Enthusiasmus der Gründer, der schöpferischen Freiheit war das gefolgt, was man Imperativ freiwilliger Beschränkung nennt, Joseph Goebbels sarkastisch gemeinter freiwilliger Zwang. In Guernevaca hatte man Korsettstangen eingezogen. Da gibt es strikte Gebote und Verbote. Hohe Einschreibgebühren und im Fremdsprachenunterricht eine richtige Drillschule.

Nach Abstreifung der Ordensregel des Heiligen Ignatius von Loyola, hat der Exjesuit Ivan Illich tatsächlich seine dürre Konstruktion eines Parajesuitismus zustande gebracht.

Ivan Illich gehört in eine Troika. Jean Paul Sartre, Simone de Beauvoir und Ivan Illich. In diesen Typen erfüllt sich das Zeitalter Sartres und überlebt es fleischlich:

Es begann mit einer heiteren Desillusionierung, bei einigen mit einer Enttäuschung. Dem totalen Atheismus folgte die Absage an alle Ersatzreligionen, also an die Ideologien unserer Zeit. Aber der totale Atheist, der als Intellektueller weiter produziert, gerät mit seinem Arbeitsethos in Entwürfe neuer Ersatzreligionen. Normen, wie sie Illich in Guernevaca nicht vermeiden konnte, führen zu neuer Institutionalisierung. Über allem erhebt sich die neue persönliche Autorität.

Es war die Tragik großer Teile der katholischen Intelligenz der sechziger Jahre, dieses Ringelspiel Sartres mitbenützt und dabei Religion gegen Ersatzreligion eingetauscht zu haben.

Österreich hatte in dieser kritischen Phase keinen Sartre, es bekam seinen Qualtinger und von Qualtinger den angeblichen Archetyp des Herrn Karl: Gesinnungslosigkeit als Gesinnung. Helmut Qualtinger hat nicht den Typ des Herrn Karl produziert, er illustriert in diesem Typ, was er selbst wurde. Der kleine Helmut kam aus gutem Haus. Auf dem Gesims von Mamas Kamin stand seine Bronzebüste, Bubis Doublette. Der Vater, offiziersmäßig in Herkunft und Anschauung, hat Verbindungen. Zunächst, im Jungvolk der Hitler-Jugend der NSDAP, schafft es aber der Hitlerjunge Qualtinger aus eigenem. Als Komödiant kann er in einer Laienspielschar brillieren und auf seine Weise die damals geschätzte überdurchschnittliche Leistung in der Bewegung simulieren. Am miesesten war Helmut nach der Aussage des jetzt schon alternden Qualtingers in der Mittelschule. Er flog aus einigen Schulen hinaus, aber er kam aus Kreisen, in denen ein solcher Hinauswurf kein Definitivum ist. Und Papa hat es vor allem damals gerichtet, als die Gefahr entstand, daß Helmut das Sterbegewand der Deutschen Wehrmacht anziehen muß. Papa bewegte sich als Offizier auf einer Ebene, auf der auch Ärzte, zum Beispiel Stabsärzte eines Wehrbezirkskommandos, Offiziere sind. Und im Wehrbezirkskommando stellte man am jungen Helmut ein Leiden fest; unnennbar in einer Zeit, in der man Magenkranke zusammen mit einer Diät-Feldküche ins Feld schickte. Die Front hat Helmut nicht bekommen. Ihm bekam das Nachkriegskabarett, dem er seinen Sinn der Gegenwart lieh: mir war immer mies.
Und dieses Mies-Sein rinnt aus allen Figuren, die Qualtinger auf die Bühne bringt. Es wird der Trost verwandter Seelen, die nicht das Hirn des Qualtinger haben. Denen nur fad ist. Die, wie vor Zeiten die Studenten von Jena, fragen: kein neues Lasterchen erfunden?

Ich hatte schon nichts mehr mit der Schule in politicis zu tun, da genügte der bloße Fortschritt nicht mehr als Treibladung der Reform. Die Explosion, Alptraum des Technologen, wo sie unkontrolliert auftritt, mußte her, um den Progreß progressiver zu machen. Das Recht auf Bildung wurde quasi ein klagbarer Anspruch. Die Planer des Bildungswesens gleiten mit ihren Fingern an der Kurve der Erwartung hoch, die ihnen die Futurologen, auf wissenschaftlicher Grundlage, wie sie sagen, zeichnen. Sie sind fasziniert:

Im Jahre 1980 ein Plus an Maturanten in Höhe der Zahl x. Im Jahr 1990 ein Plus an akademisch graduierten Experten in der Höhe der Zahl y. Im Jahr 2000 Intellektuelle ohne Zahl. Denn die Lernmaschinen werden Bildung, das, was bisher nur den Nutznießern des Bildungsprivilegiums zustand, jedem Menschen beibringen. Und während in Guernevaca der Modernist von gestern, der Exjesuit Ivan Illich, die Ent-schulung programmiert, plappern die Unterrichtsminister aller Länder auf ihren Konferenzen noch von der Education permanente, von der Verschulung ohne Ende.

Die Erdölkrise des Jahres 1973 hat die Notwendigkeiten des Naturschutzes und des Umweltschutzes wieder weit in den Hintergrund gerückt. Der Homme machine, der Maschinenmensch, braucht Öl.

In der Schule wurde uns gelehrt, wie jene Un-wissenschaftlichkeit, die in grauer Vorzeit und im finsteren Mittelalter geherrscht hat, kostbaren Kulturboden in Wüsteneien verwandelte. Wie kulturlose Epigonen die Gärten der Semiramis verfallen ließen. Wie das fruchtbare Zwischenstromland Mesopotamien ein von Sand verwehtes Ruinenfeld wurde. Wir wußten fortan auch, wer schuld daran ist, daß im katholischen Spanien die Ufer des Guadalquivir, einstens Kornkammer der Römer, veröden, daß große Gebiete Nordafrikas verwüstet wurden. So etwas konnte geschehen, solange Menschen, getrieben von der Angst vor Göttern, die Natur weder erforschten, noch es verstanden haben, deren Gesetze zur Beherrschung der Natur sich dienstbar zu machen. So die uns erteilte Lehre. Aber was bedeuten die Verwüstungen aus grauer Vorzeit, aus einem

Mittelalter, das finster war, im Vergleich zu jenen, die heute Technokraten kaltblütig und mit kaltem Verstand organisieren. Technokraten, die sich von der ihnen zusagenden Bildungsreform erwarten, sie würde das Prinzip einer reinen Sachgerechtigkeit verewigen, das zur Utopie des Perpetuum mobile mit den Phasen: investieren, produzieren, konsumieren gehört. Technokraten, die das Bildungswesen kommandieren und finanzieren, was dem Perpetuum mobile dient. Denn Technokraten haben zwar die alten Götterbilder in die Museen geschafft, dafür aber in der Mitte ihrer Gesellschaft als Idol jenen Berg von Konsumgütern aufgerichtet, für den zu investieren und zu produzieren, um von ihm konsumieren zu können, der Weisheit letzter Schluß ist.

Und während über Tag der Konsumgüterberg täglich aufs neue aufgebaut und überhöht wird, arbeitet unter Tag, im Underground, das Heer derer, die den ganzen Konsumgüterberg samt seinen Produzenten zum Untergang bestimmt haben. Schwärme von Hippies, Gammlern, Provos, Kommunarden und Anarchisten überzogen angesichts erstaunter Alter die Welt mit einem klebrigen Film, der die Kulturtradition so unansehnlich macht, wie sie junge Filmschaffende, Bühnenregisseure, Maler, Literaten und selbst Musikanten hinstellen.

Die Technokraten, für die in Österreich nur Leben ist, was zur Paritätischen Kommission, zur Wirtschafts- und Sozialpartnerschaft ressortiert, haben sich auf ein gefährliches Bündnis eingelassen. Da Kultur höchstens in Zusammenhang mit Fremdenverkehrsindustrie ein Wirtschaftsgut ist, ließen sie die aus dem Underground hervorquellenden Jungen in dem gewähren, was für die Neue Linke Geisteskultur ist, was Kulturtechnik ist, was Religion ist. Damit im G'schäft a Ruah' is.

Als ich aus dem politischen Leben ausschied, war John F. Kennedy das Idol meiner jungen Freunde in der eigenen Partei. Kennedy, der den französischen Atheisten André Malraux belehrte, nur die Organisation und Verwaltung der Industriegesellschaft bewegte die Erde. Nachher bekam Willy Brandt den Friedensnobelpreis, nachdem er in Gesprächen mit ideologisch geformten Kommunisten aus dem Osten erklärt hatte: Lassen wir die Philosophie weg. Ja, selbst die Kirche sieht sich von kräftigen Strömungen beeinflußt, die in ihr nicht den Glauben an Gott suchen, sondern die brauchbare Sozialordnung.

Für einen Sozialismus verschiedener Observanzen in aller Welt soll in einer Neuen Schule der Neue Mensch fabriziert werden. Im sozialistischen Österreich würde die Schule den Animateuren eines zeitgemäßen Sozialismus ausgeliefert sein. Dem herrschenden Materialismus entsprechen Lehrplanentwürfe, die den öffentlichen Unterricht zu zwei Dritteln den mathematisierenden Fächern widmen werden. Noch hält die Verankerung des österreichischen Schulwesens an den Grundfesten des Klassischen und der Christlichen Metaphysik, die im Zielparagraphen des Schulorganisationsgesetzes 1962 herausgestellt worden sind. Aber der Materialismus und der Positivismus, in denen sich das Bündnis der Sozialisten mit den Liberalisten, für die es links keinen politischen Gegner geben kann, ereignet, umgeht diesen Haltepunkt, spült den Gang der Schulreform in Zonen der Entscheidungen, in denen Gott längst tot ist.

Als alter Mann sehe ich hilflos zu, wie die Bewegung, der ich von Jugend auf gedient habe, in der heutigen Form der Österreichischen Volkspartei kein Bild vom Menschen und seiner Kultur besitzt, das programmatisch und agitatorisch als Alternative zu Faktizitäten, die die politische Linke bereits gesetzt hat, verwendet werden könnte. Ich höre, daß das diesbezügliche Arbeitspapier als letztes aus dem Intellektuellen-Labor der Partei kommen wird.

Die Revolution von 1789 hat dem Marquis de Condorcet, dem Urheber aller seitherigen Bildungsprogramme der Linken, die Genehmigung versagt. Weil die Idee Condorcets im Kern für die Linke unannehmbar war: die Autonomie, die weitgehende Unabhängigkeit des Bildungs- und Erziehungswesens vom Staat, paßt nicht in die Welt des Sozialismus.

Der sozialistische Staat der Gegenwart, in dem die Erziehungsaufgaben der Familie mehr und mehr auf die öffentliche Hand übergehen, ist nicht mehr weit von jenem Punkt der Entwicklung entfernt, an dem Bildung und Erziehung Monopol des Staates sein werden.

Einer Alternative dazu sind die anderen offensichtlich nicht, oder noch nicht, fähig.

Das Haus in der Fremde

Es war die erste der Reisen, die mich kreuz und quer durch Europa führten. 1920 war ich erst acht Jahre alt und ich konnte nicht wissen, daß das Reisen, das Reisen müssen oder Reisen wollen, mit zur Unrast einer Zeit gehört, die meine Zeit wurde. Das Fenster, durch das ich schaute, war schmutzig, so wie alles an dem in Kriegs- und Nachkriegsjahren verwahrlosten Schnellzugwaggon mit der flüchtig übermalten Aufschrift: k.k. Staatseisenbahn, schmutzig, unansehnlich und übelriechend war. Im Dunst der Bahnhofshalle schmolz der Schnee, der auf dem Waggondach lag, und das Schmelzwasser hinterließ auf dem Fensterglas Strähnen, die weder den Schmutz nahmen, noch bessere Sicht ermöglichten. In der kümmerlichen Nachtbeleuchtung des Abteils waren die Kinder, die auf den Holzbänken des Abteils lungerten, nur undeutlich zu erkennen. Es waren kleine Buben, wie ich einer war, und Erwachsene waren nicht unter uns.

In diesem Moment wußte ich nicht, daß man zu Hause über meine Abreise froh war. Kurz nachdem ich das Haus verlassen hatte, war die Mutter ins Spital gegangen, mein Bruder war nicht daheim und der Vater hatte in den unruhigen Zeiten Dienst bei Tag und Nacht. Zwar wußte ich es nicht, aber es war Tatsache: mein Elternhaus war zeitweilig suspendiert. Für mich hatte die Mutter die paar Kleidungsstücke, die ich besaß, noch rasch in Ordnung gebracht. Den größten Teil dieser Stücke trug ich am Leib. Der Rest war zusammen mit den Überbleibseln der hart gewordenen Weihnachtsbäckerei in einem Sack, der über mir im Gepäcksnetz lag. Eigentlich hatte ich hinauf in dieses Gepäcksnetz wollen, um dort, und nicht auf der harten

Holzbank zu schlafen. Aus den Erzählungen der Alten, die als Soldaten im Krieg Erfahrung im Reisen unter unbequemen Verhältnissen hatten, wußte ich, daß das Schlafen in einem solchen Netz prima ist. Aber die Mutter nahm mir das Versprechen ab, derlei Stückeln zu unterlassen. Es wäre auch kein Platz oben, im Netz, gewesen. Denn dort lagen jetzt mein Sack und ähnliche Gepäckstücke der anderen Buben.

Draußen, in der rußigen Halle der früheren k.k. Elisabeth-Westbahn, stand der Vater. Standbein durchgestreckt, Spielbein leicht abgewinkelt. Ich sah ihn in diesem Augenblick zum letzten Mal in der alten Montur mit dem langen dunklen Mantel und der hohen Dienstkappe, dem vielgelästerten österreichischen Amtskappel, über dem hageren Gesicht. Bei unserem Wiedersehen würde der Vater schon jene unansehnliche Uniform tragen, die eine Farbe von unnennbarem Charakter besaß und die angeblich ein Kriegsgewinner, der das Geld hatte, das der Republik abging, billig abgelassen haben soll.

Da auf dem Bahnsteig eine Spur mehr Helligkeit war als in meinem Abteil, konnte zwar ich den Vater erkennen, er aber nicht mich. Wie er so stumm und bewegungslos dastand, sah er aus wie die Verkörperung der Mahnungen, die er mir durch das geschlossene Abteilfenster nicht mehr geben konnte. Auf der ersten Karte, die er mir nach Holland schrieb, hat er die Quintessenz dieser Mahnungen formuliert: Sei brav, mach' den Pflegeeltern keinen Ärger. Die prekären Lebensverhältnisse, die er in unserer verlassenen Wohnung erlebte, erwähnte er selbstverständlich mit keinem Wort. Aber beim nochmaligen Überlesen des Kartentextes hat der Vater vor dem Hauptwort Pflegeeltern das Eigenschaftswort lieb eingefügt. Für den angenommenen Fall, daß meine Pflegeeltern die Karte zu Gesicht bekommen würden, sollte es Achtung vor ihnen und die Erwartung elterlicher Liebe ausdrücken. Lieb' zu sein hat mein Vater in seiner ewigen Montur nicht verlernt.

Leise glitt der Zug aus der Halle. Die Gestalt des Vaters verschwand sofort in Dampf und Rauch. Ich war endgültig allein. Zum ersten Mal in meinem Leben. Meinen Platz hatte ich in der Ecke des Abteils, beim Fenster, zugewiesen bekommen. Ich setzte mich nieder, verkroch mich bis zur Nasenspitze in meinen Mantel und preßte den dünnen Stoff mit den Händen, die ich trotz meiner Handschuhe in die Taschen gesteckt hatte, an den Leib. In anderen Abteils fingen Kinder und einige Erwachsene, die den Zug begleiteten, an, zu singen. Dem lieben Heimatland wurde Ade gesagt. Und auf der Fahrt zum fremden Strand wollte man singen, wie man das eben tut, wenn man wandern muß; mit fröhlichem Mut singen. Aber je lauter das Lied wurde, desto kläglicher wurde das Weinen der Buben, die nicht sangen und nicht singen wollten. Denn es waren noch Kinder, und Kinder weinen sich in den Schlaf. Es wurde still, auch in meinem Abteil. Ich selbst war hellwach, und ich sah zum Fenster hinaus. Eine ganze Nacht lang.

Bisher hatte ich nur Eisenbahnfahrten in die nähere Umgebung Wiens gemacht. Nach Baden oder nach Vöslau. Das größte Erlebnis dieser Reisen war ein Tunnel. Wenn wir ihn durchfuhren, wußte ich, daß das Fahrziel nahe war. Immer war es eine Fahrt vom Zuhause bei den Eltern zu dem bei einer Großmutter oder Tante gewesen. Nie war es eine Fahrt in eine Fremde oder zu Fremden. Diesmal war die Fahrt ein Abenteuer. Nachts spürte ich mehr das Abenteuer, als das Heimweh. Der Reiz des Abenteuers packte mich. Bei Tageslicht betrachtet, hatten für mich die Waggons und die Lokomotive eines Eisenbahnzugs nichts besonderes an sich. Technische Dinge interessierten mich kaum. Nachts aber wurde die Maschinerie in der Zeit der Dampflokomotiven ein anderes, ein lebendiges Wesen. Fuhr in jener Jännernacht 1920 der Zug in eine Kurve, dann sah ich den Funkenregen über der Lokomotive. Wie ein kleines Feuerwerk in der Nacht sah er aus. Und immer war an der Spitze der Waggons ein leuchtender Punkt, der sich vom nachtschwarzen Zug abhob und der mit nie erlebter Geschwindigkeit, ohne in jeder Station anzuhalten, mit uns in die Nacht stürmte.

Neue Geräusche waren um mich, und vor dem Fenster war eine Schneelandschaft, die ich genau betrachten wollte. Wenn die Lokomotive nachts aufheulte, dann war sie keine Maschine mehr, sondern ein Tier, das brüllte wie eines der fremden und wilden Tiere des Schönbrunner Tiergartens. Unheimlich war ein Stöhnen, das manchmal durch den Zug ging. Ich wußte nicht, daß dann die Bremsen funktionierten, die ein gewisser Westinghouse erfunden hat. Der Zug stöhnte offenbar, wenn er müde war. Denn nachher fuhren wir langsam und noch langsamer durch die nachts verlassenen kleinen Bahnhöfe, die kaum beleuchtet waren. Nur manchmal kroch die spärliche Nachtbeleuchtung in das Abteil und über die Gesichter der schlafenden Buben hinweg. Nachher ging ein Ruck durch den Zug, das Holz der Verschalung ächzte, als wäre es für mehr Anstrengungen schon zu müde und die Schwenktür im Korridor schlug unwillig bald an unser, bald an das benachbarte Abteil. Die Waggons glitten über Weichen hinweg. Dieses Geräusch kannte ich. Der Zug nahm Fahrt auf und dann glitten die Räder des Vierachsers unablässig gleichmäßig tuckernd über die Nahtstellen der Schienen. Dieses Geräusch war meiner Nachtwache gefährlich. Denn es war mir vertraut. Wenn wir von Vöslau und Baden heimfuhren, bin ich bei diesem Geräusch, den Kopf auf Mutters Schoß, eingeschlafen.

Diesmal hielt ich durch. Nur wenn das Licht einer Taschenlampe über die Schlafenden unseres Abteils glitt, stellte ich mich schlafend. Ich wollte nicht von der fremden Begleitperson ausgefragt werden, warum ich nicht auch schliefe, so wie die anderen. Dazu brauchte ich nur die Augen zu schließen. Und schon war ich unerreichbar und geborgen auf meinem Beobachtungsposten.

Nur dann und wann sah ich draußen ein Licht von weitem. Ich sah den Sternenhimmel. Keinen Ausschnitt, wie über unserer Gasse, sondern fast den ganzen Himmel einer klaren, kalten

Winternacht. Die Reise wurde mir zu einem Erlebnis, dessen Einzelheiten ich nie vergessen habe. Manchmal schenkte mir das Schicksal auch später noch dieses Abenteuer einer Nachtreise.

Zweimal erlebte ich so auf meiner Fahrt nach Holland die Nacht. Das Ende des nächtlichen Abenteuers war dann morgens ein Blick in eine Welt, die grau in grau zu sein schien. Im Mund hatte ich einen widerlichen Geschmack. Ich schloß die Augen und hoffte, in das Abenteuer entfliehen zu können. Aber dieses hatte seine Zeit, und die war tagsüber vertan. Das Heimweh faßte mich, und es faßte mich stärker, als ich um mich die Buben ruhig und fest schlafen sah. Zum ersten Mal erlebte ich die graue Stunde, die trübe Ahnungen eingibt. In dieser Stunde schlief ich für gewöhnlich und ich wurde nur geweckt, wenn etwas geschehen war, wenn einer aus unserer Familie krank wurde. Wenn die Mutter aufstand, Tee kochte und das unvermeidliche Licht der Ölfunzel durch den Raum geisterte. Im Feld gab es die Angriffe im Zwielicht. Selbst meine Bummelei als Student wurde mir zuwider, wenn ich im Morgengrauen heimkehrte und die scheppernden Kannen der Milchwägen mir einzuhämmern schienen, daß ich, während andere schon arbeiten mußten, ein Nichtsnutz war.

Als wir uns dem Niederrhein näherten, schien mir das Land nicht nur fremd, sonder ab-stoßend. Backsteinbauten, rotes Mauerwerk ohne weißen Verputz, erinnerten mich an die drückende Atmosphäre, die daheim nur um Fabriksgebäude bestand oder die Wohnhäuser der Eisenbahner und Ziegeleiarbeiter. Im Morgengrauen waren die blattlosen Stumpen der Weidenbäume, die Felder und Koppeln umstanden, häßlich, und ich sehnte mich nach einem heimischen Nadelbaum, den kein Wetter so häßlich machen konnte. Aber es war kein Nadelbaum zu sehen. Da war kein Berg, nicht einmal ein Hügel. Aus dem weißen Schnee wurde tropfende Nässe, deren Kälte ich im Abteil zu spüren schien. Das regelmäßige auf und ab der Telegrafendrähte maß eine neue Zeit zu. Waren die Drähte in der Mitte zwischen zwei Masten abgesunken, dann schwangen sie sich nachher immer wieder zu voller Höhe empor. Gedankenlos erfaßte mein Blick einen dieser Drähte, um seinen Verlauf zu verfolgen. Aber von Mast zu Mast wurde mehr Fremde und weniger Heimat. Zuweilen kam jetzt auch mir das Würgen im Hals. Als meine Reisegefährten mauzend und weinend erwachten, überfiel uns alle der große Katzenjammer.

Aber just in diesem Moment kam das Wunder zu uns. Das Wunder war eine Tasse Kakao und ein Stück Weißbrot. Noch gab es an unserer Schule nicht das gleiche Menu, das die Quakerhilfe damals an Wiener Schulkinder verteilt hat. Vor zwei Tagen hatte ich noch vom Greißler das aus allerlei Ersatz zusammengebackene Maisbrot geholt und dazu aus einer Holztonne einen Schlag Powidl, dessen geheimnisvolle Gärfähigkeit Süßigkeiten ohne Ende zu versprechen schien. Daheim kam zerbröckelndes Maisbrot mit Powidl auf den Tisch und dazu Kaffee, der aus gebrannter Gerste gesotten wurde. Wenn die Mutter mit dem Röstgerät, das im Haus reihum ging, Gerste röstete, wich ich nicht von ihrer Seite, denn geröstete Gerste verbreitete den besten Kochgeruch, den es damals in einer Küche gab. Einmal überredete ich die Köchin der Hausfrau, die böhmische Peppi, die mich sehr gerne hatte, mich das Frühstück unserer Hausfrau kosten zu lassen. Es wurde eine arge Enttäuschung: Maisbrot, Powidl und ein Kaffee, der nur halb so gut war wie unserer, weil Mutter eben am besten Kaffee zu rösten verstand.

Oh gewiß, nach dem Zweiten Weltkrieg ist es den Wienern noch viel übler ergangen als in der ersten Nachkriegszeit um 1920. Aber die Wiener ertrugen die zweite Katastrophe, die noch viel ärgere Katastrophe, bereits mit der Erfahrung derer, die längst von den Federn aufs Stroh gekommen waren. Man rühmt sich nicht vergangener Notzeiten und ich selbst tue es nur deswegen, weil ich einer Generation angehöre, der nachher der Irrtum zugeschoben wurde, sie hätte gemeint aus einer hei-

len Welt gekommen zu sein. Und die angeblich deswegen einer
guten alten Zeit nachtrauert. In Wirklichkeit war das sogenannte Erwachen der Völker nach 1918 so wie mein Erwachen
im Kindertransportzug 1920: die Welt war fremd, kalt und
unheimlich.

Im Jänner 1920 fuhr ich zum ersten Mal durch Deutschland.
Es war dies das Jahr und der Monat, in dem in München der
Mann Adolf Hitler zum ersten Mal Kontakt zu den Massen
bekam. Aber von diesem Landsmann habe ich erst viel später
erfahren. Für uns Buben der Kriegszeit 1914/18 waren die
Deutschen dasselbe, wie der Große Bruder, mit dem wir einem
überstarken Gegner drohten, wenn er über unsereinen kam. Oft
hat mir die Mutter aus dem Kriegs-Bilderbuch vorgelesen, wie
der deutsche Willy und der österreichische Franzl mit den Franzosen und Russen und Engländern fertig wurde. Einmal legte
ich nach dem Vorlesen eine meiner länglichen Fragestunden ein.
Ob denn der Franzl mit den Russen und der Willy mit den
Franzosen und Engländern so hätte reden und streiten können,
wie es im Bilderbuch geschrieben stand und ob die anderen
ihre Sprache hätten verstehen können. Ich hatte auf dem Hof
in Sooss mit dem russischen Kriegsgefangenen, der dort arbeitete, nicht richtig reden können. Die Franzosen, die Engländer
und die Russen hätten eine andere Sprache als der Willy oder
der Franzl. Welche, fragte ich. Eben die russische, die französische, die englische. Welche Sprache der Willy hätte, bohrte
ich weiter. Die deutsche. Und der Franzl spricht Österreichisch,
schloß ich. Nein, sagte die Mutter, der Franzl spricht deutsch,
so wie der neugierige Heini. Basta. So hat mir die Mutter gesagt, daß Deutsch meine Muttersprache ist.

Holland kam, je heller der Tag wurde, umso heller mir entgegen. Zuerst gab es freilich an der Grenze einen langen Aufenthalt. Ärzte und Pflegeschwestern in blitzsauberer Tracht
kamen in unsere Abteils und sahen nach uns. Ich freute mich

über ihr Interesse, denn ich wußte nicht, daß unsere weißen Besucher aus Vorsicht vor Krankheiten inspizierten. Mir kam das Land gleich anders vor. Hätte man mich gefragt, warum es mir so schien, mir wären im Augenblick die Eigenschaftsworte: sauber, ordentlich und wohlhabend allerdings kaum eingefallen. Ich sah es aber zum Beispiel den kleinen, wieselflinken, grüngestrichenen und an den Metallteilen glänzenden holländischen Lokomotiven an, daß sie jedenfalls nicht so schwarz und so rußig aussahen, wie jene, die mir nachts so abenteuerlich erschienen war.

Symbol des Neuen wurde mir eine Kugel von rötlich-goldgelber Farbe, die auf den Bahnhöfen verkauft wurde. Auf der Fahrt von s'Hertogenbosch nach Winschoten wurde mir auf dem Bahnhof von Zwolle so eine Kugel gekauft. Um dieser Orange willen werde ich den Umsteigbahnhof von Zwolle nie vergessen. Denn die Orange von Zwolle war die erste, die ich in die Hand bekam und essen durfte.

Während der Prozeduren im Grenzbahnhof holte ich den versäumten Nachtschlaf nach. Und ich erwachte erst wieder, als unser Zug mit einem letzten und diesmal endgültigen Rütteln zum Stillstand kam. Ein langgezogenes Seufzen ging durch den Zug. Dann fing ein Rumoren an. Im Nu war der Zug leer. Die vielen Kinder wurden auf dem Bahnsteig zu kleinen Gruppen geordnet und dann war auch der Bahnsteig leer. Bis auf mich und einen Mann, der aussah wie unser Oberlehrer: Kneifer auf der Nase, Hemdkragen mit steif abstehenden Ecken, breite Krawatte, Regenschirm. Als der Zug, leer, unbeleuchtet und unheimlich, wie er jetzt war, aus dem Bahnhof fuhr und ein kalter Wind mir die Regenböen ins Gesicht blies, war ich endgültig allein und verlassen. Da kam der Mann auf mich zu, faßte die gelbweiße Karte, die mir am Hals hing und las, was darauf geschrieben stand. Dann lachte er, wie unser Oberlehrer nie gelacht hat, und sagte fröhlich: »Aber das ist ja ein Junge.« Offenbar hatten sie ein Mädchen erwartet. Das Mißverständnis klärte sich später auf. Man lebte im Zeitalter des Films und obwohl man im katholischen Brabant selten ins Bioskop, ins Kino ging, kannte man doch den Namen der Henny Porten. Und ein Kind, das in den Listen Henny hieß, konnte nur ein Mädchen sein. Dabei hatte in Wien der holländische Schreiber nur einen Irrtum gemacht und meinen Kosenamen Heini wie Henny gehört und so geschrieben. Der Mann nahm mich jedenfalls an der Hand und brachte mich in sein Haus in der Orthenstraat. Auf dem Türschild stand ein Name, der mir wegen der Abkürzungen vieler Vornamen auffiel: F. K. N. Noyons. Das Haus in der Orthenstraat von s'Hertogenbosch war der Punkt, an dem ich in der Fremde an Land ging.

Ich kam nicht nur in ein fremdes Haus, in ein fremdes Land. Ich kam in eine andere Welt. Weit hinter mir lag das meerferne Österreich. Ich war in einem Land, das als Seemacht Weltgeschichte gemacht hat. Seemächte am Atlantik, die den Landmächten immer überlegen waren, haben in ihren Flaggen die Farben Rot und Blau und Weiß. Und wenn diese Farben in den Flaggen Hollands, Englands und Amerikas in verschiedenen Zusammenstellungen und verschieden konturiert aufscheinen, so gehört jedenfalls diese blau-weiß-rote Kommunität am Atlantik zusammen. Eine der ersten Melodien, die mir in Holland ins Ohr gingen, waren ein Marschlied, dessen Text offenbar weder holländisch noch deutsch zu sein schien. Ich pfiff auf den Text und pfiff die Melodie. Sie gehörte zu dem amerikanischen Kriegslied, mit dem nach 1917 die Soldaten der Neuen Welt an Bord gingen, um Ordnung in der Alten Welt zu machen. »Over there...«, sangen die Soldaten. Aber um 1920 sangen das Lied keine Soldaten mehr. Die jungen Herren tanzten nach dieser Melodie, die aus dem Grammophon kam, einen Tanz, der einen ganz anderen Rhythmus hatte als die Tanzlieder, die mir Vater vorpfiff. Mit dem Onestep, mit dem Twostep, mit dem Tango kam der Jazz nach Europa. Die erste Jazzwelle, die den zwanziger Jahren das Gepräge gab, hat die Großmütter heutiger Jazzfans verrückt gemacht.

Holländisch war die erste Fremdsprache, die ich erlernte. Ich lernte sie mühelos, weil sie mir als Plappersprache quasi aus dem Mund tropfte und weil sie eine leicht entfremdete Vertrautheit an sich hatte. Holländisch war die Brücke meines späteren Verstehens des Englischen. Aber mein Erstaunen war groß, als das, was sich leicht redete, so schwer lesen und noch schwerer schreiben ließ. Die Holländer hatten es sich offenbar in den Kopf gesetzt, ja nicht so zu schreiben, wie sie redeten. Je mehr Fremdsprachen ich lernte, desto besser nutzte ich die verschiedenen Aspekte, die Worte verschiedener Sprachen vom selben Ding eröffnen. Später sah ich ein, daß zum Beispiel einem Opernwerk Gewalt angetan wird, wenn man die Komposition von den Worten der Sprache löst, auf die der Komponist einmal sein Werk aufgebaut hat. Als sich während meiner Ministerschaft bereits der Massentourismus der Wiener Italien zuwandte, war kein Grund mehr vorhanden, als Unterrichtsminister darauf zu bestehen, daß in der Oper die Mozartopern in Deutscher Sprache gesungen werden müssen, nachdem Mozart zur Komposition die italienische Sprache benutzt hat.

Die erste Hälfte der Zeit meines Aufenthalts in Holland verbrachte ich in Winschoten, im äußersten Nordosten Hollands. Die Grenze zu Deutschland war nahe, und Geschäftsreisende sowie Damen machten ihre Einkaufsreisen nach Oldenburg oder Bremen oder Hamburg. So kam der deutsche Norden nicht aus dem österreichischen Süden, sondern aus dem europäischen Westen in meinen Blick. 1920, zwei Jahre nach dem Ende des Ersten Weltkriegs, waren die Deutschen in Holland mäßig beliebt. Aber die Deutschen hatten, trotz der Greueltaten, die ihnen die Kriegspropaganda nachsagte, die Achtung im Ausland nicht verloren. Nach dem Versailler Vertrag war der frühere deutsche Kaiser, der in Holland im Exil lebte, ein Kriegsverbrecher. Die Sieger verlangten mehrmals und energisch die Auslieferung des Kaisers. Aber die holländische Regierung lehnte diese völkerrechtswidrige Forderung entschlossen und wiederholt ab. Trotz der jüngst vergangenen Kriegszeiten genoß der Prinzgemahl der damaligen Königin, ein Prinz aus Mecklenburg, hohes Ansehen. »Oranje booven«, sangen wir und weiter: Mit Hendrik und Wilhelmine. Und mit größter Selbstgewißheit intonieren die Holländer ihre Nationalhymne von jenem Wilhelm dem Schweiger, der das Land im Widerstand gegen Spanien geeint hat: »Wilhelmus van Nassouwe ben ick, van duytschen bloet«.

Und die Österreicher fand man nett. Man fuhr gerne nach Österreich, zumal nach Weenen. Erwies uns mit Freuden Wohltaten, und wir nahmen die Zeichen der Wohltätigkeit gerne an. In meiner Generation gewöhnten es sich die Österreicher an, nicht nur Trinkgelder zu nehmen, sondern auch Wohltätigkeiten. Quasi als Obulus für unsere Nettigkeit.

In Winschoten lebte ich in einem feinen Haus. Zwar schlief ich in einem der Dienstbotenzimmer und die Welt des Speisezimmers und des Salons blieb mir eher verschlossen; aber ich roch die Atmosphäre. Herr van Lenning kam nie in die Küche und ich hatte nichts in seinem Kontor zu suchen. Von ihm blieb mir nur der Duft gekonnt gerauchter guter Zigarren, ein wenig Parfum der Waschseife und der Anblick des Sonntagsstaats, der Arbeitskleidung war. Hatte ich schon keinen Pflegevater, so hatte ich doch eine Pflegemutter, die Mutter und Dame, beides ganz, war. Frau van Lenning verbreitete ihre Mütterlichkeit, wie das eine gute Mutter tut: man hört und sieht wenig davon, man spürt sie. In ihr begegnete ich mit großer Achtung zum ersten Mal einer Dame, deren Präsenz ich im ganzen Haus spürte, auch wenn Frau von Lenning nicht zugegen war. Das Personal bediente die Herrschaft und war gut zu mir, so wie Frauen zu kleinen Buben lieb sind. Nie habe ich es schmerzlich empfunden, statt in Speisezimmer und Salon, in Küche und Bedientenzimmer zu existieren. Und zeitlebens fühlte ich mich in den Bibliotheken meiner Gastgeber besser als in den Salons. Des Komforts einer gewissen Noblesse ledig, erfreute ich mich in meiner gewohnten Kluft jener Freiheit, in der ich alle Winkel des Hauses, der Fabrik und der Lager durchstöberte. Zwar kaufte mir Frau van Lenning einen Matrosenanzug, aber ich schaue auf der Fotografie, die mich in neuer Schale zeigt, traurig drein. Erstens wegen der Beengtheiten des Neuen und zweitens wegen der Betulichkeit des Fotografen, der mich in Pose bringen wollte und nervös wurde.

Das Haus van Lenning lag am Omsnijdingskanal, also an einem Umfahrungskanal. Die Schiffe auf dem Kanal haben es mir angetan. Es waren keine Motorkähne, sondern Fahrzeuge, die mit Hilfe langer, gegen den Boden des Kanals gestemmten Stangen weitergestoßen wurden. Der beste Beobachtungspunkt für mich war die Drehbrücke, über die die Straße von unserem Haus in die Stadt ging. Kam ein Schiff in die Nähe des Kanals, dann rief der Schiffer mit einem Horn den Brückenwächter heraus. Und es begann das von mir immer wieder bestaunte Manöver: mit einer Handkurbel drehte der schwächliche Brückenwärter die ganze Drehbrücke, bis sie die Fahrtrinne freigab. Passierte das Schiff die Brücke, dann warf der Wärter den an einem langen Lederriemen befestigten alten Holzschuh aus, in den der Schiffer seinen Obulus tat. Der Wärter holte den Holzschuh ein, steckte das Silberstück in die Tasche und kehrte zu seinem Beruf zurück. Er war nämlich Schuster.

Von diesem Schuster erfuhr ich, daß man in Holland kein Trinkgeld gibt. Hatte der Schuster dem Schiffer das Entgelt für die Passage abgenommen, tippte der lässig an den Mützenschirm, versah den Kanal mit einer mächtigen Quantität des Produkts seines Tabakkauens und verschwand hinter seiner Schusterbank. Mutter, die jeden Heller umdrehte, gab selbst dem Rauchfangkehrer, der zur Elite der Gewerbetreibenden gehörte, ein Trinkgeld. Damit er nichts schmutzig mache in der Wohnung. Und der Rauchfangkehrer unterließ es, die eiserne Kugel in den Kamin hinabgleiten zu lassen. Man kauft sich frei mit Trinkgeld. Und sei es nur von übler Nachrede.

Im Alter von acht Jahren prägen sich gewisse Bilder mit einer später nicht erreichten Schärfe und Haltbarkeit ein. Die Landschaft Hollands machte auf mich einen solchen Eindruck.

In Wien wuchs ich mitten in der großen Stadt auf, die zwischen dem Wienerwald und der Donau entstand. Aber ich sah wenig vom Wienerwald und noch weniger von der Donau. In der Umgebung von Winschoten erlebte ich die Heide und das Moor. Ich konnte streunen und ich tat es ohne geographische, botanische oder zoologische Kenntnisse von dem, was ich erlebte. Wissen ist eine große Sache, aber Erleben ist schöner. Das weite Land, das von der Heide in die Landschaft des Meeres zwischen Küste und vorgelagerten Inseln überging, kannte ich, ehe ich noch einen hohen Berg der Alpen, einen Alpensee oder gar die Schneeregion der Berge gesehen hatte. So wurde es mein steter Wunsch, immer wieder die Weite der Natur zu erleben. In der Weizensteppe Südrußlands und in der Prärielandschaft des amerikanischen Mittleren Westens erlebte ich noch einmal derlei. Aber vor allen späteren Erinnerungen steht das Bild, das ein Bub hat, der im Heidegras liegt, ein Riedgras zwischen den Zähnen kaut und den Blick auf einen Horizont richtet, an dessen Rändern sich die Flügel der Windmühlen langsam drehen. Regen und Wind, nicht unter Dach erlebt, gehören dazu. Und niemand lenkt die Aufmerksamkeit ab; auf sogenannte bemerkenswerte Eindrücke. So kam ich zu mir.

Den übrigen Teil meines immer wieder vom Schulbesuch in Wien unterbrochenen Hollandaufenthalts erlebte ich im Süden. Im Land am linken Ufer der Maas, in Brabant, im weit ausgelegten Bauerndorf Schijndel. Man konnte sich als Pflegekind sein Haus nicht aussuchen. Und so kam ich aus dem protestantischen Norden in den katholischen Süden. Aus dem Haus des Fabrikanten van Lenning in das des bäuerlichen Pächters Hendrik Schevers. Auch in Schijndel aß ich in der Küche, aber was war der technische Komfort der Herrschaftsküche in Winschoten, verglichen mit der Wohnküche bei Mutter Schevers, die täglich vierzehn Esser zu Tisch hatte. Viele holländische Künstler haben das Idyll der Küche ihrer Heimat auf Leinwand, Papier oder Porzellan verewigt. Ich habe es erlebt.

Ja, ich lebte jetzt in einem der roten Backsteinhäuser, deren Fremdheit mich beim ersten Erwachen in Holland erschreckt hatte. In meinem Haus in Schijndel waren Mensch und Tier, Stall und Schuppen, Scheune und Tenne unter einem Dach. Nur die Schweine hatten ihre Koben abseits von dem Ganzen, nahe dem Örtchen, das mich lehrte, den mit den Großbuchstaben W und C verbundenen Zivilisationskomfort nicht unbedingt abzulehnen.

Holzfußböden gab es in keinem Raum der Wohnung. Die Hinterkammer, in der ich schlief, hatte einen Fußboden aus gestampfter Erde, die in Zeiten langer Trockenheit zu Sand wurde. Die übrigen Räume, vor allem die Wohnküche, waren mit Ziegeln ausgelegt. Alle Böden wurden täglich gründlich gesäubert, der Ziegelboden mit feinem, gelblichem Sand bestreut. Immer sah ich meiner jüngsten Pflegeschwester zu, wenn sie den Sand gleichmäßig über den Boden streute und dabei die Umgebung der Einrichtungsgegenstände sorgfältig aussparte. Um diese Einrichtungsstücke zog sie nachher schnurgerade Angrenzungslinien, wobei ihr der feine Sand, wie mit dem Lineal gezogen, aus den Fingern lief. Es dauerte nur Minuten und die Schönheit des Werkes war von unzähligen Tritten zerstört. Um am nächsten Morgen restauriert zu werden.

Längs der Wände gab es Kojenbetten. In der Fensterecke neben der Tür stand der große Tisch, blankgescheuert wie der im Zimmer der Soosser Großmutter. Aber an diesem Tisch in Schijndel saß nicht bloß eine Großmutter mit einem Enkel, er war Verpflegsausgabestätte für vierzehn Personen. Nein: er war keine Verpflegsausgabestätte, sondern das Zentrum der uralten Vita communis der Bauern. An diesem Tisch hatte ich, als Benjamin aufgenommen, meinen Platz.

Fast die ganze Längsseite der einen Küchenwand nahm der Kamin ein. Zu beiden Seiten der offenen Feuerstelle war genug

Platz zum Sitzen und zum Klönen; wenn es zu sehr regnete oder wenn der Abend kam. Eine der Küchentüren ging in die Waschküche. An diesem Ort fiel man an Samstagen mit Schmierseife und Wurzelbürste ohne Erbarmen über mich her. Man könnte nach solchen Erfahrungen versucht sein, das moderne Stichwort: Hygiene, die terrorisiert, zu bejahen. Indessen blieb ich dennoch beim Waschen.

Ich hatte eine Koje zusammen mit dem ältesten Sohn des Hauses. Er war Schmied und hatte keinen Sinn für Konversation vor dem Einschlafen im Bett. Wenn er mich anders nicht zum Schweigen brachte, dann griff er zu einem seltsamen Beruhigungsmittel. Um nicht mit seinen Schmiedhänden zuzuschlagen, rieb er mir meine Ohrmuscheln, bis sie mir höllisch brannten. Ich bekam davon keinen Schaden, aber der Schmied von Schijndel kam zu seiner Nachtruhe. Immer hat man es auf die Ohrmuscheln der Buben abgesehen. Der Bettgeher in Wien wollte sie aufziehen, wie einen Wecker. Und nach Deutschem Recht wurden Kinder als Zeugen eines Grundstückverkaufs dermaßen an den Ohren gezogen, daß sie ihr Leben lang nicht auf die an ihnen vollzogene Prozedur und das gleichzeitige Rechtsgeschäft vergaßen.

Neben dem Schmied gab es noch sieben Söhne im Haus. Zwei betrieben die eigene Werkstätte zur Erzeugung von Klompen. Klompen, Holzschuhe, trug damals noch jedermann im Dorf und also auch ich. Zwei Töchter, schon verlobt, arbeiteten im Haushalt. Ein Sohn ging dem Bauern ständig an die Hand. Eine Tochter betrieb die Damenschneiderei. Sie baute mir einen Anzug nach Maß, den ich getragen habe, als ich zusammen mit dem ersten der beiden Söhne, die Priester wurden, fotografiert wurde. Ich sehe auf diesem Bild recht gelöst drein.

Die jüngste Tochter, die ich trotz Schmierseife und Wurzelbürste am liebsten hatte, hielt nicht nur den Küchenboden unter Kontrolle, sie hatte auch die geschickte Hand, um die fertigen Klompen mit einem Schnitzmuster zu versehen. Nachmittags trieb sie die vier Kühe aus. Dann lief ich schnell noch unter die

Apfelbäume, stopfte die Taschen voll mit Fallobst und rannte hinter den Kühen her. Im Sommer waren die Weidenbäume, deren Stumpen mich im Morgengrauen nach einer Winternacht erschreckt haben, dicht bewachsen. Kleine Wasserläufe trennten die Koppeln, und man brauchte bloß an der Straße sitzen, um die Kühe, deren Schädel jeweils mit einem Vorderfuß kurz gebunden waren, im Auge haben. War alles unter Kontrolle, dann holte ich die Äpfel hervor, meine Pflegeschwester schälte sie, ich aß sie, ließ ihr aber auch ab und an ein Stück zukommen. Höhepunkt war eine Lesestunde. Lesestoff in nie wieder erlebter Qualität waren alte Bauernkalender. Da gab es Geschichten, die kann heute niemand mehr schreiben. Oft verging der Nachmittag und wir trieben die Kühe heim, ohne daß auf der Straße nach Boxtel auch nur ein Auto vorbeigefahren wäre.

Wofür haben die Menschen diese Welt, die es nicht mehr gibt, verkauft? Ich selbst durfte mir aussuchen, in welcher Berufssparte ich den Vormittag verbringen wollte. Die Schneiderin wurde bei ihrer Arbeit nie müde, die Fragen, die ich jetzt in einem Burisch immer wieder stellte, zu beantworten, und auch die in der Klompnerei wurden nicht nervös, wenn ich ins Fragen kam. Abends kam die Jugend zusammen, um auf einem tadellos ausgebauten Schießstand das Bogenschießen zu üben. Im August eines jeden Jahres gab es eine Konkurrenz der Besten, die oft von weit her kamen. Einmal ereignete sich die Dorfolympiade in unserem Haus.

Bogenschießen und ein Alltag, der wie im Flug verging, ließen mich nicht vergessen, daß ich in Wien eine große Liebe zurückgelassen habe: die Liebe zum Fußball und zum Fußballklub Rapid. In Schijndel mußte es bei der fernen Liebe bleiben, beim gelegentlichen Kicken mit einem Gummiball und bei Fragen, die ich ganz unorthographisch aber präzise in meinen Briefen stellte. Weil man in Holland natürlich nichts vom Stand der Meisterschaft in Österreich erfuhr. Holland hatte selbst seinen

Fußballsport. Und einen guten noch dazu. In der Zeit der echten Amateure, wie in der jetzigen Zeit der Berufsspieler. Bei den Olympischen Spielen 1908, 1912 und 1920 haben die Oranjes immer die Bronzemedaillen heimgebracht. 1912 schlugen sie die Österreicher mit 3 : 1 aus dem Feld und 1920 drückte ich in Winschoten die Daumen für die Oranjes. Ihnen galt die ganze vorgefaßte Parteilichkeit, die sonst den Österreichern zugekommen wäre. Aber noch 1920 ließen die Sieger von 1918 die Verlierer des letzten Krieges zu den Spielen nicht zu. Die Vermischung der Olympischen Idee mit Geld und Politik, mit Klassen- und Rassenkampf war schon die Sache jener Typen, die von Sport reden und sich in Wirklichkeit des sogenannten gesellschaftspolitischen Wertes des Sports bedienen. In Winschoten gab es am Omsnijdingskanal einen Fußballplatz und einen Fußballklub, die WVV. Lief die Mannschaft der WVV auf den Platz, dann brüllten wir den Schlachtgesang:

De WVV gaat nooit verloren.

De WVV, de WVV staat boven an.

Aber auch die WVV ging sehr oft sang- und klanglos unter und sie stand nicht so hoch oben an, wie wir es gewünscht hätten. 1920 war dafür die Show billig und Live. Stars waren im Fußballsport erst wenig und wir spielten fernab von unserem Knabenparadies am Omsnijdingskanal.

1940 versank für mich Holland hinter den Sprengwolken, die der Westfeldzug der Deutschen Wehrmacht hinterließ. Ich bin Gott dankbar, daß ich nicht in Holland Besatzungssoldat geworden bin. Hier in Holland, über Rotterdam, begann der mechanisierte Bombenkrieg, der nachher die Kulturlandschaft Alteuropas verwüstet hat. Als der Zweite Weltkrieg aus war, war es auch aus mit dem reichen Kolonialreich der Holländer. Das Holländische Volk, eingeengt auf schmalstem Raum zwischen den Flußmündungen der großen Ströme Westeuropas und bedrängt vom Meer, mußte eine neue Existenz heranzwingen. Für die Holländer gab es nicht jenes Nachhängen an alte Zeiten, das nach 1918 so viele gute Österreicher bedrückt und dem Realitätssinn geschadet hat. Rotterdam, Fanal des Bombenterrors über Europa, wurde mit seinem Europahafen ein Hafenzentrum, das an das Maximum New York herankam. Aus der bereits 1921 angebahnten Wirtschaftsunion Hollands mit Belgien und Luxemburg entstand in den Benelux-Staaten, im alten Kommunikationsraum der Niederlande, ein fester Kern für die spätere Europäische Wirtschaftsgemeinschaft. Das Land, das ich in Heide und Moor, im alten Bauernland an der Maas erlebte, ist ein moderner Industrie- und Handelsstaat geworden.

Mit dem in den USA entwickelten Industriesystem der Technokraten kamen auch jene dem Industriesystem feindlichen Ideen nach Holland, die in den USA längst entwickelt waren, bevor noch den meisten europäischen Staaten der Start in die industrielle Gesellschaft glückte.

1966 freuten sich Millionen Fernseher am Glück der so sympathischen Kronprinzessin der Niederlande. Dieser Tag, der Hochzeitstag der Prinzessin Beatrix, schien den holländischen Beatniks, den Provos, gut genug zu sein, um dem Fernsehpublikum in aller Welt wissen zu lassen: Hic sumus, hic manebimus. Zu diesem Zweck ließen die Provos Rauchbomben explodieren, wobei der schmutzig-weiße Rauch jene weißen Nebel symbolisieren sollte, aus dem im Märchen das Glück kommt.

Auch in Österreich sah man die Rauchwolken, auch in Österreich ärgerte man sich über die dümmliche Provokation und auch in Österreich tat man meinen Einwand ab, daß dieser Rauch nicht bloß Blauer Rauch sei, um den sich zuweilen in der Politik die Menschen sammeln, um für eine Weile Klamauk zu machen.

Was um 1966 Irene Donner als weiblicher Provo in Holland verlangte, stand nachher auch in Österreich zur Debatte: Anti-Babypillen für Schulmädchen hat der Bundesobmann der Jungen Generation in der ÖVP verlangt. Autofreie Zonen in der Großstadt wurden ein Ausweg für eine Großstadtverwaltung, die kein Bild der großen Stadt hat, sondern quasi mit Wasserfarben und winzigen Pinseln riesige Prospekte betupft. Selbst den Kampf gegen Verpestung der Umgebung von Industriebauten machte das Industriesystem so lange mit, bis die Energiekrise die alte Parole: Lieber warmer Mief, als kaltes Ozon, aufs neue durchschlagskräftig machte. Natürlich gab es Verrücktheiten der holländischen Provos, etwa wenn Irene Donner die klinische Defloration — sofern gewünscht — propagierte. Aber in dem Maße, in dem Studentenseelsorger in den von ihnen betreuten Heimen die Wahlfreiheit sexueller Beziehungen duldeten oder anrieten, ist eine Jungfrau ohnehin nur mehr so etwas wie eine Witzfigur für Kabarettisten.

Ich höre die Reden katholischer Geistlicher, die sich wie einen Schild das Image: progressiv, vorhalten, und die meine jungen Freunde, die noch das Couleur bei sich haben, das ich getragen habe, um ihren religiösen Glauben bringen. Weil sie selbst schon glaubenslos geworden sind. An der belgischen Universität, an der mein Pflegebruder Pater Cyrillus studierte, bezog eine Generation nachher Camilo Torres die Weiterbildung seines Intellekts. Pater Cyrillus und Camilo Torres gingen beide nachher nach Lateinamerika und in den Tod. Torres hängte seine Soutane an den Nagel und fiel in den Reihen von Kommunisten und Anarchisten im Kampf. Seine Anhänger bewahren sein geistiges Erbe: Es nützt nichts, von der unsterblichen Seele zu reden, wenn Menschen Hungers sterben. Auch Pater Cyrillus zog am letzten Tag seines Lebens die Soutane aus: er ertrank beim Schwimmen, das er als Sport so sehr liebte. Ich sehe für immer sein jungenhaftes Priestergesicht vor mir, ein Gesicht, das nie altert, und ich lese in den Briefen, die er seinem Pflegebruder in Wien schrieb: Achte auf deine unsterbliche Seele. Pater Cyrillus war keiner wie sein Landsmann Pfarrer Donders, aber auch nicht von der Sorte Irene Donners. Katholizismus war ihm ein Anliegen für feine Köpfe, nicht für grobe Klötze. Aber, wird man einwenden, Irene Donner war kein grober

Klotz. War sie nicht die Schwiegertochter eines Ministers und Gattin eines Intellektuellen, der Schach-Großmeister wurde? O gewiß. Sie war eine echte Revolutionärin und sie kam daher nicht aus den Reihen der Kindermacher, sondern aus den selbstgewählten Eliten, Söhnen und Töchtern aus besseren Häusern. Aber der Präsenz dieses Typs eines Revolutionärs ist man sich in Österreich weder in progressiven noch in konservativen Kreisen recht bewußt.

Ich war als Kind in Holland und ich konnte nicht wissen, daß damals in diesem Land das historische Bündnis praktiziert wurde, das fünfzig Jahre später das katholische Österreich in ein sozialistisches Land verwandelte. In meiner Kindheit bekam der holländische Katholizismus als Preis für ein Appeasement im Umgang mit dem Sozialismus die konfessionelle Schule. Der österreichische Katholizismus bekam für sein Appeasement gegenüber dem Sozialismus nichts. Denn den Preis für den 1962 erzielten Kompromiß in der Schul- und Konkordatsfrage mußten die katholischen Politiker zahlen. Selbst ihrer eigenen Partei gegenüber.

In dem Maße, in dem sich während der sechziger Jahre im Dreieck mit den Eckpunkten (1) Sozialismus, (2) Katholische Kirche, (3) Christliche Demokratie die Dreiecksseite zwischen den beiden Punkten (2) und (3) verlängerte, verkürzte sich mit einer errechenbaren Präzision der Abstand zwischen den Eckpunkten (1) und (2). Deswegen vermehrte sich in den Kadern des österreichischen Sozialismus nicht die Zahl der Kirchengänger. Im Gegenteil. Viele Sozialisten, die in der Ära des Dritten Reiches ihre Kirchenbeiträge prinzipiell gezahlt haben, traten in der Wohlstandsgesellschaft wegen dieser Beiträge aus der Kirche aus. Das Appeasement zwischen den Punkten (1) und (2) erwies sich als eine Einbahnstraße. Im sozialistischen Staat liegt das Problem Ehe auf dem Tisch. Noch hoffen einige, daß dieser Tisch ein Operationstisch ist; andere glauben einen Seziertisch zu sehen.

Es waren holländische Sozialisten, die Ende der fünfziger Jahre ihren österreichischen Genossen den Rat gegeben haben: Österreich ist eine Messe wert.

In einem Land, von dessen Bewohnern es heißt, sie lebten wie Gott in Frankreich — und Gott lebte einmal gut in Frankreich — muß damit rechnen, daß Gott in diesem Land krank wird und vielleicht eines Tages tot ist. Die Revolution gegen den katholischen Glauben brach unlängst nicht unter den Proletariern Europas und der Dritten Welt aus, sondern unter wohlversorgten klerikalen Intellektuellen fortschrittlicher Industrieländer: Im katholischen Rheinland, in Westfalen, im Land mit der größten Zahl von Katholiken: in den USA, in Belgien und in Holland.

Es sind noch nicht zehn Jahre her, da kamen junge Kapläne aus Holland, um in Wien den Priestermangel beseitigen zu helfen. In dem gleichen Jahrzehnt leerten sich viele katholische Seminare in Holland. Eine Katholische Presseagentur meldete, daß in Holland eine Kirche zum Verkauf angeboten wurde, eine Art des Grundstückverkehrs, die bisher nur in Skandinavien üblich war. Holländische Jesuiten suchten im Freimaurertum Brüder, deren sie offenbar im gewohnten Kreis entbehrten. Je mehr Intellektualismus, desto mehr Education statt Religion, desto mehr Existenz in esoterischen Kreisen.

Es entstand der Eindruck, als würde im holländischen Katholizismus nicht eine konsequente Fortsetzung der Reformen des Zweiten Vatikanischen Konzils oder eine Zweite Reformation stattfinden, sondern eine Explosion, die alle Normen, Institutionen und Autoritäten zerfetzen soll.

Der »Nieuwe Katechismus«, den die Bischöfe Hollands zusammen mit dem Institut für Katechetik an der Jesuitenuniversität Nijmwegen während der sechziger Jahre herausbrachten, führte zu scharfen Konfrontationen in der Kirche, zuletzt zur Zurückweisung dieses historischen Dokuments einer Neuen Sprache, die in Wirklichkeit Ausdruck Neuer Wahrheiten wurde.

Der Neue Katechismus beginnt mit einer Reminiszenz. Um 627 nach Christus predigte der Mönch Paulinus am Hof des Königs Eduard von Nordengland das Evangelium. Aber der König zögerte mit der Annahme der neuen Lehre. Um sicher zu gehen, berief er seine Räte. Einer von den Räten deutete das, was geschehen mußte, mit einem Gleichnis:
Er erinnerte den König, seine Vasallen und Herren an einen kalten Winterabend. Draußen ist Kälte, Schnee und Nässe. In den Saal, wo die Herren am wärmenden Feuer sitzen und um sie helles Licht ist, fliegt ein Vogel herein. Aus der Kälte in die Wärme. Aus der Finsternis ins Licht. Aber der Vogel bleibt nicht im Licht und in der Wärme. Er verhält nur kurz und fliegt wieder hinaus in finstere Nacht und Kälte. Und so sei das Leben des Menschen, schloß der Ratgeber des Königs. Wir wissen nicht, was vorher an uns geschah und wir wissen nicht, was uns geschieht, wenn wir das Leben verlassen. Wenn die neue Lehre darüber etwas zu sagen hat, wäre es gut, sie anzunehmen.
Ganz im Gegensatz zu dieser Introduktion eines Neuen Katechismus, hält Karl Marx den religiösen Glauben für die Ursache der Entfremdung, der der Mensch verfiel. Und John Dewey, der Große Alte Mann der Pädagogik in den USA und Verfolger eines liberalen Bildungsideals, reflektiert bewußt auf die Finsternis, auf die sich der Mensch nach dem Tode Gottes zubewegt. Eines müßte man den Konservativen zugestehen, räumt Dewey ein: Wenn wir einmal zu denken anfangen, dann kann niemand garantieren, was dabei herauskommt. Außer, daß vieles zu Fall kommt. Jedes Denken bringt einen Teil der offenbar in sich gefestigten Welt in Gefahr, und niemand kann voraussehen, was an dessen Stelle entstehen wird.
Wir sehen den Vogel fliegen, wie es Dewey riskiert haben will. Indessen wird in der Halle das Feuer schon schwächer und das Licht verdunkelt sich. Und viele Menschen, wohlhabend und in Sicherheit lebend, fragen sich: Und das bißchen Leben ist alles gewesen? Nicht mehr?

Die Menschen reden über Zustände in den USA und sie holen sich ihr Urteil aus Zuständen in New York, in Los Angeles und in den Trümmern des alten Hollywood. Als ich 1953 zum ersten Mal aus den USA nach Europa zurückflog, sagte ein Schotte, der neben mir im Flugzeug saß: This City is a Challange to God. Er machte mich nicht irre am amerikanischen Volk. Und es erschreckte mich nicht ein Polizeifunktionär, der mich am St. Patrickstag 1963, damals war ich Minister, auf dem Flugplatz von New York, als Ire mit grüner Krawatte, begrüßte: Das ist eine Stadt, die mehr Juden, Portorikaner und Italiener hat, als alle anderen Städte. Aber sie hat auch 600 000 gute Iren, die Ordnung halten in der Stadt. Seit den jüngsten Vorgängen in Irland glaube ich nicht recht an den irischen Ordnungsfaktor.

Und denk' ich an Holland in der Nacht, werd' ich nicht um den Schlaf gebracht. Weder von einstmaligen Parolen der Provos, noch von der Hektik aufgebrachter Kleriker, noch von all dem, was jetzt auch in Holland geschieht, weil es wahnsinnig modern und »in« ist. Denn das gehört nur zu jenem Europa, das bloß der Mode unterworfen ist. Was bleibt, ist ein Sinn der Seefahrt, der auch die Holländer dann, wenn ihr Boot auf einer steilen See reitet, sagen läßt: Die armen Leute an Land. Daß eines meiner Häuser in Holland steht, dess' bin ich dankbar. Was wäre ich ohne dieses Haus, allein im lieben Wien, am Gänsehäufel, in einem Schinakl geworden?

Ein Bürgerlicher Baumeister, ein gewisser Adam Hildwein, hat das Haus gebaut. Das war im Jahr 1832. Bauherr war der Bürgerliche Tischlermeister Georg Mayer.

Damals rückte die Dorf- und Taglöhnerperipherie von den alten Vorstädten der Kaiserstadt hinaus in die noch immer ländlichen Vororte, die so lange Sommerfrischen der Wiener gewesen sind. In dem weiten Umkreis von St. Marx bis auf den Thurygrund entstanden aber die Häuserviertel einer Zeit, der man nachher den läppischen Namen Biedermeier angehängt hat. Beethoven und Schubert waren tot. Aber Lanner und der ältere Strauß erfüllten die Stadt mit ihrer enormen Musikalität, deren neuer Rhythmus, der Wiener Walzer, einfach nicht zum Image des Herrn Biedermeier zu passen scheint.

Der Baumeister Hildwein und der Tischlermeister Mayer gehörten zur ersten der drei Erfolgsgenerationen, zu denen es im Durchschnitt das Wiener Bürgertum der Gründerzeit gebracht hat. Hildwein war, was man heute einen Sudetendeutschen nennen würde, eine Landsmannschaft, die man im alten Österreich nie gekannt hat. Zu seiner Zeit war er ein Deutschböhm'. Also tüchtiger, unternehmungslustiger als der Durchschnittswiener und nüchtern. Die windigen Zeiten der Kriege gegen Frankreich hinderten den jungen Hildwein nicht, in Wien möglichst rasch das Zeugnis eines Maurerpoliers zu bekommen. Das Zeugnis für ein Handwerk, das in Kriegszeiten keine Konjunktur hatte. Für die Hildweins sollte es Goldenen Boden haben. Und der Sohn des alten Hildwein, Alois, brachte es in jungen Jahren zum Stiftsschottischen Baumeister. Damit stand er im Dienst eines Bauherrn, dem die Kulturgesinnung der

Benediktiner sehr bedeutende Projekte zur Verwirklichung eingab. Aber Vater und Sohn Hildwein starben fast gleichzeitig, und die Hildweins sollten in Wien keine Häuser mehr bauen.

Es war die Tragik des Wiener Bürgertums der Gründerzeit, daß ihre anfangs rasch aufstrebenden Erfolgsgenerationen, wie gesagt, meistens schon in der Generation der Enkel versiegten. Darin unterschied es sich von den meistens Jahrhunderte währenden Geschlechterfolgen aristokratischer Familien. Wenn Siegmund Freud recht hat, dann starb dieses Bürgertum vielleicht tatsächlich daran, daß den Enkeln oft die Nüchternheit, Freud spricht von Askese, ihrer Großväter abging. Hugo von Hofmannsthal und Arthur Schnitzler haben in ihren Bühnenstücken die nichts-nutzigen Existenzen der Enkel, nunmehr schon ein Herr von X und eine Frau von Y, auf die Bühne gebracht. Zusammen mit gescheiterten jüdischen Assimilanten bevölkern sie um die Jahrhundertwende eine Region zwischen Salon und Nervenheilanstalt. Das Eigenschaftswort nervös ist 1830 aufgekommen.

Dem späteren Menschen, der auf ein nach-industrielles Zeitalter hofft, blieben die Wiener Bürgerhäuser, deren man sich nach Zeiten barbarischer Verwüstung doch noch angenommen hat; die Stücke der Interieurs; und der Schmuck, sowie unzählige Accessoires, deren Verspieltheit das Herz des Technokraten erfreut.

Die liberalistischen und sozialistischen Ideologiekritiker tun sich schwer mit dem, was ihre Vorfahren als Biedermeier disqualifiziert haben. Indem die Liberalen das Biedermeier in die Ideenwelt der Aufklärung einflechten, die Epigonen Marxens sich aber in der Disqualifizierung der Bourgeoisie austoben, bleibt für den eigentlichen Betrachter genau das übrig, was den Geist der Epoche ausgemacht hat: ein Nein zur Theatralik der Revolution und des Empire, zur Existenz eines Menschen mit Leib und Seele und ein subtiler Geschmack, dessen Genuß ein näheres Zusehen erfordert. Und: genug Vitalität für den Walzer.

Angestammt ist die Familie des Tischlermeister Mayer in dem fraglichen Haus nicht. Das Haus blieb nur in der Branche, denn es kam schließlich in das Eigentum des böhmischen Tischlers Dasatiel, also eines in Wien eingewanderten Tschechen. Die Böhm' standen ihren deutschböhmischen Landsleuten nicht nach, nur daß sie um eine Spur härter waren, ehe sie in die Wiener Mischung aufgingen. Von dem böhmischen Dasatiel wurde gesagt, er sei als Tischlerlehrbub so arm gewesen, daß er zu Mittag sein Schusterlaberl zum Gulaschduft aus der Wirtshausküche eines Kutscherwirtshauses gegessen habe. Für mehr reichte es nicht. Fleiß, Sparsamkeit und besagte Härte brachten den Dasatiel hinauf. In der Hochgründerzeit zog er mit seiner bürgerlichen Werkstatt aus dem Parterre des fraglichen Hauses in ein neu errichtetes Fabriksgebäude im Garten des Biedermeierhauses. Der Garten verlor dreiviertel seines ursprünglichen Areals, dafür entstand auf dem mit Granitsteinen gepflasterten Hof eine typisch Wienerische Hinterhofindustrie. Die Baukonjunktur der Ringstraßenepoche war die große Zeit des alten Dasatiel. Er hinterließ zwei Dutzend Nobelzinshäuser.

Die Denkmäler dieser Generation der Tüchtigen und Erfolgreichen stehen auf den Wiener Vorortefriedhöfen, meistens auf dem Zentralfriedhof: Grüfte, um die sich meist niemand mehr kümmert. Tonnen von Granit und Marmor. Inschriften, von denen nur eines rührend ist: der beharrliche Gebrauch des Wortes »bürgerlich«, das erst dann außer Evidenz kommt, wenn ein Epigone statt dessen das Wort »von« als Teil eines Adelsprädikats vorzieht.

Die moderne Denkmalpflege zieht dem alten Haus die Haut ab, so wie der Tierkonservator dem Tier das Fell über die Ohren zieht, um es ausgestopft zur Schau zu stellen. Modern ist ein total mechanisierter Haushalt in einem Biedermeierhaus, mit einem oder zwei Räumen, in dem Interieurteile des Biedermeiers zur Schau gestellt werden. Und es lohnt sich, wenigstens die Fassade des Biedermeiers zu estimieren. Aus der Residenzstadt nahm Herr Biedermeier seinerzeit ein Stück der dortigen Palastarchitektur mit in die Vorstadt. Zum Beispiel die Pilasterordnung, die Sitz und Rang des Hausherrn spektakulär machte. Im übrigen erfreute man sich an schön geratenen heimeligen Formen: Profilierte Rundbogen, Konsolengesimse, Halbkreislünetten, Putzfelder sowie Figuren, unter denen zuweilen ein Heiliger des Barocks auftaucht.

Mein Haus, das Bürgerhaus in der Wehrgasse, gehörte anfänglich zur Wiedner Vorstadt, wurde aber schließlich zum Bezirk Margarethen, zum fünften Bezirk innerhalb der Linie, der Befestigung rund um die Vorstädte, geschlagen.

Von allen Häusern meines Lebens ist es das schönste.

Zu meiner Zeit arbeiteten in der Hinterhofindustrie keine Tischler mehr, sondern Dreher und Mechaniker. Aus den früheren Tischlerwerkstätten zur ebenen Erde des Bürgerhauses hatte man einige jener Gangküchenwohnungen gemacht, die für Wiener Verhältnisse typisch sind. Klein- und Kleinstwohnungen, von deren Küchen aus die im Haushalt tätigen Frauen und Mütter die ständige und volle Kontrolle über das hatten, was in allen und um alle anderen Gangküchen herum passierte. Diese Wohnungen waren außerdem »Bassenawohnungen«: der Wasserauslauf auf dem Gang war Stätte jenes endlosen Stehkonvents der Hausfrauen, in dem die Neugierde verband, was anläßlich von Streitigkeiten wegen der Gangklosette zu Auseinandersetzungen Anlaß war. Flickschuster, Facharbeiter und Manipulanten des öffentlichen Dienstes bevölkerten anfangs diese Klein- und Kleinstwohnungen, ehe die Vorhuten des Großstadtproletariats in sie einzogen.

Als der alte Dasatiel seine Hinterhofindustrie ausbaute, verband er das Bürgerhaus und den Fabriksanbau mit einem zweifenstrigen Zwischentrakt, in dessen erster Etage er sein Frühstückszimmer einrichtete. Vom Frühstückstisch weg konnte er direkt in die Werkstätten seiner Hofindustrieanlage gehen. Unter dem Paßstück zwischen Biedermeier- und Industriezeitalter ist ein zweifenstriger Raum mit Alkoven. In der finsteren Ecke des Hofes gelegen, haben Bewohner dieser Höhle direkt vor ihren Nasen auf der einen Seite Abortanlagen des Bürgerhauses, auf der anderen jene der Fabrik. Dieser merkwürdige Ausblick geht auf den gepflasterten Hof und wenn man sich aus dem Fenster beugt, konnte man ein Stück Grün des restlich gebliebenen Gartens erblicken. Der Alkoven besagten Raumes fensterlos, wie Alkoven es sind, ist die Küche. Eine Glaswand trennt ihn von dem zweifenstrigen Raum und so entstand auf engstem Raum eine Zimmer-Küche-Wohnung. Die Hausmeisterwohnung, um es hier gleich zu sagen.

Nachdem drei meiner älteren Brüder, wie gesagt, gestorben waren und nur mein ältester Bruder sowie ich überlebten, ließ es sich in diesem Loch wohnen. Die dem Hausmeister zustehende zinsfreie Wohnung sowie das Reinigungsgeld glichen zusammen mit dem Geld, das die Mutter von ihrer Bedienung in besseren Häusern einbrachte, den Mehraufwand aus, den das Realschulstudium meines Bruders und später mein Studium kostteten. Die quasi reaktionäre Schulpolitik jener Tage ermöglichten meinem Bruder und mir den Besuch einer Höheren Schule, der nahezu nichts kostete. Vom Schulgeld waren wir befreit, Schulbücher bekamen wir aus der sogenannten Schülerlade.

Hinter meinem Bruder her, hatte ich es auf meinem Bildungsweg leichter. Sein Ruhm als gewaltiger Mathematiker reichte aus, um mein bescheidenes Interesse an diesem Fach und die dementsprechenden Leistungen zu kompensieren. So habe ich schon einen Freilauf in meinem Veloziped gehabt. Und ich muß sagen, daß ich diesen Freilauf zu Zeiten benutzt habe. Denn ich nahm mir viel Zeit für andere Interessen, in denen es zwar auch um Bücher ging, die aber in der Schule nicht honoriert wurden. Ich lebte in der Tradition meines Bruders, klein bei klein wuchs eine Tradition, die Halt gab.

Wir waren keine Bürger, keine Kleingewerbetreibenden, wie der Nachbar, der Schuster Trahorz, und wir waren keine Beamtenfamilie, wie die Familie des k.k. Tarierers im zweiten Stock. Wir gehörten aber auch nicht zu den Kindermachern, denen Marx ein Klassenbewußtsein unterstellt. Nach den im Anschluß an Marx entstandenen Soziologismen gehörten wir in die amorphe Schichte der Lakaien und Büttel, auf die ein Arbeiter herabschaut. Daß meine Eltern mit ihrer Familie etwas wagten, das über die in ihrer Umgebung üblichen Risiken hinausging, sah niemand ein, ging im Grund auch niemanden etwas an.

Als Bub stand ich an den während der warmen Jahreszeit offenen Fenstern der ebenerdigen Dreherei. Die Arbeit an der Drehbank faszinierte mich. Gespannt sah ich zu, wie der Dreher mit seiner händisch betriebenen Arbeit sein Werkstück fertigbrachte. Wie er das Stück dann in die Hand nahm, es sorgsam prüfte und dann erst, wenn kein Fehler sichtbar geworden war, auf den Haufen der Fertigstücke legte. Wenn mich der Dreher manchmal lächelnd ansah, war es mir eine Freude. Ich störte ihn nicht bei der Arbeit. Er hatte einen Zuschauer, der seine Arbeit richtig bewunderte. Vormittags und nachmittags legte der Dreher eine Brotzeit ein. Eine Mahlzeit, die es bei uns zu Hause nicht gab. Bedächtig schnitt der dann von der Doppelschnitte Brot Stück für Stück ab, und ich war stolz, wenn er auch mir eine Schnitte gab. Ich hungerte nicht nach diesem Stück Brot. Aber es ist nun einmal so in dieser Welt, daß mit dem Teilen des Brotes die Gemeinschaft anfängt: In der Familie, am großen Tisch der früheren bäuerlichen und handwerklichen Gesellschaft, im Feld, in der Kirche. Auch im Politischen war einmal der Satz: »Geh'n ma Essen«, keine Einladung zu einem Arbeitsessen, wie man es heute hält, sondern ein Vor-

136

schlag, dessen Kurzformel etwa lauten hätte müssen: Versuchen wir es miteinander.

Gutmütig ist mein Dreher gewesen. Und gütig war unsere Hausfrau, die als die unverheiratet gebliebene Tochter des alten Dasatiel im ersten Stock über uns wohnte. Sie hatte das Privilegium, daß an Sonntagen in ihrer Wohnung eine Messe zelebriert werden durfte. An einem Altar, der in jenem Alkoven stand, der einmal der Schlafraum des alten Dasatiel gewesen war. Zelebrant war Pater Wilhelm Schmid aus dem Missionshaus St. Gabriel bei Wien. Jahrzente nachher habe ich Pater Schmid als den berühmten Begründer der Wiener Schule der Ethnologie im Unterrichtsministerium kennen gelernt. Mein Bruder kannte den Gelehrten viel länger, denn er ministrierte ihm. Nach der Sonntagsmesse wurde dem Zelebranten im Frühstückszimmer über unserer Wohnung, das allerdings mit der Fabrik nichts mehr zu tun hatte, ein Frühstück serviert. Wenn ich sonntags mit der Sammelbüchse von Tür zu Tür ging, um für die Armen zu sammeln, konnte ich manchmal einen Blick auf den gedeckten Tisch werfen. Da war das an den Ecken weit herabhängende Damasttischtuch, das blütenweiß war wie das Altartuch. Da war das Biedermeiergeschirr, dessen letzterhaltenes Stück uns einmal geschenkt wurde. Da lag das silberne Besteck und — eine Serviette. Ich bewunderte die Herrlichkeit, um dann meine Sammlertätigkeit voller Freude darüber fortzusetzen, daß mir zu Tagesanfang keine derartige Prozedur auferlegt wurde. Erst später erfuhr ich, daß der hochwürdige Herr an der sorgfältig ausgelegten Tafel den selben Gerstenkaffee trank wie wir, und daß in einer der ungedeckten Schalen der gleiche Powidl gärte, der auch bei uns nie vom Speisezettel kam. Unsere Hausfrau hatte, wie sich herausstellte, noch reichen Besitz. Bei ihr ging es aber nie zu wie bei Herrn Neureich, für den der Krieg großes Geschäft und großer Genuß war.

Ich war kein Asket und ich wurde keiner. Auch wenn man mich in den Hungerzeiten der Gefangenschaft — Ghandi nannte. Ich kann mir daher absolut kein Verdienst dafür zuschreiben, daß für mich ein Leben inmitten des Komforts und des Reichtums im ersten Stock ebensowenig ein Antrieb war, wie Hunger nach Brot nicht in Hunger nach Macht umgeschlagen hat. Bei mir setzte ein Bildungshunger ein, sobald mich eine wahre Lesewut erfaßt hatte.

Als sich meine Kurzsichtigkeit verschlechterte, wurde mir gesagt, daß das Brillentragen, das mich beim Fußballspiel gehandikapt hat, eine Folge dieser Sucht sei. Zur Kurzsichtigkeit kam ein sonderbares Gehörleiden hinzu: ich überhörte zuweilen den Ruf der Mutter, wenn ich ihr an die Hand gehen und meine Nase aus einem Buch nehmen sollte. Und unser Greißler stellte bei mir Gedächtnisstörungen fest. Weil ich auf dem Weg zum Einkaufen ganz andere Dinge im Kopf hatte, als die Liste der Bestellungen. Um eines guten Buches willen war ich bereit, auf vieles zu verzichten. Mein Leben wurde später sehr abwechslungs- und erlebnisreich. Fünfzehn Jahre gehörte ich insgesamt der Regierung der Republik, nachher der der Stadt Wien an. Weder die sogenannte Prominenz, noch Zeiten schwerer seelischer Not haben mich vom Buch getrennt. Im Gegenteil.

Meine Existenz, die sich auf einer schmalen Zweifensterfront zwischen dem Bürgerhaus und der Fabrik zu ereignen begann, hatte alle Risiken in sich, die der Mann zu spüren bekommt, der zwischen zwei Stühle gerät. Es war nur so: mich reizte es nicht, auf einem der zwei Stühle zu sitzen, die von den Theoretikern des Freund-Feind-Verhältnisses im Klassenkampf gezimmert worden sind. Warum sollte ich mit den Proletariern marschieren, wenn sie erklärtermaßen aus der Kirche ausziehen wollten. Und warum sollte ich ein Reisläufer bei jenen Bourgeois werden, in deren System die Proletarier systembedingt wurden. Dazu kam, daß in meinem Haus die im ersten Stock ansässige Bourgeoisie unansehnlich wurde. Unsere gütige Hausfrau verließ ihre Räume und lebte mit der alten Köchin, der Peppi, in der Küche, wo sie, manchmal zusammen mit der Mutter und mir, abends den Rosenkranz betete. In die Wohnräume des alten Dasatiel zog ein kommunistischer Redakteur ein. Er war nach dem Ende des Bela Kun-Regimes aus Ungarn geflüchtet und arbeitete in der Redaktion der »Roten Fahne«. In dem anderen Alkoven, wo einmal der Altartisch gestanden hat, stand jetzt, unter dem großen Altarbild der Muttergottes, das Bett des Atheisten. Als der Redakteur der »Roten Fahne« wieder auszog, kam einer der ehemals prominentesten Bankmänner der früheren Monarchie ins Quartier. Und mit ihm eine jüngere sowie eine ältere Dame, die als dessen Nichte samt Tochter ausgewiesen waren. Es begann eine Zeit, in der ich trotz bohrender Fragen aus meiner Mutter nicht herausbrachte, was es mit den beiden Damen, die sichtlich keine Damen waren, auf sich hatte. In meinem Haus haben keine Buddenbrooks gelebt. Aber ich sah in ihm die Illustrationen für Szenen, die zu den besten gehören, die Thomas Mann geschrieben hat.

Staatsbürgerlichen Unterricht bekam ich nicht in der Schule. Meine frühe Beschäftigung mit dem Politischen verdanke ich einem Cafetier, dessen kleines Töchterchen die Mutter mit Freude in ihren Haushalt, in dem es bisher nur Mannsbilder gegeben hatte, aufnahm. Besagter Cafetier ließ uns, quasi zum Dank, die Zeitungen ab, die am Vortag in seinem Kaffee aufgelegen hatten. Es waren dies alle Wiener Tageszeitungen — außer der »Reichspost«. Offenbar riskierte der Cafetier nichts bei seinem Publikum, wenn er ihnen das Organ der christlichsozialen Regierungspartei vorenthielt. Meine Eltern, ich muß es gestehen, hatten die »Reichspost« auch nicht im Haus. Dank der Generosität des Cafetiers wurde ich, ohne ein Kaffeehausgeher zu werden, ein Kaffeehausleser. Ich las alle, alle Zeitungen. Von den soigniert aufgemachten bürgerlichen Organen, wie »Neues Wiener Tagblatt«, »Wiener Journal« und

»Neue freie Presse«, bis zu den Blättern der politischen Linken. Als täglicher Leser der damaligen »Arbeiter Zeitung«
wuchs ich heran. Je herausfordernder ihr NEIN in meiner
Welt wurde, desto mehr strenge ich mich an, mein JA besser zu
erfassen und zu formulieren.

Sozialismus, das war für mich der achtunggebietende, aber auch
ätzende Eindruck von Massenaufmärschen und Demonstrationen unter der roten Fahne. Die Demokraten der Ersten Republik waren nicht zimperlich in Lied und Wort. Auch nicht die
Sozialdemokraten. In der Ära des Bundeskanzlers Ignaz Seipel
hörte ich ein Lied, das mich wild machte. Es ging so:
> Die Tore, Tore gehen auf, gehen auf.
> Die Tore vor dem Parlamente.
> Und der Ignaz Seipel tritt heraus, tritt heraus
> In seinem weißen Priesterhemde.
> Haut hin, haut hin, so lang ihr könnt,
> Er hat ganz Österreich in Genf verschenkt.

Zehn Jahre war ich alt, als ich in der Inneren Stadt zum ersten
Mal jenes verhängnisvolle Scheppern hörte, das beim Zer-
schmeißen von Fensterscheiben entsteht. Ich blickte in unzählige
leere Fensterrahmen und hörte dann, als die Polizei anritt, das
Klappern der Hufe. Hufgeklapper und Fensterklirren blieben
mir im Ohr.
Als Elfjähriger sah ich mir die Parade des Bundesheeres an, die
am 12. November, am Staatsfeiertag, auf dem Wiener Ring
stattfand. Als zum Schluß eine Kavallerieschwadron defilierte,
erhob sich unter den Zuschauern ein ohrenbetäubendes Schrei-
en, Johlen und Pfeifen. Die Ursache des Ganzen erfuhr ich
später: die Reiter trugen ihre Pelzröcke über die rechte Schulter gehängt, so daß die linke Brustseite der darunter getragenen Uniformbluse sichtbar blieb. Auf dieser linken Brustseite
haben damals, am Tag jener Parade, vor fünfzig Jahren, die
österreichischen Soldaten ihre im Ersten Weltkrieg erworbenen
Kriegsauszeichnungen wieder getragen. Jene Auszeichnungen,

die man 1918 den Heimkehrern heruntergerissen hat. Bei den Fußtruppen blieben die Dekorationen unsichtbar, weil sie Mäntel trugen. Bei den Reitern wurde dieser Anschlag auf den Geist der Republik, wie es nachher hieß, sichtbar. Ich stand als Bub mitten in der tobenden Menge, sah auf die Reiter und verstand nicht, warum man sie auspfiff. Noch begriff ich nicht, daß sich jeder politische Kampf in der Auseinandersetzung über Symbole orientiert. Im 18. Jahrhundert fingen die Revolutionen der Amerikaner und der Franzosen nicht mit dem Sturm der Hungernden auf die Getreide- und Brotspeicher an, sondern mit der organisierten Zerstörung der Standbilder englischer und französischer Könige. Mit der Zerstörung einer Bastille, in der sich jene politischen Gefangenen nicht fanden, deren es nach dem Sieg der Revolution jede Menge geben sollte.

Vier Jahre nach der Parade am Ring erlebte ich den 15. Juli 1927. Den Tag, an dem der Justizpalast und die Druckerei der »Reichspost« in Brand gesteckt wurden. Ich hörte von Unruhen, die es in der Stadt geben sollte. Und ich wußte, daß mein Vater an diesem Vormittag nicht nach Hause gekommen war, weil er Bereitschaftsdienst hatte.
Es war einer jener schwülen Julitage in Wien, an denen eine graue Dunstwolke über der Stadt liegt, die Sonne unsichtbar bleibt und eine hitzige Atmosphäre die Menschen entweder niederdrückt oder unruhig macht. An solchen Julitagen kommt das Verhängnis über Österreich: 1866 bei Königgrätz, 1914 bei Kriegsausbruch, 1927 beim Brand des Justizpalastes, 1934 bei der Ermordung des Bundeskanzlers Engelbert Dollfuß.
Zu Mittag saß ich mit der Mutter allein beim Essen in der Küche. Wir sprachen kein Wort. Die Mutter kannte die Gefahren solcher Tage. Nachher hielt ich es nicht länger aus, zu warten. Ich mußte in die Innere Stadt und erfahren, was geschah. Aber ich kam nicht weit, nur bis zur nächsten Ecke der Schönbrunnerstraße. Dort kam es mir entgegen. So wie vor zehn Jah-

ren, als mein Bruder vor einem dunklen Wagen den Hut zog und sagte: »Die Kaiserin«.

Diesmal war es ein Mann. Er war groß gewachsen. Sein Oberkörper war entblößt, auf Brust und Armen traten kräftige Muskeln hervor. Er trug einen Verband um die Brust, durch den Blut sickerte. Es war zum ersten Mal in meinem Leben, daß ich einen im Kampf verwundeten Menschen sah. Eine neugierige Menge sammelte sich um den Mann. Er blieb stehen, um auf Fragen zu antworten. Der Verwundete sprach weder aufgeregt noch aufrührerisch. Viel hörte ich von seiner Erzählung nicht. Aber ich wußte nachher, daß es in der Inneren Stadt brannte, daß von der Polizei geschossen wurde und daß es viele Tote und Verwundete gab. Als vom Schießen die Rede war, verzogen sich die Neugierigen rasch in ihre Geschäfte und Wohnungen. Der Mann stand allein da. Er sah mich, einen Halbwüchsigen, an und ging dann weiter.

Ich lief zum Naschmarkt und immer weiter gegen den Ring zu. Dann hörte ich Schüsse. Manchmal war es ein einziger Knall. Manchmal hörte es sich an, wie der Hagelschlag auf dem Blechdach des Fabrikgebäudes unseres Hauses. Ich konnte nicht zu meinem Vater vordringen. In großen Haufen drängten die Massen aus der Stadt. Ich ging heim. In der Nacht schlug man uns die Fensterscheiben ein. Im Nachthemd stand ich neben der Mutter, die mir ihre verletzte Hand vor das Gesicht hielt. Die Mutter hatte keine Angst. Gemeinsam durchwachten wir den Rest der kurzen Julinacht.

Erst nach Tagen erfuhr ich von meinem Vater und viele Jahre später von prominenten Tatzeugen, wie das Furchtbare geschehen konnte: Im Burgenland hatten an einem Sonntag der sozialdemokratische Schutzbund und der Frontkämpferverband ein damals übliches Kräftemessen veranstaltet: sie marschierten zur gleichen Zeit im gleichen Ort auf. Es kam zu Zwischenfällen, und aus einem Haus, dessen Insassen sich angegriffen wähnten, wurde geschossen. Ein Schutzbundmann und ein Kind kamen ums Leben. Das war Arbeitermord. Aber das Wiener

Schwurgericht, das die des Mordes Angeklagten freisprach, versagte die Sühne des Arbeitermordes. Und das war Nachtäterschaft der bürgerlichen Klassenjustiz bei einem Arbeitermord. Das Geschworenengericht, einmal als der große Fortschritt im Gerichtswesen gepriesen, dessen Wahrspruch der Geschworenen als Ausdruck der Volksjustiz galt, war am Tage nach dem Freispruch, am 15. Juli 1927, in der Propaganda der politischen Linken Handlanger der Arbeitermörder. Und also wurde der Aufruhr dagegen geprobt. In der selben Morgenstunde des 15. Juli 1927, in der jene Ausgabe der »Arbeiter-Zeitung« herauskam, die eine Klassenjustiz zugunsten von Arbeitermördern anprangerte und das schon damals strapazierte gesunde Volksempfinden herausforderte, kam aus dem sozialdemokratisch regierten Rathaus ein Stichwort an die Städtischen Betriebe Wiens: Streik und Massendemonstration vor dem Justizpalast. An jenem Tag kam der Vater nicht vom Dienst heim. Er gehörte zu den Mannschaften, die das Parlamentsgebäude zu schützen hatten.

Am 15. Juli 1927 seien die Massen, so erzählte mein Vater, nicht wie sonst in geordneten Zügen gekommen, sondern in Haufen. In diesen Haufen gab es Trupps, ausgerüstet mit Werkzeugen aus Städtischen Betrieben, die bald hier, bald dort einen Angriff auf bestimmte Objekte versuchten. Der Angriff auf das Universitätsgebäude am Ring schlug fehl, dagegen gelang es, in die Druckerei der »Reichspost« einzudringen und dort Brand zu stiften. Noch besser gelang der Angriff auf den Justizpalast. Die dortigen Archivbestände wurden in der Annahme, es seien Strafakte, vernichtet oder in Brand gesteckt. Das Gebäude brannte zum größten Teil aus. Um diese Zeit war es bereits geschehen, daß die Wache des sozialdemokratisch kontrollierten Rathauses tatenlos zugesehen hatte, wie die Polizisten der Wachstube Liechtenfelsgasse — einige davon sozialistisch organisierte Gewerkschafter wie sie — von den Massen terrorisiert, mehrere getötet wurden. Der freiheitliche Ressortleiter des Inneren forderte Militärassistenz an. Aber das Heeresministerium wollte nicht das Heer in die Gefahr eines Bürgerkriegs bringen. Jetzt wurden die Polizisten mit Gewehren ausgerüstet, da sie mit ihren Säbeln gegen die Massen wehrlos waren. Es begann das Feuer, das in Massen einschlug, die von organisierten Kerntrupps immer wieder vorgeschickt wurden.

Nachdem dies und vieles andere geschehen war, hängte die Propaganda der politischen Linken dem christlichsozialen Bundeskanzler, Prälat Ignaz Seipel, indem sie ihm buchstäblich das Wort im Munde verdrehte, das Image: Prälat ohne Milde an.

Ich ging am Morgen des 16. Juli 1927 in die Trafik, um unsere kleine Zeitung zu holen. Zeitungen im Kleinformat wurden damals nur von liberalen Herausgebern unter die Massen gebracht. Ich las die Schlagzeilen der vor der Trafik ausgehängten Tageszeitungen. Sie alle brachten die lange Liste der Toten und das Entsetzen über das, was geschehen war. Aber in keiner Redaktion gab es genug Kenntnis der Tatsachen oder genug Mut, um anzuprangern, was geschehen mußte, um die Massen auf den Marsch in die Katastrophe zu bringen: Der Appell der »Arbeiter-Zeitung«, Revanche zu üben und der gleichzeitige Streik- und Marschbefehl an die organisierten, zum Teil uniformierten Massen in den Städtischen Betrieben.

Unsere gütige Hausfrau hat am 15. Juli 1927 nicht mehr gelebt. Hätte sie den Tag erlebt, dann wäre sie wohl abends zusammen mit meiner Mutter und mir in ihrer leer gewordenen Küche gesessen, um den Rosenkranz zu beten. Für die Armen Seelen im Fegefeuer. Meine Generation hielt das Rosenkranzbeten nicht aus. Im Prozeß, dessen Ausgang Fanal für den 15. Juli 1927 wurde, hatte ein Junge, etwa gleichaltrig wie ich, befragt, welchem religiösen Bekenntnis er angehöre, seine Hand wie zum Schwur erhoben und in den Saal gerufen: »Rot!«. Bald hörte ich ein neues Marschlied: Und schießt uns so ein Bluthund tot / Wir sterben für die Fahne rot. Andere sangen: Dann sterben wir für schwarz-weiß-rot. Die Zeit der Marschierer begann. Die Uniform des politischen Soldaten wurde für viele Junge, Schutzbündler wie Heimatschützer, so etwas wie das Ehrenkleid im Politischen. Meine Eltern waren froh, daß ich einer katholischen Verbindung beitrat und keinem Wehrverband. Als ich eines Abends in Couleur heimging, wurde ich angerempelt. Ich, ein hochaufgeschossenes Bürscherl, bebrillt und mit dem Studentenkappel der jungen Herren aus besserem Haus, bettelte ja, wie man in Wien sagt, ein paar Watschen ab. Ich bekam sie und nicht zu knapp. Es wären nicht die ersten Hiebe gewesen, die ich in Raufereien der Jungen erhielt. Aber diesmal kam die öffentliche Verhöhnung dazu, das allein an der Wand stehen gegen die Überzahl. Während meine Eltern mich noch ausschließlich in der Verbindung wähnten, exerzierte ich schon in den Reihen der Wiener Heimwehr. Ich war siebzehn Jahre alt.

So begannen die Jahre, in denen ein an Sonntagen ungewöhnliches, zeitiges Rumoren in unserem Haus anfing. Die Mütter waren auf, um ihren Buben, die zu den Sonntagsaufmärchen der Wehrverbände ausrückten, eine Marschverpflegung von zuhause mitzugeben. Und wir, die aus einem Haus und einer Gass'n, hasteten los und grußlos an einander vorbei. In der Windjacke; der eine mit dem Hahnenstoß an der Kappe im alten Schnitt, der andere mit einem ebenso trotzigen Gesicht unter der Tellerkappe. Man sah sich immer trotziger in erstarrte Gesichter und ging sich immer mehr aus dem Weg. Die Mutter wollte das alles nicht verstehen. Nachdem mein Bruder endlich ins Verdienen gekommen war, konnten wir der Hausmeisterwohnung entfliehen. Schienen nicht bessere Zeiten zu kommen? Damals, Ende der zwanziger Jahre. Aber die Mutter starb bald darauf und der Bruder wurde arbeitslos. So fingen meine dreißiger Jahre an.

In meiner Jugend herrschte ein unglaublicher Zustand: es gab keine Lärmplage. Natürlich gab es auch damals Lärm auf den Straßen. Fuhr einmal ein schwerer Kohlenwagen durch unsere stille Gasse, dann schlugen die Hufeisen der Zugpferde gegen das Granitpflaster und die Eisenreifen der Räder holperten schwerfällig hinterdrein. Nachher war es still. Ein Automobil bog nur selten um die Ecke. Aus den Werkstätten der Handwerker drang kein störender Arbeitslärm, keine unausstehliche Geruchsbelästigung. Die kleinen Betriebe der Hinterhofindustrie, die da und dort hinter den alten Fassaden der Bürgerhäuser arbeiteten, waren höchst zaghafte Andeutungen des Industriezeitalters. Der Spiellärm der Buben auf der Gass'n wurde in regelmäßigen Abständen von Rayonsposten der Sicherheitswache gedämpft.

In dieser Stille waren manchmal die ersten, tastenden Versuche eines Klavierschülers das einzige hörbare Geräusch im Umkreis. Oder ein Geigenspiel, bei dem der jugendliche Anfänger immer wieder auf der E-Seite seines Instruments, anstatt das ungewohnte Fis zu greifen, am oberen Ende des Griffbretts hängen blieb. Indessen: selbst diese Welt war nicht ganz heil.

Kunst wird störend oft empfunden, erinnert Wilhelm Busch, und es gab in der Tat musikähnliche Geräusche in der Musikstadt Wien, die kommende Lärmplagen ahnen ließen. In unserer nächsten Nachbarschaft versuchte ein Geigenspieler das nicht zu überhörende Manko an Musikalität durch eisernen Fleiß auszugleichen. Aber Frau Musica lieh uns auch eine Verteidigungswaffe, die sehr wohl geeignet war, dem Geräusch, das bei unsachgemäßem Reiben von Roßhaaren auf Darmsaiten entsteht, ein Ende zu machen. Aus Umständen, die heute nicht mehr eruierbar sind, war 1918, bei der Sachdemobilisierung, eine Trompete in unseren Besitz gelangt. Sie war zerbeult und sah so aus, wie eine Trompete aussieht, die jahrelang im Krieg herumgeschleppt wird und im Stellungskrieg nutzlos geworden ist. Zu diesem Musikinstrument griff zuweilen einer von uns, um nach geduldigem Anhören stundenlangen Übens im Geigenspiel, das Ende der Qual zu signalisieren. So wie in Fidelio derlei Musik die Befreiung der Gefangenen ankündigt. Die Macht dieser mit ungeheurer Kraft, wenn auch ohne Harmonie, herausgestoßenen Trompetenstöße hatte die erwartete befreiende Wirkung. Besagtes Geigenspiel brach ab. Und ich entschuldige mich bei allen Trompetern für den Akt der Notwehr, der in diesem Fall mittels ihres Instruments begangen worden ist.

Auf der Gass'n konnte man, mangels Lärmplage, das Pfeifen hören, das jetzt Männer nur mehr im Bad anbringen können. Pfeifen in der Öffentlichkeit galt als ungehörig. Trotzdem: es wurde gepfiffen.
Vater Pfiff. Mutter sang. Vater und Mutter verfügten über einen gemeinsamen Grundstock an Melodien. Und dennoch hörte sich dieselbe Melodie aus dem Mund der Mutter oft anders an, als von den Lippen des Vaters. Meinem Vater widerfuhr das nämliche Mißgeschick, wie besagtem Geigenspieler: er pfiff haarscharf an der richtigen Tonhöhe vorbei. In seiner Jugend soll der Vater ein guter Tänzer gewesen sein. Auch beim Pfeifen blieb er firm im Takt. Trotzdem kam die Stunde, da ich es wagte, zu sagen: »Vater, du pfeifst falsch!« Melodie und Rhythmus waren zweierlei. Dafür erfuhr ich die Bestätigung an mir selbst, als ich mich im Tanzsaal selten über eine schlechte Tanzkapelle beschweren konnte, meinen Tänzerinnen aber oft Anlaß zur Feststellung gab, es gäbe bessere Tänzer im Saal als mich.
Die Mutter sang meistens in der Küche. Nicht gerade jene Kü-

chenlieder, die man jetzt von populär gewordenen Schallplatten abhören kann. Als Kinder hörte ich ihre Schlaf- und Kinderlieder, und ich hörte sie manchmal so gern, daß ich gegen den Schlaf ankämpfte, weil ich erfahren wollte, wie das Lied zuendegeht. Im Gesangsunterricht der Volksschule hörte ich noch einmal die Jugend- und Volkslieder, die mir von zu Hause längst bekannt waren. Daheim gab es einen Schatz an Volksliedern, insbesonders an alpenländischen, die in den Wiener Vororten noch bodenständig waren und nicht nur von den Heurigenmusikern unters Volk gebracht wurden. Ohne Arg und Scheu hörte ich die Texte der von der Mutter gesungenen Liebeslieder, und schon als kleiner Bub konnte ich einige davon selbst singen. Die ganze Empfindungskraft und Gefühlsstärke, die noch nicht als Anzeichen bloßer Sentimentalität gering geschätzt wurden, kamen vor allem dem Lied zugute. Soldatenlieder pfiff der Vater nicht, er sang sie und zwar wegen des Textes, auf den es ihm offensichtlich ankam. Das waren keine patriotischen Schnulzen oder Verherrlichungen des Krieges, sondern Lieder, die meinen Vater an eine Zeit erinnerten, die für ihn nicht Leerlauf im Leben war.

Und da war das Kirchenlied. Als Kind ging ich mit der Mutter an Sonntagen in die Halb-neuner-Messe. In dieser Messe war immer ein sangesfreudiges Kirchenvolk versammelt. Mitzusingen machte Freude. Die Melodien gingen leicht ins Ohr, die Mutter sang sie ja auch zu Hause. Die Teile der von Michael Haydn und Franz Schubert komponierten Deutschen Messen gefielen mir besonders gut. Diese Musik hatte eine Kraft in sich, die manchen Kirchenliedern, obwohl sie viele Strophen hatten, abging. Noch wußte ich nicht, warum das so war.

Zu Hause hörte ich Melodien, die auch mit der Kirche zu tun hatten, die aber dort nie vom Kirchenvolk gesungen wurden. Meine Mutter sang sie mit ihrer schönen Altstimme und sie sprach einen Text, den sie und ich nicht verstanden. Sie konnte mir nur erklären: das ist ein Altsolo aus dieser oder jener Messe. Ich merkte mir einige Melodien samt Text. Jahre nachher machte ich die Feststellung, daß sich mit dem Gesang der richtige Ausdruck einer Sprache verbinden kann, die man nicht kennt. Das Latein der Mutter war korrekt und es wurde ein besonderes Erinnern, wenn ich einmal eine ihrer Partien von einer Frau Kammersängerin singen hörte. Im übrigen ist es erstaunlich, an welche Werke sich vor achtzig Jahren der Regens Chori von Gainfarn heranwagte.

Eines Tages kam Leben in den Bösendorferflügel, der lange stumm über uns im Salon der Hausherrenwohnung gestanden hatte. Fräulein Johanna, die die Hausfrau in die Einsamkeit ihres Wohnens aufgenommen hatte, begann ihr Klavierspiel. Manchmal nahm mich das Fräulein Johanna bei der Hand und ging mit mir in die Stadt. Ein junges Fräulein ging damals nicht allein auf die Straße. So führte sie mich auch einmal zum Fotografen und daher rührt mein erstes Portrait. Viel öfters, allerdings unbewußt, führte mich Fräulein Johann in die Musik ein. Sie war eine gute Schülerin, wie ich nachher auf Grund eigener Erfahrungen feststellen konnte. Denn aus den nach alter Manier gestochenen Noten der Klavierschule Diabellis habe auch ich meine ersten Kenntnisse bezogen. Und in Czernys Schule der Geläufigkeit und der Fingerfertigkeit kam ich bei weitem nicht so rasch und so gut voran, wie das Fräulein Johanna.

Für mich war ihr Anfangen das Erlebnis: wenn sie einen Akkord zu greifen versuchte und sie den Anschlag öfters wiederholte, bis er richtig klang. Wie schön ist der Aufbau eines einzigen Akkords. Diese Schönheit ist auch für ein Kind unfaßbar. Manchmal verhaspelte sich das Fräulein Johanna beim Spielen der Triolen und so erfuhr ich aus ihren öfteren und langsamen Wiederholungen einer Triole die Auflösung dessen, was ich im Akkord schon gehört hatte. Melodie und Rhythmus, zuerst den Eltern abgehört, wurden neue Erlebnisse. Ein stiller Nachmittag eines Sonntags, wenn das Haus und die Gass'n leer zu sein schienen, gab die richtige Einstimmung und ich hörte im Mühen der Anfängerin das Fundament des Ganzen.

Einmal in jeder Woche wurde jeder Rest von Stille aus dem Haus geweht. Das geschah am Mittwoch, wenn der Werkelmann seinen Karren in den Hausflur schob und anfing, die Kurbel seines Werkels zu drehen. Thematisch brachte mir der Werkelmann nichts Neues. Er werkelte Melodien herunter, wie sie Mutter sang und Vater pfiff. Aber ich entdeckte auf dem Werkel einen Namen, der in meiner musikalischen Entwicklung Bedeutung hat: Molzer. Eine Molzer-Orgel, nur viel größer als die des Werkelmanns, machte auch im Wurstelprater Musik. Eine erregende Musik, die die Fahrt einer Grottenbahn begleitete. Die unsichtbare Kraft, die die Orgel ununterbrochen in Betrieb hielt, bewegte auch eine hölzerne Miniatur des Walzerkönigs Johann Strauß, die mit eckigen Bewegungen ein unsichtbares Orchester dirigierte. Der hölzerne Strauß dirigierte aber nicht seine Walzermusik, die ich von Pfeifkonzerten des Vaters kannte, sondern eine Musik, die meine Empfindungskraft viel stärker beanspruchte als alles, was ich bisher gehört hatte. Als ich später Filme, die jugendfrei waren, besuchen durfte oder an der verschlossenen Ausgangstür unseres Kinos zuhörte, konnte ich dieselben Melodien mithören, die ich vorher, gespielt von der Molzer-Orgel, im Prater mitbekommen habe. Bei wilden Verfolgungsjagden, in besonders tragischen Szenen, beim Tod des Helden oder des Schurken hörte ich diese Musik. Und schließlich gelang es mir, die eine oder andere dieser Melodien zu identifizieren. Es war ein großer Tag für mich, als das Fräulein Johanna und ihr Herr Klavierlehrer eine der erregenden Melodien vierhändig auf dem Bösendorfer im Salon über uns spielten. Beim nächsten Spaziergang fragte ich das Fräulein Johanna: »Was war das, was Sie unlängst zusammen mit dem Herr Klavierlehrer gespielt haben?« Und sie: »Der Kalif von Bagdad«. Bagdad. Ein Kalif. Es war viel mehr, als meine kühnen Phantasien in die Musik hineingelegt hatten.

Es kam der Tag, an dem ich selbst den Wunsch äußerte, ein Musikinstrument zu spielen. Ich hätte gern Klavier gespielt, so

wie das Fräulein Johanna. Aber das Klavier wäre in der Hausmeisterwohnung in jeder Hinsicht out of place gewesen. Es gab
aber eine Geige im Haus. Mein Bruder hatte sie einmal zum
Geschenk bekommen. Jetzt lag sie unbenützt in ihrem Wichs-
leinensack. Ich sah die Geige in ihrer Hülle und ich wurde
lästig. Und so fing eines Tages mein Unterricht im Geigenspiel
an. Das ereignete sich in der Musikschule Kokoschka auf der
Schönbrunnerstraße. Sei es nun, daß der Besuch dieser renommierten Schule zu teuer kam, sei es, daß mir der Gruppenunter-
richt nicht zusagte, kurz: ich bekam einen anderen Lehrer.
Denn ich wollte in Hohmanns Schule des Violinspiels besser
vorwärtskommen als bisher.
In der Erinnerung aus den folgenden Jahren steht die tragische Gestalt meines Geigenlehrers. Er hatte im Krieg ein Auge
verloren und auch das ihm verbliebene war offenbar in der
Sehkraft sehr geschwächt. So war es rührend zu sehen, wie
mein Lehrer seinen Kopf fast bis an das Notenblatt heranschob,
um mit mir ein Duo zu üben oder um mich auf dem Klavier zu
begleiten.
Und dann kam für mich die Stunde der Wahrheit. Das war damals, als meine linke Hand am Griffbrett von der ersten in die
dritte Lage hochgleiten mußte. Es hörte sich nicht gut an, was
ich in den höheren Lagen mit mehr Gefühl als Technik vortrug.
Und es ärgerte mich, daß es einige meiner Freunde im Klavierspiel trotz geringerem Eifer viel rascher dazu brachten, zu spielen, was ihnen — und vor allem Dritten — zu hören gefiel.
Da war es ein Glück, daß mein Bruder schon sein Hochschulstudium abgeschlossen hatte und im Beruf stand. Das Wagnis wurde unternommen: aus ersten Ersparnissen wurde ein überspiel-
tes Pianino gekauft. In der neuen Wohnung, die wir nach Verlassen des Hausmeisterpostens bezogen, war auch Platz für
ein Klavier. Das Fräulein Johanna hat mir vor ihrem Weggehen ihre Notenhefte überlassen, aus denen sie mir einmal
einen Elementarunterricht, ganz unbewußt, erteilt hatte. Und
scheinbar gingen mir Czernys Etuden wirklich besser von der

Hand, als der Part, den ich in Pleyels Duos zu spielen hatte. Mein Spiel ließ sich hören. Aber ich ahnte lange nicht, daß die Mutter, die mir so oft zuhörte, den geheimen Wunsch hatte, einmal dieses wunderbare Instrument selbst zu versuchen. Niemand hat zugehört, als die von dem wenigen Klavierspielen, das ich erlernte, meiner Mutter soviel abgab, daß sie in den Stunden ihres Alleinseins sich weitertasten konnte. Die Anfänge, in denen wir uns vierhändig versuchten, sie mit den verkrüppelten Fingern ihrer Hand, gehören zu jenem Kapitel, das moderne Menschen Sentimentalität nennen, das man vor ihnen besser unter Verschluß behält.

Es war für mich ein großes Glück, daß ich in der Realschule den sogenannten Gesangsunterricht von einem der Großen des Wiener Musiklebens meiner Zeit bekam: von Ferdinand Großmann. Ich wußte damals nicht, daß Großmann zur Zeit, als er unser Schullehrer war, das Wiener Volkskonservatorium gründete und ich erfuhr erst später von seinen Leistungen als Chordirigent der Singakademie und der Wiener Oper. Nach 1945 schuf er den Akademie-Kammerchor und zuletzt schenkte er den ganzen Schatz der Erfahrungen seines Lebens den Wiener Sängerknaben.
Ferdinand Großmann hat uns nie abgefragt, wieviel Symphonien Haydn oder Mozart geschrieben haben. Er spielte uns im Klassenzimmer keine Grammophonmusik vor, aber er hielt uns zum Singen an. Den kleinen Liederband »Fahrend Volk« habe ich ebenso zeitlebens aufbewahrt, wie meine mit Biernägeln beschlagene Lahrerbibel aus der Studentenzeit.
Großmann hat uns den Begriff des Schönen in der Musik gelehrt und die Entwicklungsfähigkeit unserer Empfindungskraft beim Anhören des Schönen. Gesang wurde damals in den Auslaufstunden eines Schultags unterrichtet. Dann, wenn die Aufnahmefähigkeit der Schüler bereits durch die Ansprüche von Fächern, die man für wichtiger hielt, meistens schon erschöpft war. Den Rest an Aufmerksamkeit überließ man dem

Gesangslehrer. In der ersten Stunde nach Mittag wurde es still im Schulhaus. Die Unterklassen wurden nach Hause entlassen, im Schulhof tobte nicht mehr der Kampflärm der Korbball-spieler. Für die großen Könner des Schlafens während der Unterrichtszeit war dann die Stunde gekommen. Nicht bei Großmann. Denn er verstand es, uns zu packen. So spielte er uns eines Tages auf dem Klavier eine Melodie vor. Er wieder-holte sein Spiel, legte dann die Hände auf seine Knie und war-tete ab. Nach einer Weile fragte er uns: »War das schön?«. Einige riefen: »Ja!«.

»Freilich ist es schön«, fuhr Großmann fort, »es ist ja auch von Richard Strauß.« Dann wandte er sich vom Klavier ab und uns zu. Er erzählte uns, daß er vor vielen Jahren, als junger Mensch, dieselbe Melodie zum ersten Mal gehört hätte. Hätte man ihn damals gefragt, ob sie schön sei, hätte er — nicht wie wir mit ja, sondern mit nein geantwortet. Im Musikempfinden des Menschen und der Menschen gäbe es keine Endgültigkeit. Musik könne zu ihrer Zeit aber die Schönheit eindringlicher sinnfällig machen, als die Wissenschaft.

Obwohl Musikgeschichte nicht sein Fall war, erzählte er uns dann von der quälenden und abstoßenden Fremdheit, die Beet-hovens späte Quartette vielfach verbreiteten. Und von der Ver-ständnislosigkeit, mit der Musikkritiker die Sensibilität des scheinbaren Dickhäuters Anton Bruckner quälten. Immer seien es in jeder Generation nur wenige, deren inneres Wachstum be-reits über den Horizont des schon Erreichten hinausgerät, die es wagen, ihrer Generation ihren höchstpersönlichen Umblick in neuen Horizonten anzubieten. Ihr schöpferisches Werk, von dem man dann oft zu sagen pflegt, es sei seiner Entstehungszeit weit voraus und den meisten unverständlich.

Später erlebte ich eine Form der Kunstförderung, die ehrlich bemüht war, dem schaffenden Künstler Nöte und Armut zu ersparen. Die Industriegesellschaft produziert genug Wohl-stand, um einiges davon an die Künstler abzulassen. Sie übt im eigentlichen Sinn kein Mäzenatentum aus, denn dieses setzt eine innere Kongruenz zwischen Mäzen und Künstler voraus. Amorph, wie die Industriegesellschaft ist, organisiert sie die Kunstförderung wie alle Verteilungsprozesse, anstatt selbst auch im Musikalischen zu leben. So wie das Industriesystem dem Bildungssystem gewisse Mengen gebildeter Experten zu produzieren vorschreibt und also das Bildungssystem kommandiert, kommandiert es auch die Kunst. Als Entschädigung dafür bekommen die Künstler in reichen Industrieländer Stipendien, Förderungspreise, Würdigungspreise und dergleichen mehr in nie gekannter Zahl von staatswegen. Und das Protokoll des Staates weist neuerdings den Künstlern einen besonderen Rang bei staatsoffiziellen Anlässen zu. So wie eine Skihax'n, gehört es zum Image eines Prominenten, neben Fachexperten ein Gefolge von Künstlern zu besitzen, die bei Wahlen die Laudatio ihres Herren anstimmen und den Massen zurufen: Auf ihn müßt ihr hören.

Die Elite der Industriegesellschaft kauft für ihre Traumvillen gerne Kunstgegenstände an, deren Wertbeständigkeit zugesichert wird, und sie zeigt auch, je nach Publikum, diesen Kunstbesitz zum Beweis ihrer Zeitaufgeschlossenheit vor. In vielen Ländern können Unternehmer mit steuerbefreiender Wirkung Kunstwerke ankaufen. Der Mammonismus der Zeit sitzt gleich unter einer dünnen Haut aus betulicher Kunstgesinnung.

Aber dieses vorläufige Finale erlebte ich nicht als Realschüler in der Umgebung von Ferdinand Großmann, sondern als Unterrichtsminister mit einer gewissen Verantwortlichkeit für Kunstförderung, für die die Väter unserer Verfassung diesem Minister keine Kompetenz und die Finanzminister meistens kein Geld gaben. Und ich hörte im Ministerzimmer am Minoritenplatz auch jenes sarkastische Wort, wonach Musiker in jenem Fall ein absolutes Gehör haben, wenn Gold auf dem Marmor eines Zahltisches klimpert. Auch an dieser zuweilen vorhandenen Realität darf ein Kulturpolitiker nicht vorbeisehen.

Fortschrittlichkeit und inneres Wachstum schienen mir als

Minister zwei unterscheidende und entscheidende Begriffe zu sein.

1972 sprach Leonard Bernstein die bescheidene Hoffnung aus, es möge auch der Musik des amerikanischen Volkes gelingen, den Weg von der Volksmusik über das Musical zur Volksoper zu Ende zu gehen. Der Österreicher hört das und lacht und weint zugleich über das Gesagte. Er lacht in dem erfreulichen Bewußtsein, daß in Österreich die Volksmusik der Wurzelboden jener hohen Kunst geworden ist, die Hugo von Hofmannsthal zu dem stolzen Wort verleitete: Österreich sei zuerst Geist geworden in seiner Musik und hätte in dieser Form die Welt erobert. Fügen wir hinzu: Erobert, als andere Völker Revolution machten und ihre Ideologie anderen Völkern nach 1789 aufzwangen.

Und der Österreicher hat allen Grund zu weinen, weil die Musiktradition dieses Landes bewußt unterbrochen wird.

Als alter Mann erlebe ich einen intellektuellen und nicht etwa intuitiv geleiteten Rückfall in Primitivformen des Musikalischen und in die Exzesse im Experimentieren mit errechneten und konstruierten Formen der Musik. Eines kommt zum anderen:

In den Jahren 1966 bis 1974 hat der von Gerd Bacher geleitete Österreichische Rundfunk in seinem Programm Ö 3, also im Dritten Programm, den entscheidenden Beitrag dafür geleistet, daß das Musikempfinden der Österreicher für die Ansprüche einer Importware umgemodelt wurde. In den Transistorgeräten, die neben der Werkbank und neben dem Elektroherd, im eigenen PKW und im Taxi ihre festen Plätze haben, ist Ö 3 im wörtlichen Sinn tonangebend geworden. Indem Ö 3 Volksmusik als Volkskunst aus Österreich in die Außenbezirke des Traditionalismus und des Fremdenverkehrs abdrängte, wurde der Resonanzboden für die Musik geschaffen, die der Amerikanismus in den letzten Jahrzehnten an Land schwemmte: für Abkömmlinge fremder Volksmusik, insbesondere Jazz.

Dem Jazz aller Herkunftsarten und Entwicklungsstadien wohnt die urtümliche Kraft einer Volksmusik inne. Wer die eigene Volksmusik liebt, lernt verstehen, was an der Musik anderer Völker ursprünglich und schön ist, ohne deswegen in bloße Nachahmung und Preisgabe des eigenen zu verfallen. Er hört aus dem Jazz die alten Plantagen-Gesänge, die Arbeits- und Feierabendlieder und spürt die Kraft einer Musik, die einem Sklavendasein standgehalten hat. Wer spürt nicht die Originalität des Spielens kleiner Musik-Bands oder den ge- fühlvoll-schwermütigen Charakter der Blues, in denen eine tief sitzende Empfindungsstärke aufquillt. Die Spirituals haben oft mehr Religiosität in sich, als viele neuere europäische Kirchen- lieder, die nicht aus dem Volk kommen, sondern gemacht wir- ken. Was Amerika auf der Entwicklung zum Musical brauchte, findet man in der Ursprünglichkeit des Minstrelshows, gespielt von Wandertruppen.

Das Verständnis um die ursprüngliche Kraft, die sich aus frem- der Volksmusik entwickelt, müßte an sich das Bewußtsein eigener Volkskunst herausfordern. Herausfordern zu eigener Ausbildung und Entwicklung, zu Leben und Freiheit. Statt des- sen erleben wir in Österreich immer mehr bloße Nachahmungen, die in der Kunst nicht Freiheit sondern Abhängigkeit einträgt; oder — da und dort — völligen Stillstand.

Das Industriezeitalter erlebt sein Finale in einer Zeit ohne Poe- sie, der auch das Malerische des Lebens abgeht. Indem Senti- mentalität verdammt ist, sind viele Menschen gar nicht mehr fähig, eine Musik im Lachen oder unter Tränen zu erleben. In einer Welt, die ein einziges Dorf werden soll, wird das Natio- nale, das Ursprüngliche, das Instinktive unter Verschluß gehal- ten. Sexuelle und moralische Revolutionen täuschen Urtümlich- keit vor und sind doch nur Tarnung für politische Bestrebung zur Machtergreifung nach erfolgreicher Zersetzung eines anti- revolutionären Moral- und Gefühlslebens. Die Formula 1945: Zuerst die Wirtschaft, erzeugte einen äußeren Wohlstand, den zu untergraben den Anarchisten ebensoviel Nutzen bringt wie den Kommunisten, der in den Rissen der diversen Wirtschafts- wunder, insbesonders in Italien, in die Halme schoß. Der

Marxismus-Leninismus, Extremausdruck eines Banausentums, wurde zur Treibladung des Aufruhrs der sechziger Jahre und zugleich der Hoffnungsanker jener Epigonen des Wirtschaftsliberalismus, denen die brutalen Anschläge aus dem Untergrund das Gruseln beibrachten.

1962, auf einem Höhepunkt des Streites um die Wiener Oper der Ära Herbert von Karajans, geriet ich ins Kreuzfeuer der öffentlichen Kritik. Karajan-Fans und Karajangegner fielen gleichermaßen über mich her. Dabei war die Kritik der Fans eher auszuhalten, denn diese glaubten ja, den Künstler vor dem Amtskappel des Ministers schützen zu müssen. Etwas anderes war es mit den von Tagespolitikern in ihren Polemiken leicht hingeworfenen Worten Stardirigent und Starkult oder dergleichen. Damit konnte sich ein Abgeordneter leicht die Gunst der Steuerzahler oder jener erwerben, die zum Beispiel von Westösterreich aus die in der Wiener Oper betriebene Verschwendung kritisierten, gleiches aber bei den näher liegenden Opernhäusern München oder Stuttgart priesen. Auch einige meiner politischen Freunde konnten es sich nicht verkneifen, ihre Angriffe auf mich zu lenken. Als es endlich gelungen war, Karajan für eine Zeit lang von der Wiener Oper wegzuekeln, meinte einer dieser Experten, bieder wie er war: »Schaust halt', daß d' an guad'n Mann krieg'st«. Auf meine Frage, was an diesem guten Mann gut sein müsse, bekam ich die Antwort: »Na ja, Du weißt schon«. Und dabei zwinkerte er bedeutungsvoll.

Es gehört zu den Absonderlichkeiten Wiens, daß in dieser Stadt die Volksgunst oft nicht die Sieger, sondern die Besiegten genießen. 1866 wandte sich diese Sympathie daher nicht dem Erzherzog Albrecht zu, der als letzter einen Feldzug für Österreich erfolgreich entscheiden konnte, als vielmehr dem von den Preußen total geschlagenen Feldzeugmeister Benedek. Ihn umwitterte für den Rest seines Lebens ein Mythos, wonach Benedek Träger einer furchtbaren Wahrheit gewesen sein soll, die imstande war, seine Niederlage in ein anderes Licht zu rücken. Über die der General aber nichts verlautet.

Nachdem man also Karajan hinausgeekelt hatte, wandte sich die Volksgunst sogleich dem vorher bei vielen mäßig beliebten Opernleiter zu. Sein Weggehen von Wien wurde als Folge jener obrigkeitlichen Akte gedeutet, die in dieser Stadt seit eh und je das Große nicht groß werden lassen möchten. Die gleichen gewerbsmäßigen Kurbler, die den Operndirektor Karl Böhm zu Fall und Karajan vertrieben hatten, stimmten nach erfolgreich verlaufener Intrige die Laudatio für den Gefallenen an; vielleicht weil sie damit rechnen durften, daß jedes Mäzenatentum, auch jenes eines staatlichen Kulturpolitikers, damit beginnt, daß es die menschlichen Schwächen, die mit künstlicher Größe verbunden sind, nicht zur Schau stellt und preisgibt.

Es kamen Tage, an denen der Name Karajan die Namen der Stars der österreichischen Innenpolitik von den ersten Seiten der Tageszeitungen verdrängte. Eine Zeit lang sah man diese Betulichkeit des New Managements im Interesse der Fremdenverkehrswerbung gerne, weil damit ja das Image: Musikland Österreich, ganz groß herauskam. Dann aber forderte man mich in politischen Kreisen kategorisch auf, die Rechte des Staates gegenüber den Exzessen und der Exzentrik eines Musikstars zu wahren. Als ich es ablehnte, nach Karajan »mit dem Amtskappel zu schmeißen«, war dies Anlaß, meine Schwäche in politicis in den Kulissengesprächen der Großen bloßzustellen und diesen Singsang fortan zu pflegen.

Die Budgetverhandlungen im Finanzausschuß des Nationalrats gaben mir Gelegenheit zu sagen, ich würde mich schämen, mich zu ducken, wenn auf Karajan mit Steinen geworfen wird. Es dauerte nach meinem Abgang aus der Bundespolitik nicht lange und Karajan war weg von der Wiener Staatsoper, von Wien, von Österreich.

Im letzten Akt meiner Ministerschaft erwiesen mir die Wiener Philharmoniker die Ehre, mich in die Liste ihrer Ehrenmitglieder einzutragen. Im Zeitalter von Hi-Fi, von High Fidelity, in der Schallplattenfabrikation, hat es mich gefreut, damit noch näher zur lebendigen Musik zu stehen, die unseren Philharmonikern, trotz ihrer Beteiligung an der Schallplattenproduktion, buchstäblich in die Hände gegeben ist.

Selbst die aufs höchste perfektionierte Klangqualität, reproduziert aus einem Tonträger, kann nicht das unwiederholbare Erlebnis ersetzen, das in einer Aufführung stattfindet, bei der der Geist des Schöpfers des Werkes, Leib und Seele der Musikanten und ein noch der Erschütterung fähiges Publikum zusammen präsent sind. Das sind die Stunden, in denen noch nicht der Tonmeister den Meister und den Maestro am Dirigentenpult überspielen kann.

Auf dem Höhepunkt von Hi-Fi, als bereits die Wellen perfektionierter Tonfülle alles überfluteten, ereignete sich eine bezeichnende Groteske: es entstand das Werk eines zeitgenössischen Komponisten, dessen Interpretation darin besteht, daß ein Instrumentalist für eine abgestoppte Zeit von x Minuten und y Sekunden bewegungslos und lautlos vor seinem Instrument sitzt, das er nicht berührt. Hier wird die Suche nach der Stille sinnfällig, in die sich der Mensch aus einem Pandämonium von Tönen und Geräuschen flüchten möchte. Um in sich hineinzuhören und vielleicht einen Anklang dessen zu vernehmen, was einmal seine Musikalität gewesen ist.

Aber unsere Jugend musiziert, und sie musiziert mehr als jene Vätergeneration, die sich in einem passiven listening gefiel. Jazz führte, was nie vergessen werden soll, viele junge Menschen zur selbst ausgeübten Vokal- und Instrumentalmusik. Und Volksmusik sowie Volkstanz, jetzt freilich öfters von Studenten und städtischen Menschen gepflegt, führen zurück zu jenem Wurzelboden des Musikalischen, von dem sich Leonard Bernstein den unerläßlichen Beitrag zur Musikalität des reichsten Volkes der Erde erwartet.

Rationalismus und Materialismus haben keinen Ewigkeitswert. Es wiederholt sich immer wieder, daß im Zeitalter eines erneuten Rationalismus eine Sturm- und Drangperiode einsetzt. Die Gewalt aus Sturm und Drang junger Menschen unlängst einem Neo-Marxismus der Neuen Linken überlassen zu haben, ist die tragische Schuld der Technokraten des Industriesystems. Denen es tatsächlich gelungen ist, Wirklichkeit werden zu lassen, was der Alptraum meiner Jugend war: Ein Staat, der nur mehr bloße Manufaktur, Meierei, Assekuranzanstalt oder Merkantile Sozietät ist. Zuerst die Wirtschaft, zuletzt die Wirtschaft.

Bleibt also die Hoffnung aus der Häresie des Kanons: Himmel und Erde werden vergeh'n / Aber die Musici, aber die Musici, aber die Musici bleiben besteh'n.

Die Universität

Ich stehe in der Mitte des Hofes der Neuen Universität am Wiener Ring, an jenem Teil, den man jetzt den Doktor-Karl-Lueger-Ring nennt. Dem Doktor Lueger ist es in den beiden letzten Jahrzehnten vor Ausbruch des Ersten Weltkrieges gelungen, in das Festungsviereck einzudringen, das im 19. Jahrhundert, abgeschichtet von der kaiserlichen Burg und durch eisernes Gitter in doppelter Manneshöhe getrennt, am Ring entstanden ist:

Das Neue Burgtheater, die Neue Universität, das Neue Rathaus und das nicht neue, weil erstmalig entstandene Parlament. Im Neuen Rathaus regierte der Doktor Lueger, der Herrgott von Wien, wie ihn Freund und Feind nannte. Im Parlament war die Fraktion seiner Christlichsozialen Partei seit der Demokratisierung des Wahlrechts im Jahre 1907 die stärkste und erste unter den staatstragenden Parteien geworden. Aber der Sturm, den der bereits todkranke Doktor Lueger auch auf die Universität unternehmen wollte, unterblieb. Dazu reichte die Kraft des »Herrgotts von Wien« nicht mehr, und im Jahre seines Todes, 1910, wurde der Kastalia-Brunnen als ein allegorisches Denkmal errichtet.

Es wird in Zukunft nicht mehr lange dauern und dann werden nur mehr wenige der Studenten die Inschrift dieses Denkmals lesen können, die in griechischer Sprache verfaßt ist. In Anlehnung an Richard Wagners »Siegfried«, der im Dritten Akt Erda sagen läßt: »Mein Schlaf ist Träumen, mein Träumen Sinnen, mein Sinnen Walten des Wissens«, soll Kastalia, einstens Inspiratorin der Dichtung und Weisheit symbolisieren: »Mein Schlaf ist Träumen, mein Traum ward zur Erkenntnis.«

163

Es ist gut, daß die heutigen zornigen jungen Männer der Neuen Linken derlei nicht mehr lesen können. Sie hätten diesen Unsinn längst überpinselt.

Am 6. Oktober 1930 stand ich zum ersten Mal vor dem Kastalia-Brunnen auf dem Boden der Wiener Universität. Ich konnte an diesem Montag nicht ahnen, daß ich mit dem Betreten des Akademischen Bodens den entscheidenden Schritt in meiner Lebenslaufbahn machte. Alles was ich nachher erlebt habe, wäre anders gekommen, wäre ich nicht in dieses Haus gekommen, das zeitlebens mein Haus wurde.

So wie damals, gehe ich langsam durch die Arkaden, vorbei an den Denkmälern, die mir, dem Zwanzigjährigen, Chiffren waren, mit denen ich nichts anzufangen wußte. Seither war es mein Lebensberuf, jenen Geist zu enträtseln, in dem die Professoren, deren Statuen längs der Wand des Arkadenganges stehen, Österreich so fremd, oft feindselig gegenüberstanden.

Mein Blick fällt zuerst auf die Büste Theodor von Sickels, der einmal das Institut zur Erforschung der österreichischen Geschichte, das nach der Revolution von 1848 die Lücken in der Vaterländischen Geschichtsforschung schließen sollte, weitab von der Erfüllung dieses Zwecks in einem gegen die Idee Österreich gerichteten Sinn geführt hat. Und da ist das Relief Karl Mengers, des Begründers der Wiener volkswirtschaftlichen Schule, den der alte Kaiser seinem Sohn, dem Kronprinzen Rudolf, zum Lehrer gab, wohl nicht wissend, wie weitab Menger das Denken des jungen Prinzen von dem seines Vaters bringen sollte. Neben Menger steht die Büste Josef von Sonnenfels, der Symbolgestalt des Aufklärungszeitalters in Österreich: jüdischer Abkunft, Freimaurer, Vertreter eines im Polizeistaat erzwungenen Humanismus. Sonnenfels hat das noch jetzt gültige Allgemeine bürgerliche Gesetzbuch stilisiert, dessen Text samt Kommentar von Alois von Zeiller stammt, der auch den Entwurf des Strafgesetzbuches von 1803 verfaßte. Die Büste Sonnenfels' im römischen Gewand und jene Zeillers in der Mode des Empire, stehen sich mit Recht nahe. In einigem Abstand von den beiden: Anton Mengers Büste mit der typischen Barttracht der Intellektuellen, die für ihre Generation den Übergang vom Liberalismus zum Sozialismus folgerichtig gegangen sind. Und, Menger rechtens benachbart, das Wanddenkmal Lorenz von Steins, dessen Untersuchungen über den Kommunismus in Frankreich um 1842 dem jungen Marx die Idee des dauernden Klassenkampfes und die Vorstellung von der Macht der noch jungen Klasse des Proletariats eingab. Seltsam fremd ist in dieser Reihe die Silhouette des Ehrendoktors und Honorardozenten der Universität: Anton Bruckner. Als Bruckner 1891 sein Ehrendoktorat erhielt, fiel es noch zum Teil unangenehm auf, daß der Rector Magnificius der Kunst an der Grenze, wo die Wissenschaft endet, Referenz erwies und sich in diesem Sinne ausdrücklich vor dem ehemaligen Hilfslehrer von Windhag verbeugte. In der Reihe der Portraitbüsten aus der Zeit vor 1914 fallen zwei auf, die aus dem Rokoko stammen: Gerhard van Swieten, Leibarzt der Kaiserin Maria Theresia und Reformer der Universität sowie der Fakultät in einem Sinn, den die fromme Monarchin wohl nicht ganz erfaßte; und sein holländischer Landsmann Nikolaus von Jacquin, dem der Botanische Garten der Universität seine dauernde Bedeutung verdankt. In einiger Entfernung, man muß sagen in genügend weiter Entfernung von Bruckners Gedenktafel, steht die Büste von Bruckners und Richard Wagners beharrlichstem Gegner: Eduard Hanslick, Ministerialrat im k.k. Ministerium für Kultus und Unterricht und zugleich Professor für Ästhetik und Geschichte der Tonkunst, sowie Herr des Kulturteils jener Tageszeitung, die Kampfblatt für Bündnis von Besitz und Bildung war, der »Neuen freien Presse«. Was Hanslick an freiheitlicher Gesinnung im Umgang mit den schönen Künsten abging, das wagte Anton Hye, dessen Büste der seinen in den Arkaden benachbart ist, 1848 bei der Erringung der Lehr- und Lernfreiheit. Der Lieberale Anton Hye war es auch, der jenes Strafgesetzbuch von 1852 redigiert hat, das unlängst im Kampf um die Strafreform als ein Monument der Reaktion in Österreich herausgestellt wurde.

Die Inaugurationsrede Adolf Exners über politische Bildung eröffnete einmal in Österreich die Diskussion über dieses Thema, das heute noch heißes Eisen der Bildungsreform ist. Exners Büste steht neben der des Südtirolers von Martini, dessen Gesetzbuch für das eben erst von Österreich erworbene Westgalizien um 1796, Vorläufer des Allgemeinen bürgerlichen Gesetzbuches von 1811 ist.

Durch Generationen geschieden, in der Reihe der Denkmäler nur durch einige Schritte getrennt, das Portrait des Ordinarius für Strafprozeßwesen und ersten Ministers jüdischer Herkunft in Österreich Julius Glaser. Und unweit davon das Denkmal seines Ministerkollegen und Schöpfer des Reichsvolksschulgesetzes 1869, Leopold Hasner.

In der Mitte des Rundgangs steht das Monument für Leo Graf Thun-Hohenstein. Der Graf war nie Professor, aber mit seinem Namen verbindet sich die Erinnerung an die nach der Achtundvierzigerrevolution vollzogene Reform des Universitätswesens, die Organisation des Gymnasiums und der Realschule. Der Exzellenz auch in den Arkaden benachbart: Franz Exner, der mit einem heute heiß umstrittenen Satz, der Philosophischen Fakultät das Gepräge gab: Pflege der allgemeinen Wissenschaften um ihrer selbst willen. Kongenial in der Thun'schen Reform und mit Recht dem Grafen auch im Bild so nahe: Hermann Bonitz, ehemals Gymnasiallehrer am Grauen Gymnasium zu Berlin, Philologe und, zusammen mit Exner, Verfasser des Organisationsentwurfs für die Gymnasien und Realschulen Österreichs.

Das Werk Thuns und seiner Mitarbeiter Exner und Bonitz ist das Fundament der Universität Wien, die um 1914, zusammen mit der Berlins, die weltbedeutendste im deutschen Sprachraum war. Zu diesem Ruhm gehört insbesonders der seiner jüngeren medizinischen Schule, die Rokitanski, der Anatom, und Joseph Skoda, dessen Büste weiter entfernt steht, begründet haben.

Öfters legte der alte Kaiser die politische Leitung des Unterrichtsministeriums in die Hände eines Universitätslehrers, oder er berief einen Lehrer wegen dessen erklärter politischer Herkunft ins Kabinett, so Josef Ungar, der nachher bis knapp vor Ausbruch des Ersten Weltkrieges Präsident des Reichsgerichts wurde. Mit dem Münchner Friedrich Jodl, dessen Büste an der Grenze zu denen im Reich der Naturwissenschaften steht, faßte der naturalistische Monismus Fuß an der Universität. Jodls Ideen für areligiösen Moralunterricht wurden erst fünf Jahre nach seinem Tod (1914) in einem neuen Österreich politisch tragend. In der langen Reihe der Statuen jener würdigen Professoren, die den Strohtod starben, fiel das Denkmal des 1915 gefallenen Friedrich Hasenöhrl auf. Einstein hat nach Hasenöhrl dessen Theorie der Strahlung bewegter Körper aufgenommen. Niemand würde sich in der heutigen Öffentlichkeit des Philologen, Direktors der k.k. Hofbibliothek und k.k. Unterrichtsministers Wilhelm Hartel erinnern, wäre nicht der bärtige und Tafelfreuden zugeneigte Exzellenzherr ins Gerede gekommen, weil er angeblich einer Gastgeberin gegen Widmung eines begehrten Gemäldes für die öffentlichen Sammlungen — die Professur für Siegmund Freud versprochen hat. Jene Lehrkanzel, die der Titularprofessor Freud nie bekommen hat. Freuds Denkmal stand 1930 noch nicht im Arkadengang.
Ich gehe vorbei an den Erinnerungen für Skoda, für Hebra, der die Dermatologie reformierte, für den Anatomen Hyrtl, den Internisten Nothnagel und den Chirurgen Billroth, den Freund Brahms'. Und da stoßen wir auf die Büste des Psychiaters von Krafft-Elbing, der seine Nachfolge als akademischer Lehrer nicht Siegmund Freud, sondern dem Nobelpreisträger Wagner-Jauregg eröffnete.
Mitten in dieser Zone von Entzweiungen, die weltpolitische Bedeutung bekommen sollten, als Freuds Ansichten vom Geschlechtsleben die Moral von Jahrtausenden stürzten, die einfache Gedenktafel für eine Frau: Maria von Ebner-Eschenbach, die 1900 das Ehrendoktorat der Universität bekam, als dem

Kampf um das Frauenstudium noch eine lange Bewährung bevorstand.

Mein Rundgang ist zuende. Ich verlasse den Arkadengang und gehe über die Stufe, die zum Rektorat führt, hinab in die Aula. Da steht das Denkmal des Jünglings mit der Inschrift: Den in Ehren gefallenen Helden unserer Universität. Ich schließe die Augen und sehe die Aula an einem Tag im Frühjahr 1933. Die katholische Verbindung »Norica« wollte zu ihrem fünfzigsten Stiftungsfest einen Kranz an diesem Denkmal niederlegen. Die Noricer und ihre Freunde standen dicht gedrängt in der Aula. Von den Stiegen herab drängten nationalsozialistische Studenten, schleuderten Wurfgeschosse, ganze Bänke und dergleichen, in die dichtgedrängten Reihen der katholischen Studenten. Als der Unterrichtsminister die Aula betrat, steigerte sich die wilde Wut des Kampfes. Das waren nicht mehr die sogenannten Radaustudenten von einstens. Die, die jetzt aufeinander einschlugen, waren Feinde, die miteinander mit Haft und KZ abrechnen sollten. Und da — zum ersten Mal seit den Badenikrawallen der neunziger Jahre, drang Wiener Sicherheitswache in die Aula ein. Sie sollte bis 1938 nicht mehr die Hochschulwache räumen.

Was für ein Wandel: Ein Jahr zuvor hatte der Rektor, der Paläontologe Othenio Abel, eine Weltkapazität seines Faches, die SA- und die SS-Männer aus der Studentenschaft herangezogen. In Erinnerung an die Akademische Legion von 1848 sollten sie, wie der Rektor meinte, als eine unparteiische Legion Ordnung halten.

Wieder dreht sich das Rad der Erinnerungen zurück. Es ist ein Tag im Dezember 1932. In den Arkaden der Universität bummeln, wie an jedem Samstag zu Mittag, die nationalen, die katholischen und die freiheitlichen Couleurs. Tags zuvor hatte der Philosophieprofessor Hans Eibl, der eben an seinem Werk »Vom Sinn der Gegenwart« arbeitete, in einer im Sofiensaal gehaltenen Rede versucht, die völkischen und die katholischen

Gruppen der Studentenschaft noch einmal zu einigen. Dem gemeinsamen Selbstbehauptungswillen der Deutschen wollte Eibl einen auf die Gegenwart bezogenen Sinn zugrunde legen: Eine neue Einheit der deutschen Geschichte nach Überwindung der Gefahren aus West und Ost, Versailles 1919 und Moskau 1917. Aber die Feier endete mit einer scharfen Konfrontation der Gruppen, für die ein läppischer, commentmäßiger Zwischenfall herhalten mußte. Und beim Bummel am 2. Dezember 1932 sollte ausgetragen werden, was tags zuvor im Sofiensaal begann. Es wäre nicht übel ausgegangen, wie an hunderten Samstagen zuvor, hätte nicht der Rektor die SA- und SS-Männer in die Arkaden geschickt, die mit ihren Riemen und Stahlruten über die Katholen herfielen. Ich sehe, wie man den aus einer Kopfwunde blutenden Josef Klaus, Vorsitzender der katholischen deutschen Hochschülerschaft Wiens, aus dem Getümmel bringt. Wie so oft, treffen sich die Kämpfer auf der Unfallstation der Universitätsklinik. Aber es gibt nach diesem Tag nicht einmal mehr ein trutziges Einander-in-die-Augenschauen. An diesem Tag zerriß etwas in Österreich, das niemals mehr geknüpft werden sollte: die in der Ära des Bundeskanzlers Ignaz Seipel gelungene politische Allianz der Christlichen und der Deutschnationalen.

Der Antiklerikalismus hat an der Wiener Universität eine viel ältere und kräftigere Tradition als der Antisemitismus. Noch um 1882 war er wirksamer als der damals bereits aufkommende Antisemitismus. Er einigte auf dem Boden des Linzer Programms aus diesem Jahr Burschenschafter aus sogenannten judenreinen Verbindungen und Politiker burschenschaftlicher Herkunft, wie die großen Einiger der Sozialdemokratie Victor Alder und Engelbert Pernerstorfer. In seiner Kindheit hat Theodor Herzl in einer seltsamen Deutschtümelei den deutschen Geist gepriesen, den Luther aus langer Nacht erlöst hat, und jene Pfaffenherrschaft verdammt, die einen deutschen Kaiser zwang, nach Canossa zu gehen. Und während in Wien schon die Gründung der ersten jüdischen Verbindung ingang war, trat der studiosus juris Herzl der Burschenschaft »Albia« bei, die bereits mit judenreinen Verbindungen im Cartell war. In einer Idee des Völkischen, die in den österreichischen Burschenschaften entstand, fand auch der Glaubensjude Herzl jene metaphysische Verankerung des Volkstumsbegriffs, den er im Gegensatz zu Liberalismus und Sozialismus für seinen Staat der Juden brauchte. Man kann die Geschichte des Politischen in Österreich nicht richtig verstehen lernen, wenn man nicht einen sehr gründlichen Einblick in die Geschichte des Studententums, namentlich des Korporationswesens hat. Denn in der Studentenschaft des ausgehenden 19. Jahrhunderts fand die Bereitstellung jener geistigen Kräfte statt, die in meiner Jugend mittels der Gewalt der Tatsachen Politik gemacht haben.

An jenem 6. Oktober 1930, an dem ich zum ersten Mal den akademischen Boden Wiener Universität betreten habe, waren erst vierzehn Tage vergangen, seit die Weltgeschichte der dreißiger Jahre den entscheidenden Ruck gemacht hatte, der uns alle auf einen Marsch ins Chaos trieb. Wieder sah ich neben der Tür der Tabaktrafik die ausgehängten Zeitungen, wieder waren lange Listen abgedruckt, wieder schienen die meisten Leitartikler eher bedrückt zu sein in ihren Äußerungen, ohne zu wissen, was auf uns zukam. In der Reichstagswahl, die am Vortag im Deutschen Reich stattgefunden hatte, war es der NSDAP gelungen, ihren Stimmenanteil von 0,8 auf 6,4 Millionen zu erhöhen. Statt 12 zogen 106 ihrer Abgeordneten in den neuen Reichstag. Noch alarmierte dieses Ereignis nicht das honette Bürgertum oder die in Wien fest etablierten Sozialdemokraten. Aber an der Universität hatte man nicht nur ein Beben verspürt, hier brach der Vulkan aus.
Als ich 1930 die Universität bezog, bestand noch die von der Heimkehrergeneration 1918 geschaffene »Deutsche Studentenschaft«, die Interessens- und Erziehungsgemeinschaft im großdeutschen Sinn. Im Gegensatz zu den Studentenschaften des

Deutschen Reichs, waren die in Österreich sowie in der ČSR und Danzig nach dem Prinzip der Volksbürgerschaft aufgebaut. In Fragen des volklichen Lebens konnten demnach Juden und Fremdvölkische nicht mitentscheiden, sie konnten also auch nicht Mitglieder der Deutschen Studentenschaft sein. 1930, knapp vor meiner Immatrikulation, hatte der damalige Rektor, Graf Gleispach, dieses Prinzip einer von ihm erlassenen Studentenordnung zugrunde gelegt. 1931 erlebte ich die heftige Bewegung, die der Aufhebung dieser Ordnung durch den Verfassungsgerichtshof folgte. Der Verfassungsgerichtshof belehrte den Rektor, daß jüdischen Staatsangehörigen nicht die gleichen, sondern dieselben Rechte eingeräumt werden müßten.

Die Deutsche Studentenschaft an der Universität Wien wurde, als ich die Hochschule bezog, von einer Kammer und einem Vorstand vertreten. Die 40 Sitze in der Kammer verteilten sich auf die Deutsch-völkischen (19), die katholische-deutsche Hochschulgemeinschaft (15) und den Völkisch-nationalen Block (6). Josef Klaus war einer unserer letzten Vertreter im Vorstand der DSt vor deren Untergang im Herbst 1932.

Um mich an der Hochschule zurechtzufinden, hatte ich an jenem 6. Oktober 1930 einen Hochschulführer bei mir, den der Katholisch-deutsche Hochschulausschuß herausgegeben hat. Das Vorwort und die meisten Beiträge zu diesem Hochschulführer schrieb Walter Trnik. Universitätsprofessor Karl Hugelmann, christlichsozialer Vorsitzender-Stellvertreter des Bundesrats, schrieb ein Geleitwort, in dem er die weltanschauliche, volks- und staatsbürgerliche Erziehung der Studenten als notwendig herausstellte. Wilhelm Wolf, Ministerialsekretär im Unterrichtsministerium und geistiger Führer einer Elitegruppe in der katholischen Hochschülergemeinschaft, deutete den Beruf des Studenten. Der Dozent, später Lehrkanzelvorstand für Kirchengeschichte an der Theologischen Fakultät, Johannes Hollnsteiner, erklärte dem Neuankömmling die Geschichte der hohen Schulen in Wien.

Acht Jahre nachher, 1938, wurde Walter Trnik von der

NSDAP zur Liquidierung der von Engelbert Dollfuß geschaffenen Vaterländischen Front berufen. Professor Hugelmann lebte nach einem Exzeß, der bereits 1934 stattgefunden hatte, längst im nationalsozialistisch gewordenen deutschen Reich. Wilhelm Wolf aber hatte als Außenminister des Anschluß-Kabinetts Seyss-Inquart seinen Part schon gespielt. Und Johannes Hollnsteiner war daran, seine Soutane an den Nagel zu hängen, um sich zu verheiraten. Das waren höchstpersönliche Entscheidungen der Betroffenen. Aber indem sich solche elitäre Gruppen katholischer Intellektueller von uns, von den bierehrlichen Seelen und der Simplicitas unserer Gesinnungstreue abhoben, wurde die in der Zwischenkriegszeit mühsam angebahnte, weit über Verbindungen und Vereine hinausgehende Gemeinschaft katholischer Studenten brüchig. Nach den im Gefolge des Nationalsozialismus auftretenden Rechtsüberholern, wurden in der Spätkrise vor 1938 eine Avantgarde von Linksüberholern sichtbar, die auf eine Solidarisierung der Katholiken mit den revolutionären Sozialisten und Kommunisten aus waren, um zusammen mit diesen den bereits mit aller Macht hereinbrechenden Nationalsozialismus zu bekämpfen.

In meiner Generation schied der Bürgerkrieg in Spanien, der 1936 ausbrach und mit entsetzlicher Härte bis 1939 geführt wurde, die Geister. Nach 1938 wurde es allmählich für manche katholische Intellektuelle eine Schande, einmal mit jenen etwas zu tun gehabt zu haben, die man nachher die Klerikofaschisten der Dollfußära nannte. Der gleichzeitige Abwehrkampf gegen Nationalsozialismus und Volksfront wurde für jene sinnlos, die nur mehr einen Gegner vor sich sahen: den Nationalsozialismus. Der absolute Widerstand, der in einer neuen Generation katholischer Intellektueller nach 1938 dem Dritten Reich im Untergrund entgegengesetzt wurde, hatte zur Folge, daß in vielen katholischen Kreisen nachher unser militanter Widerstand gegen den Hitlerismus und der Nationalsozialismus in einer Linie gesehen wurden. In dem Maße, in dem nach 1945 junge Katholiken die Methoden der Demokratie geradezu als

Kriterium politischer Moral an sich ansahen, weitete sich der Riß, von dem nachher immer mehr nach links hin abfielen, wo sie schließlich keinen Gegner mehr sahen und sich in einzelnen Fällen in Aktionsgemeinschaften mit radikalen Marxisten und Kommunisten einließen.

Als ich 1930 an die Universität kam, wurde an den Zuständen der Demokratie und des Parlamentarismus von völkischen, katholischen, freiheitlichen und sozialistischen Studenten gleichermaßen, wenn auch aus sehr verschiedenen Motiven, Kritik geübt. Am System der parlamentarischen Demokratie in Österreich hat sich seither nicht viel geändert — wenn man von deren Kontrolle durch die außerparlamentarische Partnerschaft der Arbeitgeber und Arbeitnehmer absieht. Trotzdem und trotz erneuter Kritik an diesem System ist dieses seit der zeitweiligen Unterdrückung während der dreißiger Jahre tabu. Die während meiner Studentenzeit sehr heftig geführte Diskussion über Reformen der Demokratie und des Parlamentarismus verstummte nach 1945, wurde als erneuter Anschlag des Faschismus auf die Demokratie in Verruf gebracht. Jahrelang durfte über eklatante Mißstände der parlamentarischen Demokratie und des Parteienwesens wohl in parteiunabhängigen Tageszeitungen heftige Kritik geübt werden, die Tat überließ man schließlich der APO, der außerparlamentarischen Opposition einer Neuen Linken, in der eine junge Generation die Marx-Renaissance der sechziger Jahre erlebt.

In der Neuen Linken der sechziger Jahre verbündeten sich die uralt gewordenen Revolutionäre von 1917/18 mit jenen Teilen der Enkelgeneration, die ihre Väter wegen deren Kampf gegen die nach dem Ersten Weltkrieg aufgetretene Umsturzbewegung der Linken verdammten. Wieder setzten in der Gegenwart hektische politische Überholmanöver ein: taten es um 1930 unsere Kommilitonen in der SA und SS, so tun es jetzt, fünfundvierzig Jahre später, junge Intellektuelle in militanten Kampfgruppen, die schwer bewaffnet den Staat angreifen, Hochschulen besetzen, gegen die Exekutive verteidigen, Warenhäuser anzünden und die vor keinem drastischen Mittel zurückschrecken, um Wohlstandsbürger neuerdings mit der Parole der illegalen SA zu erinnern: Wir sind da, trotz Verbot.

Nach den Sommerferien 1930 brachte mir ein junger Nationalsozialist, den ich im Ferienhort am Wolfgangsee kennen gelernt hatte, eine Broschüre, die eben erschienen war und in der Gottfried Feder das Programm der NSDAP und seine weltanschaulichen Grundgedanken entwickelte. Ich stieß bei der Lektüre auf die Idee eines Staates auf sozialer Grundlage, den anstatt des Marxismus die nationale Idee tragen sollte. So sehr mich die Idee einer sozialen Erneuerungsbewegung faszinierte, so sehr stieß mich bei jeder meiner frühen Begegnungen mit dem Nationalsozialismus die Person Adolf Hitlers ab. Die Gespaltenheit seiner Persönlichkeit, Dämonie und Scharlatanerie eignet sich nicht zur Verkörperung jenes Führerprinzips, das die Nationalsozialisten anstatt der parlamentarischen Demokratie anboten. Als Adolf Hitler in der historischen Reichstagswahl 1930 siegte, stand mein Entschluß fest: Ich wollte der Deutschen katholischen Studentenverbindung »Nordgau« beitreten, übrigens jener, die als einzige Verbindung des damals in fünf Staaten vertretenen CV das Kriterium »deutsch« im Namen an die Spitze gestellt hat. Damals.

Als Absolvent der nur siebenjährigen Realschule hatte ich während meines ersten Universitätsjahres zuerst einen Realschulabsolventenkurs zu besuchen, ehe ich das Fachstudium an der juristischen Fakultät beginnen konnte. Ich hatte Zeit, mich an der Hochschule — und nicht nur dort — gründlich umzusehen. Jetzt hatte ich die Vorteile des in der Realschule freiwillig besuchten Lateinunterrichts für mich. In einem Alter, in dem die meisten meiner Kommilitonen ihr Latein vergaßen, machte ich unter unserem ausgezeichneten Lateinlehrer, Emil Gaar, ein einjähriges Repetitorium mit, nach dem ich, ohne auch nur eine Stunde daheim zu pauken, gut durchs Examen kam. Als Prüfer in Latein hatte ich im Sommer 1931 Richard Meister.

Richard Meister, Philologe, Pädagoge und Kulturphilosoph, war Polyhistor von außergewöhnlichen Qualitäten. Seine Courage gegenüber den staatlichen Behörden hat er unter allen Umständen, denen ein Österreicher nach 1918 ausgesetzt war, bewiesen. Sein erstes Ernennungsdekret, mit dem er zum Extraordinarius nach Graz ernannt wurde, schickte er dem k.k. Ministerium für Kultus und Unterricht mit dem Hinweis auf drei Irrtümer zurück, die dem Referenten bei der Abfassung des Ernennungsdekrets unterlaufen waren. Meister wurde ein Wissenschafts-Organisator zu einer Zeit, in der solche Aktivitäten in Kreisen der Hochschule noch keineswegs geschätzt wurden. Jahrzehntelang war er Mentor des Akademischen Senats der Universität Wien und nachher der österreichischen Rektorenkonferenz. Noch im hohen Alter unternahm er es, der erstarrten Österreichischen Akademie der Wissenschaften eine den sechziger Jahren unseres Jahrhunderts entsprechende Aufgabenstellung aufzuzeigen. Das Verdienst um die Verhinderung jener Zerreißung des Gemeinbesitzes der deutschen Sprache, die Ende der fünfziger Jahre mit gefährlichen Methoden der Orthographiereform versucht wurde, ist wahrscheinlich sein größtes.

Neunzehn Jahre war ich alt, als mich Richard Meister bei der Ergänzungsprüfung für Realschulabsolventen aus Latein prüfte. Er war mir als lederner Pedant beschrieben worden; aber das war er nicht. Er konnte eher ein Kugelblitz sein. Den ersten Versuch meiner Übersetzung quittierte er: »Grammatik haben's g'lernt, jetzt übersetzen 's das Ganze ordentlich.« Ich setzte noch einmal an. Richard Meister überlegte eine Weile und sagte dann: »Gut.« So wurde ich in sein privatestes Privatissimum aufgenommen, dem ich angehörte, bis er kurz nach meiner Demission als Unterrichtsminister, im Jahre 1964 starb. Als Student, als Studentenführer, als Beamter der staatlichen Hochschulverwaltung und als Unterrichtsminister hatte ich Zeit und unendlich viele Gelegenheiten, sein Wissen und seine Erfahrung, seine Courage und seine Menschlichkeit kennen zu lernen. Liberal nach Herkunft und Anschauung, wurde Richard Meister einer jener Konservativen, die nicht eine Spur reaktionärer Gesinnung an sich haben; ohne dabei jedem blauen Rauch nachzulaufen, den Intellektuelle so gerne anfachen.

Neben Richard Meister nahm mir die Prüfung aus dem Fach Philosophie der Theologieprofessor Theodor Innitzer ab. Innitzer hatte sich in seinem Rektoratsjahr 1928/29 ein bleibendes Ansehen unter der Studentenschaft erworben. Dem bereits sterbenskranken Kardinal-Erzbischof von Wien Theodor Innitzer durfte ich 1954 als Unterrichtsminister meinen Antrittsbesuch machen. Damals waren das Hosiannah der Studenten der dreißiger Jahre, und das Crucifige nach dem 1938 dem Führer erwiesenen Gruß: »Heil Hitler« für den alten Mann nur mehr ein schwacher Nachhall eines Diesseits, das zu verlassen er sich anschickte. Als Professor Theodor Innitzer an einem 18. Jänner im Großen Festsaal der Wiener Universität die offizielle Gedenkrede zum Jahrestag der Reichsgründung von 1871 in Versailles hielt, stand ich als Wichschargierter nur wenige Schritte von ihm. Dieses Reich haben in meiner Jugend nicht nur die Großdeutschen und wir bejaht, das Ja zum Reich konnte Karl Renner noch viel wortgewaltiger formulieren und auch Theodor Körner fand, sparsamer im Wort, keine Ausrede in diesem Punkt. Um es als eine Warnung auszusprechen: Niemand ahnte an jenem Prüfungstag 1931, daß zwei Jahre nachher in Österreich die Gewehre losgehen würden und jene aufeinander feuern würden, die einmal das Bekenntnis zum Reich geeint hat.

Theodor Innitzer war nicht mein Lehrer. Philosophievorlesungen habe ich, auch später als Jurist, bei Hans Eibl gehört. Von Eibl erschien in jenem heißen Sommer 1933 ein Werk über den Sinn der Gegenwart. Eibl, dessen Name heute in katholischen Kreisen verschollen ist, oder nur im Orkus der unbewältigten Vergangenheit existiert, zeigt in seiner Lehre vom Menschen erstaunliche Zusammenhänge mit Karl Bühler und Alfred Adler auf. Das Sein und die Dialektik der Werte, darüber hat mich Eibl unterrichtet und er verfestigte vor allem in mir den Ausblick auf die Metaphysik, in der ich als junger Mensch eben die zweite Welle religiöser Skepsis erlebte. Die ewig dem Menschen gestellte Frage: Was nun? Die in Zeiten revolutionärer Krisen ungemein herausfordernd wirkt, beantwortete Eibl nicht nur vom religiös-weltanschaulichen Standpunkt, sondern auch politisch. Selbstbehauptung des Reiches in der Europäischen Mitte gegen die gefährlichen Folgen der nach dem Ersten Weltkrieg geschlossenen Friedensverträge und gegen das erneute Sendungsbewußtsein des Dritten Roms, des kommunistisch gewordenen Moskaus. Bei all dem schien es auch für Österreich, Rest einer der mitteleuropäischen Ordnungsmächte, eine Aufgabe zu geben. Aber auch Eibl mußte 1945 das Zusammentreffen der übermächtigen Flankenmächte aus Ost und West bei Torgau an der Elbe erleben und damit die endgültige Zerschlagung Europas, das seither nur mehr in den Brückenköpfen der Gendarmen einer Neuen Ordnung, der USA und der UdSSR, existiert.

Es ist für einen alten Mann ein großes Glück, noch immer einen seiner großen Lehrer vor sich auf dem Lebensweg zu wissen. Die Einführung in die Rechts- und Staatswissenschaften hörte ich bei Alfred Verdroß. Verdroß als Völkerrechtslehrer noch in der Tradition des k.u.k. Ministerium des Äußeren erzogen, gehörte zu den akademischen Lehrern, die den Studenten in seinem Fach- und Berufsstudium davor bewahren, über der Berufsvorbereitung die Fähigkeit zu philosophieren geringzuschätzen. Philosophieren im Sinne: planmäßig und richtig zu denken, zu schließen und zu urteilen, und: Weltanschauung wissenschaftlich zu begründen und zu formulieren.
Das geistige Klima der zwanziger Jahre, in denen die Massen der Anhänger und Gegner die Lehrsäle Othmar Spanns füllten, habe ich nicht mehr erlebt. Spann hörte ich im Wintersemester 1934/35, damals als er sich auf die fatale Förderung seiner Absichten durch offizielle Stellen des Dritten Reichs in Berlin

einließ, nicht ahnend, daß der von ihm vertretene Universalismus im unlösbaren Konflikt mit Adolf Hitler jenes Finale finden mußte, das Spann nach 1938 in die Gefängnisse der Gestapo brachte. Für die Studenten von damals war es im Rigorosum eine Existenzfrage, im Fach Volkswirtschaftslehre sowohl in den liberalen Ansichten Hans Mayers, als auch in den durchaus konträren Spanns, vor allem in der Neuen Sprache des letzteren, firm zu sein. In Kenntnis der Grundeinstellung Spanns und bei allen Vorbehalten, habe ich seine kurz gefaßte Übersicht über die Haupttheorien der Volkswirtschaftslehren als ein Lehrbuch geschätzt, das dem Anfänger weitaus lesbarer war, als andere Taschenbücher dieses Faches, die zudem meistens fehlten. Als Sachwalter der Hochschülerschaft in Österreich geriet ich aber mit Othmar Spann, der den Dollfußstaat als eine Verballhornung seiner Idee des Ständestaates in aller Öffentlichkeit herabsetzte, in einen eklatanten Konflikt. Für das staatswissenschaftliche Rigorosum gut gerüstet, entschloß ich mich, für den Fall, daß Othmar Spann mein Prüfer sein werde, die Konfrontation zu wagen.

Und ich saß Othmar Spann im Herbst 1935 allein und Aug' in Aug' gegenüber, als er mich in einem Hörsaal ohne Zeugen prüfte. Jede seiner drei Fragen beantwortete ich mit nicht einem Wort. Er maß mich mit einem durchdringenden Blick, sagte mehr zu sich: »Lächerlich« und schlug hinter sich die Türe zu. Das Nicht-genügend, das Othmar Spann ins Protokoll schrieb, war rechtens und ging auch von meinem Standpunkt aus in Ordnung.

Um diese Zeit schätzte ich den aus dem Dritten Reich nach Österreich gekommenen Privatdozenten Erich Voegelin, in dessen Vorlesungen und Pflichtübungen ich als Zaungast zuweilen saß. Voegelin brachte seine Schüler schon damals aus einer zunächst ungewöhnlichen Richtung an das Politische heran, ohne mit ihnen in den Vorlesungen zu politisieren. Die intellektuelle Brillanz Voegelins zeigte sich vor allem in den Übungen, in denen er einen ungewöhnlich fassenden Diskussionsunterricht praktizierte. Verhaftet in die Konfrontationen mit Nationalsozialismus und Marxismus, hatte ich bis dahin einfach übersehen, daß der Positivismus, Kern eines bestimmten Wirtschaftsliberalismus, in seinen Gefahren erkannt und widerlegt werden müßte, wollte man sich überhaupt mit den Realitäten von Volksfront und Nazismus der dreißiger Jahre einlassen. Was Othmar Spann in seinen Auseinandersetzungen mit Hans Mayer mir nicht sinnfällig machen konnte, das gelang Voegelin: die Antwort auf die Frage, warum nicht liberal?

Im Frühjahr 1934 wurde ich Sachwalter der Hochschülerschaft an der Universität Wien. Mein diesbezügliches Ernennungsdekret ist das erste, das ich aus dem Unterrichtsministerium bekommen habe. Nach der behördlichen Auflösung der Deutschen Studentenschaft, faktisch 1932, formell 1933, hatte dieses Amt als erster Josef Klaus bekleidet. Im Herbst 1933 trennten sich die Wege Klaus' und meine eigenen. Zumal dann, als ich während einer kritischen Phase der nationalsozialistischen Terroranschläge den mir von Josef Klaus zugewandten Posten des Vorsitzenden der Katholischen Hochschülerschaft freiwillig niederlegte und in das Freiwillige Schutzkorps einrückte.
Auch als Sachwalter nahm ich also einen Posten ein, den vorher Josef Klaus innegehabt hatte. Diesmal ohne seine Intention. So bekam ich meine erste politische Aufgabe. Die Vaterländische Front hatte keine Studentenorganisation. Gleichgültig, ob man in mir den Exponenten des Heimatschutzes oder der Katholischen Hochschülerschaft sah: ich stand als Sachwalter jedenfalls in den Reihen einer Minorität, die, in sich gespalten, keineswegs in allem für Drimmel war. Es gab angesichts des wachsenden Drucks der in die Illegalität verdrängten Nationalsozialisten nur zwei Möglichkeiten einer Studentenpolitik: entweder mit den militanten Methoden der Vaterländischen Wehrformation (Heimwehr, Ostmärkische Sturmscharen usw.) die Herausforderung zur Gewalttätigkeit anzunehmen und damit den im ganzen Land geübten spektakulären Terror auch an die Hoch-

schulen zu bringen, oder mit Unterstützung einsichtsvoller Professoren aller Richtungen diesen Skandal von der Hochschule fernzuhalten.

Ich entschloß mich für den letzteren Weg, wobei es gar nicht gewiß war, daß der Gegner mitmachte. Denn ich kannte das Wort, das Adolf Hitler 1931 gesprochen hatte: »Wenn eines mich an den Sieg unserer Bewegung glauben läßt, so ist es der Vormarsch unserer Bewegung in der Studentenschaft.« Frühere Rektoren hatten ihr Vertrauen in die Nationalsozialistische Erneuerungsbewegung gesetzt und die studentischen SA- und SS-Formationen als Ordnungstruppe bei Hochschulkrawallen herangezogen. Ohne die Jugendfreundschaft, die mich mit vielen Nationalsozialisten verband, wäre es nicht möglich gewesen, den offenen Kampf von der Hochschule fernzuhalten. Die Skandalszenen, die im Semester zuvor die Schließung der Universität und die Sistierung der Vorlesungen zur Folge gehabt hatten, durften sich nicht wiederholen. In den von mir aufgezogenen Fachschaften fand ich den Grundriß einer neuen Organisation der studentischen Selbstverwaltung. Die Fachschaften waren nicht auf den Verbindungen und Vereinen der Studenten aufgebaut, sondern als Universitas studentium gedacht, die einmal zu der bereits bestehenden Universitas magistrorum, den Professorenkollegien, hinzutreten sollten, um eine neue Universität zu bilden. Wie gut das Projekt der Fachschaften in diesen turbulenten Zeiten geriet — ich will es nicht nachher rechtfertigen. Jedenfalls gelang es mir ohne Preisgabe der Grundsätze, den erhofften Beitrag zur Aufrechterhaltung des akademischen Lehrbetriebs zu leisten. Und das war auch für die Regierung Schuschnigg von Wert. Denn Studentenunruhen werden zu allen Zeiten, zumal im Ausland, als Anzeichen gefährlicher Widerstände gegen die Regierung gewertet.

In einer Stunde wie dieser denke ich an Fritz Butschek, damals Sprecher des Wiener örtlichen Waffenrings. Butschek stieß nach 1938 zu Anton Reinthaller, der vorher versucht hatte, den Kampf im Untergrund, der vor allem zwischen der Staatspolizei und illegalen Formationen der Nationalsozialisten ausgetragen wurde, zu beenden. Rückkehr zur Legalität im Politischen wurde ab Mitte der dreißiger Jahre eine Formel, die sowohl Kreise der illegal gewordenen NSDAP, als auch solche der SDAP, der Sozialdemokratischen Arbeiterpartei, gebrauchten.

Ebenso schwer wie der Widerstand gegen den Nationalsozialismus lastete auf uns die Entwicklung im ganzen Hochschulwesen. Seit dem Budgetsanierungsgesetz 1931, Auswirkung der Weltwirtschaftskrise 1929 in Österreich, wurden Teile des Hochschulbudgets aufs Aussterbeetat gesetzt. Nicht nur Lehrkanzeln wurden aufgelassen, ganze Hochschulen gerieten in den Sog der Sparsamkeitspolitik der Regierung. Die Montanistische Hochschule Leoben, eine der Hochschulen mit Weltruhm, wurde aufgelassen und ihre Institute und Lehrkanzeln mit der Technischen Hochschule in Graz vereinigt. Ein ähnliches Schicksal war der Hochschule für Bodenkultur in Wien zugedacht. Vom Wintersemester 1934/35 bis zum Wintersemester 1937/38 sank die Gesamtzahl der Hörer an den österreichischen Hochschulen von 20 608 auf 17 490, nicht zuletzt wegen des Ausbleibens der Studenten aus dem Deutschen Reich.

Am bedrückendsten war wohl für meine Generation die oft Jahre währende Aussichtslosigkeit, eine Berufsarbeit zu bekommen. Dieses schwere Los traf nicht nur, wie jetzt behauptet, die Illegalen der Rechten und der Linken, sondern auch uns. Und mit uns meine ich meine Familie. Mein Bruder wurde, kaum daß er geheiratet und seinen ersten Sohn hatte, abgebaut. Obwohl Systemling, wie die damalige Charakterisierung lautete, blieb er jahrelang arbeitslos und verdiente sich etwas als Aushilfsgarderobier in Kaffeehäusern, Statist in Theatern, Aushilfskraft in einem Milchgeschäft. Als Diplom-Ingenieur des Faches Elektrotechnik hätte er via illegaler NSDAP leicht den Ausweg für eine Anstellung im Dritten Reich finden können. Daß derartiges in unserem Fall, hier vor allem in dem meines Bruders, unter keinen Umständen in Frage kam, brachte meinem Bruder vor 1938 den Vorwurf der Dummheit seitens jener ein, die nach 1938 ihr Verhalten glänzend bestätigt fanden.

Meine Freunde und Mitarbeiter in der Sachwalterschaft kämpften beharrlich gegen die verhängnisvolle Entwicklung der Lage der Akademiker in Österreich. So wie nach 1945, erwies sich auch damals die Formel: zuerst die Wirtschaft, als eine Sperre, gegen die anzukämpfen leicht den Vorwurf »jugendlicher Idealismus und Überschwang« eintrug. Und eckten wir mit unseren Vorschlägen und Forderungen in Regierungskreisen an, dann bekamen wir prompt die Vorwürfe derer, die das System durch dick und dünn treiben wollten und denen alles andere nur Anfang für Appeasement, Kapitulation und Übergabe an den Feind bedeutete. Zugleich aber hörten wir auch aus dem Untergrund den Hohn der Feinde, die uns als bezahlte Hampelmänner des Systems hinstellten.

Was ich als Student nie verstanden habe, war die Tatsache, daß es Adolf Hitler gelungen ist, die Intellektuellen, gleichgültig was man darunter verstehen mag, für sich zu gewinnen. Jene Intellektuellen, junge und alte, die er in der Rolle des Volkskanzlers herabsetzte und als das Fußmehl im Sack des Volksganzen hinstellte. Ich verstand es noch, daß meine Jugendfreunde das nach 1933 verbotene Braunhemd anzogen. Sie hofften auf das Reich und ihnen ging es um ihren Einsatz für das Reich, in das Adolf Hitler auch Österreich heimbringen wollte. Und nach den bitteren Erfahrungen meines Bruders verstand ich junge Menschen, die aus den beengten Verhältnissen in Österreich ausbrechen wollten; in einen weiten Horizont ihres höchstpersönlichen Erlebens.

Was mir aber unverständlich war und schließlich verachtungswürdig wurde, war das Verhalten gewisser etablierter Intellektueller, vor allem eines gewissen im Staatsdienst weitverbreiteten Typs. Honette Doktoren, für die vor 1930 die Männer im Braunhemd blöde »Hakenkreuzlerbuam« waren, die sich nach 1933 mit der berüchtigten Formel: »Schwör'n ma halt a bisserl«, für die innere Haltlosigkeit zu entschuldigen glaubten, mit der sie als Sympathisanten des Nationalsozialismus Gelöbnis als Beamte ablegten. Die im Juli 1934, nach der Ermordung des Bundeskanzler Dollfuß im Bunkeskanzleramt, die Hand zum Gruß an den Führer hochreckten oder 1938 aus verborgenen Winkeln ihr Parteibuch oder die Bestätigung über Beiträge und Zahlungen an die illegale NSDAP hervorkramten. Für diese versativen Typen hat Wilhelm Wolf bei Übernahme des Außenministeriums im Kabinett Seyß-Inquart die Formel zur Entschuldigung gefunden, indem er sagte: »Wir haben dem System gedient, aber wir haben ihm mit in der Tasche geballter Faust gedient.«

Man wäre geneigt, all das und vieles andere als Peinlichkeiten einer Generation abzutun, die ohnedies im Aussterben ist. Leider ist aber auch in diesem Fall Geschichte Gegenwart.

Was diese Typen nämlich nach 1945 bewegte, hörte sich an, wie der sonderbare Wunsch des alten Schäfers in Shakespeares »Wintermärchen«: »Ich wollte, es gäbe kein Alter zwischen zehn und dreiundzwanzig, oder die jungen Leute verschliefen die ganze Zeit . . .«. Vielen meiner Generation ist es gelungen, die gefährlichen dreißiger und vierziger Jahre tatsächlich zu verschlafen, sie zu überdauern. Aber weit mehr hätten es nach 1945 lieber gehabt, wenn es in ihrem Leben die fatale Zeit bis dreiundzwanzig überhaupt nicht gegeben hätte. Diese Typen haben sich nachher ihrer Jugend geschämt und sie hätten am liebsten Jahre ihrer Jugend, ihren Einsatz und ihre Irrtümer aus ihrem Bewußtsein gestrichen. Sie sprachen einfach nicht mehr darüber. Sie hatten auf die Frage der Jungen, warum sie selbst als junge Menschen so und nicht anders gehandelt hätten, keine Antwort . Sie wichen nicht nur der amtlichen Durchforschung ihrer Vergangenheit aus, die gestatteten auch ihrer Erinnerung keine Reise in die Vergangenheit. Mit der Zeit erweckten derlei Typen der Vätergeneration bei den Jungen den Eindruck, als wären sie selbst nie jung gewesen; als ginge ihnen jedes Verstehen der Jungen ab, als wäre ihnen eine neue Generation, deren Einsätze und Irrtümer, höchst unbequem. Und dann fiel in Konfrontationen mit Jungen jener verhängnisvolle Satz: »Laßt das sein, ich habe mir auch einmal die Finger daran verbrannt.« Nur wenige waren klug genug zu wissen, daß gerade mit derlei Formeln die Jungen auf die Barrikaden ihrer Zeit getrieben wurden.

Jugend, die kämpft, sucht sich ihre Uniform, ihre Formation, ihre Fahne. Keine Uniform der dreißiger Jahre war so uniformierend, wie die Kluft der Beat-Generation, deren Bräuche und Anhängsel. Keine damalige Kampfformation eines studentischen Wehrverbandes war so diszipliniert und so gedrillt für den Nahkampf mit der staatlichen Exkutive, wie jene Studenten, die den Aufruhr probten und ausführten. Kein illegaler Kämpfer war unter dem Galgen so unversöhnlich im Haß, wie jugendliche Terroristen der sechziger und siebziger Jahre.
Brutalität hat es gewiß gegeben, lange bevor die Öfen der Konzentrationslager rauchten. Es gab organisierten Terror, ganz im Sinne Marxens, Terror, der sich in seiner Verstaatlichung durch Heinrich Himmler in Maße steigerte, die es seit der Ausrottung einer Klasse in Rußland durch Lenin und Trotzki nicht mehr gegeben hatte.
Wir lebten unter dem, was man heute Zwänge nennt. Wir nannten es Ordnung oder Zucht oder Selbstdisziplin. Der Held in all dem war ein positiver Held, sollte es wenigstens sein. Die uns vorgehaltene Brutalität allerdings dauerte an, als nach 1945 diverse Zwänge aufgehoben wurden. Und der Beseitigung der sexuellen und erotischen Zwänge folgte nicht die Deaggressivierung, die Abnahme der Aggressivität, sondern eine Brutalität, die es in derart erklärter und akzeptierter Form seit Menschengedenken nicht mehr gegeben hat.
Wir alle, die wir damals kämpften, riefen einem Symbol, einer Verkörperung unserer Ideen, »Heil!« zu. Dabei waren wir uns wohl bewußt, nicht in einer heilen Zeit zu leben, wie dies uns nachher zuweilen zugemutet wurde. Die Zeit war un-heil und

un-heilig. Aber die zahlreichen Austritte aus den Kirchen waren
kein Abfall vom religiösen Glauben, sondern Akte politischer
Demonstrationen, gleichgültig, ob sie in Gottgläubigkeit oder
Konfessionslosigkeit endeten.

Wir wußten noch nicht, daß wir eine verlorene Generation waren. Nicht eine wie jene amerikanischen Dichter, die sich nach
dem Ersten Weltkrieg in Paris um Gertrude Stein versammelten und die in ihrer Exzentrik doch nur die selbstausgewählte
Elite ihrer Generation waren. Vielmehr gingen wir verloren.
Zwischen unserer Vätergeneration einerseits, die nach 1945,
inzwischen erheblich älter geworden, wieder auf dem Podium
erschien, als wären die dreißiger Jahre nur ihr bedauerlicher
Irrtum gewesen, den man ihnen verzeihen möge, und andererseits einer Generation von Söhnen, die mit einem revolutionären Sprung über die Relikte einer unbewältigten Vergangenheit, die sie nichts angehen soll, hinweg setzen will. Wir waren
nach 1945 zu jung und zu alt, wir kamen zu früh und zu spät.
Wir paßten überhaupt nicht in den neuen Raster politischer
Existenzen und Gemeinschaften, es sei denn, wir ließen uns ver-
krümmen, um dann mit einem ungewohnten Makeup die Bühne
des Geschehens zu betreten. In der allgemeinen Restitutio in
integrum, die nach 1945 stattfand, wurden wir wieder eingesetzt in unseren Stand vom 12. März 1938. Und auf einmal
waren wir nach vielen Jahren des Krieges wieder Studenten,
die nicht fertig gemacht hatten, provisorische Regierungsbeamte
ohne gehörige Anstellungserfordernisse, haltlose Existenzen, die
zunächst nur im Künstlerischen einen Halt fanden, registrierte
Nazis.
Und: Hitler hatte nicht umsonst die Intellektuellen, gleichgültig
was man jetzt darunter verstehen will, heruntergerissen. In
England, einem Land, das immerhin in formaler Hinsicht einer
der Sieger von 1945 war, fing eine neue Angst vor den Intellektuellen an. Fürs erste verzichtete die dortige Arbeiterpartei lieber auf die draufgängerischen Individualisten alten Stils, auf

die Bahnbrecher, auf die Experimentatoren und auf die, die zur Sonne hinauf wollen. Zuerst die Wirtschaft. In einer Planwirtschaft werden derlei Existenzen hoffentlich keinen Schaden mehr anrichten. Nach dem, was ich in den dreißiger Jahren gewesen bin, bin ich im Alter, im sozialistischen Österreich, ein Faschist. Wer jemals Faschist war, nachher aber das Parteibuch einer sozialistischen oder kommunistischen Partei erworben hat, ist nicht länger Faschist. Und die Anhänger des Stalinismus der dreißiger und vierziger Jahre tragen mit Stolz Auszeichnungen, die sie im Dienst des Stalinismus erwarben; die sichtbar getragenen und die noch zahlreicheren unsichtbaren.

Und weil dem so ist, hat das aufgehört, warum ich in den dreißiger Jahren als Student in der Politik angetreten bin: die politische Rechte. Es gibt eine deklarierte und sehr erfolgreiche politische Linke. Es gibt das Experiment in einer politischen Mitte. Aber es gibt, nach diesem Schema rechts davon nur mehr Extremisten. Rechtsextremisten. Nach herrschender Lehre ist der Begriff Links und extrem gar nicht vereinbar. Links kann es nicht extrem genug zugehen oder, wie die Linksliberalen sagen: Links gibt es keinen Gegner.

So wie Adolf Hitler um 1931 seinen stärksten Glauben in die Studenten setzen durfte, so darf die radikale Linke ihre größte Hoffnung wieder auf die Studenten setzen. Denn junge Studenten, die nicht viel Erfahrung haben, sagt Tschou En-Lai, sind leicht zu verführen. Daraus spricht die Erfahrung eines echten Revolutionärs, der Tschou, Abkömmling einer Mandarinsfamilie, in jeder Hinsicht ist.

DAS BUNDESKANZLERAMT

Der Ballhausplatz. Zentrum der internationalen Politik einer Großmacht. So wie die Wilhelmstraße in Berlin, die Sängerbrücke in St. Petersburg, die Hohe Pforte in Konstantinopel. Diese Adressen gehören zu einer Welt, die es nicht mehr gibt. Aus dieser Welt überdauerten einige Adressen: Quai d'Orsay in Paris und Downingstreet in London. Aber die internationale Politik ist seit einem Vierteljahrhundert auf andere Zentren konzentriert: das Weiße Haus in Washington, der Kreml in Moskau. Von dort aus wird das Europa in den Brückenköpfen West und Ost kommandiert.

Auf dem Ballhausplatz in Wien stand einmal, in nächster Nähe der kaiserlichen Burg, der Meierhof, der die Hofhaltung versorgte. Kaiser Karl VI., der nach dem verlorenen Spanischen Erfolgekrieg aus Westeuropa modernere Ansichten über eine Residenzstadt heimgebracht hatte, ließ den Meierhof niederreißen und an dessen Stelle das Palais für die »Geheime Staatskanzlei« bauen. Johann Lukas von Hildebrandt gab dem seither mehrmals ausgebauten Palais die unverändert gebliebene, noble Fassade über dem Hauptportal und ein Interieur, von dem nach Zerstörungen im Krieg nach 1945 ein Teil leider nicht restauriert, sondern neu gestaltet worden ist.
Seit 1918 ist das Barockpalais Zentralstelle der Repbulik Österreich, Sitz des Bundeskanzleramtes, früher auch Sitz des Bundespräsidenten. Noch immer tagt der Ministerrat des republikanischen Österreichs in dem Saal, der ganz unter dem Eindruck eines Ganzfigurenbildes des jungen Kaisers Franz Josef I. steht. In den Jahren 1954 bis 1964 habe ich in diesem Saal an

den wöchentlichen Sitzungen des Ministerrats und in anderen Sälen und Salons an unzähligen Besprechungen teilgenommen.

Das Interieur des heutigen Bundeskanzleramts bekommt seine Atmosphäre von einer Gemäldegalerie, die im Ministerratssaal mit dem Bild Franz Josefs beginnt und die sich auf unzählige andere Räume und Gänge erstreckt. Es sind fast nur Abbildungen von Menschen: Kaiser und Kaiserinnen, Erzherzoge und Erzherzoginnen und die von amtswegen geschaffenen Portraits der Staatskanzler, Ministerpräsidenten sowie k.u.k. Minister des Äußeren und des Kaiserlichen Hauses. Seltsam fremd wirkt in dieser Sammlung ein Gemälde im Wartesalon des Bundeskanzlers, das mit einer fotografieähnlichen Porträttreue den Moment der Unterzeichnung des österreichischen Staatsvertrages von 1955 wiedergibt. Wohl aus gutem Grund hat der erste sozialistische Bundeskanzler der Republik für seinen Arbeitssalon einige Bilder der unlängst sehr modern gewordenen Wiener Schule des Phantastischen Realismus hängen lassen.

Der krasse Gegensatz zwischen dem historisch gewordenen Interieur des heutigen Bundeskanzleramtes und der politischen Realität des republikanischen Österreichs muß jeden Besucher frappieren. Indessen ist das Geschichtsbewußtsein der Neu-Österreicher etwas schwächlich, und es ist wahrscheinlich den meisten Ministern gleichgültig, welche Bilder in den Beratungsräumen an der Wand hängen. Wichtig ist die Tagesordnung, die auf dem Beratungstisch liegt.

Ich habe in diesem Haus Geschichte, die Gegenwart ist, gespürt. Und am stärksten wohl unter dem Bild des jungenhaften Franz Josefs, das im Ministerratssaal das eigentliche Zentrum ist. Bei diesem Bild kommt es nicht auf die künstlerische Bedeutung an. Nach dem Regierungsantritt des jungen Monarchen, er war kaum achtzehn Jahre alt, wurden Dutzende solcher sogenannter repräsentativer Bilder für Ministerien, Statthaltereien und so weiter in Auftrag gegeben. Dieses Bild ist äußerst signifikant: den Zeitgenossen sollte es zeigen, daß die Ära des 1848

abgedankten Kaisers Ferdinand, den man aus nobler Rücksicht-
nahme den Gütigen nannte, zu Ende war. Eine neue Zeit war
gekommen: jung, gesund. Ein hübscher Leutnantskopf über
der Campagneuniform der Radetzkyzeit, zur Distinktion
eines Feldmarschalls die Tapferkeitsauszeichnung eines Infanterieoffiziers, die sich Franz Josef 1849 in Ungarn erworben
hat. Das Neue sollte, wie immer, mit der Kraft und Unbe-
schwertheit der Jugend herangezwungen werden. Was gewesen
war, lebte fortan weit weg: der abgedankte Kaiser in Prag, der
Staatskanzler Metternich in London, die Räte, die mit der Revolution paktiert hatten, in Pension. Dafür wurden junge,
schneidige Typen, die in der Revolution hochgekommen waren, wie der k.k. Minister des Inneren Alexander Bach, gerne
akzeptiert, wenn sie innerlich mit dem jungen Kaiser mit-
gingen.
Der junge Kaiser Franz Josef, der im Bild Zeuge des Regierens
im nunmehr sozialistisch gewordenen Österreich ist, steht auf
dem Säulenbalkon einer Residenz, die keine Revolution mehr
bedrohen kann. Denn im Hintergrund sieht der Beschauer ein
Zeltlager der Armee Radetzkys, die noch einmal Preußen,
Frankreich und wohl auch Rußland hinlänglich imponierte, um
Österreichs alte Vormachtstellungen in Deutschland, in Italien
und in Ostmitteleuropa zu legitimieren. Noch ahnte der auf
dem Bild portraitierte Kaiser nicht, daß er während seiner
langen Regierung alle diese drei Positionen verlieren würde:
1859, nach der total verkehrten Neutralitätspolitik im
Krimkrieg, Italien an Frankreich und Sardinien. 1866 Deutschland an Preußen. 1914 den Rest der alten Großmacht in Ostmitteleuropa.
Eingedenk der Lorbeerreiser, mahnte der Text der unter Franz
Josef neugedichtete Text zur Volkshymne Joseph Haydns.
Man hatte zuerst Franz Grillparzer gebeten, sich an der Aus-
schreibung zu beteiligen und zur Haydnhymne zu schreiben,
was ein Österreicher empfindet, der unlängst erst — sehr zum
Ärger der Wiener Studenten — Radetzky beschworen hatte:

In deinem Lager in Österreich. Grillparzer, dem die ganze Revolution zuletzt so z'wider gewesen war, daß er einem Epigramm anvertraute, es wäre am besten, sie von Soldaten flankiert abzuführen, wie einen Arrestanten. Grillparzer schmeichelte zunächst die an ihn ergangene Einladung. Je mehr aber der Neoabsolutismus und der Klerikalismus, wie es Grillparzer sah, wieder in die Halme schossen, desto länger zögerte der Dichter, sich hinzusetzen und eine neue Volkshymne zu schreiben. Und schließlich war Grillparzer, dem echten Grillparzer, das Ganze z'wider und er lehnte verärgert ab. Sein Ärger wuchs, als es Johann Gabriel Seidl gelang, jenen Text hinzukriegen, der in die Sprachen aller Völker der Monarchie übersetzt wurde und den Generationen von Taferlklaßlern, mein Jahrgang als der letzte, in der Schule gelernt und lebenslang nicht vergessen haben. Am 3. November 1918, am Namenstag des letzten Kaisers, Karl I., haben treue Kirchgänger und die letzten noch nicht übergelaufenen Offiziere und Beamten, die Volkshymne, das Gott-erhalte, zum letzten Mal bei einem staatsoffiziellen Anlaß gesungen. An diesem Tag waren die alten Kronländer Böhmen, Mähren, Schlesien sowie Teile Ungarns schon Gebiete der von den Ententemächten anerkannten Tschechoslowakischen Republik, die sich mit Österreich im Kriegszustand befand.

Während meiner Ministerschaft wurde von Friedrich Funder, Herausgeber der Wochenschrift »Die Furche«, der Vorschlag gebracht, anstatt der 1947 beschlossenen Bundeshymne-Melodie von Mozart, Text von Paula von Preradovic — wieder die Haydnhymne einzuführen. Und dazu einen zeitgemäßen Text. Jacques Hannack, Kulturredakteur der »Arbeiter-Zeitung« schrieb damals, darüber könnte man reden, wenn auch nicht sofort. Nicht reden ließ mit sich in diesem Punkt der damalige sozialistische Vizekanzler Adolf Schärf. Schon 1947 hatte er meinem damaligen Chef, Unterrichtsminister Felix Hurdes, gesagt, er könne verstehen, wenn Konservative oder Anhänger des Dollfußregimes sich nach dieser Hymne sehnen, weil sie diese ja zu ihrer Zeit als Hymne des Staates gehabt haben. Wahrscheinlich hätten auch die Nationalen, die sogenannte Dritte Kraft, nichts dagegen, daß Deutschland und Österreich dieselbe Melodie als Hymne haben. Indessen: welche Gefühle würde die Melodie wohl bei den Sozialdemokraten erwecken, deren gute Erinnerungen an die Monarchie nur schwach entwickelt und deren Erinnerungen an die Haft während der Dollfußära aber sehr stark präsent sei. Also nein.

Der Akt wurde vor der Behandlung im Ministerrat dem Unterrichtsministerium zur Stellungnahme vorgeschrieben. Die diesbezügliche Einsichtsbemerkung habe ich selbst mit meiner nicht eben flüssigen Maschinenschrift geschrieben. Ich hielt dafür, daß ein neuer Staat nicht mit den Symbolen eines vorherbestandenen in seiner Existenz sinnfällig gemacht werden sollte. Ich schrieb nicht in den Akt des Bundeskanzleramtes, daß meine Freunde und ich es nach 1933 erlebt haben, daß es fast unmöglich ist, eine Fahne, die einmal niedergeholt wurde, noch einmal zu hissen und für sie die Ehrenbezeigung aller zu verlangen. Das Continuum Österreich besteht, so sehe ich es, in der Kulturnachfolge nach dem alten Österreich, nicht in jener Rechtsnachfolge, die 1919 die Siegermächte der klein geratenen Alpenrepublik aufzwingen wollten. Ich tat mich sehr schwer, die Notwendigkeiten im noch vierfach besetzten Österreichs gegen die eigenen Gefühle zu verteidigen. Indessen, so meinte ich im Grunde, sei es besser, die Hymne der Versöhnung von 1947 zu behalten, als das Experiment eines Weiheliedes für eine Fraktion zu wiederholen. Und so geriet der Vorgang außer Evidenz. Ich selbst hatte mir gleichzeitig Friedrich Funder als einen sehr kritischen Betrachter meiner Politik acquiriert.

Wie ein lange eingefrorener Posthornton erreichte mich nach einiger Zeit ein scharfes Trompetensignal. Im Mozartgedenkjahr 1956 brachte ein bekannter Musikhistoriker eine Mozartbiographie heraus, in der ein Faksimile der beiden Schlußseiten des von Mozart eigenhändig geschriebenen Werkverzeichnisses abgedruckt ist. Unter dem 15. November 1791 heißt es: Eine kleine Freimaurer-Kantate. Mozart selbst leitete die Aufführung dieses Werkes bei der Einweihung des neuen Tempels der Loge »Neugekrönte Hoffnung« in Wien. Johann Schikaneder hatte den vorher schon bekannten Text: »Brüder, reicht die Hand zum Bunde ...« unterlegt, und in dieser Fassung wurde das Lied ein Schullied, das Generationen von Schulkindern im Unterricht gelernt haben. In einer Art Volksbefragung hat 1947 die Regierung Auskunft darüber verlangt, welche Melodie dem Volk am meisten zusagen würde: in der Volksmeinung siegte Haydns Gott-erhalte. Mozarts Melodie errang einen ehrenvollen zweiten Platz. Nachher kam es, wie erzählt, und blieb es bei Mozart und Preradovic.

Als Henry Kissinger, Kind jüdischer Emigranten aus Fürth bei Nürnberg, Außenminister der USA wurde, fand auch in Europa Beachtung, was der ehemalige Lehrer an der Harvard-University in seinem umfangreichen Werk »A World restored« über die Staatskunst des österreichischen Staatskanzlers Clemens Fürst Metternich geschrieben hat. In Österreich war Metternich, der einmal Europa vierspännig vom Bock kutschierte, seit 1848 nacheinander bei Liberalen, Nationalen und Sozialisten dermaßen verhaßt, daß nicht einmal die Konservativen den Mut faßten, der geschichtlichen Wahrheit die Ehre zu geben. Bis Heinrich von Srbik in seinem großangelegten Werk über Metternich den Sperrkreis parteiisch geführter Polemiken durchbrochen und geschichtlicher Wahrheit zu ihrem Recht verholfen hat. Aber der Historiker von Srbik war nach 1945 Teil der sogenannten unbewältigten Vergangenheit und also ein untauglicher Zeuge vor dem Gericht der Zeitgeschichtler der Zweiten Republik.
Selbstverständlich hängt Metternichs Portrait im Bundeskanzleramt und zwar im kleinen Ministerratssaal. Thomas Lawrence, Maler des britischen Hofs, hat dieses Bild gemalt. Es zeigt Metternich, als er 1815 die Präsidialmacht des Wiener Kongresses

vertrat. Mag jetzt die Hand Henry Kissingers für eine Zeit lang über Person und Bild liegen; keiner fände sich wohl in der heutigen Prominenz Österreichs, der gleiches gegenüber dem Manne täte, dessen Portrait als Pendant zu dem Metternichs im Kleinen Ministerratssitzungssaal hängt: Felix Fürst zu Schwarzenberg. Schwarzenberg, der erste Ministerpräsident des jungen Franz Josef und der vom Kaiser wohl am höchsten geschätzte, trägt auf dem Bild Generalsuniform und das Ritterkreuz des Militär-Maria-Theresienordens, das er sich als höherer Truppenführer unter Radetzky verdient hat. Was Franz Josef auf seinem Bild, das im heutigen Ministerratssitzungssaal hängt, beanspruchte, hat Schwarzenberg noch einmal gegen Preußen, Frankreich und Rußland ein letztes Mal behauptet: Die Mitte Europas.

Seit Metternich 1848 im Palais am Ballhausplatz abgedankt hat, wurde es ein fataler Ort. Schwarzenberg ist dort 1852 zu früh und ohne geeigneten Nachfolger gestorben. Kurz darauf holte sich die Monarchie im Krimkrieg den Keim der heimtückischen Todeskrankheit, der die Außenpolitik der Monarchie 1914 erlag. Zwei Jahre vorher, 1912, starb am Ballhausplatz Aloys Graf Lexa von Aehrenthal, der 1908 wohl die Krise bei der Annexion Bosniens und der Herzegowina durchstehen konnte, dabei aber ein weiteres Stück Weges zur Katastrophe von 1918 gegangen ist. Es ist, als hätte 1914 der damalige k. u. k. Minister des Äußeren, Graf Berchtold, der Fatalität des Ballhausplatzes, entgehen wollen: die Tradition weiß zu berichten, der Graf hätte den Referatsbogen mit dem Konzept der Kriegserklärung an Serbien nicht am Ballhausplatz, sondern in seinem Palais über der Strudelhofstiege approbiert. Zwanzig Jahre nachher, am 25. Juli 1934, wurde Engelbert Dollfuß in der Säulenhalle des Bundeskanzleramts ermordet. In der Nacht zum 12. März 1938 wurde vom Balkon des Hauses verkündet, daß Österreich nationalsozialistisch geworden ist. 1944 fiel ein ganzer Trakt des Palais einem Terrorangriff alliierter Bomber zum Opfer. 1970 scheiterten hier die bis zuletzt versuchten Koalitionsverhandlungen zwischen der in der vorangegangenen Wahl siegreich gebliebenen SPÖ und der ÖVP; erfolgte der Exodus der Nachfahren des Doktor Lueger von der seit 1907 fast ununterbrochen innegehabten ersten Position in der Innenpolitik des Staates, begann das sozialistisch gewordene Österreich.

Um 1955 sagte mir ein junger Diplomat einer westlichen Großmacht, er könne sich über seine jüngeren österreichischen Kollegen nur wundern, die in einer Museumsgalerie, wie der Ballhausplatz eine ist, imstande seien, Realpolitik in der zweiten Hälfte des 20. Jahrhunderts zu machen. Das Ganze sähe aus, als ob der Enkel eines Exzellenzherrn mit dem Gehalt eines Amtsrates die Repräsentation des Großvaters fortsetze. Der junge Herr aus dem Westen realisierte, was schon um 1918 der erste Rechenschaftsbericht der nunmehr sozialdemokratisch regierten ehemaligen k.k. Reichshaupt- und Residenzstadt so formulierte: Und so wurde aus der Reichshaupt- und Residenzstadt die Hauptstadt des zwar kleinen, aber national einheitlichen und demokratischen Österreich.

Man spürt förmlich die Erleichterung, die aus der amtlichen Feststellung tropft: Schluß mit den ewigen Strapazen wegen des Trumm Reichs; keine künftigen Scherereien mit einem Dutzend unzufriedener Nationen und vor allem: aus war es mit den ewigen Bredouillen der Weltgeschichte. Dankbar nahm die Republik die von Woodrow Wilson gebrachte Freiheit und Demokratie entgegen. Und so hat sich nachher der ganze Staat mit einer Mentalität aus Zimmer, Kuchl, Kabinett auf den Gang hinaus, in der alten Pracht zurechtgefunden.

Die republikanischen Bundesminister verzichteten bald auf die ihnen in den Palais' der Ministerien zustehenden Dienstwohnungen. In das alte Palais Starhemberg am Minoritenplatz zog ein bescheidener Mittelschuldirektor als politischer Ressortleiter ein. Sonntags, wenn nix los war, ging er in Hemd und Hose, Hosenträger über dem Hemd, in Pantoffeln vors Haus. Dort saß nach altem Brauch der Portier, auch der ministerielle Portier, auf einem tragbaren Bankerl und träumte in der Stille eines Sonntags in der Wiener Innenstadt. Der Herr Minister plauschte mit dem ehemaligen Burggendarmen, der mit der gekonnt praktizierten, tatsächlich recht kommoden Strammheit vor dem Minister aufsprang. Und die beiden hielten zusammen Ausschau nach den Freunden des Herrn Ministers, die dem Hausherrn beim heimatlichen Kartenspiel ein wenig Heimat in das schrecklich große und leere Palais bringen sollten. Manchmal half die Stenotypistin des Präsidiums der Gemahlin des Ministers, wenn rasch den Kindern die Wuckerl-Locken gedreht werden mußten. Nein, die republikanischen Minister, meistens alte Christlichsoziale, haben genug Haltung besessen, um nicht den Stil der Grafen und Fürsten imitieren zu wollen.

Es gab auch üble Typen. Wie jenen Minister, der als erster nicht die ministerielle Amtswohnung, sondern das Appartement eines Wiener Hotels bezog. Und der die Flucht der Salons und Zimmer der Ministerwohung mit Betten einrichten ließ, um für seine aus der Provinz kommenden politischen Partisanen Quartiere zu haben.

Man muß ein wenig gefühllos oder gar geschmacklos, im besseren Fall ein bisserl asketisch sein, um in diesem Interieur nicht außer sich zu geraten und sich selbst treu zu bleiben. Ohne den Respekt vor den alten Häusern zu vergessen.

Im Sommersemester 1933 habe ich zum ersten Mal das Bundeskanzleramt betreten. In meiner Studentenverbindung hatten wir die Auseinandersetzung mit den — wenigen — Parteigängern des Nationalsozialismus durchgestanden und dem Bekenntnis zu Engelbert Dollfuß dadurch Ausdruck gegeben, daß wir den Bundeskanzler baten, unser Burschenband ehrenhalber zu tragen. In diesem heißen Sommer 1933 hatte der Regierungschef allerdings keine Zeit, um Studentenkommerse zu besuchen und Ehrungen entgegenzunehmen. Er stand im Kampf. Er bat aber, wir möchten zu ihm an seinen Amtssitz kommen und ihm ohne Förmlichkeiten die Ehrung überreichen. Als damaliger Senior hatte ich das zu tun.

Noch existierten in dieser Stunde an den Hochschulstädten des deutschen Sprachraums, im Deutschen Reich, in Österreich, in der Schweiz und in der Tschechoslowakei sowie in Rumänien, die Verbindungen des Cartellverbands der katholischen deutschen Studentenverbindungen. Von den insgesamt etwa 120 Verbindungen bezeichnete sich meine ausdrücklich zunächst als eine deutsche Verbindung. Das Bekenntnis zu Dollfuß war für uns keine Absage an Deutschland, sondern das Nein zu Hitler. Noch bestand nicht die Formel: Hitler ist Deutschland und Deutschland ist Hitler. Wir Jungen hofften auf ein Deutschland nach Hitler.

Im Sommer 1933 war noch in den Programmen aller politischen Parteien in Österreich, Kommunisten und Monarchisten ausgenommen, der Anschluß-Paragraph aufrecht. Auch Dollfuß, ausgezeichneter Kaiserschützenoffizier im Krieg und als junger Politiker der Ära Seipel so gut deutsch eingestellt wie jeder von uns, hatte die Absicht, in Österreich dem Hitlerismus zu widerstehen, nicht aber nach dem Wortbild der ČSR die Basis einer antideutschen Politik zu schaffen. Während eines Studienaufenthaltes im Deutschen Reich hatte der junge Direktor des niederösterreichischen Bauernbundes seine Frau kennengelernt. Frau Alwine Dollfuß kam so wie ihr Mann vom Land, allerdings nicht aus den Beengheiten des unehelich geborenen Engelberts. Die Gattin des Kanzlers hat zeitlebens Herkunft und Sprechweise nicht verleugnen können und auch gar nicht wollen. In der politischen Umgebung des Kanzlers wirkte ihre Sprache eisern, wie eine Korsettstange im legeren Österreichisch. Und zum Unterschied von vielen guten österreichischen Patrioten von damals, nahm sie das Experiment ihres Mannes, dessen Gefährlichkeit sie bald erkennen mußte, ernst. Die landesüblichen Experten des Mißgeschicks, in deren Schreibtischladen Dutzende gescheiterte Projekte lagen, konnte sie nicht ausstehen. Sie erlebte zwei Attentate auf ihren Mann, deren letztes ihr den Gatten, den beiden kleinen Kindern den Vater raubte. Inmitten der gewerbsmäßigen Kurbler und Projektemacher, die in dieser Stadt zwischen Kaffeehäusern und Ministersekretariaten hin- und herpendeln, hatte die Entschiedenheit dieser Frau etwas Imponierendes an sich. Auch wenn sie mit ihrem Stil den Austrazissimi nicht gefiel. Es ist aber nun einmal so, daß viele der verläßlichsten Österreicher nicht aus Österreich stammen.

Uns, dem streng konservativen Philistersenior und dem jungen Senior der Verbindung, wurde bedeutet, zu warten. So hatte ich Zeit, zum ersten Mal den Blick zu genießen, den ich später so oft aus dem Ministerratssitzungssaal riskiert habe. Ich sah das großartige Panorama, in dem die Neue Burg, das Äußere Burgtor, die Hofmuseen, das Rathaus und ein Stück Burgtheater stehen. Dahinter die Silhouette des Wiener Walds und inmitten der Fliederbüsche des Heldenplatzes die Reiterstandbilder des Prinzen Eugen und des Erzherzog Karl.
Ich hatte mich noch nicht von diesem Anblick losreißen können, als hinter mir eine Tür aufging und Engelbert Dollfuß den Salon betrat. Als uns der Kanzler begrüßte und in seinen Arbeitssalon bat, erkannte ich, wie klein der Mann war, den seine Gegner den Millimetternich nannten. Mit 151 Zentimeter Körpergröße mußte er sich aufrecken, um die Schnalle der hohen Flügeltür richtig fassen zu können.
Nach der formellen Überreichung von Band und Mütze blieb es einen Augenblick still. Der Kanzler zündete sich eine Zigarette an. Eine der vielen, die er täglich rauchte. In ihm mußte im Augenblick eine starke Erregung sein, denn die Hand, die das Zündholz zur Zigarette führte, zitterte für einen Moment. Die Erregung haben nicht wir ins Zimmer gebracht. Der Kanzler hatte sie offenbar aus einer Sitzung mitgenommen. Die Pause im Gespräch dauerte einige Züge aus der Zigarette lang, dann machte sich eine innere Erregung Luft.

In seiner etwas abgehackten und unmelodiösen Sprechweise reagierte der Kanzler auf Angriffe, die von der Regierung in Berlin und insbesonders vom Sender München gegen seine Regierung vorgetragen wurden. Die Welt würde einen Fehler begehen, solchen Angriffen auf das kleine Österreich tatenlos zuzusehen. Denn eines Tages würden auch kräftigere Staaten unter den gleichen Druck kommen. Und deswegen, nicht um dem Deutschen Reich Schwierigkeiten zu bereiten, hätte er sich entschlossen, sich vor dem Völkerbund mit den Drohungen auseinanderzusetzen, die von Berlin und München ausgingen. Ich schien dem Kanzler offensichtlich betroffen zu sein. Der Kanzler merkte jedenfalls derlei an mir. Und ich war es.
Die Auseinandersetzung vor dem Völkerbund hieß: Deutsche gegen Deutsche. Und das vor jenem Gremium, das die Sieger von 1919 geschaffen hatten, um nach dem Ersten Weltkrieg ihren Frieden zu verewigen.
»Du mußt das so sehen«, nahm der Kanzler seine Rede wieder auf: »Stell' Dir vor, wir befänden uns in einem Tunnel, in dem ein Eisenbahnzug entgleist ist. Dampf strömt aus, Rauch und Trümmer versperren die Sicht und niemand weiß genau, in welcher Richtung der kürzeste Weg aus dem Tunnel ist. Es kommt aber darauf an, die Menschen rasch vom Ort der Katastrophe weg und in Sicherheit zu bringen. Schon kommt Panik auf. Es gibt Verwundete, die hysterisch werden und Hysteriker, die die Führung an sich reißen möchten. In diesem Moment unternehmen es einige, auf ihre Verantwortung die Richtung einzuschlagen, in der sie den nächsten Ausweg aus dem Tunnel und aus der Katastrophe zu finden hoffen.«
Ich verließ den Kanzler in einiger Verwirrung.

Die öffentliche Meinung, die ich damals erlebte, war ein Pandämonium einander widerstreitender politischer, wirtschaftlicher und juristischer Ansichten. Feststehende Tatsache war, daß im Deutschen Reich nicht die Demokratie den Hitlerismus, sondern Adolf Hitler die Demokratie von Weimar überwunden hat.

Auch die deutschen Sozialdemokraten, die noch am 23. März 1933 im Reichstag mutig gegen die Legalisierung der Parole Hitlers: Gebt mir vier Jahre Zeit, gestimmt hatten, konnten sich zuletzt dem allgemeinen Sog nicht entziehen. Bald nach dem Widerstand der SPD gegen die Regierung Hitlers bei Beschlußfassung des Ermächtigungsgesetzes, fielen deren Gewerkschaften ab und am 17. Mai 1933 stimmte die sozialdemokratische Reichstagsfraktion für die in die Form einer Friedensresolution gekleidete Außenpolitik Hitlers.

Ausgerechnet in dieser Krisenzeit Europas hielt in Österreich die SDAP die Zeit für gekommen, der Regierung Dollfuß im Nationalrat eine Abstimmungsniederlage zu bereiten, sie eventuell zu stürzen, um nachher dem Bundespräsidenten einen sozialdemokratischen Kanzlerkandidaten vorzuschlagen. Um diesen Coup landen zu können, mußte die auf einer einzigen Stimme beruhende Mehrheit der chritlichsozial-freiheitlichen Regierungskoalition beseitigt werden. Zu diesem Zweck wurde am 4. März 1933, anläßlich einer Kampfabstimmung, der Erste Nationalratspräsident Karl Renner von seiner Partei aufgefordert, auf seine Präsidentenwürde zu verzichten und zur sozialdemokratischen Opposition einzurücken. Durch diesen geschäftsordnungsmäßigen Kniff sollte zugleich der christlich soziale Zweite Nationalratspräsident gezwungen werden, anstelle Renners die Leitung der Verhandlungen zu übernehmen. Damit wäre aus der bisherigen Mehrheit der Regierungsparteien eine Minderheit entstanden. Dies umso mehr, als auch der Dritte Nationalratspräsident, ein Großdeutscher, keine Absicht hatte, seinen Platz auf der Oppositionsbank anläßlich einer möglichen Niederlage der Regierung Dollfuß aufzugeben um den Präsidentenstuhl zu beziehen.

Es ist einleuchtend, daß die Fraktion des Bundeskanzlers nicht in diese Falle ging. Sie zog nach dem Rücktritt Karl Renners ihren Zweiten Nationalratspräsidenten zurück, so daß nach dem Verzicht des großdeutschen Dritten Präsidenten der Nationalrat, wie man 1933 nicht zu Unrecht sagte, sich selbst ausgeschaltet hatte. Wobei gesagt werden muß, daß es Karl Renner war, der diese politische Kettenreaktion ausgelöst hat.

Adolf Schärf, in der Zweiten Republik sozialistischer Vizekanzler und Parteivorsitzender, hatte am 4. März 1933 namens der Parteiexekutive den Auftrag zum Rücktritt an Karl Renner zu überbringen. Der Staatskanzler und spätere Bundespräsident Renner verzichtete am 4. März 1933 wegen einer einzelnen Abstimmung auf den Posten des Ersten Nationalratspräsidenten und das war ein schlechtes Präjudiz. Ein Präjudiz, das auch in normalen Zeiten der Wiederwahl eines Sozialdemokraten zu dieser Würde entgegengestanden wäre und die Sozialdemokratie also diskriminiert hätte. Dieses, auch für den Staat fatale Geschehen führte Schärf auf übereilte Beschlüsse oder Nachlässigkeiten von verantwortlichen Funktionären der SDAP zurück, und Schärf schloß: Ohne die Niederlegung der Präsidentenwürde am 4. März 1933, wäre die weitere Entwicklung eine völlig andere geworden. Dieser Einsicht des Bundespräsidenten der Zweiten Republik ist nichts hinzuzufügen.

Die politische Linke in Österreich ist seit 1933 in der vorteilhaften Lage, für die Behauptung, sie hätte 1933 mit demokratischen Methoden den Durchbruch des Nationalsozialismus zur Macht aufgehalten, keine Beweise erbringen zu müssen. Bundeskanzler Dollfuß und seine Freunde mußten im Frühjahr 1933 allerdings mit Tatsachen rechnen. So mit der Tatsache, daß im Deutschen Reich nicht die Demokratie den Hitlerismus besiegt hat, sondern Adolf Hitler die Demokratie von Weimar. Eine Entwicklung, der sich, wie erwähnt, auch die deutsche Sozialdemokratie gefügt hat. Die Geschichte steht eben unter dem Gesetz des alten englischen Sprichworts: If its and an' were pots and pans, there'd be no trade for the tinker. Oder Wienerisch ausgedrückt: Aus lauter wenn und aber wird kein Pfandl. Auch nicht aus dem wenn und aber der heutigen Sozialdemokratie.

Die Mittagsstunden des 25. Juli 1934 erlebte ich in der Sachwalterschaft an der Universität Wien. Als an diesem Tag das Mittagsprogramm von Radio Wien momentan unterbrochen und die überraschende Nachricht durchgegeben wurde, Bundeskanzler Dollfuß sei zurückgetreten und Anton Rintelen werde neuer Bundeskanzler, dachte ich vom Fleck weg an einen Putsch der Nationalsozialisten. Ich hielt es nach Kenntnis der Person für ausgeschlossen, daß Dollfuß sein Amt widerstandslos einem Parteigänger der österreichischen Nationalsozialisten überlassen würde. Rintelen war trotz seiner bisherigen ausgezeichneten Tarnung jedenfalls in akademischen Kreisen zu gut als Gewährsmann der zum Nationalsozialismus abgeschwenkten politischen Rechten in Österreich bekannt.

Das scheinbare Ende des Dollfußregimes in Österreich wurde nach Durchgabe der Demissionsnachricht ausgerechnet mit dem Abspielen des Tiroler Schützenmarsches musikalisch untermalt. Für derlei musikalische Ausmalungen hatte ich keinen Sinn und keine Zeit. Ich lief sofort in die Bundesführung des Österreichischen Heimatschutzes, da das Kommando des Studentenfreikorps in der Ferienzeit nicht besetzt war. Die Bundesführung war in einem kleinen Palais in der Jaurèsgasse eingemietet, in dem jetzt die Hotelfachschule untergebracht ist. Außer dem Kulturreferenten der Bundesführung und ein paar Ordonnanzen war niemand im Haus. Der Bundesführer, Ernst Rüdiger Fürst Starhemberg, weilte in Italien, die Stabswache war in den Urlaub geschickt worden. Nach und nach kamen mehr Studenten vom Freikorps. Wir verbarrikadierten die Toreinfahrt und brachten ein altes MG, System Schwarzlose, wassergekühlt, in Stellung. An den beiden Ecken des Häuserblocks stellten wir Avisoposten auf, die ein Herannahen von Putschisten signalisieren sollten.

Nach längerem Warten winkte der Posten an der Ecke gegenüber der deutschen und sowjetischen Gesandtschaft. Wir luden durch und waren entschlossen, die Stellung zu verteidigen. Aber es kamen keine Nationalsozialisten, sondern PKW mit Heimatschützern aus Niederösterreich. Der Heimatschutzführer des Weinviertels, Georg Seidl, in ruhigeren Zeiten ein ruhiger Abgeordneter zum Nationalrat, hatte die Männer buchstäblich von der Arbeit auf den Feldern weggeholt, auf die PKWs verladen und nach Wien in Marsch gesetzt.

Ich sehe heute noch den massigen Georg Seidl, der Historiker werden wollte und nach dem Tod seines älteren Bruders im Ersten Weltkrieg Bauer geworden war, aus der Fahrerkabine des ersten Wagens steigen und auf uns zugehen. Auf der Egalisierungsfarbe des früheren niederösterreichischen Infanterieregiments Nro. 84 trug er die Distinktion eines HW-Regimentskommandanten. Weit mehr als das imponierte die Goldene Tapferkeitsmedaille, die er als einzige Auszeichnung trug. Seidl stieg über unsere Verbarrikadierung und fragte uns: »Was tat 's denn do?« Daß er unsere Einsatzbereitschaft offenbar übersah oder gering schätzte, überraschte uns maßlos. Wir versuchten die Lage zu erklären. Er aber sagte nur: »Tat 's dös MG weg, sonst passiert noch was.« Dann wurde Seidl kommunikativer. Er erklärte uns, daß die Putschisten es wohl nie gewagt hätten, vor der deutschen und der sowjetischen Gesandtschaft eine Schießerei anzufangen. Das sahen wir ein. Aber Seidl mußte einsehen, daß wir wenigen Freikorpsleute eine Stellung aufgebaut hatten, für die nachher einige PKW von Heimatschützern herangefahren wurden. Und daß die SS ohne Schuß sogar ins Kanzleramt gelangt war.

Über all dem lag die Nachricht von der Katastrophe, die inzwischen im Bundeskanzleramt eingetreten war. Dollfuß war tot. Er ist der einzige Regierungschef, der Adolf Hitler gegenüber die Stellung nicht geräumt hat, der auf seinem Posten gefallen ist, ohne zu kapitulieren. Daß er in seiner Todesstunde einen Priester verlangte, beweist eine Grundeinstellung, die für meine Freunde und mich mehr wiegt, wie dialogisieren bei Juice und Käsebäckerei.

Viele sprachen an jenem 25. Juli 1934 jenes fatale: Finis Austriae aus. Aber wir entwickelten unter Kurt von Schuschnigg in den nächsten vier Jahren doch noch jenen Typ des Abwehrkämpfers, der entschlossen war, weder gegen den Hitlerismus noch gegen die aufkommende Volksfront zu kapitulieren. Wir spürten mehr, als daß wir es hätten errechnen können, was geschehen würde, wenn unsere Abwehrfront zerbrechen sollte. Das Ausmaß der Katastrophe von 1945 hätten in jenem Juli 1934 selbst die kühlsten Rechner und Realpolitiker nicht erahnen können.

Am Nachmittag des 11. März 1938 ging ich auf den Ballhausplatz. Ich wollte zu meinem Minister, zum damaligen Unterrichtsminister Hans Pernter, stoßen, einem der engsten Mitarbeiter Kurt von Schuschniggs. Nach dem Abkommen vom 12. Februar 1934 in Berchtesgaden war ich zuletzt doch noch im Unterrichtsministerium anstatt mit Kultusagenden mit studentischen Fragen beschäftigt worden. Von Wien aus versuchten wir, an den Hochschulen die Vorbereitungen für auf den 13. März 1938 angesetzte Volksabstimmung zu organisieren. In den frühen Nachmittagsstunden rissen aber bereits die telefonischen Verbindungen mit Innsbruck und Graz ab. Das letzte Wort, das mir aus Graz ein Freund via Telefon zurief, war: Ante portas.

Am Vormittag war ein Sprecher der illegalen revolutionären Sozialisten im Hochschulreferat der Wiener Landesführung der Vaterländischen Front erschienen, um womöglich eine gemeinsame Abwehrfront gegen die Machtergreifung der Nationalsozialisten zu organisieren. Die vorangegangene Nacht war stürmisch verlaufen. Einige Freunde waren beim Plakatieren von illegaler SA angeschossen worden. Aber das Angebot von links kam, obwohl bereits alles in Fluß geraten war, völlig unerwartet, jedenfalls längst zu spät. Ich mußte meinem Minister jedenfalls Meldung machen.

Während ich mir vor dem Bundeskanzleramt die wenigen Worte meiner Meldung, für die mein Minister wahrscheinlich nur wenig Zeit haben würde, zurechtlegte, wurde ich aus meinen

Gedanken durch das jähe Abbremsen einer Limousine aufgeschreckt. Aus dem Wagen sprang der Heeresinspektor, General der Infanterie Schilhavsky. Der General verschwand so rasch in der Toreinfahrt, daß die beiden Ehrenposten des Bundesheeres nicht einmal ihren Präsentiergriff hinbekamen. Jahre nachher erfuhr ich erst, daß der General ausersehen war, nach Kurt von Schuschnigg die Kanzlerschaft zu übernehmen. Nicht, um einen Krieg gegen die zum Einmarsch bereite Deutsche Wehrmacht anzufangen, sondern, um ein blutiges Chaos in Österreich zu vermeiden. Es war eine jener Stunden, in denen, hüben wie drüben, Soldaten aufgerufen wurden.

Meinen Minister traf ich nicht. Aber ich sah im Kanzleramt Gesichter, denen ich oft an der Hochschule Aug' in Aug' gegenübergestanden hatte. Die Vorhuten des Umbruchs waren also bereits im Bundeskanzleramt. Über allem war die Stimmung da, die man im Krieg erlebt, wenn der Gegner die eigene Stellung aufrollt: da und dort hebt einer die Hände, andere fliehen oder werden gefangen genommen, nur wenige Widerstandsnester sind noch umkämpft. Um seines Verhaltens in dieser Stunde verdient der damalige Bundespräsident Wilhelm Miklas, vielgeschmäht wie er im heutigen Österreich ist, dankbaren Respekt. Sein Verhalten in letzter Stunde hätte manchem europäischen Staatsoberhaupt, das nachher unter die Räder des Hitlerismus kam, als Vorbild dienen können.

Mit einer Befragung des österreichischen Volkes hat Kurt von Schuschnigg eine letzte Chance für ein mehrheitliches Ja zu Österreich nutzen wollen. Daß die Chance bestand, bestätigten uns damals, 1938, die ultimativen Drohungen aus Berlin und der noch vor dem Abstimmungstag (13. März 1938) angesetzte Einmarsch der Deutschen Wehrmacht in Österreich. Als ich aber schließlich an jenem disaster Europas, am 11. März 1938, im Bundeskanzleramt das Geraune von einer Vertagung oder Abstimmung über den Volksentscheid hörte, schien nur mehr eine Frage offen zu sein: würde das Bundesheer auf einrückende deutsche Truppen schießen und würden auch wir von der Miliz eingesetzt werden? Kurt von Schuschnigg hat vor aller Öffentlichkeit, in einer Rundfunkansprache, die Antwort auf diese Frage auf sich genommen: Wir weichen der Gewalt. Aber: Gott schütze Österreich.

Der Bundeskanzler sprach das aus, als er wenige Schritte von dem Platz entfernt stand, an dem sein Vorgänger am 25. Juli 1934 erschossen worden war. In diese Ecke des Bundeskanzleramtes wurde nach 1945 eine Kerze zum Gedenken gestellt. Einsam und unbeachtet, wie sie dastand, habe ich eine stumme Ehrenbezeigung erwiesen, wenn ich an diesem wächsernen Mahnmal vorbeiging.

Nach dem 11. März 1938 vergingen sechzehn Jahre, bis ich wieder aus einem rein politischen Anlaß das Palais am Ballhausplatz betreten habe. Es war ein Tag im Oktober 1954. Ich hatte mich mit Arnold Toynbees »A Study of History« in Ofennähe verkrümelt. Meine Frau übernahm es, einen Beamten des Bundeskanzleramtes, der mich auf den Ballhausplatz bringen wollte, abzuwimmeln. Dies geschehen, hoffte ich auf ein ruhiges Studium. Aber der Bote kam ein zweites Mal. Diesmal wies er sich als Sekretär des Bundeskanzlers Julius Raab aus. Er müsse mich ins Büro des Kanzlers bringen. An diesem Abend schloß ich mit besagtem Boten, dem späteren Staatssekretär und Botschafter Ludwig Steiner, eine Freundschaft fürs Leben.

Steiner tratschte nicht während der Fahrt im Dienstauto des Kanzlers und mich drängten keine Fragen. Zwar wußte ich von der bereits mehrmals erwogenen Umbesetzung des Postens des Unterrichtsministers und es wurden auch die Namen derer genannt, die in Aussicht standen. Niemand hat damals meinen Namen öffentlich genannt. Mit Julius Raab hatte ich seit Monaten nicht gesprochen. Ich war zudem nicht einmal Mitglied der Partei des Kanzlers. Der Anfang und das Ende einer politischen Laufbahn gleicht oft dem Vorgang bei der Geburt und beim Tod eines Menschen: der unmittelbar Betroffene erfährt sein Schicksal als letzter.

Julius Raab empfing mich an jenem Oktoberabend im reinsten Raab-Stil: »Wo bleibst' denn so lang? Allerweil wan ma die braucht, muaß ma die suach'n.« Die übrigen im Kanzlersalon anwesenden Herren begrüßten mich mit gedämpfter Sympathie. Ohne Gruß und weitere Umschweife fuhr Raab fort: »Alls'dern, du wirst Unterrichtsminister.« Mein Einwand, ich würde eine Fortsetzung der Beamtenlaufbahn vorziehen, sei nicht einmal Mitglied der Partei des Kanzlers und hätte doch schon einmal, 1953 . . ., geriet in den aufquellenden Ärger des Kanzlers. Es ärgerte ihn, daß sein sorgfältig und diskret erwogener Plan so vor den anwesenden Prominenten der Partei als eine von langer Hand vorbereitete Aktion offenbar wurde. Mit einem grimmigen Satz wischte Julius Raab jeden Verdacht einer Kameraderie vom Tisch: »I kenn' di scho'. Allerweil kräulst auf deine geistigen Dreitausender umadum und nachher derstößt di über an Kuhfladen.«

Tiefe Stille folgte dieser capitis diminutio maxima, dieser totalen Zerstörung am Boden. Sichtlich kam im Umkreis die Hoffnung auf, ich hätte mich selbst um den Posten gebracht. Die Wachsamkeit meiner Gegner erlosch und in diesem Moment ereignete sich schon das Finale: »Also, angelobt wirst erst nach Allerheiligen. Sonst müßten wir im Oktober zwei Ministergehälter zahlen.« Dabei sah mich Julius Raab an, wie ein Kompaniekommandant einen Rekruten, den er zu seinem eigenen Bedauern so oft am linken Flügel der zum Kompanierapport befohlenen Inkulpanten erblicken muß. Jetzt aber kam das Douceur für die anwesende Prominenz: »Es wäre natürlich ein prominenter Kandidat aus der Partei da, aber der ist nicht abkömmlich. Ich werde das verlauten lassen.«

Julius Raab wußte in dieser Stunde, daß er meine Berufung in sein Kabinett im Klub der Parlamentsabgeordneten seiner Partei durchstehen mußte. Aber davon erfuhr ich erst nach meiner Angelobung durch den Bundespräsidenten. »Der Tag nach Allerseelen ist wohl der richtige Tag für die Angelobung eines Unterrichtsministers«, hatte Theodor Körner sarkastisch und im Hinblick auf die Nöte des Kulturbudgets gemeint. Und: »Geh lieber nicht hinein«, sagte der Klubsekretär, als ich meine erste Aufwartung im besagten Klub machen wollte. So wartete ich vor der Polstertür, und ich wartete lang. Denn Julius Raab hatte die heftigen Einwendungen jener anzuhören, die sich gegen meine Ernennung aussprachen. Er hörte sich eine Menge Unannehmlichkeiten an, wie ich nachher erfuhr. Nach Schluß der Rednerliste schloß er die Debatte mit den Worten: »Er is' scho' angelobt.«

Julius Raab war für mich, was für meinen Vater sein Hauptmann gewesen ist. Ohne ihn hätte ich die Mehrheit seiner Partei gegen mich gehabt. Das wußte ich, lange bevor ich am Totenbett Julius Raabs stand. Das war an einem Abend im Jänner 1964, als wir uns noch einmal zusammengesetzt hatten, um die Probleme des Duumvirats: Bundesparteiobmann Josef Klaus und Bundeskanzler Alfons Gorbach, eventuell zu erleichtern. Mit dem Ende der Ära Gorbach endete auch die Ära Raab. Dessen waren wir uns an jenem Abend bewußt. Umso tiefer war die Betroffenheit, als der Tod und nicht die Polemik unter Politikern just an diesem Abend das Ende einer großen Zeit setzte. Auf die Nachricht, Julius Raab sei im Städtischen Krankenhaus in Floridsdorf gestorben, trennten wir uns. Während der langen Autofahrt auf das andere Donauufer kamen mir Erinnerungen: An Ärger und Enttäuschungen, die ich Julius Raab oft bereitete. An Konflikte, denen der Unterrichtsminister in der mehr auf wirtschafts- und sozialpolitischen Aktivitäten abgestellten Arbeit der Regierung nicht ausweichen darf. An die Unruhe, mit der ich den Kanzler quälte, als anfangs der sechziger Jahre neue politische Typen auftraten, Technokraten und Hippies, die sein Lebenswerk bedrohen sollten.

Im Sterbezimmer stand ich allein und sah auf das Profil, das sich in dem verdunkelten Zimmer scharf gegen das fast nur punktförmige Licht über der Zimmertür abhob. Es war jenes scharfgeschnittene, jungenhafte Profil, das man von Fotos kannte, die den Sappeuroberleutnant Julius Raab in einer Sappe zeigen.

Einen kleinen Kapitalisten hatte Chruschtschow Julius Raab genannt. Und Oskar Pollak, der geistreiche Chefredakteur der »Arbeiter-Zeitung«, nannte den Kanzler einen Reserveoffizier aus St. Pölten. Was hieß: Kein Maß für die politische Garde. Provinzialismus, statt weltstädtischem Zuschnitt. Ersatzreserve bis zur Stunde, in der der Größere kommt.

Julius Raab war in Wirklichkeit ein gebildeter Mensch, einer, der, so wie Victor Adler, ein Stiftsgymnasium der Benediktiner im alten Österreich besucht hat. Er war gewiß keiner jener Intellektuellen, von denen zu Raabs Lebzeiten das Brockhaus-Lexikon zu sagen wußte, es seien Menschen, die ihrem Verstand nicht gewachsen sind.

Julius Raab war kein Klerikaler, er war ein frommer Christ. Die Kirche war für ihn nicht organisatorische Stütze, sondern Gemeinschaft im Glauben, in der er gewachsen ist. Viele Antiklerikale haben Julius Raab gewählt, weil sie wußten, woran sie in seinem Fall sind.

Julius Raab war christlich-sozial, kein Kapitalist. Ich kannte einige Kapitalisten, die Raab hart kritisiert haben. Die christlichsoziale Tradition faßte er in dem Sinn auf, daß seine Partei Volkspartei, nicht Partei eines Standes, sein müßte. Unsere Partei hat vielerlei Fleisch an sich, sagte er manchmal.

Und Julius Raab war konservativ. Dabei wußte er genau, wie er bei jenen daran war, die lispelten: »Das ist alt und deswegen gut.« Solche Typen waren ihm so wenig willkommen wie andere, die ihm einreden wollten: »Das ist neu und deswegen besser.« Alt und neu waren für ihn keine Kriterien für Qualität an sich. Typen, die überall dabei waren, wo ein blauer Rauch aufstieg, standen bei ihm nicht hoch im Kurs.

Österreich war für Julius Raab mehr als die parlamentarische Republik, die Gebietskörperschaft von 1918. Raab hat diese staatsrechtlichen Materien zu achten gelernt, so wie er die Partnerschaft der Arbeitgeber und Arbeitnehmer, die er mit geschaffen hat, richtig einzuschätzen und zu gebrauchen wußte. Aber für ihn war Österreich mehr, als Kompetenzen und freiwillige Kompromisse. Österreichisch, das war für ihn die Chance für einen christlichen Humanismus, wie er in diesem Land bodenständig geworden ist. Etwas, das nicht gewesen und nicht endgültig, weil es ständiger Entwicklung und neuer Entfaltung fähig ist.

Julius Raab war für mich einer der drei oder vier Männer, denen ich meine Erziehung außerhalb des Elternhauses verdanke.

1971 habe ich noch einmal das Palais am Ballhausplatz besucht. Alfons Gorbach, mit dessen Demission als Bundeskanzler ich 1964 aus der Bundesregierung schied, war gestorben. Im Steinernen Saal des Bundeskanzleramts lag eine Kondolenzliste auf und ich kam, um mich einzutragen. Als ich diese Ehrenbezeigung erwiesen hatte, sah ich auf und blickte dabei auf das Ganzportrait, das Maria Theresia als Königin von Böhmen zeigt. Es wird wohl noch vom Inventar der Böhmischen Hofkanzlei stammen, die einmal in diesem Palais amtiert hat.

Die Wasser Böhmens fließen nach Deutschland, aber die Erinnerungen gehen nach Wien. 1920 hat Eduard Benesch, erster Außenminister und letzter frei gewählter Staatspräsident der ČSSR, bestätigt: die politischen Freiheiten hätten die Tschechen schon in der Monarchie gehabt. Diese in der Monarchie besessenen Freiheiten waren um 1970 kommunistischen Exiltschechen so groß, daß sie angesicht des Panzerkommunismus von 1968 die Rechte, die die Tschechen unter Franz Josef hatten, reklamierten. Der österreichische, gewesene Stalinist Ernst Fischer hat dieses Wort: Panzerkommunismus geprägt und in seinen letzten Lebenstagen dem Schicksal gedankt, daß Österreich nicht kommunistisch wurde. Fügen wir ein: bisher nicht kommunistisch wurde.

Man kann im Palais am Ballhausplatz nur geschichtlich und nicht ideologisch denken. Dessen wurde ich mir bewußt, als ich 1971 die Treppe hinabging. Das Tor am Ballhausplatz ist nicht das Tor, das Österreich 1918, nach seinem Fall, zugeschlagen hat. Max Brod, Prager Jude, Linksintellektueller und Zionist, gedenkt in seinem Roman über den ersten jüdisch-arabischen Krieg, wie nobel das alte Österreich im Jahre 1918 abgetreten ist. Im Gegensatz zu gewissen Kolonialmächten.

»Streiten dürfen wir in der Politik, bös' sein dürfen wir einander nicht«, hat mir Alfons Gorbach 1964, nach seinem Fall, gesagt. Auch daran erinnerte ich mich, als ich die Stiegen hinabging, über die mich an einem Tag im Oktober 1954 Ludwig Steiner eilendst hinaufbugsiert hatte.

DAS PALAIS AM MINORITENPLATZ

Im Palais Starhemberg am Minoritenplatz amtierte fast genau hundert Jahre lang, zwischen 1870 und 1970, das österreichische Unterrichtsministerium, bis es in ein Bundesministerium für Unterricht und Kunst und in ein Bundesministerium für Wissenschaft und Forschung zerlegt wurde. In der Ära, während der insbesonders Liberalismus und Sozialismus weniger Staat und mehr staatsfreien Raum in der Gesellschaft versprochen haben, hat sich der ursprünglich sehr bescheiden gehaltene Personalstand dieser Zentralstelle, wie üblich, vervielfacht; die im alten Palais untergebrachten Büros quollen über — sind heute an zwölf verschiedenen Stellen der Stadt untergebracht; und statt eines Ministers amtieren zwei. Im archaischen Zeitalter des Bürokratismus, um 1875, war der begehrte Rang eines Sektionschefs einem einzigen Beamten des damaligen Unterrichtsministeriums vorbehalten. Die örtliche Zuständigkeit des k.k. Ministeriums für Kultus und Unterricht, wie die amtliche Bezeichnung bis 1918 lautete, erstreckte sich vom Bodensee bis an den Rand der podolischen Steppe, von der montenegrinischen bis zur sächsischen Grenze. In der damaligen österreichischen Reichshälfte der Doppelmonarchie Österreich-Ungarn lebten zum Beispiel 1910 allein so viele Tschechen, als die Republik Österreich 1945 insgesamt Einwohner hatte. Das alte Haus hatte dafür zu sorgen, daß für Deutsche, Tschechen, Polen, Ruthenen, Slowenen, Serben, Kroaten, Italiener, Rumänen und Magyaren Unterricht gehalten wurde. Ein Unterricht, der den nationalen Ansprüchen dieser Völker entsprach.
Doch das änderte sich sehr rasch.

Dreimal, nämlich 1937, 1946 und 1969 habe ich den Dienst im Unterrichtsministerium angetreten. Und dreimal verließ ich das alte Haus in einer Konfliktsituation: 1938 wurde nach dem Anschluß auf meine Amtstätigkeit verzichtet. 1964 gab ich die politische Ressortleitung nach einem innerparteilichen Konflikt mit dem Duumvirat Josef Klaus / Hermann Withalm ab. 1971 quittierte ich den Dienst, nachdem ich unter den geänderten Verhältnissen keine Möglichkeit mehr sah, als weisungsgebundener Beamter meinen Vorstellungen von den Notwendigkeiten einer geistigen Landesverteidigung in Österreich — das war meine letzte öffentliche Funktion — gewissenhaft gerecht zu werden.

Ob ich nun dem Haus als der 1934 berufene Sachwalter der Hochschülerschaft der Universität verbunden war, nachher als Beamter, zehn Jahre lang als politischer Ressortleiter oder zuletzt wieder als Ministerialrat: immer war der Minoritenplatz Mittelpunkt der Drehscheibe meines beruflichen und öffentlichen Lebens während jener beweglichen Zeiten, die in den dreißiger Jahren über Österreich hereingebrochen sind.

Der erste Schreibtisch, an dem ich 1937 gearbeitet habe, stand im dritten Stock des Hauses. In einer Etage, die einmal von den Domestiken des Palaisherrn bewohnt waren. Nach dem Minoritenplatz hin waren daher in den Zimmern die Fenster so hoch angebracht, daß sich das Personal nicht neugierig aus den Fenstern beugen und also nicht mit seinen Visagen die noble Fassade verunzieren konnte. Mir waren derlei historische Reminiszenzen bekannt, aber ich hätte fürs erste mit Freuden auch in einem Dachbodenkammerl amtiert. Denn ich fühlte, daß ich über den Schultern von Generationen stand, die, ehe das Haus noch Amtsgebäude wurde, mit den Grund für das gelegt haben, was man Österreichische Kultur nennt.

In der Mittellade meines altehrwürdigen, sehr bescheiden gehaltenen Schreibtisches fand ich ein respektables Dokument: seit den siebziger Jahren des vorigen Jahrhunderts hatten auf

einem Bogen des ursprünglich hellblauen Konzeptpapiers alle
Benützer dieses Möbels ihre Namen und das Datum der Verwendung sorgfältig vermerkt. Und das tat auch ich. Es war
quasi meine erste Amtshandlung. Nachher habe ich das weitere
Lebensschicksal jedes Benützers meines Schreibtisches verfolgt.
Einige sind bis in schwindelnde Höhen ihrer Karrieren gelangt,
einige haben den Dienst quittiert — so ein Pole im Herbst
1918 — und zwei sind im Ersten Weltkrieg gefallen.

Das Palais am Minoritenplatz hat selbst in notigen Zeiten —
und deren erlebte es einige — nichts von seinem noblen Charakter eingebüßt. In italienischen Städten, namentlich in der
früheren Residenzstadt Neapel, habe ich viele frühere Adels-
sitze gesehen, in denen heute Menschen wohnen, die Karl Marx
zum Lumpenproletariat rechnet. Die Gefährdungen, denen das
Palais Starhemberg ausgesetzt war, sind von anderer Art gewesen. 1683, als Ernst Rüdiger Graf Starhemberg Kommandant der Stadtverteidigung Wiens gegen die Türken war, brach
die Angriffsspitze der Belagerer in die Löbelbastei ein und kam
bis auf zweihundert Meter an das Palais des Grafen heran.
Diese Kampfsituation markiert die Hochwassermarke der türkischen Aggressionen gegen Mitteleuropa. Der Graf, im Gefecht verwundet, hatte seinen Gefechtsstand allerdings meistens
Tag und Nacht im Wächterstübchen des Stephansturms. Dort
schrieb er wohl auch, in der Krise der Belagerung, jene geheime
Botschaft an den Herzog von Lothringen, Kommandant im
Ersatzheer: Ja keine Zeit verlieren, Allergnädigster Herr, ja
keine Zeit verlieren.
Die Starhemberger sind vor den Habsburgern in Österreich gewesen. Sie haben dem Haus Österreich nachher in Krieg und
Frieden mit Courage und Opfern gedient, nicht selten auch zu
ihrem eigenen Gewinn. In unruhigen Zeiten waren sie meistens
bei den Nonkonformisten. Während der Glaubenskriege waren
die evangelisch gewordenen Starhemberger dem Landesherrn
arg lästig. Immer wieder gab es in der Geschlechterfolge einen

Grafen, später einen Fürsten, der gut machte, was unruhige Geister verdarben.

1815 legte sich Ludwig Fürst Starhemberg mit dem Staatskanzler Metternich und zuletzt auch mit dem Kaiser, das war der Gute Kaiser Franz, an. Im diplomatischen Dienst stehend, verließ er während einer kritischen Phase des Wiener Kongresses die Tagung, um sich in Paris nach seinen eigenen Vorstellungen ein wenig umzutun. Das konnte der Fürst nur, indem er ohne Paß, als Diener verkleidet, Wien verließ. In Paris lief der Fürst dem gerade dort anwesenden Kaiser Franz in die Hände, der sich nicht wenig wunderte, den Fürsten bei diplomatischen Geschäften erwischt zu haben, für die er keinen Auftrag hatte. Indessen amüsierte den Kaiser die Geschichte des fürstlichen Ausreißers in Dienerlivree und er beschied ohne weitere Konsequenzen nur: Dem Fürsten Starhemberg lasse ich bedeuten, nachdem er ohne Paß hierher gekommen ist, sich in meine Staaten zurückzuverfügen. Und damit Basta.

Politik machen kostete zu allen Zeiten Geld. Hatte man im Feudalzeitalter politischen Ehrgeiz, dann mußte man dazu fürs erste eigene Mittel im Politischen investieren. Hatte man Ehrgeiz aber kein Geld, dann mußte man auf den eigenen Namen Schulden machen. Die Starhemberger haben zuletzt mit eigenem Geld Politik gemacht und oft ihr Geld und Gut beim Politisieren verloren, anstatt, wie in Demokratien zuweilen üblich, im öffentlichen Leben Geld zu machen. Besagter Fürst Ludwig übte diese ehrenwerte Praxis bis zum Exzeß aus. Das heißt, er geriet tief in Schulden. Dank Kaisers Gnade durfte er seine Güter Erlaa und Ackersdorf sowie ein Palais verauktionieren. Seinen ferneren Dienstsitz wies man ihm vorsichtshalber jenseits der Alpen und fernab von Paris, in Turin, an. Metternich trug ihm die Spassett'ln von 1815 nicht nach.

Im Zeitalter Franz Josefs I. gefiel es dem damaligen Chef des Hauses Starhemberg, einen Lebensstil zu kultivieren, für den der Kaiser bei seiner Korrektheit nicht das geringste Verständnis hatte. Es wird erzählt, der Fürst hätte einmal am Tag eines

Besuches des Kaisers in Linz seine noble Equipage in der Nähe des Bahnhofs bereitstehen lassen, diese kurz vor Ankunft des Hofzuges bestiegen, um dann langsam die Linzer Landstraße hinabzufahren und die dem Kaiser zugedachten Huldigungen, aus dem geschlossenen Fahrzeug und in dessen Dunkelheit nicht erkennbar, entgegenzunehmen. So kam es, daß nachher, bei der Anfahrt Franz Josefs, die Straßen der Landeshauptstadt von den meisten Neugierigen bereits geräumt waren und das Hoch! ein wenig dünn klang.

Nach diesem Exzentriker, dessen Gauchokleidung noch auf Schloß Eferding zu sehen ist, brachte dessen Sohn, einer der Kavaliere der alten Zeit, Ordnung und Renommee wieder. Er war es, der dagegen aufbegehrte, als, 1914, die Hofetikette der in Sarajewo zugleich mit ihrem Gemahl ermordeten Herzogin von Hohenberg nicht dieselbe letzte Ehre wie dem Thronfolger erwies und die Särge der Ermordeten per Bahn von Wien nach Artstetten abbefördert wurden. Zurechtgewiesen, versammelte der Fürst am Tag der Überführung der Särge auf den Westbahnhof seine Standesgenossen aus allen Völkern der Monarchie, um mit ihnen ab der Ecke Ring-Babenbergerstraße den Toten in der k.k. Reichshaupt- und Residenzstadt das letzte Geleit zu geben. Es war der Leichenzug, mit dem beim Begräbnis der beiden ersten Opfer eines Weltkriegs der Grabgang der Monarchie begann.

Ernst Rüdiger Fürst Starhemberg, gestorben 1956, wäre in dieser Haltung dem Vater gleich gewesen, wäre seine Generation schon 1914 dran gewesen. Aber seine Zeit kam erst, als 1927 der Zweikampf um Österreich zwischen der politischen Linken mit der Rechten begann. Er wurde Bundesführer des Österreichischen Heimatschutzes, Innenminister, Vizekanzler unter Engelbert Dollfuß und Kurt von Schuschnigg und Bundesführer der Vaterländischen Front, des einzigen Organs der politischen Willensbildung ab 1934. 1936 brach seine einstens mächtige politische Position binnen Wochen zusamen. Der Fürscht, wie man den siebten Fürsten zu Starhemberg nannte, hatte, reak-

215

tionär wie er war, fast sein ganzes eigenes Vermögen in der Politik geopfert. Nach dem Anschluß wurde er im Dritten Reich ausgebürgert, der Rest seines Vermögens konfisziert.

Indem ich im alten Haus dem Staat diente, habe ich den von den Starhembergern hinterlassenen Genius loci nie vergessen. Im Anfang war ich jung genug, um auch ein wenig mutwillig zu sein.

Im Arbeitssalon des Unterrichtsministers, im Roten Salon, ist ein Löwenfries angebracht. Nach einer Tradition der Familie Chlumetzky-Löwenthal stammt es aus der Zeit, als ein Löwenthal Herr des Hauses war. 1862 zog die k.k. privilegierte Österreichische Staatseisenbahn-Gesellschaft mit ihren Büros in das Palais ein. Damit war die halbe Verstaatlichung des Besitzes eingeleitet, die endgültige erfolgte acht Jahre später, nach der Übersiedlung des k.k. Ministeriums für Kultus und Unterricht von der Singerstraße auf den Minoritenplatz.

Die Verwaltung des staatlichen Kulturbudgets, ärmlich wie es zu Zeiten ausgestattet ist, trug den Beamten des Unterrichtsministerums einmal den Namen der minderen Brüder ein, nach denen der Sitz des Amtes seine Namen hat: Minoriten. Nie war um den Minoritenplatz die Aura des Ballhausplatzes. Und doch galt sehr oft ein Unterrichtsminister als Anwärter für den Posten des Regierungschefs in Österreich. Hasner, Schöpfer des Reichsvolksschulgesetzes, rückte in der Monarchie in diesen Rang auf, dann Stremayr, Gautsch, Stürgkh und Hussarek; nach 1918 sind Breisky, Ramek und Schuschnigg Leiter des Unterrichtsressorts und nachher Bundeskanzler gewesen. Nach allem was nachher geschah, wird man es mir wahrscheinlich nicht glauben, daß auch ich im Sommer 1963 einen passablen Einstieg zum Ballhausplatz offeriert bekam, ich aber diesen Weg nicht ging.

Ich rechne es zu den glücklichsten Umständen meines Lebens, daß ich als junger Mensch noch einen Hauch jener Atmosphäre verspüren konnte, den österreichische Beamte im Haus am Minoritenplatz kultiviert haben. Zur Feier des hundertjährigen Bestandes des Unterrichtsministeriums, 1948, wurde unter der Anleitung des unvergessenen Doyens des alten Unterrichtsministeriums der Zeit vor 1938, Sektionschef Egon Loebenstein, eine Geschichte des Kulturgeschehens herausgegeben, das vom Minoritenplatz in Wien betreut worden ist. Ich kannte vor 1938 noch einige Uralte, die auch als Pensionisten ihr altes Büro aufsuchten, um vom unablässigen Aktenlauf vor der endgültigen Archivierung der Stücke noch etwas mitzubekommen. Für die Uralten war Sektionschef Loebenstein, obwohl er schon an die sechzig war, noch immer der junge Loebenstein. Daß damals bereits ein Sohn des sogenannten jungen Loebenstein im Staatsdienst war, der später selbst Sektionschef und nachher Präsident des Verwaltungsgerichtshofs werden sollte, hatten die alten Herren nicht mehr in ihrer Evidenz. Und das mußte so sein, denn andernfalls wäre die von ihnen geübte Zuteilung der Eigenschaften »alt« und »jung« unzutreffend gewesen. Der alte Loebenstein, zum Unterschied vom jungen Loebenstein, war für die Uralten selbstverständlich der gewesene Zeremoniellprotokollführer und nachmalige Sektionschef der Ära Franz Josefs. Die strenge Dienstauffassung des alten Loebenstein hatte sich bei der Tragödie von Mayerling ebenso bewährt, wie zum Beispiel im Jahre 1903, als er es auf sich nahm, einige Unruhe in die Wiener Fronleichnamsprozession und in die nächste Umgebung des hinter dem Allerheiligsten stehenden Kaisers zu bringen, weil in Belgrad ein folgenschwerer Umsturz stattgefunden hatte: der unruhige, aber eher Österreich zugeneigte letzte Obrenović, Alexander I., und dessen Gemahlin Draga waren ermordet worden und an ihrer Stelle war ein Karageorgievič, der in Paris wie in St. Petersburg genehm war, auf den serbischen Thron gekommen.
Um mit einem Lob auf dieses nicht mehr existierende Berufs-

beamtentum in der heutigen Zeit anzukommen, muß man seltsame Zeugen zitieren. Etwa Ernst Fischer, Linksintellektueller, 1945 Stalinist und politischer Ressortleiter am Minoritenplatz. Er schrieb kurz vor seinem Tod im Jahre 1972 über seinen Präsidialvorstand Josef Musil: »Es war mir ein Vergnügen, mit diesem katholischen Ministerialrat zusammenzuarbeiten. Es gibt einen Typ altösterreichischen Beamtentums: redlich, konziliant, pflichtbewußt. Diesen hat Ministerialrat, später Sektionschef Musil aufs liebenswürdigste repräsentiert«. Ich füge dieser Dienstbeschreibung nur hinzu: Es gab ihn, aber es gibt diesen Typ nicht mehr. Beamter zu sein, ist heute ein Job, wie jeder andere. Und der von Ernst Fischer gelobte Typ mußte verschwinden, damit die Jobber freie Bahn bekamen.

Als provisorischer Kommissär wurde ich zur provisorischen Dienstverwendung ins Unterrichtsministerium einberufen. Ich hoffte sehr auf ein österreichisches Provisorium, also auf ein dauerhaftes Definitivum; aber der Teufel wollte es, daß in meinem Fall kurz darauf mein provisorisches Dasein beendet und ich definitiv hinausbefördert wurde.

Da ich vor meiner Einberufung ins Unterrichtsministerium auf dem heißumstrittenen Sektor der Hochschulpolitik tätig gewesen war, ist es nach altem, bewährtem Brauch selbstverständlich gewesen, daß ich nicht in die Hochschulsektion kam. Quasi zur Abkühlung des Gemüts wurde ich dem Kultusamt zugeteilt. Genauer gesagt: ich arbeitete in Kultus a), worunter Angelegenheiten der Katholischen Kirche verstanden wurden. Zum Unterschied von Kultus b), wo unter der ungehörigen Bezeichnung a-katholisch, die anderen christlichen Kirchen ihre Betreuung im Sinne des josephinischen Staatkirchentums erfuhren. Kultus c) betraf eo ipso die israelitischen Kultusgemeinden.

Am Ziel meiner Wünsche angelangt, bearbeitete ich zunächst die Fälle, in denen ein Pfarrer die Remuneratio vacante cooperatoris bekam. Damals, als der Klerus noch staatlicherseits die

ergänzenden Kongruabezüge bekam, waren an größeren Pfarren Dienstposten für Kooperatoren, also Kapläne, systemisiert. Systemisiert, wie Posten in der staatlichen Verwaltung. Mußte ein Pfarrer einen solchen Posten mitversehen, dann bekam er die erwähnte Remuneration. Es war ein Routinevorgang, für den außerdem die Landesbuchhaltung in jedem Fall das sogenannte »Beuschel«, also das sachliche Substrat des Falles, bereits fertig heraufreichte. Ja, heraufreichte. Ich verschaffte mir in der Registratur einen Schimmel für diese Routinearbeit und erledigte vom Fleck weg ein halbes Dutzend Fälle, um Zeit zu haben, auf große Dinge zu warten. Anfänger bekamen die Akten, nachdem die Erledigungen approbiert und abgefertigt waren, vor Hinterlegung in der Registratur noch einmal zur Einsicht; so wie man korrigierte Schularbeitshefte zurückbekommt. Und in der Tat: meine Erledigungen, sachlich einwandfrei und laut Schimmel abgefaßt, sahen aus wie meine schlechten Mathematikschularbeiten. Mein Approbant hatte sich die Mühe gemacht, anstatt des verwendeten Schimmeltextes für jede Erledigung einen anderen Wortlaut zu inserieren. Ich habe später nur mehr ungern nach Schimmel gearbeitet. Diese erste Lektion bekam ich von meinem, man verzeihe mit die Untertänigkeit, verehrten Abteilungsleiter Ministerialrat Ernst Hefel. Ernst Hefel, Doktor der Philosophie und Beider Rechte, war der Typ des wissenschaftlich begabten Ministerialbeamten, der oft seinen Weg an eine Lehrkanzel machte. 1938 aber mußte er aus dem Dienst scheiden und nach 1945 holte ihn die Provisorische Staatsregierung als Unterstaatssekretär in die nähere Umgebung Karl Renners. Er war gütig und verständnisvoll, aber er war Alemanne und er hatte daher für bajuwarische Bummelwitzigkeit und Großzügigkeiten nichts übrig. Dank ihm nahm ich die ersten Hürden des Bürokratismus bei der Anweisung der Remuneration vacante cooperatoris. Eine Aktenbearbeitung, die einmal für einen Ministerialvizesekretär zum Verhängnis wurde.
Auch er hatte zu Kaisers Zeiten die Fälle, in denen diese Remu-

neration gewährt wurde, zu bearbeiten. Der einsame, ältliche Junggeselle, vielleicht öfters bei Vorrückungen übergangen, konzentrierte seine ganze Aufmerksamkeit auf das Studium dieser kärglichen Akten. In ihnen entdeckte er Ansätze menschlicher Tragödien: wurde ein Kooperator aus Krankheitsgründen dienstuntauglich, dann war dem Vorlagebericht ein amtsärztliches Parere beigefügt. Ein Krankheitsattest. Der k.k. Ministerialvizesekretär fing an, mit seinem Laienverstand die Krankheiten zu studieren, ihren Symptomen in medizinischen Handbüchern nachzugehen, um bald zu seinem Schrecken zu bemerken, daß er selbst einige der gefährlichsten Symptome an sich hatte. Und hier hört das scheinbar Lächerliche auf. Der Mann ging hin und erhängte sich.

Keineswegs so tragisch, aber ebenso plötzlich endete meine provisorische Dienstleistung im Unterrichtsministerium. Zuletzt doch noch für hochschulpolitische Angelegenheiten herangezogen, hatte ich am Nachmittag des 11. März 1938 vergeblich versucht, meinem Minister im Bundeskanzleramt Meldung zu machen. Ich erlebte das Finale am Ballhausplatz und eilte auf den Minoritenplatz, um dort zu meinem Minister zu stoßen, sobald dieser vom Ballhausplatz zurückkehren würde. Als ich auf den Platz einbog, sah ich, daß in allen Präsidialräumen die Lichter brannten. Und ganz gegen die Regel kam ich ohne weiteres in den Arbeitssalon des Ministers. Er war eben dabei, seinen leitenden Herren das Finale am Ballhausplatz zu schildern. Als der Minister mit seiner Schilderung der Lage fertig war, trat lautlose Stille ein, jene Betretenheit, in der man eine unabwendbare Katastrophe abwartet.
In einer Stunde wie dieser tat unser Doyen, Sektionschef Loebenstein, was ein guter Offizier unter solchen Umständen zu tun hat: er störte die quälende Dramatik der außergewöhnlichen Situation durch eine banale Alltäglichkeit, durch eine Gewohnheit; getan, als wäre nichts geschehen: »Du gestattest, Herr Minister, daß ich Deinen Türsteher hereinbitte«, wandte

sich der ranghöchste Sektionschef an seinen Minister und Kollegen. Auf das Läuten kam der Türsteher in den Salon. Als ehemaliger Längerdienender war dieser gewohnt, jene gewisse Strammheit zu mimen, die in Wirklichkeit gestattete, höchst leger zu bleiben. In diesem Moment stand er: Habtacht! »Gehn s', lieber Wappel«, trug ihm der Sektionschef auf, »machen S' einen Sprung in mein Büro und holen S' meine Zigarettentabatiere«. Und dann beschrieb der alte Beamte und Offizier mit aller Ausführlichkeit, wo dieses Ding unter den vielen Dingen, die auf seinem Schreibtisch lagen, wahrscheinlich zu finden sei. Schließlich wandte er sich wieder an den Minister: »Du gestattest doch, daß ich rauche.« Der Bann war gebrochen, unser Minister, der voll Erschütterung vom Ballhausplatz in sein Haus zurückgekehrt war, bot den Herren Zigaretten an. Man begann zu rauchen. So wie man in einem Unterstand raucht, wenn schon das Verhängnis über der Stellung ist.

Der Minister wußte, was ihm, im Gegensatz zu seinen Herren bevorstand: Haft, KZ, vielleicht der Tod im KZ. Der Tod blieb ihm erspart. Viele Beamte bekamen gleich am nächsten Morgen, bei Betreten des Hauses, vom Portier die schriftliche Nachricht von ihrer Suspendierung in die Hand gedrückt. Andere bekamen nach Tagen das förmliche Entlassungsdekret. So auch ich.

Am Tag danach, am 12. März 1938, ging ich auf den Minoritenplatz. Hier hatte ich während der Auseinandersetzungen gestanden, hier mußte sich entscheiden, was mit mir geschehen wird. Mit diesem Entschluß kam ich wahrscheinlich um Verhaftung und KZ. Denn kaum war ich aus der Wohnung gegangen, als dort schon zwei mit Gewehren bewaffnete SA-Männer erschienen, um mich mitzunehmen. Stundenlang warteten sie auf meine Rückkehr und verbreiteten schon durch ihre bloße Anwesenheit jenen Terror, den auch ich verbreitet habe, als ich noch das Gewehr trug. Im österreichischen Bürgerkrieg der dreißiger und vierziger Jahre bekam jeder aus den drei verfeindeten Lagern, mehr oder weniger hart, zu spüren, was wir einander antaten.

Unterdessen erlebte ich am Minoritenplatz, am Tag nach dem Umbruch, die Stunde der Wahrheit. Und die Wahrheit war, daß sich unter den Beamten des Hauses so wenig illegale Nationalsozialisten befunden haben, daß diese nicht ausreichten, um sofort alle Schlüsselpositionen zu besetzen oder unter Kontrolle zu nehmen. Nicht wenige, die vorher in dem Geruch gestanden hatten, Nationalsozialisten zu sein, hatten, wie es sich jetzt erwies, mit dem Nationalsozialismus nichts zu tun. Andere wieder waren in der Zeit der Illegalität der NSDAP dermaßen illegal gewesen, daß nicht einmal die richtigen Illegalen wußten, wie illegal diese Illegalen in der Zeit der Illegalität tatsächlich gewesen sind. In dieser zwielichtigen Situation fiel das Wort des neuen Präsidialvorstands: In diesen heil'gen Hallen kennt man die Rache nicht. Mir wurde erklärt, die Verhaftung sei mir gegen Bewährung vorläufig erspart worden. Im übrigen solle ich schauen, daß und wie ich weiterkomme. Aber selbst unter diesen Umständen benahmen sich am Minoritenplatz nur wenige en canaille. Denn: Noch waren im neuen politischen Klima die sogenannten Märzveilchen nicht aufgegangen.

Achteinhalb Jahre dauerte es, bis ich wieder das Haus am Minoritenplatz betreten durfte. Das war im Herbst 1946. Als Dokument hatte ich den Entlassungsschein des gewesenen Kriegsgefangenen bei mir. Ich wußte schon, daß das Zählwerk der Zweiten Republik auf eine Stunde Null eingestellt war, die auf den 11. März 1938 fiel. Und also war ich achteinhalb Jahre später, als nunmehr Vierunddreißigjähriger, wieder provisorischer Kommissär in provisorischer Dienstverwendung des Unterrichtsministeriums. War ich vorher von dem eher gütigen Sektionschef Ernst Hefel an der Hand genommen worden, so kam ich jetzt in die Reitschul' des Chefs der Hochschulaktion Otto von Skrbensky. In dieser Reitschul' bekam ich es mit dem Sarkasmus des früheren Dragoneroberleutnants zu tun, Sarkasmus, der in einem Humor von außergewöhnlichen Qualitäten gelöst war. Einen meiner ersten Nachkriegsentwürfe bekam ich mit der Randglosse: Blödsinn, zurück. Blödsinn war durchgestrichen und darüber stand: Schweinerei. Otto von Skrbensky stach mir den Star.

Mein nunmehriger Sektionschef, dessen Abteilungsleiter für Allgemeine Hochschulangelegenheiten ich wurde, genoß mit sichtlichem Vergnügen eine gewisse Nonkonformität, mit der er unter den neuen Verhältnissen auffiel. Während viele ihre Religiosität, quasi an einer Stange aufgehängt, vor sich hertragen ließen, tat er nichts, um den Ruf, den er mit gewissen Redeweisen verbreitet hatte, zu berichtigen. Es kümmerte ihn nicht, im Ruf eines nicht gerade fanatischen Arbeiters zu stehen; er blieb täglich weit über die Dienststunden hinaus im Amt — weil hier geheizt ist, sagte man — und nahm fast täglich einen ganzen Koffer voll Akten zur nächtlichen Heimarbeit mit sich. Als sein späterer Koadjutor, wie mich der Sektionschef wegen der gleichzeitigen Bestellung eines Koadjutors für Kardinal Innitzer nannte, habe ich ihn als einen entschlußfreudigen Arbeiter kennen gelernt, ohne dessen Expedivität der Lehrbetrieb an den zerstörten und entnazifizierten Hochschulen nicht in der Lage gewesen wäre, dem Ansturm der Heimkehrergeneration einigermaßen gewachsen zu sein.

Dem Umbruch von 1938 war der Rückbruch von 1945 gefolgt. So aber wie auf Wunsch der Alliierten die Denazifizierung in Österreich durchgeführt wurde, wirkte sie demoralisierend. Unzählige Lehrer aller Kategorien, die während des Krieges daheim für gewisse Funktionen in der Verwaltung herangezogen wurden, waren quasi automatisch Anwärter auf die Mitgliedschaft zur NSDAP geworden. Diese und viele Mitläufer blieben im Netz der Denazifizierungsmaßnahmen hängen, während andere es ohne große Mühen, dank anderer Mittel schafften, von den sogenannten Sühnefolgen befreit und aus der Liste der gewesenen Nationalsozialisten gestrichen zu werden. In dieser

Dämmerung waren gewisse Typen unterwegs, die aus der Not anderer Kapital schlugen. So auch ein gewerbsmäßiger Naderer, der damals an den Füßen eines Lehrstuhls sägte, dessen prominenter Inhaber zu Fall kommen mußte, ehe besagtes Individuum dran kommen konnte. Herr Naderer kam regelmäßig an Samstagen, knapp vor Amtsschluß auf den Minoritenplatz, wenn das Haus schon von Besuchern leer war, um zuständigenorts sein Wissen über Kollegen zu deponieren. Sein Traum war, bei Sektionschef Skrbensky vorzukommen. Vor dessen Türe stand aber ein Amtswart, von dem der Baron zu sagen pflegte: ein verläßlicher Sozialist. Aber dieser immer verläßliche Sozialist und renommierte Fußballspieler stand einmal abseits, und so konnte Herr Naderer ins Sanktissimum der Hochschulsektion eindringen. Mit den Worten: »Ach, Herr Sektionschef, ich habe so sehr das Bedürfnis, Ihnen regelmäßig berichten zu dürfen«, versuchte er ein captatio benevolentiae. Das mißlang vollständig. »Hier muß ein Irrtum vorliegen«, erwiderte der Baron, »denn das hier ist keine Bedürfnisanstalt.«

Trotzdem brachte es Herr Naderer fertig, den von ihm angestrebten Lehrstuhl freizumachen. Dem bisherigen Inhaber konnte nachgewiesen werden, daß ihm während des Krieges der Ehrenrang eines Sanitäts-Sturmführers der SA verliehen worden war. Der Professor hatte nie eine Uniform getragen und sich während des Dritten Reiches menschlicher verhalten, als mancher, der zur Widerstandsbewegung überlief. Jahre nachher traf ich den in Österreich entlassenen Professor anläßlich eines wissenschaftlichen Kongresses. Ohne Malaise sprachen wir von seinen Erinnerungen an Österreich. »Wissen Sie«, fragte er im Verlauf des Gesprächs, »daß mein Nachfolger, bevor er nach Wien kam, in Prag bei der SS gewesen ist?« Ich konnte diesen Umstand, den Herr Naderer natürlich verborgen hatte, nur mehr nachträglich bedauernd feststellen. »Ach, machen Sie sich keine Sorgen, Herr Minister«, schloß der inzwischen um einige Ränge mehr berühmt gewordene Geschaßte von anno 1946, »das war im Dritten Reich genau so — wenn die von der SS kamen, mußten wir von der SA gehen.« Der Tod übernahm es, in diesem Fall ausgleichende Gerechtigkeit zu üben.

Für mich war es zuerst eine Enttäuschung, als ich aus der Arbeit in der Hochschulsektion gerissen wurde, um Sekretär des damaligen Unterrichtsministers Felix Hurdes zu werden. Zudem kannte der Minister mich nicht und ich wußte von ihm nur vom Hörensagen. Auf meinen Einwand, ich würde lieber die Arbeit in der Hochschulsektion behalten, erwiderte Felix Hurdes: »Versuchen wir es miteinander«.

Der Versuch dauerte fünfeinhalb Jahre, bis zur Demission meines Ministers. Bei Hurdes verbrachte ich meine Nachkriegslehrjahre, bekam ich den notwendigen Nachholunterricht für die Neue Zeit. Hurdes war ein 1945er, er gehörte einer Generation an, die es, dermaßen geprägt, seit den 1848ern kaum mehr in Österreich gegeben hat. 1938 ins KZ abgeführt, nahm er nach seiner Entlassung aus dem KZ, 1939 sofort die Arbeit für die Gründung jener Partei auf, die nach 1945 als Österreichische Volkspartei auftreten konnte. Bei dieser illegalen Tätigkeit neuerdings verhaftet und nach KZ-Haft der tödlichen Gefahr eines Volksgerichtshofprozesses ausgesetzt, bekam er die Freiheit, als 1945 seine Wächter im Wiener Grauen Haus davonliefen. Felix Hurdes war nach diesen Erlebnissen gesund an Leib und Seele, schaffensfreudig, optimistisch, ein Motor in Zeiten der Besatzungsära, als fremde Obersten durch das Land gingen, als wäre alles um sie Luft, schlechte Luft.

Als Generalsekretär der ÖVP gehörte Felix Hurdes zum Kreis christlicher Demokraten in Europa, die in Genf die Nouvelles Equipes der christlich-demokratischen Parteien bildeten: Adenauer, Schumann, De Gasperi und andere, denen es noch einmal gelang, aus Resten des christlichen Abendlandes über den vom Krieg hinterlassenen Trümmern und Gräbern das erste Fundament für das zu bauen, was man nachher die freie Welt des Westens nannte. Im Unterrichtsministerium bekam es Hurdes mit dem Problem zu tun, das in der Koalitionsregierung der ÖVP und der SPÖ besonders aktuell wurde: die Schulfrage, in der sich seit 1920, in der Zeit der sozial-demokratischen Opposition zu den bürgerlichen Regierungen der zwanziger Jahre, die beiden zerstrittenen Großparteien nicht einig werden konnten. Die Väter der österreichischen Verfassung waren 1920 nicht imstande gewesen, in den Fragen des Schul-, Erziehungs- und Bildungswesens jenen Kompromiß zu finden, der die beiden Großparteien in die Lage versetzt hätte, die nur in ihrem Zusammenwirken mögliche Zweidrittelmehrheit im Nationalrat zu erzielen. Durch das nachher in der Ära Dollfuß mit dem Vatikan abgeschlossene Konkordat war das Schulproblem noch komplizierter geworden. Denn dieser, von der Kirche nach wie vor als gültig angesehene völkerrechtliche Vertrag, enthielt auch in Schulangelegenheiten Belastungen für die Republik Österreich. Und zu diesen wollte sich die sozialistische Koalitionspartei unter keinen Umständen bekennen. Lieber wollte sie ihre These, Österreich sei 1938 nur okkupiert und nicht annektiert worden, fallen lassen, als mit der Annahme einer bloßen Okkupation, also des Weiterbestands der völkerrechtlichen Rechtsperson des Dollfuß-Österreichs bis 1945, zugleich das Konkordat von 1933 anzuerkennen. Bald nach Beginn der Ära der Zweiten Republik hatten sich beide Koalitionsparteien in den Schulgesetzverhandlungen selbst die Hände gebunden, indem jede Partei einen bis ins letzte detaillierten Entwurf einer umfassenden Schulgesetzgebung auf den Tisch legte und die Integralisten in beiden Parteien jeden, der von angeblich unabdinglichen Forderungen der eigenen Partei abwich, als standpunktlos vor seinen Wählern bloßstellten. So kam es, daß weder Felix Hurdes, noch sein Nachfolger Ernst Kolb mit den gesetzesvorbereitenden Beratungen zur Lösung des Schulkonflikts zu Rande kam. Und das ungelöste Problem, verwirrt, wie es im Laufe des jahrelangen Schulkampfes geworden war, fiel somit mir als Minister buchstäblich auf den Kopf.

Nachdem Felix Hurdes 1951 als Generalsekretär der ÖVP abgewählt worden war, blieb es nur mehr eine Frage der Zeit, wann auch am Minoritenplatz im Roten Salon der Ministerwechsel eintreten würde. In dieser Übergangszeit erlebte ich die Richtigkeit jenes Satzes, wonach es dem Politiker so ergeht, wie dem Neugeborenen und dem Sterbenden: der unmittelbar **Betroffene** erfährt zuletzt, daß es mit ihm anfängt oder zu Ende geht. Als Landser hat mich einmal ein Sanitäter auf eine Merkwürdigkeit aufmerksam gemacht: Läuse, die Plage des Soldaten, verlassen den Sterbenden. Auch ein Politiker hat Läuse am Hals.

Bald nach der Demission Felix Hurdes' kehrte ich in die Hochschulsektion zurück. Als sogenannter Koadjutor des Sektionschefs wurde ich Dienstvorgesetzter einiger Kollegen, die mir in puncto Alter, Rang und Erfahrung voraus waren. Ich wollte, ich könnte in dieser Stunde noch einmal allen diesen Kollegen danken, die mir nicht nur in dienstlicher, sondern auch in kollegialer Hinsicht diese Malaise nicht entgelten ließen. Für sie danke ich meinem Nachfolger in der Leitung der Hochschulsektion, Adalbert Meznik, der mir, dem Sektionsrat, dem Sektionsleiter und dem späteren Ministerialrat, der Minister wurde, ein unvergeßlicher Freund und Mitarbeiter blieb.

Noch als Leiter der Hochschulsektion hatte ich eine Reform des Hochschulwesens in den Teilgebieten: Organisation, Lehrer, Studium, vorbereitet. Vor meinen Studienreisen in die USA, Großbritannien und Deutschland hatte ich im Erlaßwege den Hochschulen diese Teilgebiete umrissen und sie um ihre Initiative gebeten.

1955 wurde ein Hochschulorganisationsgesetz im Nationalrat verabschiedet. Es war das erste bedeutende Schulgesetz der Zweiten Republik. Dieses Gesetz entsprach meiner Vorstellung vom Standort der Hochschule im Schnittbereich der materiellen und ideellen Welt. Das heißt: die Hochschule hat eine dem Staat zugewandte und eine staatlichem Einfluß entzogene Seite an sich. Die Utopie der freischwebenden Intellektuellenrepublik habe ich zeitlebens ebenso abgelehnt, wie die Vorstellung von einer Hochschule, an der im Auftrag der Manager der industriellen Gesellschaft deren technokratische Experten produziert werden. Als ich Minister war, gehörte die später populär gewordene Forderung nach der Mitsprache und Mitentscheidung der Studenten zu jenen Teilen des Hochschulrechts, die 1945 als Hinterlassenschaft des Nazismus eliminiert wurden und indiskutabel waren.

Für ein Hochschulstudiengesetz hat jede Reform des übrigen Schulwesens präjudizierende Bedeutung. Ich brachte daher gesetzesvorbereitende Maßnahmen für die endliche Lösung der seit 1920 anstehenden Schulfrage und für ein Hochschulstudiengesetz unter einem in Gang. Ein totaler Frontwechsel der SPÖ in der Frage des Konkordats behob die langandauernde Blockade der Schulgesetzverhandlungen. Nach dem Motiv: Paris ist eine Messe wert, machten die Agnostiker in der SPÖ ihren Frieden mit der Kirche, verwarfen sie ihre These von der 1938 stattgefundenen bloßen Okkupation, erkannten sie die völkerrechtliche Gültigkeit des Dollfußkonkordats an. Nachdem so das Konkordat 1933 in seinen schul- und vermögensrechtlichen Teilen retouchiert — wie die Kirche es auffaßte — oder völlig erneuert — wie die SPÖ es ihren Wählern erklärte — und das konkordatäre kirchliche Eherecht unter Verschluß genommen war, kamen die Schulgesetzverhandlungen nach 42 Jahren im Sommer 1962 ins Finale.

Die Schulgesetzverhandlungen wurden nicht im berüchtigten Koalitionsausschuß geführt, sondern in einem Ausschuß auf parlamentarischem Boden, dem Fachmänner beigezogen wurden. Sie wurden von mir selbst geleitet. Zwei Schmisse bezog ich aus dieser Prozedur:

Da war erstens der Umstand, daß in einer Zeit, in der bereits beide Koalitionsparteien auf eine Lockerung und schließliche Lösung der legendären Koalition aus 1945 losgingen, dieser zum Absterben verurteilten Koalition, der ein bedeutender und wichtiger Arbeitsertrag gelungen war: die Basis für die innere Erneuerung des Bildungswesens auf verfassungsrechtlichem Fundament.

Für diese Leistung der Koalition bekam ich für den Rest meiner Tage das Image eines Koalitionspolitikers; ein Mann ohne selbständige Idee, ein Packler und Kleber auf dem Regierungssessel.

Zweitens wurde mir die Schuld an dem verflixten Neunten Schuljahr zugeschoben. Einige Parteifreunde formulierten diesen Vorwurf so, als wäre ich der Erfinder des Neunten Schuljahres in Österreich gewesen und als hätte ich mit einem rhetorischen Exzess den Steuerzahlern die damit verbundene Belastung aufgeschwätzt. Die Tatsache, daß die Verlängerung der Zeit der Schulpflicht um ein Jahr einer der wenigen Punkte war, der lange vor meiner Ministerschaft von beiden Koalitionsparteien einzementiert, was heißt zur conditio sine qua non gemacht worden war, wurde bei den folgenden auf mich gerichteten Angriffen sorgfältig unter Verschluß gehalten.

Dazu kam eine Tatsache, die mich als Katholiken berührte: während der damalige Apostolische Nuntius den Verdacht nährte, ich sei auf eine Torpedierung der Konkordats- und Schulgesetzverhandlungen aus, um der SPÖ das Image der Kirchenfeindlichkeit erneut anzuhängen, wurde ich gleichzeitig in katholischen Presseorganen einer gewissen Laxheit bei der Vertretung der Belange der Kirche beschuldigt. Den Tupfen auf dem »i« setzten nachher die Wirtschaftsliberalen der eigenen Partei. Sie sagten, ich hätte sachliche Notwendigkeiten der Schulreform rein kirchlicher Interessen wegen vertan.

1962 kalkuliert und ein Dutzend Jahre nachher beurteilt, haben die Schulgesetze 1962 für mich Bedeutung in folgenden Punkten: die 1920 versprochene und 1962 erreichte verfassungsgesetzliche Ordnung des Schul- und Erziehungswesens in Österreich; die systematische Gliederung unter modifizierter Beibehaltung bewährter Strukturelemente des österreichischen Schulwesens; die Ausnützung des nun einmal paktierten Neunten Schuljahrs für den Ausbau der Oberstufe der Oberen Schulen zwecks Entlastung des späteren Hochschulstudiums, sowie als Kern einer Neuordnung des berufsbildenden Schulwesens im industriellen Zeitalter, beginnend mit dem Polytechnischen Jahr; die Akademisierung der Ausbildung der Pflichtschullehrer und die Erweiterung des Einzugsgebiets der neugeschaffenen Pädagogischen Akademien; die Schaffung einer selbständigen Form der Oberstufe des Höheren Schulwesens, des Musisch-pädagogischen Gymnasiums, das im System der »Brücken und Übergänge im ganzen Schulwesen« wohl die bedeutendste Rolle spielt; die Erhaltung der inneren Einheit der Höheren Schule, also die Absage an Strukturen der Einheitsmittelschule und dergleichen; die staatliche Subventionierung von Privatschulen mit Öffentlichkeitsrecht, eine Neuerung, die den katholischen und evangelischen Schulen zugute kam; der Religionsunterricht in Berufsschulen für Lehrlinge; und die eindeutige Zielansprache auf Grund der klassischen und christlichen Metaphysik im Zielparagraphen des Gesetzwerkes, in § 2 des Schulorganisationsgesetzes.

Das Gesetzeswerk war in politischer Hinsicht ein pactum de non petendo: kein Klassenkampf im Schulwesen, kein Klassenkampf unter Mißbrauch des öffentlichen Unterrichts.

Nach all dem schied ich 1964 zum zweiten Mal, gefallen in der parteiinternen Auseinandersetzung mit dem Duumvirat Josef Klaus / Hermann Withalm, vom Minoritenplatz. Abgestempelt vom Generalsekretär der eigenen Partei als: Verbrauchter Typ, erstarrt und ohne neue Ideen.

1969 wählten mich die Wiener bei der damaligen Gemeinderatswahl aus dem Wiener Stadtsenat hinaus. Meine Partei erlitt an jenem 27. April 1969 die schwerste Wahlniederlage, die unsere Bewegung seit 1932 auf Wiener Boden hinnehmen mußte. Als der im Bild herausgestellte Spitzenkandidat war damit meine Politikerlaufbahn zu Ende. Ich nahm am Ende des Wahltags die Schuld für die Schlappe auf mich. Dies hielt ich für eine selbstverständliche Pflicht des Mannes, den die Partei der Verlierer umsonst herausgestrichen hatte. Und ich tat es im Interesse der Bewegung in Wien, der ich die Kraftvergeudung in einem Scherbengericht ersparen wollte, damit sie Kraft fasse, für die fällige Neuwahl eines Landesobmannes und für die neue

Aufgabenstellungen im Rathaus. Um nicht jenen, die mir diesmal die Stimme versagt hatten, Recht zu geben und diejenigen, die der Bewegung auch nach diesem Desaster die Treue hielten, vor den Kopf zu stoßen, behielt ich das Mandat eines Gemeinderats so lange, bis ich mich Ende 1971 endgültig aus dem öffentlichen Leben zurückzog. Als Gemeinderat hatte ich allerdings nicht länger Anspruch auf die übliche Beurlaubung seitens meiner Dienstbehörde. Ich rückte also im Sommer 1969 wieder als Ministerialrat zur Dienstleistung ins Unterrichtsministerium ein, als der ich 1954 ins Kabinett des Julius Raab berufen worden war.

Eine der letzten Aktivitäten als Unterrichtsminister war 1963 die Einberufung einer Enquete der Fachmänner zur Bestimmung der Funktion einer Geistigen Landesverteidigung in Österreich gewesen. Das mag Anlaß dazu gewesen sein, daß man mir 1969, nach der Rückkehr in die Beamtenlaufbahn, das Referat für Geistige Landesverteidigung übertragen hat.

Geistige Landesverteidigung wurde 1963 als Teil einer umfassenden Landesverteidigung so definiert: alle Bemühungen, die darauf abzielen, die seelische Bereitschaft des Staatsbürgers zur Verteidigung Österreichs zu wecken, zu fördern und zu erhalten.

Nachher war die Bundesregierung, zuerst die Koalitionsregierung, nachher die ÖPV-Alleinregierung bei der Verfolgung des Ziels einer umfassenden Landesverteidigung im Kreis gegangen. Die in den sechziger Jahren auftretenden Bemühungen der Linksintellektuellen, namentlich der Neuen Linken, das Bundesheer abzuschaffen, wurden lange, zu lange bagatellisiert. Rein theoretisch betrachtet schienen die jungen Leute Unsinn zu reden. Denn die 1955 verkündete immerwährende Neutralität Österreichs kann im Sinne des Völkerrechts nur eine bewaffnete Neutralität sein, bedarf also einer militärischen Landesverteidigung.

Derlei höheren Orts getroffene Erwägungen hinderten indessen Günther Nenning, Prophet der Neuen Linken in Österreich, und Wilfried Daim, Alter Herr einer österreichischen CV-Verbindung, keineswegs, im Jänner 1970 ein Volksbegehren vorzubereiten, das die sukzessive Verstümmelung der militärischen Landesverteidigung und die schließliche Auflösung des Bundesheers zum Ziel hatte. Ob das Duumvirat Nenning/Daim dieses Ziel erreicht hätte, brauchte nie getestet zu werden. Das Vorhaben fand jedenfalls in den Verbänden des Österreichischen Bundesjugendrings genügend Echo, um die wegen ihrer Jungwähler erschreckten politischen Parteien und zuletzt die SPÖ-Alleinregierung dazu zu bringen, mit den Initiatoren des Volksbegehrens zu reden, was hieß: Paktieren. Es ist heute bekannt, daß die SPÖ mit ihrer Wahlparole für die Nationalratswahl 1970: Nur mehr sechs, anstatt neun Monate Präsenzdienstzeit im Bundesheer, den Vogel abschoß. Da war es kein Wunder, daß kurz darauf im Vorfeld der Jungen Generation der ÖVP eine weitere Herabsetzung auf fünf Monate in die Diskussion geworfen wurde. Nach dem Sieg der SPÖ im Wahlkampf 1969 war es aus mit der Vorbereitung des sogenannten Bundesheervolksbegehrens, denn das Parlament selbst hat in Gang gesetzt, was Ziel dieses Volksbegehrens war: Die seelische Demontage des Heeres. Immer mehr konzentrierten sich Angriffe der Neuen Linken, die Parteigänger in den politischen Parteien, Jugendverbänden und vor allem auch in den Kirchen hatte, auf das Bundesheer. Dieses wurde von Wilfried Daim ausdrücklich als punctum minoris resistentiae im sogenannten Establishment, das als Ganzes absterbensreif gemacht werden sollte, diagnostiziert. Um diese Zeit warf die Studentenpartei im Vorfeld der ÖVP den Alten Herren in der Politik vor, sie seien reaktionär, kapitalistisch und imperialistisch (sic) eingestellt. Jetzt sei es auch in Österreich an der Zeit, daß die Studentenschaft, die bisher in Österreich mehrheitlich rechts gestanden hat, die Annäherung an die Moderne vollzieht, in der Intellektuelle links stehen. Die 1970 ins Amt gekommene SPÖ-Alleinregierung wälzte den ganzen Wust der Heeresdebatte auf eine sogenannte Bundesheerreformkommission ab. In diese habe auch ich einen großen Teil meines letzten aktiven Dienstes investiert. Die

Arbeit der Kommission war allein schon deswegen paradox, weil es zuging wie in einer Schneiderwerkstatt, in der der Meister beim Zuschneiden eines Anzugs bemerkt, daß er zu wenig Stoff dafür eingekauft hat. Anstatt die Erfordernisse der bewaffneten Neutralität zur Determinante zu machen, wurde quasi dem Zuschneider die Schere aus der Hand genommen und der Stoffverkäufer bestimmte den Maßanzug. Dazu kam, daß auch das Heer zum Versuchsobjekt dessen gemacht wurde, was man die Demokratisierung der Demokratie nennt.

Als der für Geistige Landesverteidigung zuständige Beamte erlebte ich die Zeit, in der alle im Parlament vertretenen politischen Parteien zwar Berge von Kritik in Sachen Bundesheer abluden, indessen nur selten und dann nur wenig das aufrichteten, was das Heer für seine moralische und materielle Rüstung braucht. Der ORF lehnte es praktisch ab, mit dem Referenten für Geistige Landesverteidigung wenigstens in dem Maße zu kooperieren, das Günther Nenning, dem Urheber des Anti-Bundesheer-Volksbegehrens, ohne weiteres zugestanden wurde. Für mich wurde es zu einer Gewissensfrage, in Kreisen der Öffentlichkeit, die mich von früher kannten, als ein Verantwortlicher für eine Geistige Landesverteidigung gerade zu stehen, die ganz im Gegensatz zu den von mir vertretenen Ansichten gedacht ist. Ende 1971 quittierte ich den Dienst. So schied ich zum dritten und letzten Mal aus dem Dienst im Haus am Minoritenplatz.

Mit der Broschüre »Krise der Landesverteidigung«, faßte ich noch einmal meine Sorgen und Anregungen in Sachen Landesverteidigung zusammen. Danach bin ich der Meinung, daß ein Staat, der es dem Einzelnen überläßt, ob er im Verteidigungsfall mitmacht oder nicht, sich selbst bereits aufgegeben hat. Er gibt sich jenen sogenannten Nichtkombattanten preis, die am Straßenrand stehend zuschauen, sollte wieder einmal fremdes Militär über Österreichs Straßen unangefochten marschieren. Für mich war es eine Fügung, daß in dem Jahr, in dem mich Julius Raab in sein Kabinett berief, Johannes Messner eines seiner bedeutendsten Werke unter dem Titel «Kulturethik» herausbrachte. Johannes Messner, Priester, Soziologe und Kulturphilosoph, wurde mir, ehe wir uns persönlich näher kannten, Lehrer auf dem Gebiet der staatlichen Kulturpolitik. Schon vorher habe ich mich mit Anschauungen auseinandergesetzt, die Liberale und nachher Sozialisten im Politischen vertreten haben und wonach im demokratischen Zeitalter die Religion kein Kriterium bei Entscheidungen im öffentlichen Leben sein soll. In dem Maße, in dem John F. Kennedy Vorbild vieler meiner Parteifreunde wurde, war ich selbst durch die Tatsache gewarnt, daß zwischen dem religiösen Glauben des jungenhaften Kennedy und der Politik des US-Präsidenten Kennedy eine kaum wahrnehmbare intellektuelle Verbindung bestanden hat. Die Folgen einer Politik ohne religiöse oder moralische Bindungen traten gerade in den USA während der sechziger Jahre in einem erschreckenden Maße zutage. Sie führten zur berüchtigten Watergate-Affaire, in der man quasi den Teufel mit dem Beelzebub austrieb: man schickte den Präsidenten Richard Nixon in die Wüste und hielt gleichzeitig an dem Prinzip fest, ohne das es eine Watergate-Affaire nie gegeben hätte.

Johannes Messner geht bei seiner Untersuchung der heutigen Methoden staatlicher Kulturpolitik von der vielfach beobachteten Tatsache aus, wonach sich der moderne Staat nur des Gebiets der Geisteskultur annimmt: Schulwesen auf allen Stufen, Volksbildung, Kunst, Theater, Museen, Bibliotheken sowie Volksbüchereien und internationaler Kulturaustausch. Bewußt bleiben die Bereiche des Religiösen und des Moralischen außer Ansatz. Die Technokraten aller Parteien bejahen im Prinzip diese Einschränkung der Kulturpolitik, auch wenn sie gelegentlich Moralin verspritzen. Auch die Kirchen fragen bei Wahlen nicht lang und sie stellen den gläubigen Menschen für seine Wahlentscheidung frei. Damit geben die Kirchen ihr Permit aus der Hand, und es nutzt meistens wenig, wenn im einzelnen Konfliktsfall eine Kirche feststellt, daß wieder einmal eines ihre Fundamentalprinzipien puncto Ehe, Familie, Abtreibung,

Homosexualität unter die Räder gekommen ist, oder daß in öffentlichen Kindergärten der freien Welt die Kleinkinder in einem a-theistischen Sinne erzogen werden, für den es nachher meistens keine Kompensation gibt.

Toleranz, deren Notwendigkeit für ein geistiges Klima Johannes Messner besonders herausstreicht, degenerierte in der christlichen Demokratie vielfach zu einer Gleichgültigkeit aller Überzeugungen, die in Standpunktlosigkeit und Haltlosigkeit mündet.

Die Sachlichkeit, deren Absenz im Politischen Johannes Messner feststellt, wurde und wird von vielen christlichen Demokraten mit einer »ideologiefreien Sachgerechtigkeit« verwechselt, die zwar keine neuen Sachkenntnisse einträgt, dafür aber die Rezeption eines Soziologismus der Linken, der als wissenschaftlicher Sozialismus deklariert ist, fördert und eigene Grundsätze dafür abstreift.

Johannes Messner gehört zu jenen, die mich die Disziplin im Dialog lehren wollten und es bis zu einem gewissen Grad zustandebrachten, daß ich das Andersgeartetsein der anderen mit einbezog in die eigene politische Existenz, solange der andere im Prinzip und in der Praxis auf diese Bereitschaft vorbehaltlos eingeht.

Je mehr das von Johannes Messner geforderte politische Klima in Staat, Partei und wohl auch in der Kirche schwand, desto entschiedener zog ich mich in meine Eremitage zurück. Hier kann ich wenigstens die Chance des Einzelkämpfers wahren.

Das Berliner Fenster

Ich war in Berlin. Langsam ging ich in Halensee die Straßen entlang, um die Wohnung der Dame zu finden, der ich als Untermieter empfohlen war. Und es war ohne Zweifel eine Dame, die mir die Tür ihrer Wohnung aufschloß. Keine kleinbürgerliche Zimmervermieterin, die den finsteren Nebenraum ihrer Kleinwohnung an »Aftermieter« vergibt. Im alten Österreich war Dame keine offizielle Anrede wie in England, wo dieser Titel Gattinnen von Rittern und Baronets gebührt oder weiblichen Angehörigen des Ordens des Britischen Empire, neuerdings also den Ordensschwestern der Beatles. Seitdem in Wien und Berlin einige Umstürze und Umbrüche stattgefunden haben, fehlt es nicht an nivellierenden Tendenzen, die Wort und Begriff Dame außer Evidenz bringen möchten. Aber je klassen- und volksbewußter sich neue Prominenzen geben, desto häufiger wurde von ihrer Weiblichkeit der Rang einer Dame in Anspruch genommen. In der Traumvilla oder in der Datscha, im Juwelierladen oder im Kosmetiksalon und im Umgang mit anspruchsvollen Freundinnen und Freunden läßt die Kampfgesinnung der Klassenkämpfer oft nach, lebte man in modo capitalistico.

An meine Dame in Halensee waren derlei Probleme sichtlich nicht herangekommen. Sie war quasi Vorkriegsqualität. Gleichgültig, was die Goldenen Zwanziger und die unruhigen dreißiger Jahre vom nahen Kurfürstendamm vor ihre Tür gebracht hatten, in diese Türfüllung war ein unsichtbares Sieb eingebaut.

Wie gesagt, war ich auf Empfehlung gekommen. Aber ich kam aus Wien, aus der unlängst nationalsozialistisch gewordenen

Ostmark. Nachdem ich mich korrekt vorgestellt hatte, schien in der Dame ein Zweifel aufzutauchen, dessentwegen sie aber nicht ohne weiteres eine Lippe riskieren wollte. Sie sah mich aus ihren grauen Augen an. Nicht mit dem abschätzenden Blick, der zum Geschäft der Feldwebel und Portiere gehört, sondern aus einem Gespür, das, wie man sagt, angeboren sein muß. Fürs erste reichte das Prüfungsergebnis aus, mir zu gestatten, die Koffer in der Diele abzustellen. Ich selbst stand noch zwischen Tür und Angel.

Die Dame suchte sichtlich nach einer Formel, um — wie sich später herausstellte — in der diskretesten Weise indiskret zu fragen. Sie hatte die damals höchst aktuelle Gretchenfrage auf den Lippen: wie hast du's mit dem Führer? Und dann schoß sie die Frage heraus: »Sagen Sie mir einmal, sind Sie nun ein Ostmärker oder ein Österreicher?« Für einen Moment kam mir der Gedanke, daß in dieser Wohnung das Jahr 1866 noch nicht zu Ende gegangen war. Aber das war lächerlich. Die Dame ging auf ein ganz anderes Wissen los.

Nun hätte ich einfach antworten können, daß der Gebrauch des Wortes Ostmark seit geraumer Zeit von amts- und parteiwegen verboten und Österreich dem Reich angeschlossen war, in dessen Hauptstadt die Dame wohnte. Vielleicht gehörten die Damen zu jenen Damen, die auch im Dritten Reich zu Hof gingen, vielleicht wollte sie für die regelmäßig wiederkehrende Prüfung der Gesinnung ihrer Untermieter die richtige Antwort für den Blockwart parat haben. Die Beziehungen der Reichsbürger zu ihrem Reich und die Beziehungen, die sie zueinander hatten, waren sehr verschieden. Die nach 1945 den Deutschen aufgezwungene Klassifizierung: Nazi, Mitläufer, Nichtnazi, Antinazi war rein schematisch, totalitär in der Auswirkung und in vielen Fällen ohne Bezug auf die Moral des Betroffenen. Was nun meinen Fall anlangt, so sagte ich auf die Gefahr, meinen Koffer wieder aufnehmen zu müssen, die Wahrheit: »Ich bin Österreicher«. Und da verminderte die Dame um ein geringes die bisherige, absolut korrekte Sprechweise. Nur um so viel, daß eine Spur jenes Berlinerischen zu hören war, das die Dame sprach, so wie in Wien eine Dame Wienerisch spricht. Ich war akzeptiert. In die Diele gebeten, durfte ich durch den Salon — Modell 1913 — mein Zimmer betreten. Das Dach über dem Kopf hatte ich in Berlin, daß ich in Berlin eines meiner Häuser bekommen würde, dachte ich vorerst nicht.

Der heutige Werbetext: Berlin ist eine Reise wert, galt für mich im letzten Jahr vor Kriegsausbruch nicht. Freiwillig wäre ich nicht in die Reichshauptstadt des Dritten Reiches gekommen, es sei denn, man läßt das Prinzip gelten, das man damals spöttisch den freiwilligen Zwang nannte. Jedenfalls wollte ich mich mit Berlin in keine Liebschaft einlassen. Die Sache war nämlich so geraten:

Nachdem ich im Frühling 1938 die heil'gen Hallen am Minoritenplatz in denen man in meinem Fall die Rache nicht kennen wollte, verlassen hatte, geriet ich in unheilige Hallen, in denen Rache Tagesbeschäftigung war. Sehr bald erfuhr ich, daß es außerhalb von Kerkern und KZ eine Existenzfrage gab, die zwar weniger quälend, dafür aber äußerst strapaziös für den Charakter war. In Zeiten eines totalen Umschwungs trägt bekanntlich der totale Gesinnungswechsel, den zu simulieren der Gesinnungslose fähig ist, alle Vorteile ein, die dem einen Schaf zukommen, das sich einmal in der Wüste verlaufen hat. Im Pferch der übrigen geht es anders zu. Daß mir Existenzlosigkeit und härterer Gesinnungszwang erspart blieben, verdanke ich einigen von denen, die vor 1938 an den Hochschulen auf der anderen Seite gestanden waren. Ich will nicht nachträglich jenen Ungelegenheiten machen, die sich damals für mich einsetzten und noch am Leben sind. Aber den Toten danke ich, angesichts der Lebendigen: dem Historiker Karl Starzacher, gefallen 1944, dem früheren Leiter des Amtes für Leibesübungen, Leopold Raffelsberger, gefallen 1945. Von Fritz Butschek war schon die Rede Sie haben unter neuen Herren bewiesen, daß sie auch dann Her ren waren, wenn jene Massen überquellen, die bei jedem Umsturz oder Umbruch oder Rückbruch in die höheren Etagen kommen wollen. Und sei es, um dort ein wenig zu organisieren.

Der aus dem sogenannten Altreich nach Wien gekommene Finanzpräsident gab mir die Chance, in der Finanzverwaltung, der ich vor der Einberufung ins Unterrichtsministerium eine kurze Zeit lang angehört hatte, zu verbleiben. Allerdings unter zwei Bedingungen: ich mußte mich vorbehaltlos für eine Verwendung außerhalb Österreichs bereit erklären, und ich mußte mein abgeschlossenes Jusstudium in einem Schnellsiederkurs aufstocken, um in die Nähe dessen zu kommen, was in besseren Zeiten ein Assessor gewesen ist. So also studierte ich an der Finanzschule Grunewald Finanz- und Steuerwesen, Buchhaltungs- und Bilanzwesen. Fächer, an die ich freiwillig nie herangegangen wäre. Eine derartige Ausbildung bot die Chance, die einmal erworbenen Kenntnisse auch freiberuflich zu verwerten. Dazu kam es nicht, denn es gab bald Krieg. Dafür aber bezog ich eine Lektion fürs Leben: es gibt nichts, was nicht bis zu einem gewissen Grad erlernbar ist. Außer: Gesinnung und künstlerische Begabung.

Während einer langen Nachtfahrt, die ich stehend zwischen Wien-Westbahnhof und Berlin-Anhalterbahnhof verbrachte, hatte ich Zeit für eine Gewissenserforschung. Der Zug war mit Reisenden überfüllt. Dennoch entdeckte mich ein Bundesbruder, der so wie ich nach 1933 im österreichischen CV eine hervorragende Rolle gespielt hatte. Zuletzt hatten wir uns am Morgen nach dem Umbruch, am 12. März 1938, in der Unfallstation des Wiener Allgemeinen Krankenhauses getroffen. Wir standen beide am Bett des Seniors unserer Verbindung, der in der letzten Nacht bei einem Zusammenstoß mit der SA angeschossen worden war. Jetzt stand der damalige Spitalsbesucher neben mir im Korridor des Waggons am Fenster. Und er erzählte mir, daß er zum Antritt seines Dienstes an einer NAPOLA, einer Nationalpolitischen Erziehungsanstalt, unterwegs war. Mein Reisegefährte war Lehrer, und er wollte diesen

Beruf nicht aufgeben. Obwohl er das damals übliche Gesinnungsopfer schon hinter sich hatte, wußte auch er, daß wir in dieser Nacht einem unbestimmten, dämmerigen Licht entgegenfuhren, das die einen für den letzten Sonnenuntergang über Europa, die anderen für das erste Zeichen einer Morgendämmerung über einem Neuen Europa hielten.

Für viele Millionen Menschen innerhalb und außerhalb Deutschlands stand fest: das Reich war eine gewaltige politische Ordnungsmacht für das Morgen geworden. Längst hatten die großen Demokratien des Westens ihren Frieden mit dem Hitlerismus gemacht. Was noch unnennbar war, das Bündnis Hitlers mit Stalin stand noch aus. Und die Mauer, die einmal Bischöfe zum Nationalsozialismus gezogen hatten, war gefallen. Daß es jemals ein neues Österreich geben würde, war nach dem Anschluß von 1938 selbst unter den eingeschworenen Feinden des Hitlerismus keine ausgemachte Sache. In jenem Europa von damals, das sich bereits seiner selbst nicht sicher war, war für meinen Bundesbruder das Reich Thema der langen Nachtfahrt.

Der Zug hastete durch die nächtliche Voralpenlandschaft an der Donau auf Regensburg zu. Während der Fahrt durch die Oberpfalz erinnerte ich meinen Nachbarn daran, daß man die Insignien des alten Reiches von Wien in des Reiches Mitte, nach Nürnberg gebracht hat. Er nickte: Ja, dort gehören sie hin. Denn Ordnung kann nur von einer Mitte aus entstehen, nicht an bröckeligen Rändern des Ganzen. Ob er nicht wüßte, entgegnete ich, daß nicht nur in Nürnberg, sondern auch in Moskau, im Dritten Rom, Traditionen des Römischen Reiches erhalten geblieben sind. Und daß die Formel, es würde nach Rom und Byzanz kein drittes Rom mehr geben, selbst für den Bolschewismus verwendbar sei. Und er: Nie würde Europa die Ordnung des kommunistisch gewordenen Moskau annehmen.

Zwischen uns stand die Frage: Was hatte der letzte Einsatz des Seniors unserer Verbindung in jener Umbruchnacht noch für einen Sinn. Im Moment wußten wir nicht, wo dieser war, was er tat, was er wollte. Keiner konnte ahnen, daß er einmal einer der Überlebenden von Stalingrad sein sollte. Daß er unter den ganz wenigen sein würde, die den Todesmarsch der Gefangenen in den Schneewüsten des Hochwinters 1943 überstanden. Daß er es übernehmen könnte, in sowjetischer Gefangenschaft die Kerngruppe österreichischer antifaschistischer Offiziere mit aufzubauen. Daß er eines Tages im ABÖK, im Antifaschistischen Büro österreichischer Kriegsgefangener, tätig sein würde. Daß er heimkehren sollte: umgeben vom Nimbus eines Stalingraders und jenes des letzten Seniors vor 1938, der den Einsatz bis zum letzten wagte. Der aber nicht mehr hören würde, wie der frühere Stalinist Ernst Fischer 1972, kurz vor seinem Tod, das Glück der Österreicher pries, deren Staat 1945 nicht kommunistisch wurde.

Mein Gefährte auf jener Reise nach Berlin fiel im Krieg. Unser gemeinsamer Senior starb nach dem Krieg in der Heimat. Ich überlebte und erlebe noch ein Finale in Europa, in dem bereits Marxismus und Kommunismus Vormächte sind.

Seit 1945 liegt Berlin auf einem Tisch der Weltgeschichte, von dem die einen hoffen, es sei ein Operationstisch, während andere befürchten, er diene Sezierzwecken.

Berliner im Berlin nach 1945 sein, heißt gegen die Hoffnung hoffen zu können. Indessen sezieren die Intellektuellen die Vergangenheit der Stadt und konstruieren Brücken, so wie vor 1938 die Appeasers Brücken mit dem Hitlerismus gebaut haben. Mit dem Soziologismus der Neuen Linken sieben sie die Geschichte der Stadt. Eine gute alte Zeit waren demnach die Goldenen Zwanziger Jahre in Berlin; das ist heute eine Vergangenheit, der selbst unter den gegenwärtigen Umständen die sonst nie verliehenen Prädikate »alt« und »gut« zugestanden werden. Alt, weil gewesen und daher in ihrer bourgeoisen Substanz nicht mehr gefährlich. Gut, im Vergleich zu jenem, wie man sagt, geistig ruinösen wilhelminischen Berlin, das vor ihr bestand, und gut zum Unterschied von der Reichshauptstadt des Dritten Reiches, die es nach ihr gegeben hat. Gut auch für eine sentimentale

Regung, deretwegen man einen Koffer in Berlin läßt oder deretwegen Berlin eine Reise wert ist. Vergessen ist das Berlin, das auf dem Höhepunkt des Kalten Krieges während der Blockade durch die Sowjets, wieder Frontstadt wurde. Vergessen die Idee des christlichen Demokraten Jakob Kaiser, der im Gegensatz zum Rheinländer Konrad Adenauer von Berlin her das ganze Deutschland heranzwingen wollte und der deshalb in dieser Stadt sein Grab wählte. Weil: Preußen muß sein, wie er kurz vor seinem Tod bekannte.

Während der letzten Monate vor dem Krieg habe ich in Berlin dieses Preußen gesucht. Der Hitlerismus hatte das, was er als das beste davon hielt, für sich herausreklamiert. Meine Dame in Halensee sprach tröstend von Preußen, wenn die Rede auf das Dritte Reich kam. Die Bibliothek ihres verstorbenen Mannes, deren reichhaltige Bestände bis in die beginnenden Zwanzigerjahre reichten, war eine Dokumentation der Zeit, die kam, nachdem Bismarck gegangen war. Preußens klassische Tugenden waren uns einmal in österreichischen Schulen im Geschichtsunterricht aufgezeigt worden: Sparsamkeit, saubere Verwaltung, unbestechliches Beamtentum, Wirtschaftsfleiß, gerechte Justiz, relativ geringe Anfälligkeit gegen Korruption und Verbrechen.

Von all diesen Eigenschaften gibt es heute fast nur mehr tendenziös verzerrte Illustrationen auf Bühnen, im Kino, im Fernsehen. Andere Bilder sind ungültig. Und die meisten Deutschen haben sich mit dem Verdikt abgefunden, das der Alliierte Kontrollrat mit seinem Gesetz Nummer 46 am 25. Februar 1947 gefällt hat: Der Preußische Staat, der seit frühester Zeit ein Träger des Militarismus und der Reaktion in Deutschland gewesen ist, hat zu bestehen aufgehört. Es unterschrieb dieses Gesetz zuerst P. König, General jener Armee, die seit 1400 am öftesten auf den Schlachtfeldern Europas anzutreffen war und die mit den Siegen in diesen Schlachten die Nord- und Ostgrenze ihres Landes weit vorgetragen hat: die französische Armee. Nach ihm unterschrieb Marschall der Sowjetunion V. Sokolowsky, später mitbeteiligt an dem Aufbau der Militärmacht der UdSSR, die heute die größte und mächtigste ist, die es je auf Erden gegeben hat. Lucius D. Clay unterschrieb als Dritter, Angehöriger der Army Forces der USA, deren Luftwaffe auf Empfehlung Albert Einsteins die Atombombe zum Einsatz freibekommen hat. Und es unterschrieb schließlich R. H. Robertson, Marschall Englands, in dessen Sprache »to kopenhague« ein Tätigkeitswort für bewaffnete Überfälle auf Städte und Flotten in Friedenszeiten bedeutet: 1806 Kopenhagen, 1881 Alexandria, 1940 Oran, 1956 Suez.

Ich stand vor dem Berliner Zeughaus. Der Anblick der von Schlüter geschaffenen Kriegsmasken ließ die Erinnerung an deren kommissige Nachahmungen am klotzigen Gebäude des ehemaligen k.u.k. Kriegsministeriums in Wien doppelt schmerzhaft empfinden. Dann betrat ich das Wunder norddeutschen Barocks, das Museum von Preußens Gloria. Vor einer österreichischen Feldkanone, die 1866 von den Preußen erbeutet wurde, blieb ich stehen. Vielleicht hat sie am Abend von Königgrätz in der österreichischen Armeegeschützreserve gestanden, deren Ausdauer in diesem Desaster die Armee der Kaiserlichen vor dem vollständigen Untergang bewahrt hat. Was war dieser sechswöchige Sommerkrieg, mit dem der Kampf um die Vorherrschaft in Deutschland entschieden wurde, doch für ein seltsamer Krieg im Vergleich zu dem gewesen, was bereits in Kriegen andernorts geschah. Im Reitergefecht bei Stresetitz hatten österreichische Wrangel- und Preußenkürassiere, so genannt nach ihren preußischen Regimentsinhabern, ostpreußische Dragoner attackiert. Und die Armee des preußischen Kronprinzen eroberte die Fahne des österreichischen Regiments, dessen Inhaber der Kronprinz selbst war. Der sterbende Oberst des Regiments, verwandt dem Grafen Wimpffen, dessen Name 1870 unter der französischen Kapitulation von Sedan stehen sollte, wurde vom künftigen Deutschen Kaiser auf dem Schlachtfeld mit seinem Trost begrüßt. Stundenlang ging ich an systematisch und museal geordneten Austellungsstücken vorbei. Es roch nach Bohnerwachs, denn der Parkettboden war blitzblank gewichst. Und es roch ein wenig wie in der Umgebung der Etagère unserer Hausfrau, die beladen war mit unzähligen Erinnerungsstücken. Nach Krieg roch es nicht. Nicht nach Schweiß und Blut und Dreck und alledem, in das ich selbst bald geraten sollte. Mit einem Koppelschloß über dem Bauch, das noch immer die Inschrift derer trug, die bei Königgrätz die anderen waren: Gott mit uns.

Jahre nach dem Krieg Preußens gegen die Österreicher, den die österreichischen Nationalen unter sich den Reinigungskrieg genannt haben, schrieb Helmuth von Moltke einen Brief an einen Völkerrechtslehrer, in dem er sich mit der Idee des ewigen Friedens auseinandersetzte. Der preußische Generalfeldmarschall hielt dafür, daß diese Idee ein Traum sei. Der Soldat gibt dem Wissenschafter zu bedenken, daß dem Kriegsrecht die Instanz und die Autorität abgeht, die seine Ausführung überwacht und kriegführende Mächte zur Einhaltung des internationalen Rechtes zwingt. Wie recht bekam 100 Jahre später, angesichts des Zypernkonflikts 1974, der reaktionäre und militaristische Preuße. Und wie sehr geht seither das ab, was Moltke die größte Wohltat im Krieg nannte: dessen schnelle Beendigung.

Fast zur gleichen Zeit, als Helmuth von Moltke mit drei rasch geführten Schlägen drei für Europa entscheidende Kriege beendete, zog sich in den Vereinigten Staaten jahrelang ein größtenteils von Bürgern in Uniform geführter Krieg zwischen den Nord- und den Südstaaten hin. In jenem Sommer 1939 mühte ich mich mit dem englischen Text des damaligen Bestseller »Vom Winde verweht« ab. Margret Mitchell zeichnet in diesem Buch ein Bild des Krieges, in dem sich Amerikaner und Amerikaner bekämpften; anders allerdings, als es gleichzeitig Deutsche und Deutsche in Europa taten. Bei der Erinnerung an den Sommerkrieg 1866 kam mir Mitchells Beschreibung des furchtbaren Endes der Stadt Atlanta in Georgia in den Sinn. Noch wußte ich nicht: Jedes Volk kämpft in jedem Krieg seinen eigenen Krieg immer wieder aufs neue. Und also kämpften die

Amerikaner im Zweiten Weltkrieg ihren von 1861 bis 1865 geführten Bürgerkrieg in den Jahren nach 1941 gegen die Deutschen ein zweites Mal.

Hatte der US-General Ulysses S. Grant den geschlagenen Armeen der Südstaaten regelmäßig die bedingungslose Kapitulation auferlegt, dann drohte US-Präsident Franklin D. Roosevelt im Zweiten Weltkrieg den Deutschen das gleiche an, um es dann mitvollziehen zu lassen. Eine verbrannte Erde schuf 1864 US-General William Tecumseh Sherman auf seinem Feldzug von Georgia an den Atlantik, und das gleiche hinterließen die Bombenteppiche, die die westlichen Alliierten über die alte Kulturlandschaft Europas legten. Die hinter der feindlichen Front geführten Kommandos und Partisanenunternehmen gehören zur Romantik des Krieges der Blauen mit den Grauen; im Zweiten Weltkrieg wurde der Partisanenkrieg der Anfang von Mord und Todschlag. Im amerikanischen Bürgerkrieg starben mehr Soldaten an Krankheiten und Mißhandlungen in Gefangenenlagern als im Kampf, und im Zweiten Weltkrieg starben Millionenstädte und Millionen Menschen in Gefangenenlagern, Vernichtungslagern, auf der Flucht. Einmal haben die schaurigen Szenen jener Fotografien, auf denen amerikanische Fotografen die Hinrichtung der Kriegsverbrecher ihres Bürgerkriegs festhielten, den Rest der Welt schockiert; was aber ist selbst der Wahnsinn, der Adolf Hitler trieb, die Hinrichtung der Männer vom 20. Juli 1944 zu filmen, verglichen mit der rational besorgten kompletten Dokumentation der Justifizierungen von Nürnberg, dem protzigen Herzeigen des bereits geknoteten Stricks, der dem Kriegsverbrecher bestimmt war. Einem deutschen Kriegsverbrecher bestimmt war, denn andere hat es nach dem Zweiten Weltkrieg nur noch unter den Verbündeten Deutschlands, niemals unter den Alliierten gegeben.

Nach 1865 wurde der Süden der USA von Militärs, Politikern und üblen Geschäftemachern entmachtet, ausgebeutet und auf lange Zeit hin devastiert. Der damalige US-Präsident Johnson, der dieser Politik in die Arme fiel, wurde einem Impeachment, einem Absetzungsverfahren unterworfen, in dem er nur knapp der Rachsucht der Sieger im Krieg entging, die auf ihren Gewinn im Frieden hofften. Auch Deutschland sollte — und wurde — ausgebeutet, seine Industrieanlagen demontiert. Nicht zuletzt deswegen, weil eine Zeit lang im Braintrust des US-Präsidenten Roosevelt der Plan entstand, dieses Industrieland in ein Land für Ackerbauer und Viehzüchter zu verwandeln.

Und nachdem das und vieles andere vollzogen war, hatte Preußen zu verschwinden. Über seine Kleider aber wurde das Los geworfen. So existiert Preußen nicht mehr in einer Welt, in der seit seinem Untergang mehr Kriege geführt wurden, als in jedem früheren gleichlangen Zeitraum der Neueren Geschichte. In Korea fielen mehr amerikanische GIs als in Deutschland, über Vietnam wurde mehr Bombenlast abgeworfen als bis 1945 über Deutschland.

Aber den Toten und Opfern eines »brutalen preußischen Militarismus«, was geschah ihnen nicht alles, wird man fragen. Georg Büchner hat in seinem Fragment »Woyzek« illustriert und Alban Berg intoniert, wie Menschen bei Preußens zu Tode gequält wurden. Schon in Friedenszeiten. Und dann erst recht unter jenem furchtbaren Gesetz: dulce et decorum est pro patria mori.

Ich suchte das Dekorum des Krieges, das post mortem vergeben wurde, auf dem Invalidenfriedhof in Berlin. Damals, 1939, wurden noch die Gräber der Toten der preußischen Militärgeschichte betreut; noch standen auch jene Grabsteine, die man nach 1945 entfernte; noch durfte man die Gedenkstätte jeden Tag besuchen, und das später von der DDR verhängte Fotografierverbot bestand nicht.

Ich ging durch die Reihen der Gräber und las aus Inschriften die Namen der Großen der Geschichte. Aber ich suchte etwas anderes: den Sinn, der Generationen eingegeben war und nach dem sie das Leben dem Tod preisgaben. Waren es Neurotiker, die es in guten Stuben und Kasinos nicht aushielten, für die es immer wieder eine Fahne und eine Trommel geben mußte, hinter der man ins Abenteuer lief, in dem allein man normal war? Nach der heutigen Theater-, Film- und Fernsehstückeliteratur waren es keine Neurotiker, sondern kaltblütige Leuteschinder, Säufer, Mädchenvergewaltiger, grausame Feiglinge und brutale Dummköpfe. Sie alle tragen seit 1947 das Signet des untergegangenen Preußens: reaktionär, militaristisch.

Wie aber konnten dann solche Menschen ein Leben lang Dienst tun gegen die bescheidenste Entlohnung, die ein armer Staat bot? War das bunte Tuch doch nur die dünne Hülle, unter der eine Minderwertigkeit steckte, die eben fürs Soldatsein langte und die zuweilen in Brutalität und Grausamkeit Befriedigung finden mußt? Wie konnten dann aber solche Typen im Verlauf von Generationen immer wieder die größte Angst des Menschen überwinden, die Todesangst?

Da war ein Grab, das heute wohl bereits eingeebnet und dessen Grabstein entfernt ist. Einer, der darin lag, fiel 1814 in Frankreich. Sein Sohn, beim frühen Tod des Vaters ein Kind, blieb in Böhmen, an der Spitze seiner Kompanie, wie ausdrücklich vermerkt. Und in dasselbe Grab senkte man im wilhelminischen Deutschland mit militärischen Ehren den Sohn des Toten von Königgrätz, der, hochdekoriert, den Strohtod starb. Nicht ahnend, daß sein Sohn den Ersten Weltkrieg überleben und zusammen mit seinem eigenen Sohn im Zweiten Weltkrieg Preußens Finale erleben würde. Wovon natürlich nichts auf dem Grabstein stand. War dulce et decorum pro patria mori so etwas wie Brauchtum? Meine Generation sah zu viele sterben, hat zu viele mit eigenen Händen begraben, um zu glauben, daß es sich traditionellerweise besser stirbt. Bei Preußens diente man nicht dem Krieg, sondern dem Staat, nicht der dürren Konstruktion aus den Ideen der Philosophen, Soziologen, Politologen und Nationalökonomen. Weil man diesen nicht dient. Man diente, und in dieser Überzeugung ging ich im Sommer 1939 aus dem Invalidenfriedhof, dem Prinzip: do ut vivas. Ich gebe mein Leben, damit du lebest. Dieses und nicht der Geschäftsgeist: do ut des, aus dem heraus einer einem anderen abläßt, was ihm entbehrlich ist, damit ihm dieser dafür gebe, was er für sein Leben braucht.

Erst die Marx-Renaissance der sechziger Jahre hat in der freien Welt des Westens aufs neue den Begriff und das Bild des positiven Helden herausgestrichen. Nie hat Deutschlands katholische Jugend einen jungen Helden mehr gefeiert, als den gewesenen Priester Camilo Torres, der in den Reihen kommunistischer Partisanen bei der Revolutionierung Lateinamerikas im Kampf gefallen ist. Kein Leo Schlageter, der nach dem Ersten Weltkrieg wegen seines Widerstands gegen die französische Besatzungsmacht getötet wurde, erfuhr mehr Nachruhm als Che Guevara, der — enttäuscht vom Sozialismus Fidel Castros — der Idee einer Revolutionierung ohne Ende folgend, den Tod suchte und ihn in einem Gefängnis fand.

Mehr noch: in den siebziger Jahren beginnen sozialistische Regierungen Eroberungskriege und sie beenden sie unter dem Beifall des New Management der freien Welt des Westens und des kommunistischen Ostens: Indien griff Pakistan an und halbierte dessen Landbesitz. Die Türkei eroberte fast die Hälfte der Insel Cypern und kehrte als Kontrollmacht in die Ägäis zurück. Israel erobert im vierten jüdisch-arabischen Krieg Gebiete, die es nie mehr herausgeben will.

Ein Militarismus, dessentwegen Preußen abgeschafft wurde, erlebt unter den sogenannten friedliebenden Nationen der Erde scheinbar Urständ; während die Gewalt der Tatsachen nach wie vor ihre Triumphe feiert und zwar mit jenen Methoden, derentwegen Preußen von der politischen Landkarte gelöscht und die Erinnerung an diesen Staat in den Orkus verdammt wurde. Und die 1945 von den Kriegstreibern und Kriegsverbrechern befreite Welt erlebt aufs neue den Beifall für Angriffskriege, die als gerecht gewertet werden, für Kriegshelden, die dem Fortschritt den Weg bahnen und für der Toten Tatenruhm. Alles in einer Illustration und Intonation, bei der die neuen Massen-

medien allem überlegen sind, was einstens die Kunst in Helden-
epen legte.

Preußen fiel in Wahrheit nicht wegen seiner reaktionären und
militaristischen Methoden. So, wie das Deutsche Reich 1945
nicht zerschlagen wurde, um den Nationalsozialismus umzu-
bringen. Preußen, von dem der Nationalsozialismus das Beste
sehr zu Unrecht für sich reklamierte, fiel um eines Prinzips willen, das ihm durch seine Lage aufgetragen war: letzte Klammer
einer europäischen Mitte des Kontinents zwischen Maas und
Memel zu sein. Eine Klammer, ohne die der Enthusiasmus
der Romantiker nichts mehr geworden wäre als vergilbte
Blätter, Bilder und der Immortellenkranz auf verlassenen
Gräbern.

Ging ich den Kürfürstendamm entlang, sah ich, noch unzer-
stört, die Kaiser-Wilhelm-Gedächtniskirche, genannt das Tauf-
haus des Westens. Und das Kaufhaus des Westens, Monument
des jüdischen Nobelviertels der Goldenen Zwanziger Jahre, an
denen die braune Deckfarbe keinen Halt hatte. Noch gab es
nicht die schauerlichen Konzepte für Endlösungen der Judenfrage. Aber es standen die Ruinen der Synagogen; sie und säu-
berlich aufgeräumte Brandstätten erinnerten an die »Kristallnacht« 1938. Aber in den KZ seien mehr politisch als rassisch
Verfolgte inhaftiert, hörte man von Freunden, die bei ihrer Entlassung nicht stumm gemacht werden konnten. Und die Flucht
ins Ausland war für die nicht aus rassischen Gründen Verfolgten keineswegs der einzige Weg in eine Emigration. Ich traf
frühere österreichische Offiziere, die sich zum Dienst in der
Deutschen Wehrmacht gemeldet hatten. Keine Überdauerer, die
sich im Ehrenkleid der Nation vor politischer Verfolgung sicherer fühlten: Soldaten, die noch einmal ihre Hoffnung in ihren
Stand setzten, weil sie glaubten, das Heer allein könnte noch
die beginnenden Exzesse des Hitlerismus unter Kontrolle bekommen. So kam die Zeit, in der Adolf Hitler, Oberster Befehlshaber der Deutschen Wehrmacht, dem im Geist des preußischen Generalstabs erzogenen Ludwig Beck von der Spitze des

Generalstabs des Heeres verdrängen mußte, um freie Bahn zu bekommen für seine militärpolitischen Experimente.

Hier in Berlin, im Geiste Preußens, sollte der 20. Juli 1944 die einzige Resistance gegen den noch im Besitz der Macht befindlichen Hitlerismus stattfinden, die den Deutschen eine Selbstreinigung durch eine rettende Elite hätte bringen können, bevor ihr Reich zu Ende war. Eine Selbstreinigung, vor der den Siegern von 1945 bangte, weil sie ihnen nach dem Sieg jenen Titulus justus geschmälert hätte, der es ihnen zuletzt tatsächlich gestattet hat, das Reich in der Mitte bis auf den Grund zu zerstören.

Am 20. April 1939, am fünfzigsten Geburtstag Adolf Hitlers, sah ich die Deutsche Wehrmacht vor ihrem Obersten Befehlshaber paradieren. Ich stand im Tiergarten, in der zwanzigsten oder dreißigsten Reihe von Zuschauern, über die sich ein Wald von Stöcken erhob, an denen Spiegel befestigt waren, die einen Blick über die Köpfe hinweg gestatteten. Ohne ein solches Gerät erfaßte ich dank meiner Körpergröße wenigstens die flirrende Silhouette Hitlers. Sah ich ihn ein einziges Mal: Aufgereckt in einem offenen Wagen stehend, gesichtslos wegen der raschen Fortbewegung des Fahrzeugs, ein Umriß eines hellen Brauns, lichter als das Braun des Goldfasans der Partei.

Und dann rollte das nie mehr wiederholte Schauspiel ab: noch einmal defilierte deutsche Infanterie, erzogen in der Tradition dessen, was man in Potsdam das Erste Infanterie-Regiment der Christenheit nannte. Ich spürte geradezu, wie um mich eine geheime Angst sich löste. Die Angst: Hitler, das ist der Krieg. In diesem Moment kam noch einmal die verhängnisvolle Hoffnung hoch: Si vis pacem, para bellum. Wer sollte es wagen, diese Militärmacht, die vor den zu Gast geladenen Militärs aus aller Welt vorbeidonnerte, anzugreifen.

Mich erregte in diesem Moment eine Erinnerung. Eduard Beneš, der an jenem Frühlingstag 1939 schon als abgedankter Staatspräsident der gewesenen ČSR in seinem Londoner Exil lebte, hat einmal von einer ähnlichen Parade erzählt, deren Zeuge er vor 1914 wurde. Der ehemalige tschechische Lehrer an einer deutschen Handelsschule in Böhmen, hatte an diesem längstvergangenen Tag als ein Amulett gegen den deutschen Teufel den »Simplizissimus« in die Tasche gesteckt. Denn er wollte nicht dem Zauber einer sogenannten schimmernden Wehr verfallen. Aber das militärische Schauspiel, das ihm das Heer vor 1914 bot, erschütterte ihn. Machte ihn mutlos in seiner Hoffnung, nach der dieser ganze Spuk des Teufels eines Tages vorüber sein würde und damit auch das wurmstichige Österreich, dessen endlicher Untergang seinem tschechischen Volk die Freiheit bringen mußte. Beneš stürzte davon, heim nach Prag.

Um wieviel tiefer muß erst in jenem Frühjahr 1939, angesichts des über Böhmen und Mähren errichteten Protektorats des Dritten Reiches, die Depression des eben zum ersten Mal abgesetzten Eduard Beneš gewesen sein; verglichen mit jener, die ihn vor 1914 dazu antrieb, nunmehr ernstlich seine Lehrbefugnis für Nationalökonomie anzustreben, anstatt sich in Utopien zu verlieren.

In jenem Frühling 1939 ging ich mit Wiener Freunden den Kurfürstendamm entlang. Das Memelgebiet war als letztes ohne kriegerische Verwicklungen mit dem Deutschen Reich vereinigt worden. In dieser Serie der Heimholungen fanden sich manche Berliner nicht mehr so ganz zurecht. Der breite Wiener Dialekt meiner Freunde fiel jedenfalls einem Spaziergänger auf: »Na, wat denn, was seid denn ihr für Brüder?« fragte er, eher erstaunt als belustigt. Einer von uns erwiderte gleichgültig: »Wir san aus Watland«. »Watland, Watland«, kam es zurück, »nie wat davon gehört.« Ernstlich nachdenkend ging der Mann weiter.

Es war die Zeit, in der Ironie, Satire und Witz an die Stelle der unfrei gewordenen Meinung traten. Noch kostete ein Flüsterwitz nicht den Kopf. Noch war nicht die Katastrophe vor aller Augen, als daß man es sich vorsätzlich geleistet hätte, Witz als Mittel zum Zweck, als Beeinflussungsmittel, einzusetzen. Sicher war Berlin die Geburtsstätte der meisten Flüsterwitze von damals. Denn der Berliner ist der geborene Verfasser und der ebenso begabte Verbreiter von Witzen. Dazu kam, daß sich der Berliner im Dritten Reich sozusagen in der Fundgrube des politischen Witzes von damals befand. Er hatte nicht nur seine Witzkiste, er saß in der größten drinnen. Spätere Dokumentationen des politischen Witzes im Dritten Reich sind geradezu Dokumentationen und Denkmäler der im Rest der Welt berühmt-berüchtigten Berliner Schnauze. Doch: wie harmlos waren die Flüsterwitze der Vorkriegszeit, verglichen mit dem schwarzen Humor, in den zuletzt, während der Untergangsperiode des Dritten Reiches, selbst der scheinbar unausrottbare Stehsatz: Humor ist — wenn man trotzdem lacht, unterging.

Anfangs 1945 hörte ich im Luftschutzbunker eines Umsteigbahnhofes in Deutschland das, was vom Humor jener Tage übriggeblieben war: »Wie war denn so Weihnachten 44?« Und die Antwort: »Ooch, es regnete Christbäume vom Himmel, die Flak lieferte dazu die Kugeln, Goebbels erzählte Märchen, das deutsche Volk zündet die Kerzen im Keller an und erwartete die Bescherung von oben.« Die Bescherung von oben kündeten besagte Christbäume den Berlinern nicht nur zu Weihnachten 1944 an. Besagte Christbäume waren Haufen von Leuchtkörpern, die über den Zielgebieten der Flächenbombardements hingen, wann immer die Nachtbomber der Alliierten ihre Last auf die großstädtischen Ballungsräume warfen. Denn auch die anderen hatten ihren schwarzen Humor. 1944 ließ einer von ihnen vernehmen: »Läuse rottet man am sichersten dort aus, wo die Nissen der jungen Brut sitzen.« Das war der 1944 den Berliner Kindern zugedachte Weihnachtssegen, der von oben kam.

Berlin verließ ich in einem der letzten Eisenbahnzüge, die am Tag vor Kriegsausbruch auf den sich hundertfach kreuzenden Strecken des Eisenbahnnetzes durch das Reich hasteten.

Der letzte Tag und die letzte Nacht waren anstrengend gewesen. Nachmittags traf ich auf dem Skagerrakplatz den von mir von internationalen Studententagungen her bekannten früheren Stabsleiter des Reichsstudentenführers. Wir gingen auf einander zu und schüttelten uns die Hand zum Abschied. Der frühere Stabsleiter hatte einen beachtlichen Rang in der SS, er rückte aber zu einem Infanterieregiment ein. Als Kriegsgefangener in der Sowjetunion wurde er nach Kriegsschluß zu einem Vierteljahrhundert Zwangsarbeit verurteilt, aus der er erst in der zweiten Hälfte der fünfziger Jahre, nach dem Besuch Konrad Adenauers in Moskau, schwer krank und sehgestört heimkehrte. Nicht dieses finstere persönliche Schicksal schien ihm bei unserem Abschied vor Augen zu stehen, sondern die Sorge um das Reich. Er fragte mich, was ich erwarte. Ich erwog jedes Wort und daher weiß ich meine Antwort: »Gott möge Deutschland schützen, wenn das Reich diesen Krieg verliert.« Er sah mich sehr ernst an, und dann trennten wir uns.

Die letzte Nacht in Berlin habe ich schlaflos verbracht. Zusammen mit Freunden saß ich in einer Bar, nahe der »Scala« in der Kantstraße. Der Barpianist war auch auf unsere harbe Weana Muse eingestellt, er hat uns manches Heimweh gestillt. In jener Nacht sang er zum Schluß, als die Kellner schon wegräumten, das Lied vom Herrn Doktor, der gefragt wird, ob er sich noch ans Zwölferjahr in Wien erinnert. Obwohl die Frage in meinem Fall gegenstandslos war, weil das Jahr 1912 mein Geburtsjahr und daher ohne persönliches Erinnern ist, betraf die Fragerei an den Herrn Doktor doch auch eine Reihe von Erinnerungen, die am vermutlichen Vorabend eines Krieges sentimental stimmten: die Vierte Galerie des Burgtheaters, die ich nie mehr betreten habe. Den Blumenduft im Prater, den ich nach 1945 in der schlecht beleuchteten Russenzone Wiens nie riskierte. Und den noblen Alten Kaiser eines Reiches, der einmal gesagt hatte, er möchte, daß sein Reich, wenn schon, dann anständig zugrunde gehe. Meine düstere Prognose vom Nachmittag ging mir nicht aus dem Sinn, als ich mit meinen Freunden in die Dämmerung

des späten Augusttages trat und wir den ganzen Kurfürstendamm hinaus nach Grunewald gingen. In der noch nachtstillen
Königsallee hörten wir den Lärm des Getrappels vieler Hufe.
Anfangs glaubten wir, es seien Truppen, die auf dem Marsch
zum Bahnhof sind. Aber dann sahen wir eine Pferdeherde, die
über die ganze Breite der Straße und manchmal über die Geh-
steige herankam, einem unbekannten Ziel entgegen. Noch war
die Erkenntnis der Todesfurcht nicht in uns. Arthur Schopen-
hauer meint, diese Furcht sei von aller Erkenntnis unabhängig;
denn das Tier habe sie, obwohl es den Tod nicht kennt. Aber
wir haben diese Erkenntnis sehr wohl kennen gelernt. Und die
des Pferdes, wenn es, getroffen, die Qual der Kreatur im Krieg
herausbrüllt.
Nur einmal habe ich nach dem August 1939 Berlin wiederge-
sehen. Es war im Jahre 1957, als sich Käthe Dorsch anläßlich
eines Gastspiels des Wiener Burgtheaters vor ihrem wahren Sou-
verän, Berlin, noch einmal verneigte. Ich sah die schon sterbens-
kranke Dorsch auf der Bühne, und ich erinnerte mich des Berlins,
in dem ein einmal grandioses Schauspiel übergequollen war vom
Gendarmenmarkt bis zum Schiffbauerdamm. Denn Berlin war
nicht nur das Quarzfenster im Feuerofen oder das Auslagen-
fenster, in dem Puppen standen. Aus diesem Feuerofen kam
Gesang von einer überwältigenden Schönheit. Aus drei Opernhäusern und aus Konzertsälen. Im Umkreis der Philharmonie
blieb eine Musiktradition gewahrt, die, wäre sie 1945 nur mehr
gewesen, nie mehr aufs neue hervorgebracht hätte werden können. Es muß ganz klar ausgesprochen werden: Ohne die Kunst,
die sich bei Kriegsausbruch mit dem Namen Berlin verband,
hätte es nie die Renaissance in Opern- und Konzerthäusern,
Theater und zum Teil auch Film gegeben, der Deutschland in
seiner schwersten Zeit nach 1945 eine ungebrochene Tradition
verdankt. Und wir dürfen als Österreicher hinzufügen: nicht
nur Deutschland, sondern der ganze deutsche Sprachraum. Noch
nie hat allein das Wort einem unversiegbaren Strom der Sprache
so gedient, als nach 1945, als alle Gefäße und Hüllen materiellen

Daseins zerbrachen. Berlin hat in dieser Hinsicht den Feuerofen überlebt, nicht überdauert.

Der letzte Besuch in Berlin fiel genau auf den Tag, an dem Willy Brandt sein Amt als Regierender Bürgermeister der Stadt angetreten hatte. Ich war, glaube ich, der erste ausländische Gast, der sich als Brandt's Besucher laut Protokoll ins Besucherbuch der Stadt eintrug. Von Willy Brandt bekam ich die Freiheitsglocke, von der jetzt seltener die Rede ist.

Berlin war nicht Deutschland. Aber das geteilte Berlin bleibt das Symbol der Zerrissenheit, die heute zwischen den Zonen und in den Zonen durchs Land geht.

Das Deutschland, für das wir einmal erzogen wurden, erlebte ich noch einmal an einem Maitag des Jahres 1942. Unsere Infanterie-Division, eine mit den hohen, bald vergessenen Hausnummern, war auf einem Truppenübungsplatz in Frankreich neu aufgestellt worden. Wir fuhren im Strom der Truppen zur Sommeroffensive nach dem Osten. Nachts ging die Fahrt durch das Elsaß. Im Morgengrauen fuhren wir über den Rhein. Flußaufwärts, unsichtbar und hinter Nebel, lag Speyer und sein Dom mit den Grüften der ersten Habsburgerkaiser Rudolf I. und Albrecht I. Morgens wurde Verpflegung in Aschaffenburg ausgegeben, und so hatte ich Muse, den schönsten Renaissancebau nördlich der Alpen, das Schloß, anzusehen. Und dann ging ein langer Sonnentag im Mai mit der Fahrt durch das Maintal zu Ende. Nie mehr werde ich die Landschaft am Strom so still und so ruhig unter der Sonne sehen wie damals. Wieder im dämmernden Morgen fuhren wir bei Dresden über die Elbe. Ich sah sie, die noch unvorstellbare Silhouette in ihrer Ursprünglichkeit, ehe das Grauen der Zerstörung über sie ging. Es war ein Sonntag, als wir durch Ostoberschlesien fuhren. Viel Volk im Sonntagsstaat war unterwegs, kam an den oft haltenden Zug heran, erzählte von dem unablässigen Strom, der nach dem Osten ging; und dann fragte wohl einer: wird es diesmal gelingen? Volk an der Grenze ahnt alles Unglück früher, als jene in der Geborgenheit des Westens. Dann kam eine Nacht und ein Erwachen in

Westpolen. Und dann die sarmatischen Weiten bis Kursk. Nie mehr sah ich Deutschland so. Und deswegen hänge ich am Haus in Halensee, aus dessen Fenster ich nachts in das Rot sah, das vom Kurfürstendamm herüberleuchtete.

Die Kaserne

Es war im Winter 1933 auf 1934, als ich zum ersten Mal in meinem Leben kaserniert war. Die Studentenkompanie des Wiener Regiments des Freiwilligen Schutzkorps war allerdings in einer ungewöhnlichen Kaserne bequartiert. Das Gebäude, in dem sich unser Mannschaftszimmer befand, war nämlich noch unlängst Sitz der Bodenkreditanstalt gewesen. Die Bodenkreditanstalt hat einmal die Gelder der kaiserlichen Familie verwaltet. An ihrer Spitze stand kein Bankpräsident, sondern ein Gouverneur, meistens ein Exzellenzherr. Es entsprach ihrer Prominenz im österreichischen Wirtschaftsleben, daß sie das erste prominente Opfer der nach 1929 auch nach Österreich gekommenen Weltwirtschaftskrise war.

Jetzt trampelten über die jahrzehntelang sorgfältig gepflegten Parkettböden die Nagelschuhe der Schutzkorpsmänner. Hinter Polstertüren wickelte sich der Betrieb eines Kasernements ab, im Kassensaal wurden die Züge und Kompanien vergattert und die Waffen rasselten schwerfällig auf dem Steinboden, dessen erstklassige Qualität nicht für das Klirren von Eisen auf Stein gedacht war. In der Toreinfahrt, durch die einmal der Wagen des Gouverneurs ins Bankpalais eingefahren war, dampften zwei Feldküchen des Bundesheeres und auf der Prominentenstiege standen Schutzkorpsmänner in Reihe zur Menageausgabe.

Wer in Österreich zeitkritisch eingestellt ist, tut gut daran, auf das wechselvolle Geschick gewisser Lokalitäten zu achten und sich selbst ein wenig danach zu richten. Einmal war die sukzessive Verwendung ehemaliger Klostergebäude symptomatisch. Die Merkantilisten in der Umgebung Kaiser Joseph II. belegten die Gebäude aufgelöster Ordensgemeinschaften mit Beschlag und nutzten sie für Betriebe des Polizeistaats. Zum Beispiel für das k.k. Tabakmonopol. Aber die Zeiten besserten sich trotz Aufhebung der Klöster nicht, und das 1803 — im Gegensatz zu heute — als ungemein progressiv und human empfundene neue Strafgesetzbuch brachte mit seiner Einführung bedeutende Raumerfordernisse für den erweiterten Strafvollzug in Haftanstalten. Ehemalige Klöster wurden Kerker, und Mönchszellen Arrestantenzellen.

Die Zeiten blieben unruhig, und der Strafrechtsreform folgte die zeitgemäße Heeresreform. Sie war unaufschiebbar, denn einmal mußte ja die Monarchie mit der Revolution in Frankreich und ihrem Sohn, Napoleon I., fertig werden. Die reformierte Armee brauchte noch mehr Raum als die reformierte Justiz und daher wurden viele frühere Klöster Kasernen. Viele haben nachher in Klosterkasernen gedient, uns Klerikofaschisten blieb dieses Dessert versagt. Wir kamen in ein Fort des Kapitalismus. Aber der unaufhaltsame Fortschritt ließ das einmal sequestrierte Klostervermögen nicht mehr aus den Händen. Als Minister sah ich zum Beispiel in geschmacklosen Traumvillen eine Menge davon wieder: Heiligenfiguren über französischen Betten, Paramente auf Tischen und über Möblage gespannt, ja selbst Tabernakeln für die Schnapsreserven, Betschemel als Hocker und Beichtstühle für ich weiß nicht was. So bekam das Milieu moderner Sachlichkeit inmitten von Beton und Glas Weihe und Intimität.

In der Weltwirtschaftskrise nach 1929 machten sich viele Menschen Gedanken über die Krise und deren Ablauf. Damals waren die Menschen noch nicht so pretentiös wie später, zur Zeit meiner Ministerschaft; als ich von Experten belehrt wurde, Dinge wie Währungsverfall oder Inflation oder sonst dergleichen wären im neuen System der Weltwirtschaft undenkbar. Und da um 1970 die Inflation in Raten kam und Arbeitslose als »freigesetzt« in den Statistiken geführt wurden, schien das Geschehen am Rand der Krise in der Tat nicht so dramatisch zu werden wie nach 1929.

Als ich jung war, lebten noch zu viele Menschen, die nach 1918 während der Geldentwertung von den Federn aufs Stroh gekommen waren und die man nicht mit Statistiken und Wortgeklingel abspeisen konnte. Ein früherer Berufsoffizier, der nach 1918 Stellungswechsel machen mußte, war einer unserer Vorgesetzten im Freiwilligen Schutzkorps. Als Heimkehrer 1919 zu jung und zu arm, um als Rentner zu leben, und zu anständig, um für den Rest seines Lebens einer unwiderbringlichen Vergangenheit nachzutrauern, begann er eine neue Laufbahn im Bankfach. Das war damals, als zu Beginn der Geldentwertung nach dem Ersten Weltkrieg Bankfilialen aus dem Boden schossen, wie um 1970 Autoverkaufssalons oder neuerdings wieder Bankfilialen. Aber die Inflation war noch progressiver als der allgemeine Fortschritt, und auf dem Höhepunkt der Inflation wurden viele hinter Bankschaltern beschäftigt gewesene Bankbeamte — die genau gesehen keine Beamten waren — beschäftigungslos und viele Filialen geschlossen. Besagter Offizier mußte neuerdings Stellungswechsel machen und er konnte in der Tat während der wenigen Jahren, die der Sanierung bis zur Krise 1929 folgten, noch einmal Fuß fassen. Aber dann riß ihn eine aussichtslose Arbeitslosigkeit, wie so viele, endgültig vom Sessel.

So entstand in der Vorstellung dieses Mannes dessen höchstpersönliche Krisentheorie nach folgenden Phasen: Zeiten in Kaffeehäusern und an weißgedeckten Tischen — Umsturz — Ende der Herrlichkeit an weißen Tischen — Installation von Schaltertischen in ehemaligen Restaurants und Kaffeehäusern in guter Lage — Inflation — Ende des Geldverkehrs über Zahltischen — Rückkehr eines gewisen Handels- und Gewerbefleißes, kurze Blüte der Nachkriegskaffees zugunsten der neuen Kaffeehausexistenzen — Weltwirtschaftskrise — Sperre von Lokalitäten aller Branchen und Massenarbeitslosigkeit. Diesmal aus und basta.

Arbeitslose Fabrikarbeiter und beschäftigungslose Offiziere ergeben eine brisante Mischung. Ehemalige Generalstäbler von

Rang tauchten während der zwanziger Jahre allmählich in den paramilitärischen Verbänden der politischen Rechten und Linken auf. Ein jüngerer, nichtgedienter Freund hielt von der Krisentheorie und den Erfahrungen unseres Zugsführers gar nichts. Er kannte ihn und hielt ihn für einen der gewerbsmäßigen Kaffeehaussitzer und Kurbler. Besagter Freund observierte nicht die wirtschaftlichen Vorgänge, sondern die Art der Bekritzelung der Wände. Solange er dabei Motive mehr erotischen Charakters wahrnehmen konnte, glaubte er beruhigt sein zu können. Ein Ausbleiben solcher Motive alarmierte ihn. Waren die Wände mit politischen Parolen und Symbolen bekritzelt, dann drohte nach seiner Ansicht Gefahr im Politischen. Tief unter dieser, immerhin mit gewählten Worten erörterbaren Krisentheorie lag die eines ehemaligen Kommandanten einer Minenwerferkompanie. Er allerdings hatte bereits eine sausende Talfahrt durch die Ränge des gesellschaftlichen Lebens hinter sich. Im Suff vertraute er mir einmal an, die Weltgeschichte sei so etwas wie das Nachtgeschirr der Menschheit. Einmal in jeder Generation müsse es umgestülpt werden. Dieser Mann hielt auch im Falle solcher Umstürze Minen für kolossal wirksam und traf sich in dieser Ansicht mit der jugendlicher Intellektueller der sechziger Jahre, die eine Generation später anfingen, Warenhäuser, Universitätsgebäude und ganze Wohnblocks zu sprengen oder wenigstens in Brand zu stecken.

Wie gesagt, die Lebensphilosophie, auf die ich in den Reihen der Marschierer der dreißiger Jahre stieß, war uneinheitlich. Nicht unbedingt weltanschaulich bedingt. Wir hatten im Schutzkorps einen Abrichter. Im alten Österreich wurden Rekruten nicht ausgebildet, sondern abgerichtet. Unser Abrichter war im Krieg Korporal im k.u.k. Infanterieregiment Hoch- und Deutschmeister Nummero 4 gewesen. Eine Wiener Type, die einmal ein Feschak gewesen sein mußte, die es aber nie zum Typ des Lilioms im Schema Arthur Schnitzler gebracht hätte. Eine Kleine Silberne und eine Bronzene Tapferkeitsmedaille samt Spangen verriet eine bewegte Vergangenheit im Feld.

Indessen vertraute uns unser Abrichter während der Zigarettenpausen auf der Jesuitenwiese im Prater an, daß er bei Rapporten öfters am linken Flügel, unter den zur Bestrafung Befohlenen, als am rechten Flügel, unter den zur Belobigung Angetretenen, gestanden hätte. Daran war nach verschiedenen Andeutungen nicht zu zweifeln. 1918 hatte er ein wenig anarchistelt, aber es war nicht viel daraus geworden. Uns sagte er, wir seien keine Freiwilligen, sondern Mutwillige, die schon noch sehen würden, was Kommiß ist. Diese Drohung war weit ernster gemeint als andere, die ein Rekrut kaltblütig über sich ergehen lassen muß, um Soldat zu werden. So habe ich zum Beispiel meine Waden an Ort und Stelle behalten, obwohl unser Abrichter mir mehrmals gedroht hatte, er würde sie mir füririchten.

Der Konflikt mit unserem Ausbildner entstand nicht auf dem Exerzierplatz, sondern nachts, nach Zapfenstreich. Wir alle, auch der ausgezeichnete Korporal, existierten dann auf gleicher Ebene, nämlich auf dünnen Matratzen, durch die man die ausgezeichnete Qualität der Hartfußböden peinlich zu spüren bekam. Natürlich gab es unter uns, ich meine im Schutzkorps, mehr Mutige als Mutwillige. Nämlich Menschen, die eine Existenz aufs Spiel setzten, die dies taten, ohne daß sie an bezahlte öffentliche Funktionen dachten oder an Politikerpensionen. Das damalige Auslesekriterium im Politischen war das Risiko, vielleicht einmal die Existenz zu verlieren, die Freiheit oder gar das Leben.

In diesem Punkt unterschieden wir uns nicht von den nach wie vor legalen Sozialisten und den bereits illegal gewordenen Nationalsozialisten. Zugegeben: die Illegalität hatte für junge Menschen einen Schimmer an sich, den wir, in der Heimwehr, nicht bieten konnten. Es kam die Zeit, in der zum Beispiel die Wiener Burschenschaft »Teutonia« einen außergewöhnlichen Zulauf hatte, weil sie ihren Verbindungsbetrieb in Form von Appellen der illegalen SA abzog. Ein blinder Grundwachter hätte dieses illegale Treiben mit dem Stock greifen können, umso mehr gelang dies der Staatspolizei, und es folgten schwere Tage für die Burschenschaft und ihre Jungen. So wie wir Studenten uns nächtelang die Köpfe über die Streitfrage heiß redeten, ob uns wohl zuerst die illegalen Nationalsozialisten angreifen würden — ihretwegen waren wir gerade aus unseren Wehrverbänden eingezogen worden — oder, gestützt auf ihre Bastion in Wien, die noch durchaus legale Sozialdemokratie, gingen ähnliche Erwägungen auch in den Stabsquartieren und Kellern der anderen hin und her. In allen drei Lagern waren viele junge Menschen, die den bewaffneten Kampf nicht aus eigener Erfahrung kannten, die ihn aber als ein Motiv ihrer Lebens- und ihrer politischen Vorstellungen unbedingt bejahten. So wenig wir an Arbeitermord dachten, so wenig dachten unsere nationalsozialistischen Kommilitonen an Judenmord. Uns ging es um Österreich, ihnen um das Reich. In den Arbeiterwohnungen aber saßen zu viele Ausgesteuerte.

Heute sind unsereiner und die überlebenden Teutonen aus der Wiener Kochgasse unterschiedlos über das Verlustkonto: Unbewältigte Vergangenheit abgeschrieben und als Faschisten lebenslang abgestempelt. Diejenigen aus unserer Generation, die uns einmal in der Uniform des Schutzbundes angegriffen haben oder inzwischen die Rote Taufe empfingen, sind seit der Marx-Renaissance der sechziger Jahre Vorbilder einer Revolution, die wir seinerzeit aus »verbrecherischer Gesinnung« aufhalten wollten.

So um 1930 richteten sich unsere Aggressionen zuerst gar nicht gegen die anderen. Eher gegen bürgerliche Politiker, die, von Nazis und Sozis erschreckt, nicht mehr aus und ein wußten und anfingen, auf der Stelle zu treten. Diesen schien, so dachten wir, die notwendige Courage zu fehlen, und Courage fanden wir bei den neueren Männern, bei den starken Männern, von denen übrigens einige bessere Vorstellungen hatten, als jene von besagtem historischen Nachtgeschirr.

Unseren Abrichter störten unsere nächtelangen Gespräche in einem seiner kostbarsten Erlebnisse: im Schlaf. Er hatte die

Fähigkeit, unter allen Umständen und wann er wollte, zu schlafen. Schlaf nachzuholen, auf Vorrat zu schlafen oder einfach eine miese Gegenwart zu verschlafen. Ohne diese Fähigkeit kann man als Soldat auf die Dauer, ich meine: wenn der Enthusiasmus dünne wird, nicht durchhalten. Im Schlaf gestört, griff unser Abrichter ein einziges Mal in unsere Diskussion ein: »Dös was ös da red's, is ollas a Bledsinn«, begann er, um sogleich zum Ende seiner Ausführungen zu kommen: »Beim Mülidäa braucht ma nur drei Sacherl. Z'erscht inhalieren, nacha a Spangerl und dann nix wia ei'schaun.« Das Wort Mülidäa sprach er so weich aus, als wäre es von Müli, zu Deutsch: Milch, abgeleitet. Das harte »t« schwächte er in ein samtweiches »d« ab und die Endbuchstaben des Wortes Militär »ä« und »r« hörten sich aus seinem Mund ein »e« an, das in ein breites »a« ausklingt. Er demilitarisierte das Wort vollständig. Um es kurz zu erklären: Inhalieren ist so viel wie Nahrung zu sich nehmen; ein Spangerl ist eine Zigarette; und einschauen bedeutet: in tiefen Schlaf verfallen.

Wenige Wochen nach unseren Diskussionen in der Nacht, geführt im Gebäude der ehemaligen Bodenkreditanstalt, zernierten wir in einer Februarnacht den Bahnhof Floridsdorf am linken Donauufer in Wien. Es war die Nacht auf den 14. Februar 1934. Ausgerüstet waren wir mit Repetiergewehren, System Mannlicher, Modell 1895, die zu Stutzen umgearbeitet worden waren. Da man sich bei der Herstellung der Stutzen nicht lange mit der Justierung des Korns und des Grinsels aufgehalten hatte, konnte bei solchen Gewehren die Ziellinie nie stimmen. Der längst abgetragene Militärmantel war dünn, und er ließ Wind und Regen gut durch. Wärme hatten wir nur dort am Leib, wo der Mantel über dem Bauch von einem Überschwung gerafft und von den schweren Patronentaschen, genannt Buchteln, an den Körper gepreßt wurde. Es stand sich in dieser Nacht schlecht auf Einzelposten. Zwar riß das klackernde Feuer bald ab; aber unser Kordon war so dünn, daß wir nicht einmal auf Rufweite standen. Das Gelände war unübersichtlich: ein Rangierbahnhof, Fabriksanlagen, düstere Baulücken und Straßen, in denen Menschen wohnten, die wußten, daß ihre Söhne Gatten und Väter, die im Schutzbund gegen uns kämpften, einen bereits aussichtslos gewordenen Kampf hinhielten.

Zum erstenmal sah ich die Toten einer militärischen Auseinandersetzung. Soldaten des Heeres, Kameraden vom Schutzkorps, Schutzbundmänner in Zivil. Das Heer sollte das Land verteidigen, wir sahen die Heimat bedroht und der Schutzbund wollte die Republik schützen. In dieser Defensive hatten wir uns bis aufs Blut bekämpft und aus lauter Verteidigungsbereitschaft auf einander geschossen. Und da lagen die Toten: Ein Bündel Mensch, der gewesen ist. Unsere Toten in dünner Uniform, die anderen in noch dünnerem Zivil.

War das die Stunde von Damaskus? Saulus hat bei der Steinigung des Erzmärtyrers Stephanus teilgenommen. Später ist er nach Damaskus aufgebrochen, um Christen zu verfolgen. In der Apostelgeschichte sind die Gestalten des Saulus und des Paulus klar unterscheidbar gezeichnet. Saulus erfuhr vom Endgültigen von oben her und wurde ein Paulus. Wer ist aber in einer konkreten Situation der Revolutionsgeschichte jeweils Saulus und wer ist Paulus? Gilt vielleicht doch das Wort des gewesenen Priesters und Bischofs Talleyrand, wonach Hochverrat nur eine Frage des Datums sein soll? Meine Generation hat, wo immer der Einzelne gestanden haben mag, so nicht gedacht. Mag es auch unter uns geschickte Wellenreiter gegeben haben, die mit der Formel Talleyrands über revolutionäre Zeiten hinweggekommen sind, um nachher mit Schwung in der Reaktion mitzutun. Die Zeit des Herrn Karl war, jedenfalls in Österreich, noch nicht gekommen.

Der Tag nach dem Einsatz beim Floridsdorfer Bahnhof ging düster zu Ende. Wir rückten ab auf eine Stadtrandsiedlung, vor der ein Major, als die Kämpfe längst entschieden waren, erschossen worden war. Nachher waren die Männer aus der Siedlung geflüchtet. Die Frauen und Mütter sahen an uns vorbei über die mit dünnem Schnee bedeckten Äcker des Marchfeldes, in denen sie den Sohn oder Gatten unterwegs wußten auf dem Weg zur tschechischen Grenze. Zwar wehten von allen Häusern der Siedlung Leintücher, weiße Fahnen. Aber sie bedeuteten nicht Frieden, sondern nur, so wie 1943 in Italien und 1945 in Deutschland: Es wird nicht mehr geschossen. Manchmal gehe ich als alter Mann zu den verlassenen Gräbern unserer Gefallenen von damals oder zu Totenmessen, die für sie zelebriert werden. Dann habe ich Zeit nachzudenken, ob das alles umsonst gewesen ist. Ich weiß, daß alle Toten eine Brüderschaft sind. Auch unsere Gefallenen und die der anderen sind in dieser Brüderschaft, die uns versagt war, als die Toten noch unter uns waren und wir uns untereinander um der umfassenden Gemeinschaft willen bekämpften. Bis auf den Tod.

Jahre nachher lag ich in einer richtigen Kaserne. In einer neuerbauten Kaserne der Deutschen Wehrmacht. Das war im Sommer 1941. In Europa war es nach dem erfolgreichen Balkanfeldzug der Deutschen Wehrmacht seltsam still geworden. Ein heißer Juni lag über dem Land. Der Tag war ein Sonntag. Wir lagen länger als sonst in den Betten und überließen es dem Kaffeeholer, unseren Frühstückstisch zu besorgen. Ein Knacken im Zimmerlautsprecher störte. Aber es kam kein Befehl durch, der uns aus den Betten gejagt hätte. Die geschulte Stimme eines Radiosprechers kündete einen noch viel geschulterten offiziellen Sprecher an, der uns sagte, die Deutsche Wehrmacht sei bereits in die Sowjetunion einmarschiert.
Als junger Mensch habe ich gelesen, was Tatzeugen über die Aufbruchsstimmung geschrieben haben, die 1914 wie eine Welle über die kriegführenden Staaten des Ersten Weltkriegs hinwegging. Wenn ich jetzt, viele Jahre nach dem Sommer 1941, nachdenke, was die meisten empfunden haben, dann fallen mir nur zwei Worte ein: Überraschung, Nervosität. Und dann, statt einer gewissen Hochstimmung, die das Jahr zuvor während des Frankreichfeldzugs geherrscht hat: sinkende Begeisterung, wo

immer sie bestanden haben mochte, ungewisse Erwartung des siegverkündenden musikalischen Leitmotivs der Sondermeldungen des Oberkommandos der Wehrmacht.

Einmal hörte ich sagen: gäbe es keine Militärmusik und keine Militärmusikkapellen, dann gäbe es wohl weniger Kriege. Das klingt so, als würde die Musik den Krieg machen. In Wahrheit macht sich jeder Krieg seine Musik.

Ich denke nicht an Marschlieder, die eilfertig auf Bestellung geliefert werden. Wie jenes Lied, mit dem im Spätherbst 1944 die Rekruten der Volksgrenadier-Divisionen ins Feld geschickt wurden: Panzer und Flieger / Schaffen's nicht allein / Werden nie allein die Sieger / Auf dem Schlachtfeld sein. / Können's nicht schaffen / Ohne deinen Einsatz nie / Königin der Waffen, stolze Infanterie. /

Nachher, als alles vorbei war, hat man in Deutschland untersuchen wollen, warum ein Lied, vielleicht eine Schnulze, nämlich: Lili Marleen, erst im Krieg so sehr bei den Menschen ankam, nachdem es vorher nur bescheidenen Beifall errungen hatte. John Steinbeck, sonst nicht eben sentimental, wenn es sich um die Deutschen der Kriegszeit handelt, nennt Lili Marleen das berühmteste Liebeslied unserer, der damaligen, merkwürdigen Zeit. Das Lied wurde berühmt, als es irgendwann im Jahre 1941 Brauch wurde, daß gegen Mitternacht die Funker von hüben und drüben auf Empfang gingen, um die letzte Nummer im Tagesprogramm des deutschen Soldatensenders Belgrad zu hören. Dieser Sender schloß nicht, wie der Deutschlandsender, mit dem Deutschlandlied, sondern mit einer Melodie, die einfach nicht in heutige Vorstellung von damals paßt. Um Lili Marleen in der unbewältigten Vergangenheit unterzubringen, rechnen die einen dieses Lied zu jenen Schnulzen, mit denen man während des Krieges für Momente von amtswegen einen Vorhang aus sentimentalen Erinnerungen vor die ständige Präsenz des Todes gezogen hat. Für andere ist Lili Marleen sieghafter Ausdruck eines Lebenswillens und Überlebenwollens, den zu unterdrücken die offizielle Propaganda

nicht gewagt haben soll. Aber Lili Marleen war kein Protest-
song im Untergrund. Es quoll aus allen Wunschsendungen für
Heimat und Front, aus unzähligen Lautsprechern in Wehr-
machtsbetreuungsstellen, Ortsunterkünften und Bunkern in
Bahnhöfen zwischen dem Atlantik und dem Kaukasus.
Das Lied und seine Starinterpretin, Lale Anderson, machten
das Schicksal der Deutschen mit, auch als alles vorbei war.
Die Sängerin übersiedelte mit diesem hit of the allied armies in
die Kasinos der westlichen Besatzungsmächte, wo sie ihren Vortrag mit einer neuen Schnulze: »Ich wünsch dir Glück, Jonny«
ergänzte und Sentimentalitäten erzeugte, für die im verarmten
Nachkriegsdeutschland vorerst noch kein Bedarf war. Dabei
vergaß Lale Anderson ihr Schicksal im Krieg so gründlich, daß
ihre Memoiren im heutigen Deutschland als Bestseller ankom-
men konnten. Das alles hat schließlich der Krieg aus einem
Lied gemacht.

Die paar Takte aus dem Hauptmotiv von Franz Liszts
»Les Préludes«, zur regelmäßigen Einstimmung auf Sondermeldungen des Oberkommandos der Wehrmacht, geben dem
Allgemein-Menschlichen, das im Singsang von Lili Marleen nur
oberflächlich anklingt, ganz anders, gründlicher und ernster erfaßt, Ausdruck. Um das verstehen zu können, muß man die
poetische Vorlage des Komponisten kennen, die von Lamartine
stammt. Dem Dichter Lamartine gaben bei seiner Suche nach
dem Endgültigen der Historiker Lamartine und der Staatsmann
Lamartine eine furchtbare Erkenntnis ein: daß nämlich das
ganze Leben nur eine Reihenfolge von Präludien zu jenem
unbekannten Gesang ist, dessen erste und feierlichste Note der
Tod anstimmt. Zu dieser Einsicht führt der Dichter den erschreckten Menschen, indem er mit ihm die Szenen der Präludien
durchschreitet: Liebe, das leuchtende Frührot des Herzens; erste
Wonnen des Glücks; unterbrochen vom Brausen des Sturms;
Illusionen, die ein rauher Odem zerstört; eine verwundete Stelle
im Innersten; eine Suche nach Stille und dann, so übersetzte

es Peter Cornelius: »Dennoch trägt der Mann nicht lange die wohlige Ruhe / inmitten besänftigender Naturstimmungen / und wenn ›der Drummete Sturmsignal ertönt‹ / eilt er, wie immer der Krieg heißen möge / der ihn in die Reihen der Streitenden ruft / auf den gefahrvollsten Posten, um im Gedränge des Kampfes / wieder zum ganzen Bewußtsein seiner selbst / und in den vollen Besitz seiner Kraft zu gelangen.«

Franz Liszt legte den Keim für diese Entfaltung der Thematik in die ersten Takte des Unisonobogens der Streicher, aus denen alles andere unaufhaltsam quillt.

Im Osten haben wir die Bilder des Krieges vergessen, mit denen einmal Erich Maria Remarque und Ludwig Renn die Angehörigen der Generation zwischen den Kriegen schocken wollten, ehe diese gezwungen waren, selbst Soldaten zu werden. Aber der Kampf und der Krieg ist jeder Generation aufgetragen und keine Generation entgeht ihrem Kampf, den sie dann als den ihrigen austrägt. Kampf ist ein Motiv des Lebens, weil jede Generation ihre Welt heranzwingen will und dazu die Kraft sammelt, die sie braucht, um ihr Neues heranzuzwingen und das, was für sie lebensunwürdig ist, zu zersetzen. Was Edwin Erich Dwinger einer heranwachsenden Generation als einen Kampf zwischen Weiß und Rot aufzeigte, geriet in unserer Zeit im Osten ins Überdimensionale. Es bedurfte eines Vierteljahrhunderts und eines Tatzeugens wie Alexander Solschenizyn, um das Schicksal einer Generation von Übermalungen zu befreien, mit denen es Antikommunismus und Anti-Antikommunismus überdeckt haben.

Für diese Erfahrung gibt es keine Tradition, und das wurde die Tragik der Söhne der letzten Kriegsgeneration.

1942 machte ich die letzte erfolgreiche große Durchbruchsoffensive der Deutschen Wehrmacht im Osten mit. Auf einem Truppenübungsplatz in Frankreich hat man unsere Division neu aufgestellt. Eine mit hoher Hausnummer und mit Regimentern, deren Hausnummern doppelt so hoch waren, als jene der Division. Aus längst in Frankreich eingewöhnten Besatzungssoldaten, aus blutjungen Rekruten, aus westpreußischen Beutegermanen und aus schon mehrfach gebrannten Lazarettentlassenen enstand der große Haufen. So ein Haufen schmolz im Feuerofen der Ostfront wie Schnee in der Sonne. Für ihn gab es keinen Nachersatz. Aus dezimierten Bataillonen und Regimentern wurden Kampfgruppen, die nicht mehr numeriert wurden, sondern den Namen eines Offiziers trugen, der überlebte. Er führte sie aus dem Chaos zerbrechender Fronten zurück in eine neue Front, wo der Rest des Haufens in anderen Einheiten aufgelöst wurde. In einem solchen Auflösungsprozeß lernt der Soldat kennen, wie gut es ist, bei einem guten Haufen zu sein.

Alle Maler, die der Romantik ausgenommen, haben sich um eine Romantisierung des Krieges und der Krieger bemüht.

Wir faßten in dem Alter, in dem junge Männer Mädchen im Arm haben, mit unseren Händen unsere Toten an, um sie ins Grab zu legen, und verdrückten nachher, ungewaschen, unsere Kaltverpflegung. Barmherzig sortierten wir den Nachlaß der Gefallenen, um Müttern oder Frauen einen Schock zu ersparen, der nichts taugt: Fotografien von Frauen, deren Gesichter auf Familienfotos fehlten, pornografische Fotos aus Frankreich, in französischer Sprache abgefaßte Briefe, deren leidenschaftliche Fragen nie beantwortet wurden. So ging statt enttäuschender Wahrheit eine gelinde Lüge nach Hause, wo man vielleicht noch gar nicht ganz erfaßt hatte, was an der Ostfront geschah. Damals, in den letzten Monaten vor Stalingrad.

Am Tag nach dem gelungenen ersten Offensivstoß des deutschen Heeres, im Sommer 1942 ostwärts von Kursk, fuhr Schütze Wilhelm Schmidt, genannt Panje-Schmidt, mit seinem landesüblichen Fahrzeug über den Gefechtsstreifen. Noch waren alle anderen Fahrzeuge des Gefechts- und des übrigen Trosses festgebaute Wehrmachtsfahrzeuge, bespannt mit den schweren Ackergäulen, die aus dem Westen mit uns gekommen waren. Panje-Schmidt fuhr als erster ein landesübliches Fahrzeug, weil sich dieses Panjewägelchen in der ersten Schlammperiode als einziges bewährt hat.

An jenem Tag im Juni 1942 fuhr Panje-Schmidt über ein Maisfeld, das seit 1940 nicht mehr bestellt worden war. Die schwarz gewordenen Stümpfe einer nie eingebrachten Ernte standen wie Bäume eines verbrannten Waldes. Von diesem Feld fuhr Panje-Schmidt mit einem vollbeladenen Wagen heim. Als er an unserer Kompanie vorbeikam, hielten wir an. Wir setzten das Gerät ab, einige nahmen den Helm vom Kopf und bekreuzigten sich vor einer Wagenladung Toter. Eine Gruppe wurde ausgeschieden, ich war dabei, um die Toten unter die Erde zu bringen. Als ich ein Grab aushob, fiel mein Blick auf einen ausgestreckten Arm, der starr aus dem Leiterwagen ragte. Ich kannte den tief in das Fleisch einschneidenden schmalen Goldreif am Ringfinger dieser Hand und das vergißmeinnichtblaue kleine Herz, das inmitten des Todes so rührend wirkte. Oft genug habe ich diesen Ring gesehen, der so gar nicht zu unserem bulligen, kämpferischen Bataillonsadjutanten paßte. Aber wie lange mochte es wohl her sein, seit der Ring an die Hand eines Studenten gesteckt worden war?

Vierzehn Tage nach Beginn der Sommeroffensive 1942 war unser Bataillon nur mehr eine Kampfgruppe. An einem Tag, bei Ilinowka, fielen von der 3. Kompanie 22 Mann, von unserer acht. Der Gegenstoß der Sowjets kam bis vor die schweren Haubitzen der Divisionsartillerie, deren Feuer ein blonder Wachtmeister mit größter Kaltblütigkeit lenkte. »Und mit euch armen Würstchen wollen sie Offensive machen«, sagte er während einer Feuerpause mit einem verächtlichen Seitenblick. Trotzdem gelang der eigene Gegenstoß und wir fanden unsere Toten.

Unseren Sanitätsunteroffizier, einen Schwaben aus dem Schwarzwald, habe ich ins Grab gelegt. Den Anblick des geschändeten Leichnams behielt ich in Erinnerung. Denn es ist gut, solches Wissen zu haben, wenn die Sieger Gericht halten.

Später, auf dem Rückzug, haben wir die Birkenkreuze aus den Grabhügeln gerissen und — wenn Zeit dazu war — die Grabhügel eingeebnet. Denn die sowjetische Erde sollte die Leiber der toten Faschisten ausspeien. So die Poesie des Protests von damals. Im Inferno des Rückzugs hörte ich dann die letzte Strophe von Lilli Marleen. Als schon unbehindert die sowjetischen Ratas über uns in der Luft waren: Ratata von hinten / Ratata von vorn / Jeder will nach hinten / Keiner will nach vorn. / Wenn sich die späten Nebel dreh'n / Sieht man die Ari stiften geh'n / Und mich, Lili Marleen.

Kein Dolchstoß von hinten traf 1945 die Deutsche Wehrmacht. Sie löste sich auch nicht auf, wie 1918 die Armee der Monarchie. Sie hat die furchtbare Drohung Adolf Hitlers wahrgemacht: sie starb fünf Minuten nach Zwölf.

Sechzehn Tage dauerte es um Neujahr 1945, um von Büdingen in Oberhessen an die Front in Italien, südlich von Bologna zu kommen. Flieger der Alliierten kontrollierten bei Tag unablässig Straßen und Eisenbahnstrecken im Reich und in den besetzten Gebieten. So fuhr ich wieder einmal nachts durch eine Winterlandschaft, in der der Schnee und ungewisses Licht verdeckten, was an der Kulturlandschaft Europas bereits geschehen war. Nach unzähligen Umleitungen und Fahrtunterbrechungen war kurz vor Udine das Eisenbahnfahren für die nächste Zeit, wenigstens für mich, zu Ende. Der nächste Zug, den ich bestieg, bestand aus geschlossenen Güterwagen mit der Aufschrift »US«. Nachts, per Anhalter, fuhr ich quer durch Venetien und über den Po den Bergen entgegen, die den Hintergrund der Städte und Landstriche in der Ebene bilden. Tagsüber strich ich durch die Ortschaften, in denen, trotz der Angst der Italiener vor den Bomben ihrer Befreier, bereits die Stimmung dopo guerra aufkam.

In Padua habe ich das Grab des Heiligen Antonius besucht. Spätabends, als ich auf ein Fahrzeug lauerte, zog mich ein Student der Universität ins Gespräch. Einmal habe ich den Kampfruf des GUF, der Faschistischen Studentenorganisation, gehört. Welche Geschlossenheit, welcher Tatwille, welche Treue schien herauszuklingen und uns Österreicher in unserem etwas schwach geratenen Widerstand gegen den Hitlerismus zu beschämen. Jetzt hatte Mussolini in Norditalien seine sozialistische Republik der Faschisten. Aber es gab keinen GUF mehr und in dem Gespräch während der Nacht erklärte mir der Student von Padua, er sehe die Zukunft nicht schwarz und nicht grau, sondern rot. Ob er Kommunist oder Sozialist sei, fragte ich ihn. Nein, ganz und gar nicht, erwiderte er, der einmal Leutnant in der italienischen Armee war. Aber, so schloß er, die Welt von morgen wird entweder rot sein oder es wird nur mehr ein Chaos geben. Und darauf müsse sich unsere Generation, nach allem was geschehen ist, einstellen.

So oder so ähnlich hatte in Wien auch Major Biedermann gesprochen. Er, der frühere Bataillonskommandant der Wiener Heimwehr, dessen Namen nach 1934 ein Gemeindebau getragen hat, den Biedermann mit seinen Leuten besetzt oder erobert hatte, war in den letzten Stunden des Dritten Reichs an der Spitze der Heeresstreife Wien. Der erfahrene Offizier meinte, man müsse sich auf das Kommen der Sowjets einrichten und unnötiges Blutvergießen und Zerstörungen in der Stadt verhindern. Im Einvernehmen mit den Sowjets? fragte ich. Statt einer Antwort bekam ich einen richtigen militärischen Anschiß: Wenn dir das nicht paßt, dann scher dich an die Front. Dort kannst du deine Gewissenskümmernisse abreagieren. In Floridsdorf wurde Major Biedermann von der SS aufgeknüpft, knapp bevor die Russen kamen. Aber das erfuhr ich erst viel später, als im Roten Wien der Biedermann-Hof längst vergessen war, und mit dem Kult um das tragische Opfer in Floridsdorf begonnen wurde.

Die Front des Gegners im Appenin wurde nachts von dessen Scheinwerfern angeleuchtet. Das war nicht nur das Aviso für eigene Flieger, sondern wie Hohn für die Deutschen: Hic sumus. Hinter dem grellen Scheinwerferlicht hob sich aus einer ungestörten Finsternis der Monte Salvaro. 1944 war er Zeuge eines Gemetzels zwischen der SS und kommunistischen Partisanen, die unter der roten Fahne mit Sichel und Hammer kämpften. Der damals junge Kommandeur dieser SS-Einheit, Walter Reder, und der Stellvertreter des Führers, Rudolf Heß, sind die letzten offiziell geführten Gefangenen des Zweiten Weltkriegs geworden, verurteilt nach dem Gesetz: Aug' um Aug', Zahn um Zahn. Lebenslange Haft. Von Marzabotto, dessen Name mit dem Reders unlösbar verbunden ist, stieg ich in einer stillen Jännernacht in die Stellung. Es gab vieles zu überdenken nach allem, was ich in einem Unterstand in Marzabotto von Landsern erfahren hatte.

An sich waren in meinem Fall die Fronten, so wie vorher im Osten, klar und deutlich gezogen. Im Rücken kommunistische Partisanen unter der Fahne mit Sichel und Hammer, vor mir die Amerikaner und ihre Verbündeten aus aller Welt, über mir die Kampfverbände, die über österreichische Städte ihre Bombenteppiche breiteten. Major Biedermann hatte Recht gehabt. Jeder muß sich seine Front selber suchen, es gibt kein desertieren.

War damals für Italiener die Formel: dopo guerra Ausdruck einer ziemlich realen Hoffnung, dann war für den deutschen Landser das Wort: Avanti, Chiffre für eine geheime Stütze. Mancher hatte seinen Avanti-Stock für den Weg zurück und ein leichtes Avanti-Gepäck dazu. Aber man lief nicht davon.

Nie mehr werde ich das Kommen eines Frühlings so erleben, wie 1945 in der Hangstellung im Appenin, die südlich von Tolé quer durch einen Kastanienhain verlief. Unter dem Schnee hatten noch die Früchte des letzten Jahres gelegen, ein unerschöpflicher Vorrat für die Maroni, auf die der blutjunge Gustl aus Wien vorher so lange hatte verzichten müssen. In den ersten Frühlingstagen, als vor Wien bereits die Sowjets waren, nahm hier, an der Front, der Tod des Ganzen groteske Züge an. Einmal durfte ich aus unserer Stellung im Kastanienhain hinab

275

ins Tal, um in Bologna eine Opernaufführung zu besuchen. Nachts stieg ich ab, und in der Morgendämmerung kam ich per Anhalter an den Rand der Stadt. Für Bologna war der Krieg aus, es war so etwas wie eine Offene Stadt. Man betrat sie unbewaffnet. Nie ist die Empfindung des Schönen stärker, als angesichts des Todes, der sichtlich Urlaub gewährt.

Noch war die Stadt verschont von dem, was dopo guerra der Fortschritt in ihr und um sie anrichtete. So etwa mag Bologna gewesen sein, als vor dem ersten Krieg Giosue Carducci, Lyriker, Nobelpreisträger, glühender Hasser Österreichs und seiner Welt, dort lebte. Ich suchte und fand das Haus dieses großartigen Feindes in einer Stadt, die scheinbar vom bevorstehenden Untergang ausgenommen zu sein schien.

Ohne Fremdenführer, ohne zudringliches und quälendes Service und in der Stille inmitten des Kriegslärms nahm ich vom Geist der Stadt im stundenlangen Gehen Besitz; einer Stadt, die zu den ewigen Italiens gehört. Zuerst Padua, jetzt Bologna. Um eine Stadt zu erleben, muß man entweder in ihr leben oder das Glück eines richtigen intuitiven Erfassens haben. Zwischen diesen Extremen ereignen sich die Studienaufenthalte, von denen Literaturkenntnisse, Berge von Dokumentation und ein Buch mit Adressen und Telefonnummern übrig bleiben.

Knapp bevor der Vorhang hochging, erreichte ich meinen Platz, um die Aufführung von »La Traviata« zu erleben. In der Zeit der österreichischen Herrschaft im lombardo-venetianischen Königreich war Verdis Name mit seinen Buchstaben V.E.R.D.I. Symbol für die Verkörperung ihrer Hoffnung auf die nationale Einheit: Vittorio Emmanuele Ré d'Italia. Alles in diesem Land ist irgendwie konträr zum Österreichischen und doch zugleich auch komplementär im Ganzen des Kommunikationsraums Europa. Die extreme Situation, in der ich damals Italien erlebte, zwang mich zu einem Neudenken und zu einem Umdenken, nach dem für das Italienbild früher Jugendtage kein Aufhänger mehr da war.

Als der Vorhang fiel, dachte ich einen Augenblick nach, wie

lange es wohl dauern würde, bis ich wieder ein solches Spiel auf der Bühne, vor allem Musik hören würde. Aber ehe noch meine Gedanken in jenes naheliegende Risiko: vielleicht nie mehr, abglitten, raffte ich mich körperlich auf, verließ rasch Theater und Stadt, nahm am Stadtrand meine Waffen wieder in Empfang und stieg hinauf in die Berge. Ich kam gerade zurecht, um den Morgengruß der amerikanischen Haubitzen mit in Empfang zu nehmen.

Seit Anfang April 1945 wartete ich täglich auf das letzte Gefecht. Hier ist nicht jenes gemeint, das uns über die Hänge des Appenins und über den Po treiben sollte, sondern: der End-kampf, der Endkampf in Wien. Am 14. April 1945 hörte ich auf dem Bataillonsgefechtsstand, Wien sei gefallen. Es war gut, daß am Morgen des nächsten Tages der langerwartete Angriff der 10. US-Gebirgsdivision über uns hereinbrach. Das Gefechts-geschehen verwehte die Gedanken an daheim.

In späteren amerikanischen Schilderungen heißt es, die Deut-schen hätten im Endkampf an der Front in Italien zuletzt Köche, Fahrer, Zahlmeister und dergleichen an die Front ge-worfen, um die beidseits der Rocca di Ruffeno, südlich von Tolé, entstandenen Einbrüche zu begradigen. Und sie hatten nicht ganz unrecht. Bei unserem ersten Gegenstoß fiel unser Schuster, der schon acht Jahre bei Preußens heruntergerissen hatte; der seit 1941 nicht im Feuer war und so hoffte, er würde in den letzten acht Wochen auch noch das schaffen, was ihm in acht Jahren gelungen war: lebend davon zu kommen. Jetzt lag er unter den Kastanienbäumen. Aber zu uns war kein Zahl-meister, sondern ein Rittmeister vom Divisionsstab gekommen, der die Abwehr neu organisierte. Als der Morgen nach dem nächtlichen Gegenstoß kam, traute ich meinen Augen nicht. Zwischen den Kastanienbäumen quollen GIs in einer Dichte hervor, wie ich sie nie bei einem Angriff des Gegners erlebt habe. Vielleicht dachten sie, es sei schon alles vorbei, finito. Das Dauerfeuer des MG 42 fuhr in sie und es schien, als wäre im Hain eine braune Wolke. Aber es fiel auch unser Ostpreuße Gerd Posinus, klassische Type des Infanterie-Obergefreiten, der immer aus jedem Schlamassel davon gekommen war. Gestern noch, vor dem Gegenstoß, hatte er uns erklärt, daß der Ami, der ihn umlegen sollte, noch nicht einmal gezeugt sei. Junge österreichische Bühnenautoren könnten von der dabei von Posinus gebrauchten Originalausdrucksweise Serien von Denkanstößen beziehen. Nach ihm fiel der Schütze am letzten MG des Zugs. Das Gewehr kippte, und das Dauerfeuer schlug in die Wipfel der Bäume.

Neben mir schoß Gustl, der noch nie ein Gefecht erlebt hatte, stehend freihändig in die braune Wolke der Angreifer. Dann ließ er den Karabiner fallen, riß das MG an sich und feuerte auf kürzeste Distanz in den Wust, der herandrängte. Der Angriff fiel zurück. Wir waren noch sechs Mann in der Stellung und hatten einen Gurt und eine Trommel MG-Munition. Auf halbem Hang war ein Unterstand. Wir zogen uns dahin zurück, denn jetzt quoll die Masse der Angreifer nicht nur von rechts her durch den Wald, sondern auch über den Kamm und von links her kam Feuer. Weiter rechts, aus den Bunkern in der talwärts führenden Schlucht, trieb man einen Haufen der unsrigen aus dem Kompaniegefechtsstand in die Gefangenschaft. Das Feuer ließ nach.

Ich sprang den Hang hinab bis zur Fahrstraße nach Tolé, wo, tief in den Berg gegraben, der Bataillonsgefechtsstand lag. Im Bunker war es totenstill. Im Hintergrund des Bunkers sah ich Gestalten kauern. Auf sie ging ich zu. Es waren Tote, und unter ihnen ein Verwundeter, der still verblutete. Ich kehrte zu meinen Männern zurück. Sie mußten wissen, daß wir hier die letzten waren: ein paar Gewehrträger, ohne schwere Waffen, gegen Bataillone, die jetzt in einer fast geschlossenen Linie über den Kamm talwärts strömten. Angetrieben von einem Wort: Finito.

Wir flüchteten nicht, wir liefen nicht davon, wir stolperten über die Unebenheiten des Straßengrabens, von Bäumen gegen Flieger gedeckt. Der Krieg hatte in seiner letzten Stunde einen seltsamen Typ von Jägern über Land geschickt. Ich meine nicht die Jagdbomber, die diese Waidmänner flogen, sondern den Waidmann am überschweren MG. Um einen Menschen, ob italienischer Zivilist oder Landser in Feldgrau, zu erjagen, verschossen diese Waidmänner gerne einen Zentner Munition und in mehreren Anflügen noch mehr. Das Volk, das Juden vergast hat, sollte keine Schonzeit mehr bekommen.

Müdigkeit in uns und Terror über uns konnten nicht völlig blind machen angesichts dessen, was um uns außer dem Krieg geschah: der Frühling kam. Gegen Abend erreichten wir einen einsamen, mächtigen Bauernhof, der in dieser erblühenden Landschaft wie eine Burg lag. Von dem Hügel, auf dem er stand, konnte man das Gelände der Umgebung gut unter Kontrolle halten. Daher gingen wir an der einladenden Stätte vorbei. In der sicheren Annahme, daß dieses Haus das Nachtquartier einer amerikanischen Panzerbesatzung sein würde. Da wahrten wir lieber Respektabstand. Es wurde schon finster, als wir aus Richtung Bauernhof das Motorengeräusch eines hangwärts fahrenden Kettenfahrzeugs hörten. Jetzt war an Nachtrast nicht zu denken. Denn wir mußten den Vorsprung einer durchmarschierten Nacht gewinnen, um für den morgigen Tag den Vorausabteilungen der Amis vorauszubleiben. Wenn es auch keine Front mehr gab, irgendwo mußte ein Haufen sein, in dem es sich leichter marschierte, während ringsum Chaos entstand. Aber die Nacht über stießen wir auf niemanden. Das Land schien leer zu sein. In der Morgendämmerung mieden wir die Zypressenalleen, die zu einsamen Höfen und Villen führten; lieber wollten wir beobachten und ruhen, bis uns abends das Motorengeräusch des ersten Panzers, der über den nächsten Hügel kippt, aufstöbern würde.

Wollten wir der Gefangenschaft entgehen, dann mußten wir uns abseits halten von der Stoßrichtung amerikanischer Durchbruchsdivisionen, die auf Bologna strebten. Wir begleiteten sie seitwärts, von den Höhen über dem Samoggiatal. Bei Bazzano, in einem Obstgarten, kam ich zum letzten Mal in diesem Krieg unter gezieltes Feuer.

Die Straßen schienen leergefegt von Deutschen. Von ihnen zurückgeblieben war ein Wust ineinander verkeilter, von Jagdbombern zerfetzter Fahrzeuge. Tote Gespanne, Motorfahrzeuge, denen auch das längst gehamsterte Avanti-Benzin nicht den Weg zurück eröffnet hatte. Aus amerikanischen Berichten liest sich das Ganze so: The air forces riddled scores of German vehicles and left them ditched and burning. Und was uns betraf, so wußten die Amis: Troops scattering over the countryside... Das war gut beobachtet.

Verbände zahlreicher Nationen hatten sich aufgemacht, um uns in den Po zu jagen oder in die Netze der Gefangenschaft: Amerikaner, Brasilianer, Japaner amerikanischer Staatsbürgerschaft, Engländer, Südafrikaner, Australier, Neuseeländer, Polen, Franzosen, Juden, Marokkaner; ein wahrer Grenadiermarsch der Nationen, in einem Reindl zusammengemischt. Einigen dieser Verbündeten abseits der Straße in die Hände zu fallen, war absolut gesundheitsschädlich. Von den Brücken über den Po aber wußten die Amerikaner im voraus, daß the Po-River bridges and ferries were out of commission. Schon fuhren durch die Orte im Tal Camions, beladen mit Soldaten in italienischen Uniformen; Männer, von denen man nicht wußte, an welcher Front sie zuletzt gestanden hatten. Sie alle reklamierten den Sieg für sich.

Bis zum Po waren wir sechs Landser der 10. US-Gebirgsdivision um das Stück jeweils voraus, dessentwegen sie uns nicht kriegten. Nach einem kurzen Gefecht bei Scarpi, Erinnerung an die Tage des Prinzen Eugen, zerfielen die deutschen Einheiten immer mehr. Oberste zogen an der Spitze von einem Dutzend Mann quer durch die Campagna. Ein einsamer Oberst machte mit uns den letzten Nachtmarsch zum rechten Po-Ufer mit. Er mußte, wie wir alle, erkennen, daß Brücken und Fähren out of commission waren. In Zillenbooten konnten nur mehr kleine Trupps über den Fluß, ans Nordufer gebracht werden. Ein Pionierunteroffizier aus Wien nahm uns mit. Damit hatten wir die Gefahrenzone Nummero 1, die Po-Übergänge, hinter uns, und wir näherten uns der Gefahrenzone Nummero 2: dem von kommunistischen Partisanen kontrollierten Gebiet.

Nach Westen abgedrängt, hatten wir rasch zu machen, um Anschluß an die nach Südtirol strebende Masse des Deutschen Heeres zu gewinnen. So marschierten wir bei hellem Tageslicht geradewegs die Straße, die auf Cremona führt. Von dort aus schien der Sprung nach Brescia möglich zu sein. Trotz der großen Stille, die hier über dem Land lag, kein Flugzeug- oder Kampflärm, war die Straße kilometerweit von Menschen leer. Weit ragte der Glockenturm von Cremona, wähnten wir uns ihm näher, als wir es tatsächlich waren. Es dämmerte, als wir den Corso, die Kommandantur suchten. Noch waren zahlreiche rückwärtige Dienste der Deutschen Wehrmacht ausgeschildert. Aber kein deutscher Soldat und kein Zivilist war auf der Straße. Wir brauchten jetzt Heeresverpflegung, denn, auf gutmütige Bauern wollten wir uns in dem vor uns liegenden Gebiet nicht mehr verlassen. In ihren Häusern konnten wir auf Kameraden mit der anderen Feldpostnummer treffen; oder solche ohne Feldpostnummer, Partisanen. Schon glaubten wir alles Suchen sei vergebens und wähnten uns als die Letzten. Indessen: wo alles sich bog oder verdrückte, hielt die unverwüstliche Korsettstange der Deutschen stand. In diesem Fall war es ein Unterfeldwebel, der allein in einem ansonsten reich beschilderten Gebäude Dienst machte. Dem Aussehen und Alter nach mußte er ein alter Zwölfender der bestandenen Reichswehr sein, der längst in den Zivildienst — ich schätzte: Finanzsekretär — übersiedelt war und den erst die Spätkrise des Krieges vom gewohnten Sessel gerissen hatte. Die fadenscheinige Uniform war sauber, so sauber wie ich seit Jahren mehr keine Uniform im Feld gesehen hatte. Die metallene Wehrmachtsbrille, deren Modell heutigen Hippies traumhaft erscheinen würde, saß präzise auf der Nase. Das Haar war friedensmäßig geschnitten, der Scheitel mit dem Lineal gezogen.

Die Korsettstange ging erst gar nicht auf unseren Wunsch nach Verpflegung ein, sondern verlangte unsere Soldbücher zu sehen. Die Zeit für deren Prüfung hätte ausgereicht, um eine steuerliche Betriebseinschau in einem Kleinbetrieb fertigzubringen. Dann sagte der nie zum Portepeeträger gewordene Unteroffizier mit Vorkriegsqualität, die Front fände jetzt hic et nunc statt. Mit anderen Worten, er wollte fünf Gewehrträger und ein MG zwecks Ersatz derer vereinnahmen, die bereits die Stadt längst verlassen und den Unterfeldwebel allein gelassen hatten. Das nun kriegte er nicht hin. Aber er rächte sich.

Als er die Tür zum Verpflegungslager aufschloß, glaubten wir, so wie Ali Baba, in eine Schatzhöhle zu sehen. Nur: die Korsettstange war kein Räuber, sondern das genaue Gegenteil. Er wog Brot und Wurst und Kunsthonig mit einer Waage, die er aus einer Apotheke geholt haben mußte. Auf unseren Protest: »Mensch, Mensch, mach' es nicht so feierlich, morgen gehört ja doch der ganze Salat den Amis«, reagierte er sauer: er nahm Gustl eine Zigarette wieder weg, die er ihm vorher über Gebühr zugezählt hatte. Wir waren sprachlos. Die Korsettstange wäre kein Unterfeldwebel der Reichswehr und Finanzsekretär gewesen, hätte er nicht unsere Gedanken durchschaut. »Ihr irrt euch mächtig«, sprach er feierlich und fuhr dann sachlich fort: »In dieser Stunde des Endkampfes braucht der Führer jede Brotkrume. Morgen wird eine starke Kampfgruppe die Stadt besetzen und sie für uns zu einer Festung machen.« Wir wollten wissen, woher der Unterfeldwebel die Nachricht hatte. Schließlich waren wir durch ein leeres Land gezogen und wir wären gerne beim großen Haufen gewesen. Die Korsettstange sah uns durch dicke Brillengläser an und sagte: »Ich weiß es direkt vom Zahlmeister, der unterwegs ist, sie einzuweisen.«

Der Unterfeldwebel nannte auch den Namen des Ungeheuers, das den Mut gehabt hatte, diesen braven Hund noch in letzter

Minute zu bescheißen. Wir gingen stumm davon und konnten nur bedauern, daß der Unterfeldwebel die nächste Verpflegung wohl schon nach den Verpflegssätzen amerikanischer C-Rations bekommen würde.

In der folgenden Nacht legten wir ein scharfes Marschtempo hin. Die Straße führte fast schnurgerade nach Norden, vorbei am alten österreichischen Festungsviereck der Radetzkyzeit. In deinem Lager in Österreich, hat Franz Grillparzer anher dem Feldmarschall Radetzky geschrieben. Und dazu einbekannt: Wir andere sind nur Trümmer. Diesen Gruß aus dem revolutionären Wien von 1848 haben dem Dichter die Wiener Studenten lange nicht vergessen. Das alte Österreich lag längst in Trümmern, jetzt, 1945 zerfiel die letzte Ordnungsmacht in der Mitte Europas. Aber das übersahen die Europäer, die sich in einer Stunde wie dieser befreit wähnten, während sie in Wirklichkeit einrückend gemacht wurden in die Brückenköpfe, die fortan die USA und die UdSSR in Europa unterhalten.

Die gute Marschleistung machte sich bezahlt. Der Kampflärm verebbte scheinbar weit im Osten. Wir zogen bereits durch die Dörfer der Umgebung Brescias. Als Österreicher hätte ich gewarnt sein sollen, dieser Stadt unser Schicksal anzuvertrauen. Denn seit in der achtundvierziger Revolution ein österreichischer General nach Niederschlagung des Aufstands in Brescia den Schandnamen »Hyäne von Brescia« bekommen hatte, konnte der genius loci unsereinem nicht günstig sein. Aber wir hörten das Glockenläuten, und wir sahen Frauen freudig bewegt die Straßen entlang eilen, es ging zu wie an einem Festtag. Wer sollte da hassen. In einem Dorf baten wir eine Frau um Wasser. Bald umstanden uns mehrere Frauen. Sie sahen uns an. Nicht als das, was wir waren, sondern als das, was ihnen die Erinnerung eingab: Männer wie die ihrigen. Soldaten unterwegs. Unter Frauen. Frauen und Mütter denken meistens so, nicht nur aus Mitgefühl. Und deswegen kommen sie in mancherlei Verdacht, bekommen sie Verdacht wegen des Ihrigen. Eine Frau fing an,

Deutsch zu sprechen. Sie hätte bis unlängst in Graz gearbeitet. Dann stockte ihre Rede. Erst nachdem die anderen Frauen sie lang genug gestupst hatten, kam es heraus: Mussolini war tot. Und die Deutsche Wehrmacht hat in Italien kapituliert. Deswegen das Glockenläuten. Dopo guerra.

Wir trauten dem Frieden nicht. Wir gingen die Straße zurück und aus dem Dorf. In einigem Abstand vom Dorf gingen wir im Straßengraben richtig in Stellung. Das kam ja nun nicht in Frage, daß man uns in letzter Stunde gefangen nahm, wie das 1918 vielen Österreichern geschah, die wähnten, der Waffenstillstand sei schon geschlossen. Die Straße blieb lange leer. Nach etwa einer Stunde kam aus dem Dorf ein Mann. Er trug die Uniform der Partei, deren Duce wahrscheinlich schon tot war. Der Uniformierte und wir wußten in dieser Stunde nicht, daß der Leichnam des Duce in der Stadt Mailand, in der ihm vor wenigen Monaten Hunderttausende zugejubelt hatten, morgen ausgehängt werden sollte, wie ein geschlachteter Stier.

An uns vorbei marschierte ein Faschist der letzten Stunde. Vorschriftsmäßig, sauber adjustiert, Marschgepäck über. Er sah uns. Deutsche Soldaten, die noch nicht kapituliert hatten. Er hob die Hand zum Römischen Gruß und rief uns zu: »Coraggio ragazzi!« Wir standen auf und leisteten ein letztes Mal die Ehrenbezeigung durch Anlegen der Hand an die Kopfbedeckung. Weil man in Stunden, in denen die Schweinerei der Gesinnungslosigkeit losgeht, gerade stehen soll, wenn sich ein Mensch seinem Schicksal stellt. Und das Schicksal erwartete ihn in der Campagna, mit deren Grün sich die Farbe seiner Uniform bald vermischte. Eine Viertelstunde später hörten wir die Flinten knallen. Auf unserer Straße geschah nichts, war nichts zu sehen. Daß die Amis schon am Gardasee waren, wußten wir nicht. Es war gut. Der erste Mensch, der nachher auf uns zukam, kam schon aus einer anderen Welt. Deswegen gehört die folgende Begegnung nicht mehr in dieses Kapitel.

Das Gefängnis

Bald nachdem der Mann mit dem schwarzen Hemd unter der Parteiuniform in der Campagna untergegangen war, erhob sich im Dorf ein großes Durcheinander. In dem wilden Lärm hörten wir aber keine Schüsse, keine hysterischen Schreie der Angst. Offenbar war kein Aufstand ausgebrochen, sondern das, was man in Wien »Ramasuri« nennt. In Wien geht ein Ehemann nicht nach Haus, wenn dort beim Gründlichmachen eine »Ramasuri« entsteht; und im Ursprungsland dieses vieldeutigen Wortes sollte ein fremder Soldat sich von politischen Ereignissen im Staat fernhalten, bei denen eine »Ramasuri« entsteht, weil wieder einmal das Nachtgeschirr ausgetragen werden muß.

Der erste, der aus der »Ramasuri« die Straße aus dem Dorf und auf uns zukam, verdiente rebus sic stantibus außergewöhnliche Aufmerksamkeit. Es war ein klerikaler Partisane. Er fuhr auf einem Damenfahrrad, mit dem er in einigem Abstand von uns auf der Landstraße herumkurvte. Nur war der Tag nicht danach, daß ein Geistlicher in Soutane vor seinem Dorf Übungsfahrten auf dem Fahrrad macht. Die Armbinde in den italienischen Nationalfarben deutete an, daß der Kleriker nicht unbedingt im Dienst der Kirche unterwegs war. Leider konnte ich nicht die Buchstaben entziffern, die auf der Armbinde standen. Da sich der hochwürdige Herr offenbar nicht ohne weiteres entschließen konnte, vollends auf uns zuzukommen, kam ich auch in diesem Fall der Kirche ein wenig entgegen. Ich erhob mich aus dem Graben, senkte die Mündung der ohnedies nichtsnutzigen italienischen Maschinenpistole und ging auf den Geistlichen zu. Sofort stieg dieser vom Rad ab und kam, das Rad schiebend, auf mich zu. Es war ein junger Geistlicher, jünger als ich. Als wir uns schließlich grußlos auf halbem Weg begegneten, sagte er: »Der Krieg ist aus.«

Wir trauten dem jungen Frieden nicht. Außerdem hatten wir noch eine kriegerische Handlung abzuwickeln: wir mußten ein letztes Stück Weges in einem Land hinter uns bringen, das jetzt Feindstaat war. Vorsichtshalber erwiderte ich also: »Für uns nicht.«

»Wieso nicht?«, erwiderte der Geistliche sachlich, ohne Gefühlsregung, »eure Generäle haben in Italien kapituliert.«

Und ich: »Wir wollen heim. Und das auf alle Fälle.«

»Mit euren Waffen werdet ihr nicht weit kommen«, war das Gegenargument meines Verhandlungspartners, auf dessen Armbinde ich inzwischen endlich die Anfangsbuchstaben der Abkürzung für die italienische Bezeichnung des Komitees für die nationale Befreiung entziffert hatte.

Drei Dinge wurden mir klar: der hochwürdige Herr war im technischen Sinn kein Partisane. Er war waffenlos. Und er hatte es auf unsere Entwaffnung abgesehen.

Im Dorf schwoll der Lärm der »Ramasuri« dopo guerra an. Sie mußten molto vino haben, denn aus nichts wird nichts. Wir aber mußten, da die Amis auf das Südufer des Gardasees zustrebten, an Brescia vorbei und in die Berge ausweichen. In den Bergen hatten wir ohne Waffen so gut wie keine Chance mehr, uns zu behaupten, bewaffnet konnten wir hinwider leicht aus einem Hinterhalt abgeschossen werden. Andererseits war es möglich, daß das hochwürdige Komiteemitglied in einem Komitee saß, das auch Mitglieder mit roten Armbinden umfaßte. Der Mann in der Soutane schätzte unsere Lage jedenfalls ziemlich richtig ein, denn er wiederholte nur:

»Mit euren Waffen werdet ihr nicht weit kommen.«

Ich erwiderte: »Und ohne Waffen werdet ihr uns vielleicht unter die Erde bringen.«

Über sein Gesicht ging ein Huschen des Unwillens. Er schien uns zu verstehen, aber er spielte den Vorteil seiner Lage aus: »Wenn ihr uns eure Waffen gebt, könntet ihr die Nacht im Dorf bleiben. Morgen ist womöglich schon alles anders, und vielleicht könnt ihr dann ohne Waffen durchkommen.«

Der Vorschlag war nicht so kalt. Trotzdem warf ich ein: »Und was ist, wenn die Amerikaner kommen?«

Der Geistliche zuckte die Achseln. Für die neuesten Alliierten seiner Landsleute wollte er offenbar keine Garantie übernehmen. Vielleicht wußte er schon mehr darüber, was dopo guerra in einem besetzten Land für die Bevölkerung bedeutet. Vorläufig waren die Italiener die Ortskommandanturen der Deutschen los. Aber die nächste Kommandantur würde nicht lange auf sich warten lassen. Italien gehört zu den Ländern, in denen es immer Militär gibt, wobei es leider nicht immer das eigene ist.

Ich ging zu den Männern zurück. Sie hörten sich die Sache an und blickten dann ohne Kommentar auf mich. Da entlud ich die Maschinenpistole und kehrte zu dem Geistlichen zurück, die anderen hinter mir her. Wortlos folgten wir dem Mann in der Soutane ins Dorf. Was uns der geistliche Herr an Freundlichkeiten schuldig geblieben war, das holten seine Pfarrkinder nach: keine Feindseligkeit, ausgesprochene Dulliähstimmung ersten Grades, also zur Fraternisierung neigend. Rasch führte uns der Geistliche durch die herandrängenden Dorfbewohner in ein Haus und darin in einen Kanzleiraum. Ich roch Papier, Stampiglien und die ganzen spezifischen Dessertgerüche eines Amtszimmers. Die Wände sahen aus wie jene in den heimatlichen Amtsstuben im Jahre 1934 und 1938. An den Wänden waren die Randspuren von Bildern, die man offenbar unlängst erst entfernt hatte und für die noch kein Ersatz vorhanden war. Den Wortschwall der Bauerngeneräle, keiner mit roter Armbinde, verstand ich nicht. Aber das Fazit erwies sich als verständlich: wir wurden zur Teilnahme an der »Ramasuri« eingeladen.

Da kam einer an uns heran, der nüchtern zu sein schien, jedenfalls aber sehr nüchtern bemerkte: »Hört einmal, es kommen allerlei Kommandos ins Dorf. Am besten, ihr taucht unter.« Das war einleuchtend. Wieder war es eine Frau, die das vernünftigste tat. Sie führte uns aus dem allgemeinen Rummel fort in einen überdachten Splittergraben, der in einem Maisfeld abseits des Dorfes lag. Wir hatten ein Dach für die Nacht. Wir lagen, wenn keine Verräterei im Spiele war, in sicherer Deckung. Und wir bekamen Verpflegung, denn unsere Führerin brachte uns einen Kessel Polenta und eine Flasche Wein. Wir sahen der Frau ins Gesicht: nein, sie war keine Verräterin und keine Verführerin, sie tat es vielleicht, weil ihr Mann in einer Stunde wie dieser irgendwo in Europa auch ein Dach für die Nacht und eine warme Mahlzeit brauchte. Und doch schlief ich mit einer Sorge ein. Vielleicht wäre es besser gewesen, dachte ich bis zuletzt, auch in dieser Nacht, wie in jeder der letzten, zu marschieren. Aber der Avanti-Stock war weg.

Wir sahen nie mehr den Geistlichen und auch nicht die Bauerngeneräle, die jetzt unser Waffenarsenal: fünf Stutzen, eine Beretta-Maschinenpistole mit verläßlichen Ladehemmungen und ein MG samt Trommel, besaßen. Damit konnten sie auch keinen Krieg gewinnen, und nach uns würden sie wohl keinen Landser mehr vereinnahmen oder gar umlegen können. Hinter uns kamen unaufhaltsam die Befreier.

Als es dämmerte verließen wir den Splittergraben. Querfeldein marschierten wir ziemlich genau nach Norden. Bald wurden wir gewahr, daß wir von allen Seiten beobachtet wurden und uns in einem deckungslosen Gelände befanden. Ein Haufen Befreier kam auf uns zu, vereinnahmte uns ohne viel Federlesens, lud uns auf einen LKW, auf dem schon ein Dutzend Landser saßen und hinein ging es nach Brescia. Durch eine hohe Toreinfahrt fuhren wir in eine alte Burg, die einmal bessere Tage gesehen hatte, freilich nicht unbedingt in der allerletzten Zeit, als sie Kaserne der »Schwarzen Brigade« war. Diese Brigade hatte man allerdings vorgestern ausgehoben.

In der Toreinfahrt war eine deutsche PAK in Stellung gebracht. Es wimmelte von Kameraden ohne Feldpostnummer mit roter Armbinde. Sichel und Hammer waren an zahlreichen Stellen an die Mauern gepinselt. Aber die alte Chiffre: Evivva il Duce, schimmerte durch. Für politische Erwägungen blieb indessen nicht viel Zeit, denn man schubierte uns in einen riesigen Saal im Obergeschoß, vor dem ein Partisane Posten stand. Auch er trug eine Maschinenpistole jenes Modells, mit dem ich so schlechte Erfahrungen gemacht hatte. Hoffentlich funktionierte seine Waffe nicht besser. Denn wir hatten noch einen kleinen Rest von Fluchtgedanken. Jedenfalls waren wir vorerst in einem Gefangenenhaus.

Das Wort Gefangenenhaus habe ich in Kindes- und Jugendtagen oft gehört. Der Vater machte im Wiener Polizeigefangenenhaus auf der Elisabeth-Promenade, kurz »Liesl« genannt, seit Jahren Dienst. Seit er in der sogenannten heilen Welt bei einem Teuerungskrawall in Ottakring ein Bügeleisen auf seinen Helm geworfen bekommen hatte, machte er Innendienst. Mehr hatte der als Wurfwaffe gedachte Haushaltungsgegenstand nicht bewirken können, worüber vielleicht nachher die Hausfrau froh war, soferne das aus dem Fenster geworfene Bügeleisen nicht kaputt gegangen ist.

Zur Zeit der Monarchie war das Gefangenenhaus der Wiener Sicherheitswache für diverse Arrestanten mit kriminellen Vergehen bestimmt. Sie blieben dort inhaftiert, solange das im selben Haus untergebrachte berühmte Sicherheitsbüro, der Wiener Scotland Yard, seine Untersuchungen anstellte; oder sie wurden abschubiert. Nächste Schubstationen waren Bruck an der Leitha im Königreich Ungarn, Lundenburg in der Markgrafschaft Mähren, oder Linz im Erzherzogtum Österreich ob der Enns. Wenn abschubiert wurde, war der Vater unterwegs.

An sich war die »Liesl« kein Aufenthaltsort für Politiker. Ein k.k. Sicherheitswachmann arretierte keinen Politiker. Er hatte Respekt vor ihm, auch wenn es zum Beispiel der sozialdemokratische Abgeordnete des Bezirks Ottakring war, unter dessen Wählern sich die Frau mit dem Bügeleisen befand.

In der Republik änderte sich die bisher einheitliche Zusammensetzung der Arrestanten der »Liesl«. Zunächst wurden Demonstranten, radikale Parteigänger von links und rechts, eingeliefert. Aber das waren kleine Fische. Dann kamen sozialdemokratische Politiker in die »Liesl«. Nachher nationalsozialistische. Mein Vater hat den Kriminalbeamten Doppler, der 1934 beim Überfall auf das Bundeskanzleramt ein verhängnisvolles Doppelspiel getrieben hat, von der »Liesl« auf die Polizeidirektion gebracht. Doppler nahm sich dort das Leben: er lief den langen schmalen Gang entlang und davon. Ein Warnschuß löste eine Wolke Staub vom Verputz, in der der Flüchtling verschwand. Ortskundig, suchte der Kriminalinspektor das Fenster, aus dem er sich in die Tiefe stürzte. Soweit erfuhr ich manches daheim. Meine Freunde von der Vaterländischen Front brauchte der Vater nicht mehr zu vereinnahmen, weil er 1938 schon in Pension war. Damals ging man, so in Freiheit, zur »Liesl«, um den Inhaftierten Essen und Wäsche zu bringen. So wie man nach 1945 ins Graue Haus ging, um andere Verwandte, als Naziinsassen, vor dem Verhungern in überfüllten Zellen zu retten. Einem späteren Politiker tut es gut, in Umsturztagen stundenlang vor Gefängnissen Schlange zu stehen und sich anzuhören, wie es sich unter den sogenannten Spänen lebt, die angeblich fallen müssen, wenn die Politiker sich veranlaßt finden, den Hobel in die Hand zu nehmen.

Mit der Zeit wurde die »Liesl« für mich so etwas wie ein Purgatorium, dem keiner entrinnt. Ein stinkendes Purgatorium. Einmal, als ich ein Kind war, nahm mich die Mutter mit, als sie dem Vater eine dringende Nachricht an seine Dienststelle überbringen mußte. Von diesem Besuch blieb mir eine schwache optische, aber eine unvergeßliche Geruchserinnerung: jene Mischung aus dem Gestank in Amtslokalitäten, Armenhausspeisungen, nach Schweiß miefenden Turnsälen und Bedürfnisanstalten. Sicher ist in den letzten fünfzig Jahren genügend Deodorant in diesen unheiligen, aber für jedes System unerläßlichen, Hallen verspritzt worden.

Ende der vierziger Jahre hat ein Statistiker errechnet, daß in Europa mehr als sechzig Prozent der männlichen Bevölkerung meiner Generation eine längere oder kürzere Zeit aus nicht-kriminellen Gründen in Gefangenschaft verbracht hat. Allein der Anteil, den politische Gefangene in diesem Prozentsatz ausmachen, geht in die Millionen. Wer möchte nach Dachau, Auschwitz und Belsen, um nur drei Orte zu nennen, wagen, von Konzentrationslagern zu reden, deren Wächter keine Deutsche gewesen sind? In denen ebenso geprügelt, gemordet und eingeäschert wurde wie in jenen KZ, deren angelsächsischer Ursprung meistens verschwiegen, deren Perfektionierung mit deutscher Gründlichkeit aber als erstmalig und unübertrefflich hingestellt wird?

Als wir 1945 in Gefangenschaft gerieten, war vielen bekannt, was in Katyn an Offizieren der Armee des mit westlichen Alliierten verbündeten Polen seitens der alliierten Sowjets getan worden war. In Jalta wurde offen davon gesprochen, 30 000 deutsche Offiziere ebenso zu liquidieren. Mein 1938 aus dem Dienst der österreichischen Bundespolizei entlassener Leibbursch fiel während des Krieges in sowjetische Kriegsgefangenschaft. Da er im Februar 1934, während des Aufstands des Schutzbundes, im Dienste gestanden hatte, wurde er nach geltendem sowjetischen Recht zu 25 Jahren Zwangsarbeit verurteilt. Es war ein abgekürztes Verfahren: Namensaufruf, Nennung der Gefangenennummer, Urteilsspruch, Abführung.

Bei Theodor Mommsen habe ich vor langer Zeit gelesen, Julius Cäsar rage nicht zuletzt deswegen aus der römischen Geschichte hervor, weil er als einziger unter den Siegern der Bürgerkriege jener Ära, den unterlegenen Gegner nicht mit dem üblichen tödlichen Haß gegen Wehrlose verfolgte. Aber den Zweiten Weltkrieg machten nicht Soldaten, sondern Ideologen, Weltverbesserer, Besessene. Daher war das Strafrecht, das die Sieger nach 1945 gegen die von ihnen ausgesuchten Kriegsverbrecher anwandten, durchtränkt von den Ideologien der nachher verachteten Vergeltungs- und Abschreckungstheorien der Strafrechtswissenschaft.

Während der ersten Nacht meiner Gefangenschaft in Brescia redete ich lange mit dem Wachtposten. Er gehörte zu den kommunistischen Partisanen. Daß Österreich nach 1945 nicht kommunistisch wurde, verdankt es zu einem gewissen Teil dem Anschauungsunterricht, der seiner Bevölkerung in der sowjetischen Besatzungszone gegeben wurde. Kein geringerer als Ernst Fischer sieht die Dinge so. Und auch Italien ist 1945 deswegen nicht vollends nach links gerutscht, weil die von kommunistischen Partisanen geübte Rache eine Warnung für den Fall war, daß der Staat in die Hände der Kommunisten gelangen würde. Geschichtliche Erfahrungen, die um 1970 von jenen Demochristiani vergessen wurden, die mit sich über das sogenannte historische Bündnis zwischen christlichen Demokraten und kommunistischen Marxisten reden ließen. In der Nacht zum 1. Mai 1945 war von all dem in meinem Gespräch mit dem Wärter, der die rote Armbinde trug, noch nicht die Rede. Ich wollte wissen, warum er Kommunist sei. Und er sagte es mir klar verständlich: zuerst muß es aus sein mit dem Kriegführen. Im Frieden wird es Arbeit geben. Mein Wächter hatte eine Braut, und er wollte bald heiraten. Dann wird in der neuen Ordnung schon alles ganz anders sein. Die Pächter auf dem Land würden nicht mehr den Ertrag ihrer Arbeit an nichtstuende und nichtsnutzige Grundbesitzer abliefern müssen, und in den Fabriken würden die Arbeiter zu bestimmen haben.
Ich erinnerte meinen Wächter, daß auch Adolf Hitler mit der Parole: »Arbeit und Brot« einmal unzählige Arbeitslose unruhig gemacht und viele von ihnen bewogen hat, das braune Hemd anzuziehen. Immer hätte es geheißen: Friede den Hütten, Krieg den Palästen. Und doch seien die Dinge nach den Revolutionen meistens so geraten, daß jene, die die Umsturzparolen ausgaben, nachher tatsächlich in die Paläste zogen, während die

Massen in ihre alten Hütten zurückgezogen seien. In Rußland hätte ich gesehen, daß dort die Menschen auf dem Land in armseligen Häusern leben, die noch mehr verfallen sind, als sie es zur Zeit des Zaren bereits waren.

Solche Ansichten und Aussichten wollte nun mein Wächter nicht hören, und wer weiß, wie unser Gespräch in der Nacht geendet hätte, hätte es nicht plötzlich unter unseren Füßen eine heftige Detonation gegeben. Mein Wächter riß seine Maschinenpistole von der Schulter und lief hinunter in die Toreinfahrt. Vielleicht waren die Faschisten doch noch einmal zurückgekommen oder hatten sie eine Bombe mit Zeitzünder hinterlassen. Ich lief hinterher. Der Anblick, der sich uns bot, war nicht dramatisch, sondern komisch. Nachts hatte man sicherheitshalber die PAK geladen. Irgendwer hatte sich an der Kanone zu schaffen gemacht, der Schuß hatte sich gelöst, und in der Wölbung der Toreinfahrt hatte der vervielfachte Luftdruck einigen Männern mit der roten Armbinde buchstäblich die Kleider vom Leib gerissen. Es gab keine Toten, aber die Grotesktänze der in Fetzen herumhüpfenden Opfer der Spielerei mit dem Krieg war für den Rest der Besatzung und auch für meinen Wächter ein köstliches Theater. Jetzt hatte man genug von dem Ding und die PAK verschwand im hintersten Hintergrund des Hofes.

Wir Gefangenen bekamen einen kleinen Vorgeschmack von der neuen Zeit. In der Schloßkaserne gab es nicht nur Männer mit roten Armbinden, sondern auch Mädchen mit Armbinden in den päpstlichen Farben weiß und gelb. Von ihnen bekamen wir die erste Verpflegung in der Gefangenschaft. Offenbar ging es in der neuen Welt, in die mich vorgestern der Geistliche vom Komitee für die nationale Befreiung eingeführt hatte, sonderbar zu. Die Männer mit den roten Armbinden lachten den Mädchen mit den gelb-weißen Armbinden zu und die Mädchen grüßten zurück. Wie immer es gewesen sein mag, in Italien sind die Uhren der neuen Zeit anders gegangen, als nördlich der Alpen. Richtig Ordnung gemacht haben allerdings dann die Truppen der US-Army, sobald sie Brescia richtig »under control« hatten.

Sie fingen gleich mit dem Sortieren an: die Guten ins Töpfchen, die Schlechten ins Kröpfchen. Im Kröpfchen sollten wir später, in Pisa, die italienischen Soldaten der kleinen Armee der Sozialen Republik des altgewordenen Mussolini wiedersehen. Eine Einheit davon hatte in unserer Nähe am Monte Sole unter der Parole: Der Löwe fliegt wieder, gekämpft. Der Löwe. Damit war der Löwe Venedigs gemeint.

Ins Kröpfchen kamen eo ipso die Deutschen. Eines Tages nahm man unseren italienischen Wächtern ihre Beute ab, trieb uns durch die Straßen, in denen schon so etwas wie ein Korso unterwegs war, und ließ uns plötzlich halten. Dann hörte ich das erste Wort in Englisch, das indirekt an mich gerichtet war: »Hands up!« Wir dachten, es gehöre diese Geste der Waffenlosen zum Ritual der Unterwerfung. Aber wir irrten. Die GI's der Wachmannschaft gingen durch unsere Reihen, um Kriegsandenken, Souvenirs, zu sammeln. Sie rissen Auszeichnungen von den Feldblusen, Koppelschlösser mit dem Hakenkreuz und der Umschrift: Gott mit uns, aber auch Armbanduhren und dergleichen an sich. So war das also. Und warum nicht. Dieben nimmt man zuerst ihre Beute weg, und waren wir in einer Stunde wie dieser nicht mehr als Diebe? Nämlich die Mörder von Dachau, Belsen und Auschwitz?

Ein Schützenpanzer fuhr hinter uns her. Man trieb unseren Haufen in ein Sammellager. Ich ging auf den Panzerfahrer, der aus seinem Fahrzeug gekrochen war zu, sammelte mein ganzes Englisch und sagte: »Why?« Dabei zeigte ich auf die Folgen der auch an mir vollzogenen Demontage. Der Mann sah mich an und frug zurück: »You speak English? You stay here.« So wurde der mit: »Hands up!« begonnene Monolog zu einem Dialog. Ich sagte noch ein Wort, wenngleich es mit den Tatsachen nicht übereinstimmte. Nämlich: »Yes«.

Ich blieb am Fahrzeug stehen. Es wurde bitter kalt in dieser Nacht. Der Panzerfahrer nahm seinen Überhelm ab, legte ihn in die Nähe des Auspuffs und ließ den Motor laufen. »Sit down, Seargent«, sagte er und wies auf den Helm am Boden. »It's gonna be cold.« Ich setzte mich, eine stinkende Wärme strich an mir vorbei, aber wie immer galt die alte Landserweisheit: Besser warmer Mief, als kaltes Ozon. Dann ging der Fahrer in jene seltsame Hockstellung, in der Amerikaner gerne eine zeitlang rasten und tratschen. Er zog ein Päckchen Zigaretten aus der Brusttasche und bot mir eine Zigarette an. Ich mochte nie gerne Zigaretten. Aber diese Geste wies ich nicht ab. Vielleicht hieß sie: im Krieg geschieht manches, oder: alle sind wir nicht so. Oder irgendetwas, was man als hilfloser Zeuge einer beschämenden Situation spürt.

Es kommen mancherlei Dinge auf die Straße nach Damaskus zu liegen.

Tagelang mußten wir hungern. Dann lud man uns auf Sattelschlepper. Es kamen so viele zwischen die Bordwände jedes Fahrzeugs zu stehen, daß jedenfalls keiner während der Fahrt umgefallen wäre. Diese Praxis gab den Ohnmächtigen guten Halt. Und deren gab es bald genug. In einem halsbrecherischen Tempo fuhren die schwarzen Fahrer quer durch die Poebene und den Bergen zu. Diesmal waren die Po-Bridges »in commission« und mit Scheinwerfern bestrahlt. Scheinwerfer unzähliger entgegenkommender US-Fahrzeuge strahlten uns an. Das war die Sensation nach totaler Verdunkelung. In den Häusern brannte Licht, die Verdunkelung hing in Fetzen herab.

Und dann zeigte der Sattelschlepper seine enorme Kraft, als er uns dank scheinbar unerschöpflicher Benzinbestände die Kurven zum Abetone-Paß hinaufbeförderte. Als wir talwärts fuhren, sahen wir in den Kurven da und dort einen Haufen, den es samt der Bordwand weggeschleudert hatte.

Unser Fahrer hielt einmal an, stieg aus der Kabine und verrichtet vor unser aller Augen seine Notdurft. Dabei betrachtete er aufmerksam die auf ihn gerichteten Gesichter. Für uns war es schließlich eine Abwechslung und für den Neger eine Show mit Herrenmenschen. Er wischte sich bedächtig den Hintern aus und griff dann nach einer Büchse C-Rations, die er in der

Hosentasche hatte. Diese Büchse, einige Kekse, ein paar Drops und Brausepulver, gab er einem mit dem Hungergesicht. So begann für ihn das Theater. Denn er lachte herzlich, als der unglückliche Empfänger die Hiebe der anderen Hungrigen bekam und nichts in seinen Händen blieb. Einer, der in diesem Kampf um das tägliche Brot erfolgreich war, schrie den Erstempfänger an: »Du Schwein, du hast ja schon das Hoheitsabzeichen von der Bluse gerissen!« Und damit ging wieder ein Riß durch uns. Viele hatten dieses Abzeichen von der rechten Brustseite ihrer Uniform gerissen. »Hitler ist verreckt«, schrie der Beraubte hysterisch. Er konnte unter den Schlägen nicht zusammenfallen. Denn wer hätte sich noch mehr in den Haufen gezwängt, bloß daß einer hinfällt.

Das sind so die Schlußphasen einer psychologischen Kriegsführung, nach der nur mehr übrig bleibt, was der Einzelne an rücksichtslosem Selbstbehauptungswillen in sich hat. Wer in solchen Situationen dennoch Mensch bleibt, der ist ein Held.

Im Tal, außerhalb von Pistoia, trieb man uns in einen riesigen Pferch. Es regnete und ich dachte an die, denen Gleiches nördlich der Alpen, in der Kälte dortiger Nächte, geschah. Im Vergleich zu ihnen waren wir trotz Hunger und Nässe gut weggekommen. Aus den Kartons der GI-Verpflegung durften wir uns sogar Feuerchen machen. Unter uns saßen in der kalten Regennacht die Nackten, denen man bei dem Versuch, in Zivilkleidern heimzukommen, alles genommen hatte. Ich blieb immer mit meinen Leuten beisammen. Gustl entwickelte den durch nichts zu bändigenden Instinkt des Wieners: zuerst inhalieren, zu einer blendenden Technik. Er meldete sich an der Postenkette zum Arbeitsdienst. Mit großer Betulichkeit sammelte er die leeren Kartons und wies auf ihre Inhaltslosigkeit jedesmal beim Passieren der Postenkette so lange und so beharrlich hin, bis es den Posten zu dumm wurde und sie ihn ohne Kontrolle hantieren ließen. Und so geschah es, daß in dieser Nacht eine größere Anzahl voller Kartons die Postenkette passierten. Der Inhalt reichte nicht, um den Hunger der vielen zu stillen. Und doch war es eine wunderbare Brotvermehrung. Ein halbes Stück Keks genügte zur Erleuchtung: sie, die reichen Amis, sind verwundbar. Man wird sehen. Die Zukunft bekam Chancen.

Bei Pisa, nicht weit vom Meer, hatte man riesige Flächen bloßen Ackerlands beschlagnahmt und die Pferchs der unzähligen Compounds für Hunderttausende Gefangene eingezäunt. Hinter Doppelzäunen aus erstklassigem Stacheldraht entstand wie durch Zauberhand eine Zeltstadt, deren Firste etwa Kniehöhe hatten. Armeezelte, berechnet für zwei GI's mußten für vier Krauts, so nannten uns die Ami, ausreichen. Wir waren unter Dach. Und es gab wieder eine von deutschen Zahlmeistern kanalisierte Verpflegung: eine dünne Rennfahrersuppe pro Tag und dazu zweieinhalb oder eindreiviertel Kekse. Das Rituale der Keksverteilung war die Sensation des Tages. Und wenn auch nicht viel in allenfalls noch vorhandene Kochgeschirre kam, so kam doch wenigstens ein Segen von oben. Im Tiefflug kurvten Flugzeuge über das Lager und bestreuten es mit DDT. So kamen unsere Läuse, treueste Begleiter vieler Jahre, ums Leben. Wir wurden ekelhaft sauber. Es war dies die Stunde, in der ich, bekleidet mit Sporthose und Wehrmachtsbrille, Modell Hippie 1970, den heute sinnlosen Namen Ghandi bekam.

Aber — wir waren nicht dem Iwan in die Hände gefallen. Dieser letzte Trost blieb unseren »Hiwis« versagt, sowjetische Kriegsgefangene der Deutschen Wehrmacht, die im letzten Kriegsjahr als sogenannte »Hilfswillige« die Mannschaften unserer Trosse und Gespanne gestellt haben. Schon waren sowjetische Offiziere im Lager, um die »Hiwis« in ihre Heimat zu bringen. Was diese Heimkehr bedeutete, das hat erst ein Vierteljahrhundert nachher der sowjetische Schriftsteller Alexander Solschenizyn in seinem Buch »Archipel Gulag« der freien Welt enthüllen dürfen. Oh, wie stramm taten unsere »Hiwis« unter den Augen der ins Lager gekommenen sowjetischen Offiziere. Nie habe ich strammere, diensteifrigere, sangesfreudigere, marschfreudigere und disziplinierte Soldaten gesehen, als unsere »Hiwis« in ihrer Todesangst hinter amerikanischem Stacheldraht. Als man sie wegkarrte, war der Tag schön, sonnig und heiter, wie nur Tage im Süden sein können. Wir hingen mit unseren Händen am Stacheldraht und sahen dem Konvoi nach. Dann haben viele zum ersten Mal einen Seufzer der Erleichterung ausgestoßen, trotz unserer schmählichen Kriegsgefangenschaft, deren Ausgang ungewiß war, wie das Los der Unsrigen in der Heimat.

Wieder waren wir in Transportwagen gepfercht. Diesmal nicht auf Sattelschlepper, vielmehr in jene Waggons lits internationaux, auf denen in der Landessprache des jeweiligen Ursprungslandes stets der gleiche Text steht: 40 Mann oder 8 Pferde. Die Leute in den Headquarters der US-Army hatten sich in unserem Fall viel Laderaum erspart, indem sie nicht 40, sondern 80 und mehr Mann in einen solchen Waggon pferchten und die Möglichkeit des Gebrauchs der lits, der Betten, wegließen. Die Waggontüren wurden für die Dauer der Reise versperrt, der Schlüssel wurde erst in Neapel wieder ins Schloß gesteckt. Aber der verdammte Corpus, obwohl er nichts zu sich nahm, ersparte uns nicht seine Exkremente. Unter der Sonne des Südens wurde es peinlich, im Waggon Nasenatmung zu betreiben.
Scheinbar endlos zog sich die Fahrt über eine notdürftig instandgesetzte Bahnlinie entlang dem Meer. Bahnhöfe und Aborte standen zwecklos in einem Land, das menschenleer zu sein schien. Manchmal sahen wir das Meer, das unter der grellen Sonne aus unserer Sicht wie eine graue Lacke bedeckt mit flirrenden Reflexen, aussah. Ich mußte einfach irgendetwas unternehmen, und ich dachte stundenlang nach, was es sein könnte. Bei einem Halt kroch ich durch die Luke des Waggons ins Freie, um auszutreten. Nein: um aus mir zu kommen. Viele folgten. Auch in anderen Waggons. Die Wächter schrien und fuchtelten mit ihren Gewehren. Aber sie schossen nicht. Da und dort fiel für einen eine Dose C-Rations ab. Es waren Neger, die uns bewachten und uns

halfen, in unsere Käfige auf Rädern zu klettern. Jetzt erfuhren wir: den Käfigschlüssel hatten auch sie nicht.

Ich sah Neapel.
In Bagnoli bei Neapel war ein Kasernenviertel mit einem Schießplatz. Ein Schießplatz ist keine Ubikation, denn er hat nur ein kleines Stabsgebäude. Aber auf einem Schießplatz gibt es genug Areal für Zelte. Und einige können sogar unter die gedeckten Schießstände zu liegen kommen. In den Steinbau zogen die Stäbe. Wir hatten deren zwei: den des amerikanischen und den des deutschen Lagerkommandanten. Die Umgebung entsprach dem Interesse, das man im Jahre 1945 in Italien an einem italienischen Schießplatz hatte. Fürs erste lagen wir auf dem Sand und im Schmutz. Nach der Einlieferung ins Lager begann, und so fängt jede Etappe des Gefangenenlebens an, einer jener endlosen Zählappelle, bei denen die Ereignisse des Durchzählens mit den Zahlen in den Papieren nie übereinstimmten. Man kann es sich, je nach eigenem Geschmack, aussuchen, was nun widerlicher ist: ein stundenlanger Zählappell unter senkrechter Sonnenbestrahlung, oder einer in eisiger Kälte. Den realen Unterschied macht die Behandlung jener aus, die während dieser langen Stunden umkippen. Quälen die Wächter die ohnmächtig gewordenen Gefangenen nicht, dann ereignet sich das Ganze auf der ersten Stufe der Humanität.
Der Lagerkommandant Howard E. Woodward ging durch die Reihen. Ohnmächtige ließ er in die Kühle des Steinhauses bringen. Was er aber suchte, war ein Dolmetscher. Viele meldeten sich, einige redete er an. So auch mich. Nach meinem ersten Versuch einer Konversation in Amerikanisch traute ich mir die subtile Arbeit des Dolmetschers, von der in einem Lager so viel abhängt, nicht zu. Woodward redete mich an: »You speak english?« Jetzt wäre die Stunde dagewesen, Shakespeare zu rezitieren; ich war aber v.f., vollkommen fertig, und in meiner momentanen Miserabilität antwortete ich: »Un peu«. Woodward lachte und erwiderte: »I see, You can.« Und er nahm mich mit.

Wochenlang war meine Berufung zum Dolmetscher Thema 2 im Lager — Thema 1 war trotz allem Sex — welcher geheimnisvollen Verbindung ich diesen begehrten Posten zu verdanken gehabt hätte. Es geschah aber nicht mehr als in der ersten Unterrichtsstunde der Ersten Klasse der Realschule, als mich Othmar Müller zu seinem Secretarius machte.

Um ehrlich zu sein: ich verstand wochenlang kaum ein Wort dessen, was Woodward und seine Männer unter sich oder mit mir sprachen. Es gab einen Seargent Flora aus Tennessee und einen Runner, Privat Heiss jr., die redeten in einer Sprache, die unmöglich Englisch sein konnte. Verstanden habe ich zuerst nur Corporal Baltz. Denn er sprach deutsch. Ein schönes und reines Schwäbisch, das seine Großeltern in die USA mitgebracht hatten und das er von Großeltern und Eltern gelernt hatte.
Aber ich lernte nach Buchhaltungs- und Bilanzwesen auch Amerikanisch. Genauer: das verschmutzte Amerikanisch des GI's, auf das ich während der sechziger Jahre in der modernen amerikanischen Romanliteratur stieß. GI ist die Abkürzung für: Government Issue oder General Issue, also die Chiffre für das, was bei Preußens A- und B-Stücke, Ausrüstungs- und Bekleidungsstücke hieß. GI ist signifikanter als Landser. Es steht für einen Begriff, laut dem der Mensch Government Issue wird. Der GI redet eine Sprache, die kein Junge in Gegenwart seiner Mutter gebrauchen würde; nicht einmal dann, wenn er als freier Mensch in einem Slum lebte. Das GI-Amerikanisch ist vulgärer als das Landser-Deutsch. Ich glaube, daß es ohne den Gemeingebrauch dieser Sprache durch die amerikanische Kriegsgeneration die Pornoliteratur der sechziger Jahre nicht gegeben hätte, weil andernfalls dem Leser das für diese modern gewordene Romanliteratur notwendige Sprachgefühl abgegangen wäre. Führte der deutsche Landser ständig und in allerlei Zusammensetzungen das Wort »scheiß« im Mund, dann ersetzt im GI-Amerikanischen das Tätigkeitswort, das die Ausübung des Geschlechtsverkehrs ausdrückt, das im Deutschen gebrauchte Füllsel.

Das GI-Amerikanisch erwies sich in meinem Fall nach dem Krieg als sehr wertvoll. Nicht, daß ich Jack Kerouacs Sprache sehr geschätzt hätte. Mein Nutzen war zunächst ein äußerer: wegen meiner Fremdsprachenkenntnisse wurde ich nach meinem Wiedereintritt ins Unterrichtsministerium Sekretär des damaligen Minister Felix Hurdes. Und zweitens: nach dem ersten Gebrauch meines GI-Amerikanisch im Gespräch mit dem britischen Mitglied des Alliierten Erziehungsdirektoriums für Österreich erklärte mir mein Gesprächspartner nach Schluß der zuletzt in Deutsch geführten Unterredung: »Übrigens, Sie sollten Englisch lernen!« Und das tat ich denn auch.

Noch eine zweite Sprache lernte ich in Neapel: Neapolitanisch. Die hohe Achtung vor der italienischen Sprache verbietet mir, das, was ich in Neapel erlernte, als Italienisch zu bezeichnen. Meine Sprachlehrer für Italienisch waren italienische Lagerwachposten in giftgrün eingefärbten amerikanischen Uniformen, Schwarzhändler und Huren, welch letzterer ich nach Abzug aller Lagerwachen nie mehr Herr wurde im Lager.

Übrigens: ich habe als Pensionist auch einen Nachholunterricht in Italienisch besucht. Indem ich mein Neapolitanisch ex 1945 aufbürstete, brachte ich es zu einem — wohl honoris causa verliehenen — Buchpreis des Italienischen Kulturinstituts in Wien.

Spruch aus der Landserweisheit war der Satz: Kameraden gibt's nicht mehr, die sind 1914/18 gefallen. Natürlich gibt es immer und unter allen Umständen Kameradschaft. Bloß ist Kameradschaft keine Heringsware. An sich war das Leben in Gefangenschaft viel ungefährlicher, viel nahrhafter und oft abwechslungsreicher als jenes im Graben. Es war jedenfalls weniger strapaziös als das damalige in der Heimat. Aber das Lager war eben ein Gefangenenhaus und es wehte die Luft der »Liesl«, die ich als Kind zum ersten Mal gerochen habe, und in ihr gedeiht Kameradschaft.

Für Woodward war ich dessen personal clerk, für die Kameraden der Doktor. Wie ich es in dieser Doppelfunktion mit der

Kameradschaft hielt, dafür will ich nach einem Vierteljahrhundert nicht mehr in den Zeugenstand treten. Für mich war es eine Bestätigung, wenn mich Zeit meiner Ministerschaft einer ansprach und dabei »du« sagte oder »Doktor«, ohne sich anzuschmeißen, wie es Promis gegenüber getan wird. Zwei kostbare Dinge brachte ich aus der Gefangenschaft heim: die unterschiedlose Kameradschaft zu allen, die damals unsere Uniform trugen, und ein Gespür dafür, daß in der Formel USA mehr drinnen ist, als New York und Hollywood und Berkely und Greenwich-Village.

Vor seiner Rückreise in die USA schrieb mir Woodward ein Zeugnis. Ausgestellt ist es in der PEW (Prisoners of War Enclosur) Q 5 N 71, Bagnolia, Italy. Und so lautet der Text:

Subject: Commandation and Recommandation of POW Uffz. Drimmel Heinrich, 81 G — 740705.

To: Whom it may concern.

1. Heinrich Drimmel has been my personal clark for a period of seven (7) months. He has in addition to this been camp leader of this camp of 2000 man. His worth as an honest, vigorous and intelligent worker, clerk, adviser and teacher is above estimation. In short, it would have been very difficult to habe operated this camp without the success that we have attained with his contribution. His loyalty to duty, his fellow men, and his efforts to secure justice for all is highly commandable.

2. I highly recommand him for any position for wich he may apply in the formation of his country.

»To whom it may concern«. Niemanden ging dieses Papier etwas an und ich habe es nie hergezeigt. In diesem Zusammenhang reflektierte ich auf das Wort »we«, wir, im letzten Satz des ersten Absatzes. Wir, das waren Woodward und seine Männer zusammen mit uns, die wir 1945 aus dem dreckigen Staub der Schießstätte in Bagnoli gekrochen sind.

Im Lager Q 5 N 71 trug ich mehr Verantwortung als jemals später in meinem Leben. Es ging noch immer um Leben und Tod.

In Neapel war das Zentralverpflegungslager der US Armed Forces im Mittelmeer. Unter den deutschen und italienischen Arbeitern dieses Lagers wuchsen die Onassis-Typen der Nachkriegsära heran. Im Trubel der Demobilisierung der am reichsten ausgestatteten Wehrmacht, die je im Feld stand, wurden Millionenwerte gestohlen, verschoben und sinnlos vertan. Von Flugzeugersatzmotoren bis zu Bibeln, von Sattelschleppern bis Penicillin. Nichts gab es in und um dieses Lager, das, indem man War Surplus Good verramschte, nicht zu haben gewesen wäre.

Die Tragödien im Lager fingen an, als es für die deutschen POW Geld gab und Alkohol und Weiber. Eines Tages wurde die von GI's gestellte Lagerwache abgezogen. Im Schilderhaus am Lagertor lungerte noch eine Zeitlang ein italienischer Soldat in einer giftgrün eingefärbten Uniform. Dann verschwand auch dieses Surrogat, und das MG, das man auf dem Wachturm vergessen hatte, verrostete langsam. In ein halbzerstörtes Haus in der Nähe des Lagertors zog ein seltsames Paar. Der Lebensberuf der Fru war in ihr Gesicht geschrieben, der des Mannes lautete wohl: ohne dauernde Beschäftigung. Für einen Weißbrotwecken war die Frau zu haben. Weißbrot wurde im Lager à disvretion ausgegeben. Während in der Stadt Neapel Menschen des Hungertodes starben, kassierte der Begleiter besagter Frau täglich einen Sack Weißbrot, mit dem er auf dem Schwarzen Markt ein Krösus war. Ein Neger, der den Kraftfahrpark unter sich hatte, brachte Besseres ins Lager. Professionelle Huren aus der Stadt. Und zuletzt kamen Mädchen vom Land, als es hieß, ein Mädchen könne auch unter den POWs in Neapel reich werden. Curzio Malaparte hat dieses Pandämonium aus Not, Demoralisierung und latenter Perversität beschrieben, und es wäre danach für einen Ausländer eine Schande, diesem Zeugnis eines italienischen Publizisten ein Wort hinzuzufügen. Nach der furchtbaren Formel des Jahres 1945: Money makes it, enstand — nicht nur in Neapel — das erste und tiefste Fundament der Welt nach 1945. Money, das hieß nicht so sehr gedruckte Banknoten oder geprägte Geldstücke, sondern: War Surplus Goods. Auch Menschen waren War Surplus Good, nämlich überschüssiges, weil übrig gebliebenes Fleisch und Blut.

Auch in der Überflußgesellschaft amerikanischer Gefangenenlager in Italien waren die Verlustlisten noch nicht geschlossen. Ein Ostpreuße erfuhr nie mehr von seinem Hof, seiner Frau, seinen Kindern. Für einen Wecken Brot holte er sich in dem Haus vor dem großen Tor die Syphilis. Die Militärpolizei hob kurz nachher das Haus aus und der Arzt stellte nicht nur Syphilis, sondern auch eine Schwangerschaft fest. Woodward hatte längst eine Warnung vor Ansteckungsgefahren aushängen lassen. Als jetzt das Foto der Syphiliskranken am Schwarzen Brett hing, entstand Unruhe im Lager. Die Matadore des Schwarzen Markts reagierten kaum auf derlei Abschreckungsmittel; sie konnten sich Penicillin beschaffen, auch wenn es sonst knapp in der Stadt war. Aber der ostpreußische Bauer war kein Matador. Er ging nicht auf den Schwarzen Markt. Er ging bald nicht mehr aus seinem Zelt und grübelte Tag und Nacht. Er ging nicht zum Arzt, er ging hin und erhängte sich.

Noch gab es Männer, die hätten von den Amerikanern nichts geschenkt genommen. So wie sie es ablehnten, zu stehlen und Schwarzhandel zu betreiben. Einer von ihnen vertraute mir an, er würde türmen und ich sollte ihm Zivilklamotten verschaffen. Die Kleider wurden beschafft und der Unteroffizier ging, wie es im US-Jargon wörtlich heißt, over the hills. Er kannte vom seinerzeitigen Rückzug aus Süditalien Wege und Gehöfte und Menschen, die ihm helfen sollten. Aber er geriet an einen Bauern, der auf sein Klopfen mit einer Flinte vor die Tür trat und den Mann im Räuberzivil ins Bein schoß. Ohne Anruf, denn es war viel Gesindel in den Bergen. In einem italienischen Spital sahen Woodward und ich den Flüchtling wieder. Man hatte ihm ein Bein amputiert.

Die italienischen Ärzte hatten ihr Bestes getan. Jetzt lag der

Unteroffizier in einem der langen Säle, an deren Ende meistens ein mit vielen Lämpchen beleuchtetes Altarbild hängt, und sah Woodward mit einem hoffnungslosen Blick an. Woodward sah vorwurfsvoll auf mich und sagte: »O Henry, you are so stupid. Could'nt you take better care for him and get him home?« Dabei kamen ihm fast die Tränen. Dieser Mann hier hatte mit seinem Mut durchkommen wollen. In einer Welt, in der galt: Money makes it. Die anderen, die mit leichteren Herzen und schwereren Beuteln, saßen längst bei Muttern. Woodward holte selbst eine Army-Ambulance und brachte den Verwundeten ins Spital. Er konnte noch dafür sorgen, daß der Schwerverwundete vor dem ersten Heimtransport der Kranken nach Hause kam.

Feiertage sind Zeiten des Hochbetriebes im Pandämonium eines Lagers. Und Neujahr 1946 war Anlaß für manches Tun zu Beginn des ersten Nachkriegsjahrs. Zu den Hoffnungslosen im Lager gehörten die Litauer. Hitler hatte ihre Heimat an Stalin abgelassen und Roosevelt hatte diesen Transfer faktisch bestätigt. Die Litauer hatten nicht einmal eine besetzte Heimat. Sie mußten fürchten, daß sie, als sowjetische Staatsbürger seit 1940, doch noch jenem Kommando überliefert würden, das 1945 die »Hiwis« aus Pisa heimgeholt hatte ins Arbeiterparadies.
Besoffener als die besoffensten Lagerinsassen kehrten die Musiker der beiden Bands ins Lager, die in der Sylvesternacht in Offiziersklubs gespielt hatten. Sie und die Köche und Kellner hatten in sich, was man sich zu Sylvester 1945 in einem Klub der Offiziere des Zentralverpflegungslagers des Mediterranian Theatres of Operation genehmigen konnte. Mit einem Mal brach die Rivalität der Band der Litauer mit der der Deutschen wieder einmal aus. Ich drängte mich zwischen die Kämpfenden, da blitzte ein Messer auf und ein Feldwebel lag blutend auf der Erde. Im selben Augenblick hörten die Streitigkeiten besoffener Rabaukes, Homos und Cliquen auf. Alle fielen über den Messerstecher her, der ernüchtert auf den Mann niedersah, den er fast ermordet hätte. Es gab nur einen Ort im Lager, in dem der

Täter vor der Lynchjustiz sicher war: im Calaboose, im Lager-
arrest, der im früheren Pulverdepot untergebracht war. Ich
schrie: »Laßt ihn, er kommt vors Kriegsgericht«, zerrte den Unglücklichen ins Gebäude der Kommandantur, holte den Schlüssel des Calaboose und konnte den Schreckensbleichen gerade
noch einsperren, ehe die Meute durchdrehte. Ich schloß ab und
legte den Schlüssel auf den Schreibtisch Woodwards, wo er tabu
war. Dann wachte ich, bis der Neujahrsmorgen 1946 kam, den
ganzen Vormittag, bis mittags Woodward mit fröhlichem Ge-
töse in sein Büro zurückkehrte. Er brachte die Platte mit seinem
Festtagsmenu und lud mich zu Gast. Schweigend aßen wir. Kein
Wort erwähnte den Mann im Calaboose. Nachmittags wurden,
wie routinemäßig, die Litauer aufgerufen, auf LKWs verladen
und in ein anderes Lager gebracht. Nachher war der Calaboose
leer.

Eines Tages kam der Lagerarzt zu mir, um mir in der Stille zu
sagen, er hätte den Verdacht, ein Oberleutnant aus Wien sei an
Kinderlähmung erkrankt. Es durfte keine Panik im Lager entstehen. Der Oberleutnant fuhr ins Hospital zur Untersuchung,
er wußte nicht, was an ihm geschehen war. Ich stieg auf das
Trittbrett des Zweieinhalbtonners, des einzigen Fahrzeugs, das
im Lager parkte, um Lebewohl zu sagen. Froh sah der Oberleutnant aus der Fahrerkabine, und auch ich war froh, ihn
in der besten ärztlichen Versorgung zu wissen, die es damals
in Neapel gab. Niemand außer dem Arzt und mir wußte, was
vielleicht anstand. Aber es kam zu keinen neuen Fällen der mör-
derischen Krankheit, zu keiner Panik im Lager. Aus dem Hospital kam die geheime Nachricht, der Oberleutnant sei tot, die
Diagnose unseres Lagerarztes sei richtig gewesen. Eine Abord-
nung aus dem Lager durfte an der Beerdigung teilnehmen.

Der Militärfriedhof lag hoch über der Stadt. Früher einmal
wurde Reisenden gesagt, sie könnten sich den Anblick des Restes
aller Schönheiten der Welt ersparen, wenn sie Neapel gesehen
hätten. Neapel sehen und dann sterben. Der, der vor uns in
einem Leinensack auf der Bahre lag, hatte dieses großartige Ver-

sprechen buchstabengetreu erfüllt bekommen. Jetzt, dopo guerra, bemächtigte sich die Hygiene mit einer widerlichen Perfektion seines Körpers. Ein US-Sanitätsdienstgrad, kostümiert wie ein Chirurg, zog den Leinensack ab, hob prüfend die Hände und Gliedmaßen des Toten, ließ sie fallen, studierte Totenflecke, die der Schönheit des makellosen Leibes nichts anhaben konnten. Nahm Fingerprints. Ergänzte ein Formblatt, wandte sich mit den Worten ab: »Well, that's it« und überließ uns den Leichnam. Kein Vorwurf. Er tat was friedensmäßig geschieht, bevor die Pompfuneberer kommen. In diesem Fall also wir.

Mit den Händen, mit denen wir so viele ins Grab gelegt haben, faßten wir den Oberleutnant aus Wien an und betteten ihn in die Frühjahrserde des Jahres 1946. Unser Lagergeistlicher sprach die lateinischen Gebete, einer respondierte und alle beteten das Vaterunser. Als wir schon Amen gesagt hatten, wußte einer von uns noch einen Lobspruch, ehe auch er mit dem Beten fertig war: Denn Dein ist das Reich und die Kraft und die Herrlichkeit in Ewigkeit Amen. Wir schaufelten das Grab zu, wunderten uns, daß es diesmal so rasch ging. Erst als wir uns nachher auf die langen Schaufelstiele stützten, wurden wir uns bewußt, daß wir die gewohnte Arbeit nicht mehr mit den kurzen Feldspaten verrichtet hatten. Wir schauten über die Bucht in die Herrlichkeit dieser Welt mit ihren Reichen und ihrer Macht. Groß, wie eine Insel, lag auf der Reede von Neapel das US-Schlachtschiff »Missouri«. Wenige Tage nach dem Atomtod in Hiroshima und Nagasaki haben auf diesem Schiff die Japaner ihre Kapitulation besiegelt.

Und führe uns nicht in Versuchung, hatten wir gebetet, sondern erlöse uns von dem Übel. Und einer von uns: von dem Bösen. Amen.

Das Jahr 1945 ging zu Ende und die Amerikaner durften längst wieder zurückgrüßen, wenn wir an unsere Mützen tippten. Mit der Zeit war auch hinter Stacheldraht unversehens und unvermeidbar ein gewisser Grad jener Solidarisierung entstanden, wie er in jedem Gefangenenhaus zwischen den Wärtern und ihren Gefangenen entsteht. Manche hatten mehr erhofft, etwa den gemeinsamen Aufbruch der Wärter und der Gefangenen gegen einen Feind, der ihnen der gemeinsame zu sein schien, der Iwan in Europa. In der Kette des Schwarzhandels funktionierte die Kameraderie der GIs und der POWs, der Exnazis und minderwertiger Neger reibungslos und ertragreich. Sex war ein Kommunikationsraum, innerhalb dessen es keine Drahtzäune gab.

Aber es kam Weihnachten. Weihnachten in einem Europa, das zwar an vielen Stellen zerstört war, in dem aber schon ein friedensmäßiger Behördenapparat, zum Beispiel der der Post, funktionierte. Wir lebten nicht in sibirischen Lagern oder fern von Europa. Wir beluden die Waggons, mit denen die UNRA-Sendungen nach Österreich gingen, und wir redeten uns die Köpfe heiß, wenn wir zu ergründen trachteten, warum trotzdem unser Postverkehr mit der Heimat unterbunden blieb. Aus Neapel schrieben die getreuen Kriegsbräute ihren längst aus den Lagern in den USA nach Deutschland und Österreich heimgekehrten Verlobten. Und wir sollten Weihnachten feiern, unwissend was, quasi hinterm Berg, daheim los war.

Woodward ließ kein Kopfhängen aufkommen. Zuerst schickte er das ganze Lager in den Arbeitsdienst, damit, wie in jedem guten Haushalt, gründlich gemacht wurde. So wie der Hausfrau beim Weihnachtsgründlichmachen die Tage rasch vergehen, vergingen sie uns gerade rasch genug, um die Zeit der Erwartung auf ein Weihnachtswunder, im Ärger über die Arbeit, weniger bewußt zu erleben. Die Band, die sonst im Offiziersklub spielte, sollte die Turmbläser für den Heiligen Abend stellen. Als sie zu diesem Zweck eine Probe auf dem längst verlassenen Wachturm machte, entdeckte man das verrostete MG, das bei diesem Anlaß endgültig außer Evidenz gebracht wurde. Die Fouriere und Köche hatten Extrarationen bekommen und längst schwarze Bestände gespart, um beweisen zu können, daß das, was ein POW außer Haus zu speisen pflegte, auch daheim im Lager zu haben war. Was fehlen würde, das war der Baum, denn derlei

308

wuchs nicht in Griffweite, es sei denn, in hochherrschaftlichen Gärten.

Eines Tages lud Woodward einige POWs auf einen Zweieinhalbtonner und fuhr, ohne mich, los. Er ließ mich aus gutem Grund zu Hause, denn das, was er tat, war ein starkes Stück. Ich traute meinen Augen nicht, als das Kommando mit einem riesigen Weihnachtsbaum ins Lager zurückkehrte. Woodward war in den Garten einer Villa eingedrungen, einige erzählten, es sei die königliche gewesen, und hatte, allen Protesten zum Trotz, das Unglaubliche befohlen: den schönen alten Baum zu schlägern. Diese Tat mußte er auf Heller und Pfennig bezahlen. Nach den Feiertagen kam der aufsichtführende Stabsoffizier, Major Bentley, ins Lager. The Old Bastard, das Wort kam Woodward leicht von den Lippen, war unserem Kommandanten nie grün, zumal Woodward den absoluten Rekord an Strafzetteln wegen gefährlichen Schnellfahrens hatte. Nie mehr sollte Woodward befördert werden. Aber das war eben sein Beitrag für Weihnachten 1945.

In der Dämmerung des Heiligen Abends stand auf dem Rest des nicht mehr benutzten Appellplatzes der Christbaum. Glühbirnen ersetzten Kerzen. Als sie erstrahlten, strömten alle zum Christbaum. Die Jazzmusiker bliesen vom verlassenen Wachturm Weihnachtslieder, ohne sie zu verjazzen. Unter uns wurde es ganz still, einige schneuzten sich. Woodward stand da, als sähe er das Christkind. Dann stimmten die Bläser »Stille Nacht« an. Man hörte, während sie zum ersten Mal die Melodie spielten, kaum Gesang, aber viel Räuspern und Schneuzen. Bei der Wiederholung setzte der Gesang der zweitausend Männer ein.

Woodward sang das Lied, wie alle Lieder, die er gefühlvoll sang, haarsträubend falsch. An anderen Tagen hätte ich ihm gesagt: wie ein verliebter Kater.

Aber in dieser Stunde wurde wenig geredet. Nach der Feier verdrückte sich jeder. Zu Mitternacht gingen wir in die Mette. Damals hatten alle Zeit für Gott, und es war eine Zeit für Gott.

In Hütteldorf war Endstation des langen Lastzugs, der uns heimbrachte in die Russenzone. Hinter einem Beamten des neuen Österreich latschten wir auf den allen bekannten Weg ins Hütteldorfer Bräuhaus. Es war ein Herbsttag. Auf der Erde des leeren Bräuhausgartens lag das Laub der alten Bäume, die Zeugen des Abschlusses so vieler herrlicher Sonntage waren, an denen Tausende Wiener im Wiener Wald oder auf dem unmittelbar benachbarten Platz des S. C. Rapid gefunden haben, was sie erwartet hatten. Auf dem Fußballplatz dröhnte der Ballaufschlag. Ich hätte durch das offene Tor gehen und zuschauen können, beim Trainieren. Der Beamte sah mein Interesse, deutet mit den Daumen auf den Platz und sagte so beiläufig: »A guade Maunschaft haum's wieda«. Hier hatte sich also nichts geändert. In einem der großen Säle des Bräuhauses bekamen wir den provisorischen Entlassungsschein und einen Freifahrschein, den letzten, der mir wegen meiner Uniform gegeben wurde. Und dann gingen Gustl und ich, so als kämen wir ein wenig müde von einem aufregenden Fußballmatch, quer durch den unansehnlichen Beserlpark und durch das Rattenloch unter der Trasse der Westbahn zur Endstation der Wiener Stadtbahn. Der Schaffner markierte unsere Fahrkarten mit der selben Gleichgültigkeit, mit der er alten Männern und Frauen, die von einem Herbstspaziergang im Lainzer Tiergarten heimkehrten, die Fahrscheine abnahm, zwickte und zurückgab. Wir stiegen die Treppen zum Perron hinauf und warteten auf einen Zug der Linie WD, einen, der durchs Wiental zum Donaukanal fuhr wie ehedem. Warum sollte dieser Zug nicht so pünktlich wie immer zur Stelle sein, da doch die alten Gleise dalagen und offenbar alles darauf fuhr. Und der Zug fuhr tatsächlich ein. Wir stiegen in den Waggon, der wie eh und je nach Zigarettenrauch, Schweiß und tausend Ingredienzien eines äußerst widerstandsfähigen Miefs roch. In der Haltestelle Augarten stieg ich auf dem Bahnsteig aus, von dem ich, auf dem gegenüberliegenden stehend, beim letzten Urlaub die Blicke nicht losreißen konnte, bis mein Zug zur Abfahrt einrollte.

Hinter den im Kampf um den Donaukanal zerstörten Häusern waren die meisten Häuser des Ghettos geblieben. Das jüdische Kinderheim mit der Aufschrift: Der Säuglinge Lallen festigt Dein Reich, schien abbruchreif zu sein. In meiner Gasse gab es keine anderen Bombenlücken als jene, von denen ich zuletzt doch noch von daheim erfahren hatte, als ich noch Gefangener war. Lautlos ging ich auf den Gummisohlen meiner Combat Boots die ausgetretenen Stufen hinauf und in den Mief der Kochgerüche der Nachkriegszeit. Ich läutete, wie ein Fremder, an meiner Tür. Meine Frau öffnete, mein Kind kam neugierig gerannt. Wir fanden lange kein Wort. Denn alles, was wir jetzt gesagt hätten, wäre sinnlos gewesen und nichtssagend angesichts der unglaublichen Tatsache: ich war heimgekommen. Ich war in meinem Haus.

DAS HAUS IM GHETTO

Im Krieg lernte ich einen gewissen B. kennen. Wir beide hatten damals ein Schicksal, das in vielem, nicht in allem, fast das gleiche war. Er hatte, so wie wir bis 1949, eine Wohnung im alten Leopoldstätter Ghetto Wiens. Wir, das sind meine Frau, meine Tochter und ich. Für meine Tochter waren die ersten zehn Jahre ihres Lebens, verbracht im verwohnten Ghettohaus, eine Zeit voller Geschehen. Meiner Frau blieb die Erinnerung an eine junge Ehe. Ich selbst war in dieser Zeit fast immer dienstlich unterwegs. Und doch gehört das Haus im Ghetto zu meinen Häusern. B. verstand es besser, auf endlosen Märschen und beim vergeblichen Warten des Soldaten, sein Geschick zu erzählen, das, wie gesagt, dem meinen glich. Ich darf ihn, einen toten Tatzeugen, zu Wort kommen lassen, zumal seine Illustration gültig ist.

Ich nenne hier keine bloße Hausnummer, keine x-beliebige Nummer für ein x-beliebiges Haus. Es hätte nur keinen Zweck, auf Grund der genauen Adresse und mit Hilfe des Straßenverzeichnisses und des Planes der Stadt Wien, das Haus Nummero 38 aufsuchen zu wollen. Denn es steht nicht mehr. Man hat es zerbombt, zerschossen, zerstört. Zerbombt haben es im Frühjahr 1945 anglo-amerikanische Kampfverbände; zerschossen hat es die Artillerie der Sowjetarmee; demoliert hat es ein Abbruchunternehmen, dessen Inhaber nach dem Zweiten Weltkrieg mit der Demolierung rascher zu Geld gekommen ist als sein Großvater während der Baukonjunktur der Gründerjahre.

Das Haus stand in einer Gasse, das heißt: nicht am Rand einer jener Verkehrsflächen, die nach 1918, insbesonders aber nach den

Jahren 1934, 1938 und 1945, zuletzt noch 1955, als die Russen endlich weg waren, immer wieder neue Namen bekommen haben, die nachher peinlich wurden. Denn wer hätte zum Beispiel nach 1934 gern einen Sicherheitswachbeamten nach dem »Ring des 12. November« fragen mögen oder nach 1945 nach dem »Hermann-Göring-Platz«? Von der nachher unerwünschten Tolbuchinstraße aus 1945 gar nicht zu reden. Nein, es handelt sich hier um eine Wiener Vorstadtgasse; eine jener Gassen, in der das Theater ihrer Bewohner so gespielt wurde, wie es Ferdinand Sauter beschreibt. Das bezeugte schon das alte gußeiserne Hausnummernschild durch sein langes, ununterbrochenes Dasein und die im Hausflur ausgeschilderte Konskriptionsnummer, deren ursprünglich militärischer Zweck im Kriegsjahr 1945 allerdings längst nicht mehr vorhanden war. Es handelte sich beim Haus Nummero 38 um einen Fall von Tradition. Und damit ist die Todesursache für das schließliche Sterben des Hauses gesagt.

Das Haus stand in einer östlichen Vorstadt. Nicht so weit östlich, als daß es etwa in den von alten Wienern nicht sehr gefragten Gefilden jenseits, d'renter der Donau gestanden hätte. Und nicht im Westen, wo sich die Stadt seit Jahrhunderten mit größter Beharrlichkeit und mit erheblichen bau- und verkehrstechnischen Schwierigkeiten in den Ostabhang des Wienerwalds, also in die östlichsten Ausläufer der Alpen, verbohrt. Das Haus Nummero 38 stand ziemlich genau in der Mitte der oft gedeuteten Koinzidenzebene der Alpen, der pannonischen Ebene und der europäischen Stromlandschaft der Donau. Und sein Schicksal war sohin mitbestimmt, so wie jenes der Stadt und des ganzen Landes, durch die sogenannte Eigenart einer Lage und dadurch, daß es eingerahmt war durch die Geschichte, wie man das lehrreich sagt.

Das Haus war stark gebaut. Es war einer der ersten hohen Straßentrakter aus der Frühgründerzeit. Grob genug, um nicht in den Verdacht zu kommen, es stamme etwa gar noch aus dem Biedermeier, das seine Hausherren und Baumeister kurz vor 1848 nicht mehr geschätzt haben. Und um es gleich hier zu sagen: sein Typ war der nächste Vorläufer, ja, das schon halbfertige Modell des berüchtigten Wiener Bassenahauses; jenes Typs, der nach 1870 in den Rastervierteln der k.k. Reichshaupt- und Residenzstadt das Kasernement der Reservearmee der Proletarier gebildet hat.

Die Gaß'n, in der es stand, war in ihrem Verlauf mehrmals gekrümmt, unübersichtlich für den Verkehr. Sie folgte keinem Verbauungsplan. Sie war ein uralter Lokalverbindungsweg, der quer durch die Donauauen, aber ohne Bedachtnahme auf die Dinge der Großen Welt, in die kleine, runde und heitere Welt der Wagner, Lederer, Tischler und anderer Professionisten ging, die sich hier Mietwohnhäuser und für sich die Hausherrnwohnung gebaut hatten. Nicht mehr ganz so vornehm, wie die Bürgerlichen Meister des Biedermeiers es sich leisteten, aber dennoch ein Haus mit Stall und Remise im Hof. Jedenfalls mit vielen Kleinwohnungen für pünktlich zahlende Mieter aus den Scharen der Kleinbürger und der kleinen Leute. Erst später machten sich in den oberen Stockwerken Aftermieter, Bettgeher und so weiter, Vorhuten jenes Proletariats breit, das schließlich das ganze Haus und die ganze Stadt unter Kontrolle nehmen sollte. Und in die Hausherrnwohnung zog die Familien- und Erbensgemeinschaft einer jüdischen Großfamilie ein. Sozusagen rechtens, denn das Haus stand genau am Rand jenes Leopoldstädter Ghettos, aus dem Kaiser Leopold für eine Zeit lang die Wiener Juden vertrieben hat. Zum Schluß war das Haus schon derart verwohnt, daß mein Freund B. erschrak, als er es im Frühjahr 1938 zum ersten Mal zu sehen bekam.

Der B., der Dr. B., war zunächst nicht mein Freund. Ich muß es gleich richtigstellen, daß unsere Begegnung keine freundschaftliche war, sondern eine sozusagen dienstliche, wenn auch nicht unter Kollegen. Tatsache ist, daß wir beide im Winter von 1942 auf 1943 in einer mäßig ausgebauten HKL, in einer Hauptkampflinie an der Ostfront aufeinander stießen. Er war einer der ganz wenigen Wiener, um nicht zu sagen Ostmärker, mit denen ich während des Krieges in der selben Einheit diente. Unsere Stellung war vom Gegner tagsüber eingesehen, und wir mußten uns bis zur Dunkelheit in Erdlöcher verkriechen, die man in einer argen Übertreibung Bunker nannte. Da unsere militärische Betätigung sozusagen ein Nachtberuf war, hatten wir tagsüber Zeit, viel zu viel Zeit, für die endlosen Litaneien der Landser. In solchen Gesprächen lernte ich das Leben des B., der unter den damaligen Verhältnissen Gewehrträger und MG-Schütze zwo ohne Doktor war, kennen. In der lausigen Umgebung einer windigen Ecke der Ostfront. Lausig, wie es sich bald erweisen sollte. Und trotz besagten Windes inmitten jenes klebrigen Drecks, den Napoleon die sechste Großmacht nannte. Jedenfalls angesichts sehr reduzierter fernerer Lebenserwartungen. Unter diesen Umständen entwickelte der B. ein bohrendes Bedürfnis, die Schutzwand meines Schweigens zu durchbrechen. Denn er wollte trotz Kommiß — quasi unter Kollegen, die bessere Hälfte seines Daseins, die zivilistische, die in der HKL nicht aufschien, erläutern. Oder: sich rechtfertigen.

Nach den Erzählungen des B. kannte ich den Auf- und Grundriß des Hauses Numero 38 samt dessen ursprünglichem, längst über den Haufen geworfenen Raumfunktionsprogramm sowie die Bewohner, ehe ich selbst das Haus zu Gesicht bekam. Was erst später geschah. Ich bekam die Vorstellung, daß es verwohnt und mies sein mußte; bevölkert von jenen provisorischen Existenzen, die der Tod jeder Tradition sind, weil für sie das Heute unausstehlich ist. Und weil sie an Einbildungen jener kollektiven Neurose leiden, morgen müsse es doch besser werden. Die das Heute wegeskamotieren möchten. Ich bemerkte bald, daß der B. die Situation herabwürdigte; vielleicht unbewußt, dafür umso radikaler. Ja, der B. reflektierte ausdrücklich und namentlich auf die Anwesenheit von Typen des gewissen Lumpenproletariats im Haus Nummero 38. Allerdings, und das erleichterte ihn, waren diese Typen in sein Haus eingedrungen wie Ratten, die nur bei Hochwasser, wenn sie aus den schliefbaren Kanälen vertrieben werden, bis in Wohnräume flüchten.

Der B. selbst hatte im achtunddreißiger Jahr geheiratet. Die Eltern seiner Frau hatten vorsorglich eine schöne Wohnung in einem anständigen Viertel vorbereitet. In einem sehr anständigen Viertel, wie der B. öfters und mit Nachdruck betonte. Aber dem B. blieb es versagt, jemals in diese Wohnung einzuziehen. Und damit fängt sein Fall an. Denn der B. war 1938, nach dem Anschluß, entlassen worden. Das Großdeutsche Reich hatte auf die weitere Beschäftigung des bisher ohnedies nur provisorisch in provisorischer Dienstesverwendung gewesenen B., letzter Monatsgehalt 120 Reichsmark, verzichtet. Aus politischen Gründen verzichtet, wie sich versteht. Denn in rein dienstlicher Hinsicht ist der B. immer gut beschrieben gewesen. Aber man wollte den im verwichenen System so schlecht dienstrechtlich abgesicherten B. nach dem Ende dieses Systems nicht ganz ohne Schutz lassen, und also nahm man ihn in Schutzhaft. Als man dem B. auch diesen Schutz entzog, war die schöne Wohnung im besseren Viertel vom kommissarischen Ortsgruppenleiter der NSDAP (auch ein Provisorium) bereits einem Volksgenossen, der Parteigenosse war, zugewiesen worden. Da war es ja ein Glück, daß der Schwiegerpapa des B., ein politisch ungebundener Mensch, seit den Ereignissen des Jahres 1934, die er einfach nicht verstehen konnte, eine nie ganz geklärte Beziehung zu einem ehemaligen jüdischen Gewerkschaftsfunktionär hatte. Dieser Jude mußte weg, das war klar. Und er war bereit, seine Gangküchenwohnung illegal, jetzt schon in Hinsicht auf die legal gewordenen Illegalen, zu verkaufen.

Der B. hat mir mehrmals und unter Einfügung wichtiger ergänzender Bemerkungen beschrieben, wie unendlich peinlich ihm die Szene wurde, als seine Braut, Tochter aus gutem Haus, ihn mitnahm in die erst spärlich eingerichtete Wohnung des neuvermählten jüdischen Ehepaars im Haus Nummero 38. Die verweinten Augen der jungen Frau, der unsichere Blick des Mannes, der schon 1934 unter die Räder gekommen war, irritierten den B. Erst in nachträglichen Bemerkungen gab mir der B. zu verstehen, daß seine Braut sich nicht schämte, mit dem jüdischen Paar wegen der ohnedies nicht zulässigen Wohnungsablöse schamlos zu schachern. Den jüdischen Vormieter schien dieser Geschäftsvorgang nicht zu irritieren, indessen imponierte ihm offenbar die Frage der Braut des B., was denn aus dem Handel würde, wenn das mit dem Hitler einmal vorbei sein sollte. Solche Auslassungen fand der B. auch lange nachher noch reichlich deplaciert und utopisch. Aber der Jude war gefaßt und stellte fest, das Geschäft sei fair, er würde nach Hitler keine restitutio in integrum beanspruchen. Alle diese Hoffnungen und Träume beruhigten nicht die zarte und verängstigte junge Jüdin. Sie hatte den ganzen Tag über zusammen mit ihrem Mann jene auf Wände und Straßen gemalten Abstimmungsparolen der bestandenen Vaterländischen Front wegwaschen müssen; die Krukenkreuze, die mit Farben von Vorkriegsqualität hingepinselt waren und jene Großbuchstaben VF, die in Kreisen der illegalen Nazis und Sozis als: vollkommen fertig, dechiffriert wurden. Noch trugen der jüdische Vormieter und seine Frau nicht den fatalen gelben Judenstern. Aber unsereins hob sich, schon durch das ausgestanzte Hakenkreuz am Rockaufschlag, unübersehbar von der Schicksalsgemeinschaft der Juden ab. Diese konnten ja persönlich nichts dafür, daß sie Juden waren. Aber unsereiner konnte auch nichts dafür, daß man, Gott sei Dank, kein Jude war.

Man lebte schon in zwei Welten, wenn man auch im kleinen Wohnzimmer des Hauses im alten Ghetto noch in Österreich war. Ein bißchen Österreich würden einem auch die Nazis lassen, wenn man nur nicht die acht jüdischen Großelternteile für sich im Ahnenpaß hatte. Und schließlich: ein Kommunist oder ein Monarchist war man ja nie gewesen und also hatte man im April

1938, bedeutsamen Empfehlungen bedeutender Nichtnazis folgend, für Großdeutschland gestimmt.

Später, in jenem Kriegssommer, in dem ich selbst das Haus Nummero 38 während eines Fronturlaubs zum Besuch der Gattin des B. aufsuchen sollte, waren die Türen vieler Wohnungen dieses reichlich unappetitlich gewordenen Hauses mit einem gelben Judenstern gekennzeichnet. In solchen Wohnungen lebten, wie nachher sogenannte Gastarbeiter, Juden. Nach geltender Rechtsauffassung nur Gastbürger des Dritten Reiches. Die vollzählig ausgeschilderten Namen der Mieter und Aftermieter einer Judenwohnung waren überdies dadurch gekennzeichnet, daß den Namen die Vornamen Israel oder Sara hinzugefügt waren. Es war alles getan, um einen Arier, der sich in diese Schüttzone verirrt hatte, zu warnen. Schon allein der Umgang mit den Menschen hinter einer Tür mit dem gelben Stern hatte der Frau des B. unangenehme Befragungen auf der Gestapo am Morzinplatz eingetragen. Aber: Rassengesetze hin, Rassengesetze her. Im Ghetto war es unvermeidlich, daß der Cordon Sanitaire, den Weltanschauung und Politik zwischen Ariern und Juden gezogen hatten, schleißig wurde. Der B. hat das mit einer eher bürokratisch, als rassisch bedingten Betroffenheit feststellen müssen. Im Haus Nummero 38 wucherte Menschlichkeit, würde jetzt, nachdem alles geschehen ist, ein bundesdeutscher Romancier gekonnt schreiben. Eine anrüchige Menschlichkeit. Wobei man im Falle der Einschätzung der Mentalität des B. berücksichtigen muß, daß unsere diesbezüglichen Gespräche in einem Bunker, 15 Kilometer ostwärts von Sklajevo 3 e, stattfanden. Im Arbeiterparadies, in dem nach der damals gültigen Anschauung Marxistenherrschaft in Form radikaler Judenherrschaft ausgeübt wurde.
Ich muß jetzt einen großen Sprung machen, um zu besagter Menschlichkeit im Haus Nummero 38 zu kommen. Die Menschlichkeit in diesem Haus war tatsächlich von seltsamer Art und sie wurde von Typen repräsentiert, die dem B., ja nicht einmal

seinem unvoreingenommenen Schwiegerpapa, zu Gesicht standen. Die Säule der Menschlichkeit im Haus Nummero 38 war die Hausmeisterin, früher jeweils die Geliebte des arischen oder jüdischen Hausbesitzers. Ihre Tochter, deren eigentlicher Lebenswandel in ihrem Beschäftigungsausweis nie zutreffend vermerkt war, hätte mit einem einsilbigen Wort treffend charakterisiert werden können. Aber der B., der nie das Wörterbuch erotischer Ausdrücke für Landser benützte, deutete diese indiskutable Existenz der Hausmeisterstochter nur an. Auch mich störte, ehrlich gestanden, derlei Dekadenz in der Existenz einer Hausmeisterfamilie. Was man bei meiner Herkunft verstehen wird. Die Hausmeisterin im Haus Numero 38, tschechisch geblieben in ihrer Sprechweise, in ihren Kochkünsten, ihrem Lebensstil und auch in den Beziehungen zum Politischen, war laut Adolf Hitlers »Mein Kampf« mit eine Ursache jenes Rassenmischmasch', mit dem der Führer aufräumen wollte und der, ehrlich gesagt, auch dem B. nicht zusagte. Die Hausmeisterin besaß aus der Zeit des Ersten Weltkriegs gediegene Erfahrungen im Schleichhandel und im Hamstern, und sie war im Zweiten Weltkrieg ebenso ambitioniert wie erfolgreich auf diesen Gebieten tätig. Sie verhökerte, was Juden selbst von ihren Hungerrationen noch erübrigen konnten, und sie verschaffte den Inhabern von Lebensmittelkarten mit dem Aufdruck »J« Dinge, an die sich diese nicht heranwagen durften. Zum Beispiel: Medikamente. Für U-Boote, also für Juden im Untergrund, hatte sie einfach kein Auge – und sie sah diese grauen Gestalten nicht mehr mit ihren schwachen Augen – wie sie der Polizei versicherte, wenn sie in der Dämmerung durchs Stiegenhaus huschten, um in einer der überfüllten Wohnungen mit dem »J« an der Wohnungstür zu verschwinden. Im Grunde war sie konservativ. Denn sie vernachlässigte aufs gröblichste jene seit 1789 jedem Concierge, jedem Hausmeister gegenüber der Revolution zukommende Pflicht, zu bespitzeln, zu vernadern, zu kujonieren.

Dem B. seine Hausmeisterin, und das nur im Zusammenhang

mit seinem Haus, kannte die Nürnberger Rassengesetze nicht. Sie lebte nach jenem Gewohnheitsrecht, das ihrem Volksempfinden eingab, was sie tun mußte und durfte, oder was sie nicht tun mußte und durfte. Als die NSDAP für den Ersatzbau des versenkten Kriegsschiffes »Graf Spee« sammelte, sah sie den Blockwart, der ihr die Sammelliste unter die Nase rieb und dabei sagte: »Geben sie etwas für den ›Graf Spee‹!« sehr gerade in die Augen. Dann erwiderte sie in einem Deutsch, wie man es nur in sehr gemischtsprachigen Gebieten Böhmens sprach: »Wir sind Volksgenossen, die selbst nichts haben, und wir haben kein Geld für Grafen, die, was weiß ich, ihr Geld hinausschmeißen.« Sie hat nie etwas gegen Adelige gehabt; weil diese die Letzten gewesen sind, die anständigerweise ein anständiges Trinkgeld zu geben verstanden. Vielleicht wußte sie im Moment betreffs des Grafen Spee gar nicht die Schärfe ihrer Provokation. Seither war sie jedenfalls auf einer Liste, die zuständigenorts gleich unter jener der Juden und der Volksfeinde auf einem Schreibtisch lag.

Auch der B. ist später und ohne sein Zutun in die fragliche rassische Schüttzone geraten, auf der das Haus Nummero 38 stand. Seine Frau war nämlich, mitten unter Juden wohnend, auf Nachbarschaftshilfe angewiesen und sie selbst entschlug sich nicht solcher Dienste. Nachbarschaftshilfe stand damals hoch in Ehren. Nicht aber im Umgang mit Juden. Die jüdische Nachbarin der Frau des B., der man anfangs 1939 die angebliche Asche ihres angeblich an Blindarmentzündung verstorbenen und kremierten Mannes geschickt hatte, holte (nach Ablegung des Judensterns) aus der Apotheke für die Frau des B. Medikamente. Denn das Kind der Frau B. fing an zu kränkeln und seine Mutter konnte es nicht allein in der Wohnung lassen. Diese Jüdin teilte mit der Frau des B. dies und jenes, als die Zeiten schwieriger wurden. Und sie durfte schließlich etwas wagen, was für die Frau des B. gefährlicher werden konnte, als stille Tage in der Stellung bei Sklajevo 3 e. Das geschah in der Nacht, als das Haus Nummero 38 zum zweitenmal von jüdischen Bewohnern gesäubert wurde und man schon ahnte, wie es in der letzten Behausung der in Arbeitseinsatz verschickten Juden zuging. In dieser Nacht gab die Jüdin ihr kleinstes Kind, die Sarah, der Frau des B. in die Wohnung. Vielleicht würde der Transportchef das Fehlen dieses Nichts übersehen. Diese Nacht überleben konnte Leben bedeuten.

Aber man war damals in der Judenfrage ebenso konsequent, wie man nach 1945 konsequent in anderer Richtung weiter tat. Etwa wenn man, Tage großer künstlerischer Erfolge zu Zeiten des Dritten Reiches vergessend, diese eigene Vergangenheit in den Gully schmiß und unüberhörbar im Fernsehen mit: Schalom grüßte. Oder mitteilen ließ, man verzichte für ein Auftrittshonorar, damit dieses einem jüdischen, beileibe keinem anderen, Altersheim zugeführt werden konnte. Um es aber kurz zu machen: der Transportleiter fand in jener finsteren Nacht die kleine Sarah, und er fand sie in der Wohnung der Gattin des B. Und es bestätigte sich so das Gerücht, daß die Frau des B. unzulässigen Umgang mit Juden, wenn nicht mehr, pflegte. Das sprach sich herum und es hatte Folgen.
Der B. erfuhr von diesem Vorfall an einem Ort, der erheblich weiter westlich von Sklajevo 3 e liegt. Nämlich irgendwo in Italien, wo er in das Kreuzfeuer zwischen kommunistischen Partisanen und Vorhuten der freien Welt des Westens geriet. Das geschah an einem Tag, an dem er sich in gereinigten A- und B-Stücken, also Ausrüstungs- und Bekleidungsstücken, umgeschnallt, in Stiefeln, Hosen in denselben, auf dem Bataillonsgefechtsstand zu melden hatte. Dort erfuhr er zunächst, daß das Dritte Reich seinen Frieden mit dem Obergefreiten in einer Infanterie-Division gemacht und seine Exmittierung aus dem Staatsdienst ex 1938 reassumiert hatte, wie man in Österreich sagt. So wurde der gewesene provisorische Kommissär in provisorischer Dienstverwertung des österreichischen Provisoriums ex 1933/34 endlich definitiv; in einem Reich, das tausend Jahre währen sollte. Und ausgerechnet in diesem Moment der Wende,

mußte dem B. die eigene Frau diese unerklärliche Sache mit dem Judenkind antun. Wo es doch vom B. ohnedies einen Vorakt der Gestapo, wenn auch einen dünnen Akt und ohne Nachzahlen, gab. Natürlich war der B. im Laufe der Zeit kein Nazi geworden. Aber er war als Berufsbeamter hinlänglich geschult, um sofort einzusehen, daß das Verhalten seiner Frau indiskutabel war.

Nach dem Krieg habe ich der Witwe des B. in ihrer neuen Wohnung noch einmal einen Besuch gemacht. Dabei erzählte sie mir ihr Erlebnis auf dem Morzinplatz. Sie hatte dort ihre Begegnung natürlich nicht unter freiem Himmel, sondern in dem ehemaligen Hotel Metropol, in dem es einen Tanzsaal gegeben hat, an den sie ein schöner Ballabend erinnert. Im Kampf um die Donaukanallinie war auch der Sitz der Gestapo in Wien, das Hotel Metropol, zerstört worden, und ich selbst sah nachher nur mehr Trümmer für das Geschäft derer in der Abbruchbranche. Die Frau des B. war nach der Affaire mit der kleinen Sarah glimpflich davongekommen, vielleicht dem Tod von der Schippe gehopst, wie ältere Landser zu sagen pflegten. Damals war die Nachricht vom Tod ihres Mannes, gefallen für Großdeutschland, für sie ein wahrer Segen gewesen. Noch nach dem Tod des B. hatte dessen Frau das mit einem Hakenkreuz geschmückte und mit der faksimilierten Unterschrift des Führers versehene Dekret der Ernennung des B. zum Regierungsrat bekommen. Obwohl ihr Mann der Regierung keinen Rat mehr geben konnte, wagte sie es, dieses Dokument der Behörde vorzuhalten. Sie hatte endlich einen Schein, den man auch im Dritten Reich gelten ließ. Sei es, weil schon viele Dinge außer Evidenz gerieten, sei es, weil die Sache mit der kleinen Sarah behördlicherseits nie ganz geklärt werden konnte — die Frau des B. überlebte.

Als ich sie noch während des Krieges zu Gesicht bekam, kannte ich nicht nur die technischen Details im Hause Nummero 38. Ich wußte auch von Details, über die die Frau des B. ihrem

Mann schrieb, weil sie auf die bar jeder Erotik verfaßten Feld-
postbriefe ihres Mannes nichts anderes zu erwidern wußte, als
mit Erzählungen des Tratsches. Mir war der in Mischehe lebende
Stabsfeldwebel N., der, ehe er abrüsten mußte, noch reichlich
Vitamine aus diversen Besatzungsgebieten schickte, ebenso ein
Begriff, wie das mit einem »J« gekennzeichnete Klo am Gang,
das einmal eine Arierin benützt haben soll. Wer aber hat nach
1945, als man nicht länger gottgläubig, sondern entweder konfessionslos oder Kirchengänger war, noch jenes Laienbruders
gedacht, der nach dem Anschluß seine völlige Laisierung be-
schloß und auch ausführte. Nachdem er nämlich beim Ziehen
eines Eckzahnes einer gewissen K. bemerkte, daß diese schöne
Beine hatte und drei Kinder, denen er fortan die Verpflegung
aus Beständen des Klosters ins Haus brachte. Bis er vom Ordens-
Oberen ertappt wurde, als ihm bei einer Kniebeuge eine Stange
Dauerwurst unter der Kutte hervorfiel. Niemand wird die
ältere Schwester der kleinen Sarah zur Zeugin dafür haben, daß
sie einmal die Woche bei den Zahlkellnern der Tschecherln der
Umgebung unterwegs war, um die Pfennigstücke einzuwechseln,
die der Laienbruder aus den Opferstöcken zum Wechseln ins
Haus Nummero 38, zweiter Stock, Wohnung neben dem Klo
mit dem »J« gebracht hat.
Ungeschrieben bleibt die Tragödie des Laienbruders, der nach
Entledigung von seiner Kutte einrückend gemacht wurde. Der
als Sanitätsgefreiter auf seinem ersten Fronturlaub die von ihm
so oft frequentierte Tür im Hause Nummero 38 für ihn versperrt fand. Weil die Seinige mit einer anderen inzwischen einen
Männertausch mit Hilfe des übernächsten Nachfolgers des Sani-
täters durchgeführt hatte. Dieses rasante Angleiten der Verhältnisse im Haus Nummero 38 erfuhr ich aus dem Mund des B. oft
nur andeutungsweise. Weil er gewisse Dinge nicht beim Namen
nannte und weil er gewisse Bezeichnungen zeitlebens nicht in den
Mund nahm. Die Chronique scandaleuse des Hauses Nummero 38 wurde schließlich so ereignisreich, farbig und reich an
Gestalten, daß der B. kurz vor seinem Ende verstummte. Denn

das Unerhörte, das Indiskutable war Regelfall geworden. Und was der B. dann noch in Italien sah, das schien die Probe aufs Exempel von dem zu sein, was in seinem Haus geliefert wurde.

Im April 1945, während des Beschusses, wie man die Eroberung Wiens durch die Sowjets nannte, hat die Witwe des B. das Kreuz von der Wand ihrer Wohnung genommen, damit es auf einen Sarg genagelt werden konnte, das der Faßbinder für einen getöteten Polizeiwachtmeister angefertigt hatte. Man mußte schon sagen: getötet und nicht: gefallen. Denn der Wachtmeister hatte nicht gewacht, sondern geplündert. Man hatte ihm nachgeschossen und diese Kugel traf. Trotzdem bekam der Wachtmeister sein ehrliches Begräbnis in jenem Beserlpark, in dem auch meine kleine Tochter gespielt hat, ehe die Ostfront am Donaukanal war.

Und dann, nach 1945, war noch einmal der legendäre kommissarische Ortsgruppenleiter der NSDAP im Haus Numero 38 aufgetaucht. Wer erinnerte sich noch dieses gewesenen Hosenschneiders, der vor 1938 bei der Mutter der kleinen Sarah auf Aftermiete wohnte, illegal schneiderte und illegal Politik machte. Das Kind des B. hatte er gemocht und ihm hatte er, vor der Gangküche kniend, die Lieder der Bewegung vorgesungen. Es gab da ein Gitter, und an die Frau des B. war er nicht herangekommen. Aber vielleicht liebte der Schneidergesell' dieses Fenster nur als einen Ausblick aus seinem Inferno, aus dem er nie herauskam. Im Mai 1945, als sein Bruder starb, durfte der Ortsgruppenleiter, wie man ihn betonter denn je, weiterhin nannte, ins Haus Nummero 38 kommen; ehe man die Leich' des Bruders auf einem Handwagerl wegführte. Wieder hatte er viel Distanz zu seinen Mitbewohnern für sich, so wie 1938. Wenn auch aus anderen Motiven als damals, als er wie der Höllische ins Laubhüttenfest der Juden von Nummero 38 hätte fahren sollen und nur sagte: »Macht's ka so a Aufseh'n.« An diesem Tag im Jahre 1945 saß er da und sah übel aus. Man hatte ihm die Kinnlade zerschlagen. Ein Auge fehlte ihm. Er war Arrestant, und er hätte viel dafür gegeben, wenn er und nicht sein Bruder in dem billigen Sarg gelegen hätte.

Laubhüttenfest. Fest zwischen Sträuchern und Blättern als Erinnerung an die Hütten des Volkes Israel in der Wüste. In einer Wüstenei, neun Monate nach der Kristallnacht 1938, war die kleine Sarah zur Welt gekommen. Der B. hat es immer unverantwortlich gefunden, daß sich der Mann seiner jüdischen Nachbarin, der bald nachher nur noch in Asche vorhandene Gelegenheitsvertreter, in einer Zeit wie der damaligen nicht besser in Zaum hatte halten können. Der B. war in allem vernünftig und ordentlich. Bis er gestorben ist. Erschossen von einem kommunistischen Partisanen, der keinen Sinn dafür hatte, daß der B. mit einem Koppel nach Italien gekommen war, auf dessen Schloß die Worte: Gott mit uns, standen. Den B. hat ein Italiener getötet, der seine Waffen von eben jenen Amerikanern aus der Luft zugeworfen bekommen hatte, die etwa um die Zeit des Todes des B. dessen Haus in Wien zerbombten. Und war ihm nicht recht geschehen, wurde nachher gelehrt? Was hatte B. in Italien zu suchen? In jenem Italien, in dem 1918 sein ältester Bruder gefallen war. Bei Motta di Livenza, im Achtzehnerjahr, schon auf dem Rückzug. Noch dazu ohne Matura.

Der B. hat es vielleicht nicht erfaßt, aus wie vielerlei Böden Leben wächst. Wie zum Beispiel das Leben der kleinen Sarah, das doch in mehrfacher Hinsicht, familien- und staatspolitisch, unerwünschter Nachwuchs war. Oder, wie es auch der B., rein rationell gedacht, aufgefaßt hatte: sinnlos. Und dennoch gelebt, geliebt, gehütet und bis aufs letzte gepeinigt.

Die Kärntnerstraße, das bedeutet in der österreichischen Politik
soviel wie: Sitz der Zentrale der Österreichischen Volkspartei
oder einfach: ÖVP als Ganzes.
Man kann sich nur schwer ein Haus vorstellen, dessen genius
loci für eine aus der christlichen Sozialreform hervorgegangene
moderne Partei christlicher Demokraten un-heimlicher sein
könnte, als dieses 1861 erbaute Palais der reichen jüdischen Ban-
kiersfamilie Todesco. Die Todescos sind aus dem Preßburger
Ghetto nach Wien gekommen. Der Grundstock ihres Vermögens
stammte aus der Spekulation mit Nordbahnaktien. Theodor
Todesco ließ sich das Palais Ecke Walfischgasse erbauen, sein
Sohn Eduard wurde kurz nachher in den Freiherrnstand erhoben. Der Bruder Eduards, Moritz, der kein Baron war, wurde,
wie in Wien üblich, als der Baron Todesco populär. Er hatte
eine Geliebte, die Schauspielerin Henriette Treffz, die spätere
Gemahlin des Walzerkönigs Johann Strauß.
In der zweiten, in der noblen Etage des ehemaligen Palais To-
desco sind seit 1945 die Büros der Zentrale der ÖVP etabliert.
Im großen Saal tagt jetzt die Bundesparteileitung der Bewegung,
die nach der Demokratisierung des Wahlrechts in Österreich im
Jahre 1907 bis 1970 fast ununterbrochen die erste staatstragende
Partei gewesen ist. Auf das Deckengemälde, zu dem einmal die
Hautevolee der Ringstraßenära aufblickte, schauen heute zu-
weilen die jetzigen Benützer entschwundener Pracht, wenn sie
sich in langwierigen Beratungen ein wenig zurückneigen, um
Luft zu schnappen. Wenn früher die Partei Leopold Figls und
Julius Raabs ihre großen Tage feierte, dann war es comme il
faut, in die Kärntnerstraße zu gehen, so wie man jetzt in die

Löwelstraße zu Bruno Kreisky und seiner Sozialistischen Partei zu Hof geht.

Für den Rest der Zeit liegt über dem Palais, seinen Stiegen-häusern und Räumlichkeiten jenes: gewesen, das höchstens in Zeiten selbstquälerischer Nostalgien reizend wirkt. Julius Raab hat einmal mit dem sicheren Gespür des Volksmannes gesagt: »Dös Haus muaß a Architekt baut hab'n, für so wos gibt si ka Baumasta her.« Und tatsächlich hielt sich der Kanzler nur selten in dem Salon auf, der dem Bundesparteiobmann der ÖVP zu-gedacht war. Mit der Zeit ließ er in diesem Raum die verschie-denen Diplome, Ehrengeschenke und dergleichen deponieren, deren Bedeutung im Spektakel des Verleihungsaktes liegt, mit denen man nachher nicht viel anzufangen weiß. Eine bis zur fotografischen Ähnlichkeit perfektionierte Büste Julius Raabs, die Gustinus Ambrosi anfertigte, wurde nachher in das Halb-dunkel einer Antecamera gerückt. Denn der genius loci des Ortes ist weiterhin durch unablässige Änderungen herausgefor-dert. Zum Management der heutigen Technokraten in der ÖVP paßt das Haus, wie die Faust zum Auge.

In den Jahren 1954 bis 1969 ging ich in diesem Haus ein und aus.

In Wien hat die ÖVP einen zweiten Brennpunkt, der die Chiffre: Falkestraße trägt. Falkestraße, das ist soviel wie Lokal-eisenbahn der großen Partei auf den Geleisen der Wiener Kom-munalpolitik. Das Haus Falkestraße 3 wurde gebaut, als in Nachahmung des Rathausviertels das Stubenviertel entstand, dessen Architektur die Ermüdung des wirren Ideenreichtums der Ringstraßenära schmerzlich genug empfinden läßt. Im übrigen ist das Raumfunktionsprogramm der Falkestraße für das Ma-nagement der modernen Massenpartei ungleich besser geeignet, als das der Kärntnerstraße. Aber man spürt in der Falkestraße, daß in ihrer guten Zeit vor 1914 die Vitalität seiner Bewohner nicht mehr ausgereicht hat, um die zahlreichen Räume einer Stockwerkswohnung zu durchwohnen. Schon zogen sich die Großen der Gründerzeit lieber in ihre Villen, irgendwohin, westlich von Wien, zurück und die Jeunesse dorée von damals hinterließ nach ihrer Exilierung aus diesen Räumen einen Hauch jener Fadesse, mit der eine Epoche zugrunde geht. Heute noch spürt man, daß die Falkestraße schon immer unwohnlich war. Derlei müßte einem modernen Management nicht unbedingt schaden, käme nicht jene Atmosphäre unter Stuck und falschem Dekor dazu, die Epigonen vortäuschen sollte, was Vorväter im Palais Todesco noch an sich hatten.

Nein, die nach 1945 neu ins Leben gerufene Partei christlicher Demokraten hat in Wien im Lottospiel bei der Vergabe der nach dem Ende des Dritten Reiches leergewordenen Räumlichkeiten nicht immer das Große Los gezogen. In der Laudongasse, im Bezirk Josefstadt, ist das anders. Hier hatten schon vor 1938 die christlichen Gewerkschaften unter Leopold Kunschak ihren festen Sitz. Mitten im Roten Wien. Als Schulungsreferent der Vaterländischen Front in Wien habe ich oft mit illegalen Sozialisten diskutiert. Solche Veranstaltungen der Sozialen Arbeitsgemeinschaft der VF fanden meistens in einem sogenannten Arbeiterhaus der alten Arbeiterpartei statt. Mich überraschte immer der Komfort, mit dem die Partei der Proletarier schon in der Monarchie ihre modernen Arbeiterhäuser, Verlagsgebäude und dergleichen ausstatten konnte. Verglichen damit hat die Existenz in den Gangküchenwohnungen des Hauses Laudongasse 16, die der persönlichen Bedürfnislosigkeit Leopold Kunschaks alle Ehre macht, den Proletariern nicht unbedingt imponiert. Und so existiert heute noch der an sich stärkste und zukunftsreichste Bund der ÖVP, der Arbeiter- und Angestelltenbund, in sich gekehrt und zentriert auf einen Hof der Spätbiedermeierzeit: in der traditionsreichen Festen Burg der früheren christlichen Arbeiter und Gewerkschafter, deren Selbstbehauptungswille inmitten der kompakten Mehrheit der Roten zu den ehrenvollsten, aber nicht immer erfolgreichsten Kapiteln der christlichen Sozialreform in Österreich zählt.

Ich erinnere mich einer Rede des christlichen Arbeiterführers Leopold Kunschak. Sie fand in einer Zeit statt, als man Kunschak in Heimwehrkreisen dummerweise Bela Kunschak nannte, quasi als Warnung vor dem System des Roten Terrors, den 1919 Bela Kun in Ungarn ausgeübt hat. In dieser Rede strich Kunschak mit einigem Stolz heraus, daß er es in seiner langen politischen Laufbahn nicht dazu gebracht hätte, aus der höchst bescheidenen Wohnung seiner Jugendtage herauszukommen. Ihm läge auch nichts an derlei persönlichem Aufstieg, ihm ginge es um den Aufstieg seiner Bewegung. Angesichts der heutigen Existenz von Gewerkschaftern diesseits und jenseits des Atlantiks inmitten eines oft sehr respektablen Komforts, kann man vor diesem Ausdruck der Redlichkeit und Sparsamkeit eines Arbeiterführers nur den Hut ziehen. Nun gab es aber schon in meiner Jugend viele junge Menschen, die nicht Marxisten werden, die aber dennoch aus den Beengtheiten ihres ärmlichen Elternhauses heraus wollten. Für die ein Kabinett auf einen Gang mit Bassena und Klo nicht der Horizont war, in dem sie ihr eigenes Leben zu erfüllen hofften.

Zum genius loci der Laudongasse gehört an sich der Fighting spirit jenes Generals Laudon, den Friedrich von Preußen lieber neben sich bei Tisch, als ihn gegenüber im Feld haben wollte.

Jetzt ist es an der Zeit, festzustellen, daß ich mit Spitzfindigkeiten betreffs der 3 Zentralstellen der ÖVP in Wien keineswegs die Tatsache kaschieren möchte, wonach ich mich 1946, nach der Heimkehr aus dem Krieg, entschlossen habe, nicht Politiker zu werden.

An sich hätte ich mich geschämt, mich in den Reihen jener vorzudrängen, die, wie Leopold Figl oder Felix Hurdes und viele andere, auf die Gefahr ihres Lebens schon lange vor 1945 jenen Raum freigekämpft haben, in dem nach 1945 die ÖVP im Bewußtsein ihrer moralischen und materiellen Stärke auftreten konnte. Für mich waren die langen Jahre, praktisch meine ganze Jugendzeit, die ich dem opferte, was jetzt als Klerikofaschismus in einer Linie mit dem Hitlerismus gesehen wird, nicht ein einziger Irrtum, dessen ich mich schamvoll entledigen konnte. Alt geworden, erscheint mir meine frühe Beschäftigung mit dem Marxismus keineswegs als so rein emotional und unqualifiziert, wie meiner Generation angelastet wird. Nach 1945 ist der Alleinanspruch des Marxismus diesseits und jenseits des Eisernen Vorhangs in viel gewaltigere Proportionen gediehen, als er dazu um 1930 in der Lage zu sein schien. Wo aber jetzt irgendeine der im Anschluß an Marx entstandenen politischen Bewegungen die Macht im Staat erlangt hat, erweist es sich sehr bald, daß die Formel: Demokratie der Weg — Sozialismus das Ziel, keine Leerformel ist. Am Ziel, in einer sozialistischen Gesellschaftsordnung eines sozialistischen Staates, kommen die Chancen der Demokratie meistens nur mehr den innerparteilichen Auseinandersetzungen des Sozialismus zugute. Die anderen werden in politische Randgebiete abgedrängt. Das nun wollte ich 1945 gerade nicht, und ich will es heute noch nicht.

Im Grunde, zuerst und zuletzt, stehen zwischen mir und dem Sozialismus Werk und Persönlichkeit Karl Marxens, klotzig und unverrückbar wie dessen Grabdenkmal auf dem North Land Cimetary in London-Highgate. Keine noch so aufgeschlossene und spitzfindige christliche Marxkritik von heute kann die Fundamentaltatsache beiseite räumen, daß in ein und demselben Menschen nicht ursprünglich verschiedene Weisen der Lebenspraxis und des zu diesen gehörenden Glaubens verwirklicht werden können. Der christliche Offenbarungsglaube: Credo in unum Deum und die Marxistische Antithese, die Gott zur Kreatur menschlicher Spekulationen degradiert, können nur zu jener Gespaltenheit des Christenmenschen führen, die nach dem II. Vatikanischen Konzil den Riß in der Kirche erzeugte, über dem ein Politchristentum des Linkskatholizismus balancieren möchte. Die heute zugegebenen Irrtümer, die in Marxens Staats- und Gesellschaftslehre stecken, schaffen nicht die Tatsache aus der Welt, daß Millionen Menschen in diesem Irrglauben leben und gelebt haben und es nach 1945 der einzige Nationalstolz der Deutschen wurde, inmitten gestürzter Götterstatuen der Nation wenigstens von Karl Marx sagen zu können: er ist unser.

Ich hatte auch nach 1945 keinen Grund, Modelle für eine Partnerschaft in den Berufsständen, die ich in meiner Jugend gegen die Anschläge der Klassenkampfgesinnung verteidigt, nunmehr plötzlich auf den Dachboden zu stellen. Nach reichlichen Erfahrungen im Umgang mit dem revolutionären Prinzip der politischen Linken hielt und halte ich es mit evolutionären Methoden. Als Kulturpolitiker halte ich mehr von den Bemühungen zur Fortführung und Erneuerung der europäischen Kultur, als von einer Rezeption des vagen Begriffs einer proletarischen Kultur, mag er noch so geschönt sein mit modernen Floskeln eines Amerikanismus von heute. Ich habe erlebt, wie unzählige Menschen im Christentum, wenn auch oft in einem säkularisierten Christentum, während der seelischen Krise des Jahres 1945 Halt fanden, und ich möchte für mich diesen Halt nicht für einen spröden Agnostizismus oder einen militanten Atheismus hergeben. Wer es mit dem konservativen Prinzip ernst nimmt, muß es an die Autorität Gottes anhängen, sonst wird alles, was sich im Politischen »konservativ« nennt, Gelegenheitsgesinnung, verhökert aus einem Bauchladen der Prinzipien: vorne Christentum, in den hinteren Fächern Toleranz für Abtreibung, vorne Soziale Marktwirtschaft, hinten marxistisch inspirierte Kommandowirtschaft usw. usw.

Jeder politische Mensch hat Zeiten, in denen er »in« ist und solche, in denen er sich ehrlich bewußt sein muß, »out« zu sein. So wie ich jetzt, in den siebziger Jahren des 20. Jahrhunderts, gewollt im Out existiere, war ich 1945 in einer neuen Welt nicht »in«, konnte ich nicht »in« sein, wenn diese auch hierzulande zuweilen unter Chiffren des in Europa siegreichen Stalinismus als antifaschistisch, antideutsch, demokratisch offeriert wurde. Denn die Auflösung dieser kommunistischen Chiffren lautet: totalitär, prosowjetisch, volksdemokratisch.

An einem Tag im Oktober 1946 machte ich meinen täglichen Weg aus der Leopoldstadt auf den Minoritenplatz. Vor dem Börsengebäude war damals ein Zeitungsstand, an dem ich regelmäßig stehen blieb, um die Schlagzeilen aller Tageszeitungen zu überfliegen. An diesem Tag stieß ich auf eine Notiz, die besagte, es hätten sich prominente Politiker der ÖVP, der SPÖ und der KPÖ zu einer Aktionsgemeinschaft in einer bestimmten Sache gefunden. Es handelte sich hier nicht um die 1945 entstandene Zwangs- oder Vernunftehe mit Kommunisten, ausgeübt in einer Staatsregierung, sondern: um eine freiwillig eingegangene Aktion, bei der sich christliche Demokraten mit kommunistischen Marxisten von Partei zu Partei verbündeten. Freiwillig mit Kommunisten eine Aktionsgemeinschaft von Partei zu Partei einzugehen, bedeutet nach meiner Anschauung immer die akute Gefahr einer societas leonina. In eine solche Höhle des kommunistischen Löwen führen zwar viele Spuren hinein, aber keine Spur heraus — außer der des Löwen. Es gab und gibt in der freien Welt immer den Typ des Alexander Kerenski: des Linksintellektuellen, Freimaurers und sozialrevolutionären Experimentators, der, indem er in der Krise zwischen links und rechts laviert, zuletzt über eine schiefe Ebene ins Nichts fällt. Seine eigene Haut vielleicht rettet, das Land aber der radikalen Linken nolens volens in die Hände spielt.

Im geistigen Klima der Marx-Renaissance der sechziger Jahre sind die Typen der potentiellen Kerenskis neuerdings gewachsen, auch in den christlich demokratischen Parteien und in diesen auch außerhalb Italiens. In dem Maße, in dem anfangs der sechziger Jahre Soziologen katholischer Herkunft, wie August Maria Knoll, anfingen, eine Verkörperung des Wollens des Heiligen Paulus, aber auch des Spartakus auf dem Boden einer christlichen Soziallehre für notwendig hielten, und Theologen wie Karl Rahner schließlich die theoretische und praktische Solidarisierung von Christentum und Marxismus für möglich erachteten, war den Parteien der christlichen Demokraten der Boden unter den Füßen vielfach entzogen. Ein Boden, auf den übrigens ihre Technokraten von heute ohnedies keinen Wert legen.

Damit aber war die Tat eines Konrad Adenauer, eines Robert Schumann, eines Alcide De Gasperi, eines Julius Raab in der eigenen Partei außer Evidenz gebracht. So wie die Raabbüste in der Kärntnerstraße.

Und doch: am 15. Mai 1955, am Tag der Unterzeichnung des Staatsvertrags, hat mich Julius Raab persönlich für die ÖVP geworben. »Für so an' alten Faschisten und jungen Minister, wie Du einer bist, ist der Arbeiter- und Angestelltenbund g'rad' recht«, sagte der Kanzler an diesem, seinem größten Tag. Ich war zunächst überrascht. Der Reinhard Kamitz, alter ego im Duumvirat Raab-Kamitz und parteiloser Finanzminister der Ära Raab, wurde nie vor diese Entscheidung gestellt. »Schamst di' leicht, bei uns zu sein?«, fuhr der Kanzler fort. Es war das eine der Stunden, in der Julius Raab, so wie nachher Alfons Gorbach, für mich der Hauptmann war, der von mir einen Einsatz verlangt. Und so sagte ich: »Woher denn, du bist ja selber Obmann der Partei.« Und ich trat ohne Vorbehalt dem Arbeiter- und Angestelltenbund bei. Dort gehörte ich nach Herkunft und Anschauung am ehesten hin, und in diesem Bund fand ich in dem leider so früh verstorbenen Generalsekretär Köck einen guten, unersetzlichen Freund. Eine Funktion habe ich in der ÖVP nie ausgeübt. Als Mitglied der Bundes- und später der Wiener Landesregierung gehörte ich den verschie-- denen beschlußfassenden Gremien der Gesamtpartei und des ÖAAB auf Bundes-, Landes- und Bezirksebene an. Insgesamt waren es zuweilen mehr als ein Dutzend Ausschüsse, die so ziemlich monatlich tagten. Ein Politiker tut gut, bei Sitzungen nicht zu fehlen. Denn die Abwesenden haben bekanntlich meistens Unrecht. Leider gingen die vorwiegend sozial-, wirtschafts- und personalpolitischen Aktivitäten dieser Gremien und die eines Kulturpolitikers, der ich als Unterrichtsminister war, zeitlich und sachlich selten zusammen. Ich bekam also immer öfter Unrecht, bis ich in der Partei nicht mehr »in« war.

Als Kulturpolitiker interessierten mich in erster Linie die Bestrebungen zur Bestimmung der geistigen Standorte der Partei. Nach 1945 war in Kreisen des Arbeiter- und Angestelltenbundes eine Tendenz hervorgetreten, die ÖVP etwa zu dem zu machen, was in England für die Mehrzahl der Katholiken die Labour-Party wurde. Dem entgegen entwickelten sich in Kreisen des Wirtschaftsbundes, nicht zuletzt unter dem Eindruck der Erfolge des Neoliberalismus, die Vorstellung von einer liberalen ÖVP. Und tatsächlich wurden nach 1945 internationale Tagungen der liberalen Parteien von der ÖVP beschickt. Die gleichzeitigen Bestrebungen des damaligen Generalsekretärs der Partei, Felix Hurdes, die ÖVP in den Nouvelles Equipes Internationales der christlichen Parteien Europas Halt in größeren Zusammenhängen zu verschaffen, stießen nicht überall in der Partei rechtzeitig auf Verständnis und Zustimmung.

Als erster Generalsekretär der ÖVP wollte Felix Hurdes der Gesamtpartei eine Struktur und eine Statur geben, deren Schwerpunktlinie innerhalb dieser und nicht in irgendeinem der Bünde der Arbeitnehmer, Bauern und Wirtschaftstreibenden verläuft. Hurdes kam als Christ in die Politik. Daher brauchte er keine Ideologie. Er wollte nicht eine Art Ersatzreligion für politische Zwecke zusammenflicken und diese, schön getextet, auf einem Parteitag manifestieren. Zudem hat er zu jenen Gründern der ÖVP gehört, die schon vor 1945 eine Österreichische Volkspartei und nicht eine Christliche Volkspartei ins Auge gefaßt haben. Freilich sollte diese klassenlose Volkspartei nicht bloß das sein, was die bündischen und territorialen Gliederungen für die Gesamtpartei abzulassen gewillt waren. Für Hurdes war die Partei Gesinnungsgemeinschaft. Er wußte, daß in einer Volkspartei nicht alle das gleiche denken, aber er stellte sich den Fortschritt der Partei nicht zuletzt als einen Erziehungsvorgang vor, bei dem nicht nur die Funktionäre lernen, in bestimmten Kategorien gleich zu denken.

Solange das Duumvirat Raab-Kamitz ein Bündnis zwischen christlichen Demokraten und Neoliberalen der religiös orientierten Richtung eines Wilhelm Röpke verkörperte, mochte die notwendige Standortbestimmung der Gesamtpartei vielen nicht als das brennendste Problem der ÖVP erscheinen. Als aber kurz nach dem Ausscheiden Kamitz' aus der Regierung (1960) der Liberalismus eine Ziehung nach links vornahm, während der er Ende der sechziger Jahre in Aktionsgemeinschaften mit der linken Linken geriet, zeigte es sich, daß die Formel einer Fortschrittlichen Mitte, wie sie jetzt die ÖVP reklamiert, leicht formuliert ist, aber schwer definiert werden kann.

Lange bevor ich Mitglied der ÖVP wurde, habe ich als Mitarbeiter von Felix Hurdes mit starkem Interesse dessen Bemühungen zur Verwertung des im Solidarismus entwickelten gesellschaftspolitischen Ordnungssystems verfolgt. In den Vorlesungen Othmar Spauns habe ich einiges über Solidarismus erfahren, was mir noch im Ohr war. Der Jesuitenpater Heinrich Pesch hat vor 1914 den aus Frankreich stammenden Grundgedanken des Solidarismus in Deutschland weiter ausgebildet. Für Spann war das so etwas wie eine Fortsetzung der Ideen des liberalen Nationalökonomen Adolf Wagner und daher suspekt. Denn von Wagner konnte der Jesuitenpater nur Individualismus lernen. Der Rest der Ordnungsgedanken Heinrich Pesch' war für Spann nicht mehr, als schwächlicher Eklektizismus.

Was Spann nur als Eklektizismus gelten lassen wollte, das erwies sich nach 1945, angesicht der Erfahrungen mit bloßem Individualismus und Kollektivismus, als eine Sozialethik, deren Formeln zeitgemäß waren. Etwa: wir sitzen alle in einem Boot. Oder: einer für alle, alle für einen. Die Intellektuellen, die solchen, wie sie sagten, Primitivformen des Politischen mit der ganzen Schärfe ihres Kritizismus entgegentraten, vergaßen, daß ihr hochkonzentrierter Intellektualismus nie die Fittings zu den Massen erfunden hat, die zu finden den Gründern der ÖVP im Jahre 1945 nicht schwer fiel. Mich interessierte am Experiment Felix Hurdes vor allem, daß mit seiner Vorstellung von einem Organismus, der Gefahr eines Organizismus, die im Parteienwesen steckt, entgegengewirkt werden konnte.

Für Wirtschaftsliberale der fünfziger Jahre und für Technokraten mit ihren während der sechziger Jahren aus den USA bezogenen Vorstellungen, war das alles ein rotes Tuch.

Als ich dank der Vermittlung Reinhard Kamitz' Wilhelm Röpke näher kennen lernte, war es wohl schon zu spät, innerhalb der ÖVP eine meta-physisch ausgerichtete Resultante aus modernen Ideen einer christlichen Demokratie und eines Liberalismus, der nicht a-religiös ist, zustande zu bringen. Ohne seitens der Partei einen konkreten Auftrag zu haben, arbeitete ich in der Zeit, die mir während der Verhandlungen über die Schulgesetzte 1962 blieb, an einem Konzept, das keine textierte Parteiideologie werden sollte, sondern: ein geordnetes Angebot von Möglichkeiten an den einzelnen Menschen, seinem Leben Sinn und Ziel zu geben. Die mit der Verlängerung der Lebenserwartung verbundenen Probleme und der Exodus junger Menschen aus der Überflußgesellschaft, von dem ich mir 1960 bei einem Besuch in Kalifornien ein Bild machen konnte, legten mir ein Neudenken nahe. Nämlich die Zuordnung von mehr Lebenszeit und mehr Freizeit in einer Gesellschaft für mehr Wohlstand und mehr Sicherheit des Menschen in ideeller und materieller Hinsicht. Die Existenz des Menschen in der Gemeinschaft sollte nicht nur quantitativ, sondern qualitativ verbessert werden.
Um diese Zeit wurde ich zum Vorsitzenden einer Programmkommission der ÖVP gewählt. Aus Erfahrungen, Notwendigkeiten und erneuten Zielvorstellungen sollte ein Manifest der ÖVP entstehen. Es begann die Zeit, in der die Jahreszahl 2000 eine fast magische Bedeutung bekam, während sie doch in Wirklichkeit nur ein Kalenderdatum ist, ein Aufhänger für Futuristen und Futurologen. In den damaligen Programmdiskussionen führender Persönlichkeiten der ÖVP (Withalm, Maleta, Klaus, Hurdes, Hartmann und Gschnitzer) wurde das Gesamtkonzept für ein Grundsatz- plus Aktionsprogramm, sowie die dazu gehörenden Erläuterungen gründlich erörtert. An-

trieb dazu war zunächst die Tatsache, daß die Erfolgsära Raab-Kamitz in einer Niederlage der ÖVP bei der Nationalratswahl 1959 zu Ende ging. Nur ein in Wien behauptetes Mandat bewahrte die ÖVP davor, die Führung in der Koalition an die stimmenstärkere SPÖ abzugeben. 1960 traf ich in Reichenau prominente Sprecher aus Parteikreisen, die nachher die Reformer in der ÖVP genannt wurden.

Im offiziellen Programmausschuß der Partei erwies es sich im Verlauf der Diskussion immer mehr, daß sich die Mehrheit mit einer Neutextierung scheinbar bewährter Grundsätze begnügte und nicht gewillt war, aus dem Vehikel, Modell 1945, auszusteigen. Anfänglich gedachte Änderungen der Struktur der Partei reduzierten sich auf bloße Staturänderungen und zuletzt auf die Findung eines moderneren Image. Je näher der Termin der Nationalratswahl 1962 rückte, desto durchschlagender wurde in Partei- und Wählerkreisen die Warnung: es steht im Nationalrat nur mehr 79 : 78 zugunsten der ÖVP. So wie 1933 lag es in Griffweite der Sozialisten, die auf einer Stimme balancierende Parlamentsmehrheit ihrer Gegner zu stürzen und selbst die Führung der Regierung zu übernehmen. Bei diesem kalkulierten Risiko fiel im Programmausschuß die Entscheidung, wonach das gedachte Manifest nicht die Wahlplattform der ÖVP für die Nationalratswahl 1962 werden sollte. Auf das von mir verfolgte Ziel: Entscheidungen auf Grund von Unterscheidungen, wollte man sich nicht einlassen. Die Nationalratswahl wurde dann auf Grund drastischer Abwehrparolen gegen die Linke gewonnen. Meine Besorgnisse wegen der Strukturschwächen der Partei schienen unbegründet gewesen zu sein. Damals, als mich auch der Vorwurf traf, ich hätte mit den Schulgesetzen 1962 die zum Absterben bestimmte Regierungskoalition unnötigerweise als leistungsfähig hingestellt, habe ich zum ersten Mal die Absicht geäußert, mich aus der Politik zurückzuziehen. Als Fünfzigjähriger durfte man damals auf ein Comeback unter anderen Verhältnissen denken.

Hätte das Wort nicht Prinz Eugen von Savoyen in einem großartigen Zusammenhang gebraucht, dann würde ich meine Existenz in der ÖVP so zusammenfassen: Julius Raab war ein
Vater, Alfons Gorbach ein väterlicher Freund und Josef Klaus
ein neuer Herr in der Kärntnerstraße.

Nach der Niederlage bei der Wahl des Bundespräsidenten im
Jahr 1963 war Julius Raab nur mehr ein Schatten seiner selbst.
Er war todkrank, aber er ging mit uns, bis zum letzten Schritt
in seinem Leben. Seinem Nachfolger, dem Steirer Alfons Gorbach, war zugedacht, in Wien den Reformern gegen eine erstarrte Kerngruppe der ÖVP den Weg zu bahnen. Aber Gorbach spielte nicht nach diesem Konzept einer Regie, die mehr
von außerparteilichen Pressure Groups, vor allem in Redaktio-
nen sogenannter unabhängiger Zeitungen geführt wurde. Im
Verein mit Hermann Withalm machte er bei der Nationalratswahl 1962 die Wahlschlappe von 1959 wett. Und zusammen
mit dem stark verteufelten sozialistischen Vizekanzler Bruno
Pittermann brachte er Leben in eine Koalition, deren Toten-
schein schon ausgefüllt war. Aber gerade das Hinausschieben
des Endes der Koalition wurde Alfons Gorbach und uns, seinen Freunden, zum Verhängnis. Längst dachten die Integralisten der Regierungsparteien und eine selbstbewußte, in beiden
Parteien aufkommende Jugend an die Alleinregierung der eigenen Partei.

In der ÖVP wurde diese Absicht mit einer anderen kombiniert.
Nämlich: in einem geordneten Naheverhältnis zur FPÖ eine
isolierte SPÖ auszumanövrieren und zwar in einer neuen politischen Zone, die man den koalitionsfreien Raum nannte. Das
bedeutete: zog die SPÖ in der Koalition nicht mit, dann
spannte man im Parlament die FPÖ an den Wagen, um mit
ihr die SPÖ zu majorisieren. Daß die SPÖ viel früher als die
ÖVP auf ein geordnetes Naheverhältnis mit der FPÖ aus war,
wurde sichtbar, als anläßlich der Habsburg-Affaire 1963 die
SPÖ nicht zögerte, zusammen mit der FPÖ ihren Koalitions-
partner ÖVP, zum ersten Mal seit 1945, niederzustimmen. Jah-

re nachher, in den Prozessen wegen der Affairen rund um die »Kronen-Zeitung« und das Verhalten des sozialistischen Gewerkschaftsbundpräsidenten und Innenministers Franz Olah, wurde manifest, wie stark in der Wende 1963/64 die traditionelle Antipathie gegen die Schwarzen, Sozialisten und Freiheitliche aneinander binden konnte.

Ich predige tauben Ohren, als ich die Ansicht vertrat, Bundespräsident Adolf Schärf würde nie eine Regierung ernennen, deren Parlamentsmehrheit so wackelig ist, daß im Konfliktsfall ÖVP plus FPÖ die Sozialisten ausmanövrieren können. Ein weiterer taktischer Fehler war es, daß die von der ÖVP nach der Nationalratswahl gewählten Unterhändler als spektakulären Siegespreis die Ablösung des bisherigen sozialistischen Außenministers Bruno Kreisky durch einen Kandidaten der ÖVP forderten. So wurde der Kampf um Kreisky zu einer Monate dauernden Abnutzungsschlacht, zu einem Verdun der Innenpolitik. Je ungestümer die ÖVP auf den Posten Kreiskys losging, desto mehr festigte sich dessen Position in der eigenen Partei, und wahrscheinlich wurde damals, im Frühjahr 1963, der Sockel gebaut, auf den sieben Jahre später der erste sozialistische Bundeskanzler in Österreich steigen sollte. In dem Maße, in dem sich Kreiskys Position verfestigte, entstand in der ÖVP ein Riß, weil sich die Reformer im Kampf gegen Kreisky von jenen verlassen und verraten fühlten, die ihnen vorhielten, sie würden Kräfte der ÖVP bei einem Angriff vergeuden, der die gegnerische Verteidigung nicht schwächte, sondern verfestigte. Als schließlich eine neue Koalitionsregierung gebildet wurde, in der Bruno Kreisky weiter Außenminister war, trat Josef Klaus ostentativ von seinem Posten als Finanzminister unter Alfons Gorbach zurück, um sich für spätere und höhere Aufgaben aufzusparen; weigerte sich Generalsekretär Hermann Withalm, wie üblich, gemeinsam mit dem Bundesparteiobmann, in diesem Fall Alfons Gorbach, das neue Koalitionsabkommen zu unterschreiben.

Indem im Land das Image verbrauchter, ideenschwacher oder

erstarrter Koalitionspolitiker der ÖVP reichlich zirkuliert wurde und die ÖVP-Mitglieder- und Wählerschaft mit dem Slogan: Pittermann macht mit Gorbach, was er will, beunruhigt wurde, konnte man sich an den Fingern der Hand abzählen, wann die Ära Julius Raab in ihrer Prolongation unter Alfons Gorbach zu Ende sein würde.

Alfons Gorbach wollte keine Polarisierung der Kräfte innerhalb der Partei. Auf dem nächsten Bundesparteitag, Klagenfurt 1963, hat er daher nicht mehr als Bundesparteiobmann kandidiert. Das aber hieß völlig freie Bahn für das von der unabhängigen Presse mit aller Kraft herangezwungene Duumvirat mit Josef Klaus und Hermann Withalm. Für eine Übergangszeit wurde dem Landwirtschaftsminister Eduard Hartmann, einem der fähigsten und integersten Persönlichkeiten jener Zeit, die Kanzlerschaft angeboten. Nachher selbst mir. Aber Hartmann und ich lehnten es ab, Alfons Gorbach im Stich zu lassen. Bei allem Respekt vor persönlichen Qualitäten, die Josef Klaus und Hermann Withalm oft genug bewiesen hatten, fürchteten wir, sie würden, vereint, letzthin der Partei schaden. Leopold Figl, Eduard Hartmann und ich lehnten nicht nur diese Alternative ab, wir suchten eine andere zu formulieren.

Josef Klaus war seit Jugendtagen mein Freund. Wir blieben uns auch nachher nahe, und was uns trennte, waren wohl nicht persönliche Gegnerschaft oder Grundsatzdifferenzen, sondern eine Wesensverschiedenheit, bedingt durch Herkunft und Erleben. 1962/63 kam eine unterschiedliche Auffassung betreffs der Risiken und Chancen, die sich im Falle einer Lockerung und schließlichen Lösung der Koalition ex 1945 ergaben, hinzu. Was Julius Raab stets und unter allen Umständen vermeiden wollte, war ein Alleingang der ÖVP gegen eine eventuell von der FPÖ abgestützte SPÖ. In diesem Fall trifft nämlich die ÖVP allein auf die ganze Macht der außerparlamentarischen Mehrheit der SPÖ, die des Gewerkschaftsbundes. Wenn auch nach 1945 die Aufspaltung der Gewerkschaftsbewegung in

Richtungsgewerkschaften vermieden werden konnte und die Christlichen Gewerkschaften unter Erwin Altenburger vorher nie gekannte Erfolge in den Kreisen der Arbeitnehmer erzielen konnten, so änderte das doch nichts an der Strategie des Ganzen: und im großen Ganzen ging die Gewerkschaftsbewegung auf das gleiche Ziel los wie die SPÖ, und das war und ist ein sozialistisches Österreich. Eine Entlassung der SPÖ in einen koalitionsfreien Raum hätte, sofern Bundespräsident Adolf Schärf derlei überhaupt zuzustimmen bereit gewesen wäre, den Fortschritt der SPÖ auf diesem Weg der Entwicklung nur beschleunigt. So dachten damals ich und einige meiner Freunde, ohne daß es erklärtermaßen zu einer Fronde in der ÖVP gekommen wäre. In meinem Fall kam noch eine Erwägung dazu: Das von Papst Johannes XXIII. herausgestrichene Aggiornamento lockerte nolens volens das bisherige Näheverhältnis der Kirche zu christlichen Parteien, eröffnete aber dem Marxismus aller Schattierungen die unbehinderte Möglichkeit, Christen für sich zu reklamieren, ohne daß sich dabei etwas an der grundsätzlichen Zielsetzung der im Anschluß an Marx entstandenen Parteien geändert hätte. Die Linksparteien fingen damals an, mit größtem Geschick die seinerzeit vom französischen König Heinrich IV. gebrauchte Formel, wonach diesem ursprünglich protestantischen König der Besitz der schönen Stadt Paris eine Messe wert war, zu praktizieren. In Österreich haben um diese Zeit der Apostolische Nuntius Giovanni Dellepiani und sein Mitarbeiter Msgre. Cesare Zacchi der SPÖ bisher nie gekannte Avancen eröffnet. Als der Nuntius einem qualvollen Leiden erlag, geschah es zum ersten Mal, daß die SPÖ an der Bahre eines Erzbischofs und Nuntius in der Stephanskirche einen Kranz mit roten Schleifen niederlegte. Msgre. Zacchi nahm später seinen Weg nach Havanna, wo er, akkreditiert beim Regime Fidel Castros, eine bemerkenswerte Rolle spielte.

Was innerhalb des Katholizismus als Tendenz einer Solidarisierung mit dem Marxismus zutage trat, fand bald in den einmal von christlichen Demokraten gegründeten Parteien, auch in der ÖVP, seine Forsetzung: je mehr sich in diesen Parteien Technokraten und sogenannte Kybernetiker des Steuerungsapparates dieser Parteien bemächtigten und ihr Prinzip einer angeblich ideologiefreien Sachgerechtigkeit vertraten, desto stärker strömten während der Marx-Renaissance der sechziger Jahre die Vorhuten einer vom Geist der Neuen Linken beeinflußten Jungen Generation in das so entstehende geistige Vakuum dieser Parteien.

Aus den USA hatten Ende der fünfziger Jahre junge Dozenten und Studenten einen neuen Stil des Politischen heim nach Österreich gebracht. So wie in den USA die Demokratische und die Republikanische Partei anfingen, ihre Kandidaten und Aktionsprogramme mit den selben Methoden anzupreisen, mit denen die Wirtschaft ihre Waren propagiert, glaubten auch die Christlichen Demokraten Europas, fortan im Umgang mit den »anderen« Parteien in Konkurrenz treten zu können. Dabei vergaßen sie bloß, daß in den USA das dortige Zwei-Parteiensystem auf ein und derselben Grundlage steht, während in Europa und Österreich der Sozialismus das bisherige Gesellschaftssystem zerstört und jedes Mehrparteiensystem lediglich im Interesse des Zieles — nämlich Umwandlung der Gesellschaft im Sinne des Sozialismus mitmacht.

Zunächst waren die Wahlwerber der ÖVP von den modernen Methoden begeistert, mit denen in den USA die Präsidentschaftskandidaten Eisenhower und Kennedy durchs Ziel getragen wurden. Der kommissige Dwight D. Eisenhower zum Beispiel konnte mit der New Yorker Werbeagentur Batten, Barton & Osborn einen glatten Sieg über das Idol der Intellektuellen Adlai Stevenson erringen. Stevenson hatte zwar die Firma Norman, Craig & Kummel für sich, die mit einer kommerziellen Werbung: »Mir träumte, ich ging in meinem Maidenform-Büstenhalter spazieren«, einen Riesenerfolg hatte, die aber im Vergleich zu Eisenhowers Firma ein Zwerg war und Stevenson bei weitem nicht so gut anbrachte, wie besagte Textilware. Langsam kamen in den USA Werbemethoden und Methoden der dafür notwendigen Geldbeschaffung auf, die um 1970 in der Ära des Präsidenten Richard Nixon zu einer schweren Kompromittierung der amerikanischen Demokratie führten. Nixon wurde zwar in die Wüste gejagt, das System blieb aber. Perfektioniert.

Der Bundesparteitag 1963 in Klagenfurt wurde zum ersten Mal in Anlehnung an die von jungen Herren der ÖVP aus den USA importierten Regiemethoden gemacht. Cool, smart, clever. Damals war John F. Kennedy das Idol aller jungen Menschen. Während sein Gegner, Richard Nixon, es sich gründlich mit den Massenmedien, zumal mit der Presse, verdorben hatte, schwamm der jungenhafte Kennedy auf den Wogen der Telekratie obenauf. Zum ersten Mal nahm die Television, das Fernsehen, entscheidenden Einfluß auf die Auseinandersetzung des Demokraten Kennedy mit dem Republikaner Nixon. In den Fernsehdiskussionen Kennedy-Nixon war das, was Kennedy vorbrachte, inhaltlich dem unterlegen, was Nixon sagte, aber darauf kam es nicht mehr an. Denn:

Immer mehr wurde Politikern eingehämmert, es käme im Zeitalter der Telekratie weniger darauf an, *WAS* gesagt wird, sondern *WIE* es im Fernsehen herauskommt. Demnach müssen Kandidaten eine möglichst klangvolle Stimme und eine korrekte Aussprache haben und dazu die Fähigkeit, langsam und eindringlich sprechen, redlich und aufrichtig in die Kamera zu schauen.

Nachdem Josef Klaus und Hermann Withalm der Regierung Alfons Gorbach den Rücken gekehrt hatten, rauschte es im Blätterwald der unabhängigen Tageszeitungen auf, das künftige Duumvirat Klaus/Withalm müsse im Interesse der ÖVP rasch und mit einem imponierenden Erfolg herangezogen werden. Die in den USA erprobte Neuerung, bei Parteitagen auf die Tribüne sogenannte unabhängige, klardenkende Bürger zu setzen, die sich Gedanken darüber machen, wer im Lande Politik macht, ohne überhaupt Parteitagsdelegierte zu sein, wurde 1963 in Klagenfurt mit Erfolg praktiziert. Wenn Josef Klaus den Saal betrat, wenn er sprach, rauschte von der Tribüne des Saales der Beifall der Clique. Sah ich zu diesen Bürgern hinauf, dann konnte ich nach Kenntnis vieler Personen wahrnehmen, daß diese Galerie für das, was ich zu sagen hatte, weder Unabhängigkeit noch Klarheit besaß.

Ich hatte mich entschlossen, persönlich dem Experiment Klaus/Withalm entgegenzutreten. Nicht weil ich Bundesparteiobmann oder Bundeskanzler werden wollte, sondern weil jene Freunde, die dieses Experiment nicht mitmachen wollten, auf mehr Anspruch hatten, als auf die echt österreichische Phrase: da müßt 'was gescheh'n. Worauf dann meistens nichts geschieht. Meine Rolle war im Drehbuch der Veranstaltung vorgezeichnet. Als ich in Kärnten ankam, erwies es sich, daß das für mich vom Finanzreferenten der Partei ausgesuchte Nächtigungsquartier weit außerhalb der Stadt lag. Es war besorgt, daß die ohnedies mit wenigen Tagen bemessene Werbung für meine Kandidatur nicht etwa an Ort und Stelle noch fortgesetzt werden konnte. Eine weitere Überraschung war, daß eine Tagesordnung fertig da lag, laut der ich mit meinem Grundsatzreferat erst nach Abgabe der Stimmen für die Wahl der neuen Parteispitze zu Wort kommen sollte. So wurde es nicht nur zum bloßen Füllsel für die Zeit der Stimmenauszählung degradiert, sondern für die Auseinandersetzung entwertet, in die vor dieser Wahl Hermann Withalm mit seinem eindrucksvollen Referat und stimmenwerbend eintreten konnte.

Als Leopold Figl nach Auszählung der Stimmen in den Saal zurückkehrte, war ich noch am Reden. Wir sahen uns in die Augen, und ich wußte, was es geschlagen hatte. Ich war nicht bestürzt, denn ich wußte schon vorher, was einem geschieht, wenn man sich vor einen fahrenden Zug wirft. Aber ich wollte meinen Parteifreunden wenigstens aufzeigen, daß sie in einem

Zug weiterzufahren im Begriff waren, der über eine falsch gestellte Weiche fuhr. Noch hoffte ich, ohne zu frondieren, diese Fehlleistung korrigieren helfen zu können.

Am Tage nach meiner Niederlage in Klagenfurt sprach ich in Wien anläßlich des Gewerkschaftstages vor den Christlichen Gewerkschaftern. Ich warnte sie vor der damals noch üblichen vorbehaltlosen Anbetung des Konsumgüterberges der Industriegesellschaft. Gerade für sie als Gewerkschafter müsse klar werden, daß die Formel des Industriesystems: immer mehr investieren, immer mehr produzieren, immer mehr konsumieren, zur Gefahr werden könnte. Auch in der Wirtschaft gäbe es nicht so etwas wie ein perpetuum mobile. Aber indem ich von der Möglichkeit einer Krise im Industriesystem sprach, hatte ich in den Augen der unbedingten Vertreter dieses Systems den Teufel an die Wand gemalt. Wie oft war ich von ihnen doch belehrt worden, daß eine moderne Weltwirtschaft nie in Krisen schlittern würde, wie sie früher in gewissen Abständen, von den USA ausgehend, die Welt erschütterten. Im Großen Musikvereinssaal fand ich für meine Ausführungen, die nachher in Druck erschienen, Verständnis. Umso mehr wuchs das Gefühl der Erleichterung jener, für die meine eventuelle Wahl in Klagenfurt ein Alptraum gewesen war.

Zu Neujahr 1964 war es nicht mehr zu übersehen, daß das Duumvirat: Bundeskanzler Alfons Gorbach und Bundesparteiobmann Josef Klaus nicht länger haltbar war. Man mühte sich mit diesem Duumvirat nur deswegen weiter ab, weil Landtagswahlen im Burgenland, Wien, Niederösterreich, Salzburg und Vorarlberg bevorstanden und deswegen eine Polarisierung innerhalb der Partei untunlich schien. Ein Verlust des Postens des Landeshauptmannes im Burgenland wäre keine Entrée-szene für den Nachfolger Alfons Gorbachs gewesen. Dazu kam, daß Julius Raab noch unter uns war und man sich in seiner Gegenwart scheute, innerhalb der Partei das auszuführen, was außerhalb derselben unter dem lauten Trommelschlag der unabhängigen Presse verlangt wurde: weg mit den Männern, mit denen Pittermann macht, was er will.

Am 8. Jänner 1964, an dem Abend, als Julius Raab starb, fand am Tisch eines durch Rang und Persönlichkeit hervorragenden Gastgebers noch einmal der Versuch eines Koordinationsgesprächs statt. Noch war man nach Tisch nicht ins Reden gekommen, da erreichte uns die Nachricht vom Heimgang Julius Raabs. Wir gingen auseinander, um im Städtischen Krankenhaus in Floridsdorf vom toten Kanzler Abschied zu nehmen.

Während der langen Fahrt von Klosterneuburg nach Floridsdorf hatte ich Ruhe und Stille, um in mich zu gehen. Ich dachte an den Ärger und an Enttäuschungen, die ich dem Kanzler verursacht habe, ihm, der den relativ jungen, unbekannten und parteilosen Ministerialrat Drimmel zum Unterrichtsminister gemacht hat. An Konflikte mit ihm, in die ich als Unterrichtsminister einer Regierung, der es primär um wirtschafts- und sozialpolitische Ziele ging, immer wieder geraten mußte. Um die Unruhe, mit der ich zuletzt den Kanzler quälte, als ich sah, was aus dem Westen auf uns zukam und das Lebenswerk Julius Raabs zu zerstören drohte: die sozialistisch-liberalistische Vorherrschaft in den meisten europäischen Staaten.

Julius Raab hat in meinen Augen die Gabe besessen, ein gläubiger Christ zu sein, ohne die Penetranz eines Klerikalen zu haben. Er war konservativ, ohne in dem einmal Erreichten zu erstarren. In den Jahrzehnten nach 1918 ist er Demokrat geworden, ohne daß für ihn, wie für Sozialisten, Demokratie nur der Weg zur Alleinherrschaft einer Partei gewesen wäre. Und er war Österreicher, nicht als bloßer Staatsbürger, als Politiker und Staatsmann der Republik, sondern in einer Lebensart, in dem, was man nachher auch hierzulande einen Way-of-life nannte.

Er hat Österreich mit seiner ganzen Mannhaftigkeit gedient, und mir war es eine Ehre und Freude, unter ihm diesen Dienst mitzutun.

An einem Tag im Februar 1964 brachte die Gattin unseres Bundeskanzlers Alfons Gorbach vom Besuch der Frühmesse eine der kleinen Zeitungen nach Hause, wie sie einmal in jedem christlichen Haus aufgelegen sind. Erst als sie dem Kanzler sein Frühstück brachte, fiel ihr Blick auf die Schlagzeile der ersten Seite der Zeitung und sie rief: »Ja, du bist ja gar nicht mehr Kanzler!« Der Kanzler nahm das Blatt zur Hand und las, daß seine Ablösung nur mehr eine Frage der Zeit und der Umstände sei.

Für uns, für die Freunde des Kanzlers, war das nach dem Bundesparteitag 1963 keine überraschende Aktion. Wir hatten allerdings auf eine geordnete Wachablösung der Regierungsmannschaft um Alfons Gorbach gewartet. Einer Pression hätte es nicht bedurft. Denn so wenig wir an eine Zugehörigkeit zu einem Kabinett Josef Klaus dachten, so selbstverständlich war es uns, daß Josef Klaus sein zukünftiges Kabinett nur mit den ihm zusagenden Kandidaten bilden werde.

Leider blieben Pressionen nicht aus, sie erfolgten zum Teil mit unnotwendiger Härte und sie erzeugten tiefgehende Friktionen. Alfons Gorbach hat mich noch wenige Wochen vor seinem 1972 erfolgten Tod erinnert, ich möge noch einiges Licht in die damaligen Vorfälle bringen. Trotzdem oder besser: im Sinne der von Gorbach gewünschten Versöhnung, habe ich auf die Ausnutzung meiner umfangreichen Korrespondenz- und Tagebuchaufzeichnungen verzichtet; ich lasse diese Materialien bis zu meinem Tod unter Verschluß.

Es genügt hier festzustellen, daß die Preisgabe des von Julius Raab verfolgten Koalitionskurses der ÖVP zuletzt nicht mehr Handlungsfreiheit und mit mehr Publizität verbundene Sacherfolge brachte. Im Gegenteil. Der von der Bewegung seit 1907 fast ununterbrochen behauptete Vorrang als erste staatstragende Partei, ging 1970 verloren. Als Alfons Gorbach schon in statu demissionis war, verlor die ÖVP die Landtagswahl im Burgenland und den Posten des dortigen Landeshauptmannes. Wahlerfolge, die 1964 Leopold Figl in Niederösterreich und in Wien

erzielen konnten, gingen bald unter in einer nicht mehr abrei-
ßenden Serie von Rückschlägen zum Schaden der ÖVP in Salzburg, Vorarlberg, Oberösterreich, Burgenland (1968) sowie in
Wien und Salzburg 1969. Bis 1970, zum ersten Mal seit 1930,
die Sozialisten als mandatsstärkste Partei in den Nationalrat
einzogen.

Mag man darüber streiten, ob der Ausgang der Nationalratswahl 1966, der der ÖVP noch einmal die 1949 verlorene absolute Mehrheit im Nationalrat brachte, die Legende von dem
durch die Regierung Klaus verursachten Bundestrend zum
Schaden der ÖVP widerlegt oder bestätigt hat. Unbestreitbar
ist die Tatsache, daß der Überraschungserfolg der ÖVP im
Jahre 1966 letzten Endes zum großen Teil nur Negativaus-
wirkung des Abfalls Franz Olahs von der SPÖ gewesen ist.
Zwar konnte Olah für seine neugegründete Partei auch nicht
ein einziges Mandat erringen, indessen verunsicherte er zehntausende Wähler der alten Arbeiterpartei, die diesmal ihre
Stimme nicht der SPÖ gaben. So entstand beim Ausgang der
Wahl der Eindruck, als hätte die ÖVP in einem Match dem
Gegner gleich fünf Tore geschossen und 5 : 0 gesiegt, während
es in Wirklichkeit einige Eigentore, die sich diesmal die Linke
selbst schoß, gewesen sind, die den an sich erwarteten Sieg der
ÖVP derartig aufputzten. Und wie so oft, entstand auch in
diesem Fall, in der Stunde der Niederlage, die Idee des nächsten Sieges. Indem nämlich Bruno Pittermann 1966 als Vorsitzender der SPÖ stolperte, kam Bruno Kreisky an die Spitze
der SPÖ und 1970 als erster sozialistischer Bundeskanzler auch
an die Spitze der Regierung.

Die Selbsttäuschung, der Führungskreise der ÖVP nach dem
scheinbar fulminanten Wahlsieg von 1966 unterlagen, steigerte
sich noch einmal, als diesem Sieg auf dem Fuß jene Reform des
Österreichischen Rundfunks folgte, bei der ein bisheriger sozialistischer Fernsehdirektor durch Gerd Bacher und sein System
abgelöst wurde. Was damit wirklich geschah, hat niemand anderer mit derart zynischer Offenheit ausgedrückt, als Franz

Kreuzer, der damals vom Posten des Chefredakteurs des sozialistischen Zentralorgans »Arbeiter Zeitung« in die erste Reihe der Meinungskneter im ORF aufrückte. Nach den eigenen Worten Kreuzers hat die ÖVP mit ihrer Rundfunkreform von 1966 ein Opfer auf dem Altar des Vaterlandes gebracht. Wer weiß, was für einen Stellenwert die Begriffe Altar, Vaterland und Opfer für einen sozialistischen Chefredakteur haben, spürt den Hohn des erfolgreichen Gegners, der damit zum Ausdruck kommt. Um zu beweisen, was real geschah, fügte Kreuzer diesem Hohn auf den Verlierer gleich konkrete Hinweise darauf hinzu, worin die SPÖ bei der ÖVP-Rundfunkreform gesiegt hätte: der so reformierte ORF hat demnach bisherige Autoritäten, damals noch vorwiegend solche aus der ÖVP, abgebaut, und er hat die SPÖ an potentielle SPÖ-Wählerschichten herangebracht, an die die Partei vorher nie herangekommen war. Josef Klaus hat das ihm vom Gegner erteilte Lob der Selbstlosigkeit damit quittiert, daß er in seinen politischen Erinnerungen Franz Kreuzer und den neuernannten sozialistischen Fernsehdirektor Helmut Zilk mit seiner persönlichen Freundschaft auszeichnete.

In den letzten Tagen meiner Ministerschaft machte mir der türkische Botschafter auf dem Minoritenplatz Besuch. Er sprach nicht von Politik, sondern erzählte mir eine Geschichte aus seiner Heimat: im alten Stambul war ein Großwesir gestürzt worden. Der Sultan schickte dem Gestürzten nicht die fatale seidene Schnur, sondern den Auftrag, sich an die äußerste Grenze des Reiches zu begeben, um dort ein vernachlässigtes Paschalik zu übernehmen. Den Exgroßwesir verzehrte die Sehnsucht nach vergangenen Tagen. Kam der Bote mit der Post aus der Hauptstadt, dann verfolgte er vom Dach her dessen Eintreffen, um ihn sogleich in den Diwan zu holen. »Spricht man noch von mir in der Hauptstadt?«, war dann das erste Wort des Paschas. Und der Bote antwortete erwartungsgemäß: »Alle reden von Euch und von Eurer Zeit und sagen, sie käme leider nie mehr

wieder.« Dann strich sich der Exwesir den Bart und sagte wohl-
gefällig: »Du lügst, du Hund, aber lüge weiter, denn du lügst
schön.«

Der Trunkenheit einer solchen Selbsttäuschung wollte ich mich
nach dem Ausgang des Zusammenstoßes mit den neuen Männern in meiner Partei nicht hingeben. Es war kein Grund dafür
vorhanden. Ich war ihnen nicht aus persönlicher Feindschaft,
unstillbarem Ehrgeiz oder im Machtrausch entgegengetreten.
Einige bemitleideten mein Schicksal, und diese dachten falsch,
denn für das, was ich tat, verdiente ich kein Mitleid. Andere sprachen von einer schöpferischen Pause, und die waren falsch.
Ich wußte, daß ich in der Partei der Sieger von Klagenfurt
»out« war. Aber es war für mich doch eine Überraschung, als
ich Josef Klaus mit einem Mal inmitten von Technokraten und
Kybernetikern sah. Typen, die von einem modischen Amerikanismus geprägt waren und als quasi ent-ideologisierte Fachmänner auftraten, wobei sie Werte der europäischen Kultur ohne
Bedenken opferten oder über sie hinwegsahen. Diesen Menschen war Josef Klaus nach Herkunft und Ansicht ein Fremder. Sie nützten bloß seine anfängliche Popularität unter den
Massen unserer Bewegung aus, um gleichzeitig in Leerräume
einzusickern, die nach der sogenannten Entideologisierung des
Politischen in der ÖVP entstanden waren.
Drastischer als in der ÖVP, trat der völlige Umschwung in
Kreisen jener Intelligenz zutage, die traditionsgemäß im Vorfeld der Partei zahlreich existierte. Schon 1965 hatten zornige
junge Männer in Verbindungen des österreichischen CV und
der Katholischen Hochschülerschaft Modellen, die in der BRD
entstanden waren, folgend, das Symposion zur 600-Jahrfeier
der Universität Wien zum Anlaß genommen, um ein Neudenken und Umdenken, wie es damals Ernst Bloch verkörperte, in
Gang zu setzen. Persönlichkeiten wie der damalige Akademi-
kerseelsorger Msgre. Otto Mauer, faszinierten an Blochs Philosophie, die dieser im Anschluß an Marx entwickelte, gewisse
religiös-chiliastische Momente, mit denen Bloch für seine Sozial-

utopien warb. So entstanden auch in Österreich die Fittings zwischen dem Neo-Marxismus und einem latenten Linkskatholizismus, der bereits erklärte Vertreter hatte: Ernst Karl Winter (Rechts stehen, links denken), August Maria Knoll (Immer muß der Typus Spartakus zum Typus Pauls treten) und Friedrich Heer (Der Glaube des Adolf Hitler).

Es war um diese Zeit, daß Günther Nenning, Exponent der sozialistischen Fraktion der Journalistengewerkschaft und Vorsitzender der Katholischen Journalisten der Erzdiözese Wien, als Prophet der Neuen Linken im Triumph durch die von allen guten Geistern verlassenen katholischen Hochschulverbindungen und Katholischen Hochschulgemeinden zog. Er hat den Wert der Formel: »Paris ist eine Messe wert«, realisiert, indem er zum Katholizismus übertrat.

Es konnte nicht ausbleiben, daß eine neu in Gang gesetzte Hochschulreform in die Hände der Jungen Männer vom Symposion 600 gelegt wurde, denen die akademischen Vertreter der aktuell gewordenen Hegel-Renaissance beigegeben wurden. Heute sind diese Bündnisse längst zerstreut. Viele der Jungen Männer von 1965 gingen folgerichtig den Weg zur linken Linken zu Ende, betätigen sich nunmehr zusammen mit Kommunisten in Aktionsgemeinschaften oder haben sich dem sozialistischen Establishment in Österreich angeschlossen.

1929 war ich als Siebzehnjähriger der Heimwehr beigetreten. Es folgten Jahre hochschulpolitischer Kämpfe, der Kampf um Österreich, nachher der Weggang von Wien und in den Krieg, acht Jahre später erst die Wiederkehr auf den Minoritenplatz, fünf Jahre als Mitarbeiter von Felix Hurdes, angestrengteste Arbeit an der Spitze der Hochschulsektion und fast zehn Jahre Zugehörigkeit zur Bundesregierung. Als ich 1964 Atem holte, war ich zweiundfünfzig Jahre alt. Um mich sah ich Ereignisse, die von alten Männern, die sich jung geben wollten, als Generationsproblem versimpelt wurden. Ich für meinen Teil wollte mich mit dem klebrigen Sinistrismo, der nacheinander Kirche,

Partei und Staat überzog, nicht abfinden. Zeitweise geriet ich selbst mit Alfons Gorbach in Konflikt, wenn dieser pflichtgetreu in die Doppelreihe zurücktrat und mit dem großen Haufen nach unrichtig errechneter Marschzahl in die falsche Richtung mitmarschierte. Es wurde kühl und einsam um mich.

Meine Mutter pflegte dann, wenn sie selbst mit dem Gebet nicht mehr mit sich ins reine kam, einen außertourlichen Waschtag einzulegen. Die harte Arbeit an der Rumpel im Waschtrog, ein Tag zwischen heißem Dampf und eiskaltem Spülwasser brachte sie immer auf gleich. So einen Waschtag brauchte ich. Eine harte Arbeit unter unerfreulichen Bedingungen. Sie wurde mir angetragen: das bedeutendste Lehen, das die Rathaussozialisten der Wiener ÖVP abgelassen hatte, der Posten eines Landeshauptmann-Stellvertreters in Wien. Es wäre eine Schande zu verschweigen, daß mich in einer Stunde wie dieser, der vielgeschmähte und vielgelästerte Landesobmann der ÖVP Wien, Leopold Hartl, vom Minoritenplatz zum Rathausplatz begleitet hat.

Das Rathaus

Den Untergang des alten und das Entstehen des neuen Österreichs hat kein Dichter eindrucksvoller in einem Bühnenstück
illustriert, als Franz Csokor in seinem Drama »3. November
1918«. Pjotr Kasziuk, zuletzt Maschinenmaat des versenkten
Admiralschiffes der k.u.k. Kriegsmarine, dringt in den Umsturztagen 1918 unversehens in ein von aller Welt abgeschnittenes Rekonvaleszentenheim für Offiziere, das in den Kärntner
Bergen liegt, ein. Er findet die Insassen vor einer großen Eisenbahnkarte, die an der Wand des Speisesaales hängt. Niemand
glaubt dem Maat, was er vom Untergang seines Schiffes und
der Monarchie zu erzählen weiß. Um den Offizieren die ganze
Wahrheit dessen, was vorgeht, vor Augen zu führen, zieht der
Maat sein schmales Matrosenbajonett und fängt an, die Karte
Österreich-Ungarns zu zerfetzen. Auf Papierfetzen sinken nach
und nach die Teile der zerstückelten Monarchie auf den Boden:
Böhmen und Mähren, Galizien, Siebenbürgen, die Batschka und
so weiter. Zuletzt hängt nur mehr ein Fetzen Landkarte an der
Wand: das heutige Österreich, an dessen östlicher Grenze ein
großer dunkler Fleck sichtbar ist. Wien, die Weltstadt im heruntergekommenen Kleinstaat.

In der Monarchie war Wien die k.k. Reichshaupt- und Residenzstadt. War unumstrittener Mittelpunkt und Krönung einer jahrhundertealten europäischen Großmacht. In der kleingeratenen
Alpenrepublik liegt Wien exzentrisch, ist es als Zentrum umstritten und von einer Krone kann keine Rede sein. Denn einem
Wasserkopf setzt man keine Krone auf. Und als Wasserkopf
ging Wien um 1918 in die Geschichte des neuen Österreichs,

Deutschösterreichs oder, wie es die siegreiche Entente verlangte, Österreichs ein.

Alle jetzt heruntergefiedelten und gedudelten Heurigenlieder zum Lob der Stadt Wien können nicht darüber hinwegtäuschen, daß Wien seit 1918 das Image eines Wasserkopfes nicht mehr losgekriegt hat. Bis unlängst hörte man ernsthaft gemeinte Pläne für ein Gesundschrumpfen der Großstadt. Während der Besatzungsära nach 1945 wurde vorgeschlagen, den Sitz der Bundesregierung nach Salzburg zu verlegen. Auch fremde Besucher meinen, Wien sei in Österreich out of proportion. Und rein zahlenmäßig gedacht, ist die Vorstellung vom Wasserkopf Wien gar nicht so abwegig. Denn fast jeder vierte Österreicher wohnt heute in der Bundeshauptstadt des Landes. Und das irritiert die anderen Österreicher, auch wenn an dieser Tatsache nichts einmaliges ist. Auch in Dänemark, Ungarn, Griechenland und Japan zum Beispiel ist jeder dritte oder vierte Staatsbürger des betreffenden Landes Inwohner der Hauptstadt. Nie würde es einem Japaner, Griechen, Ungarn oder Dänen einfallen, Tokio, Athen , Budapest oder Kopenhagen als den unsympathischen Wasserkopf seines Landes hinzustellen. Ganz im Gegenteil. In diesen Ländern ist man auf die Hauptstadt und ihre Tradition stolz.

Kein Geringerer als Adolf Hitler hat mit dem Instinkt des Mannes aus der Provinz und mit der Wut eines in Wien geschaßten Versagers, den Haß gegen Wien mit in sein Exil nach München genommen und ihn als Führer des Dritten Reiches austoben lassen. 1942, als nicht einmal die Ersatzbezeichnung für Österreich, nämlich Ostmark, mehr gebraucht werden durfte, rechnete Hitler noch einmal mit dem, was er zur Ostmark degradiert hatte, ab. In einem seiner Tischgespräche strich der Führer die Tatsache heraus, wonach er mit voller Absicht den alten Staat Österreich zerschlagen hat. Und zwar auf Kosten Wiens. So seien nicht nur viele Reibungsflächen verschwunden, man sei fortan in jedem Reichsgau der ehemaligen Ostmark froh darüber, sein eigener Herr zu sein und sich um Wien nicht mehr kümmern zu müssen. Ehe noch Hitler die Sezession von Wien pries, hat Josef Weinheber den legendären Marsch auf Wien dichterisch beschrieben:

Sie ham uns jetzt erobert: Bruck, Gurgl und Gföhl.
Da gibts jetzt nix wia parieren.

Als Weinheber so dichtete, war ein Dichten, wie es sich Arthur Schnitzler einmal herausgenommen hat, der noch eine Null aus der Provinz als Signet für Minderwertigkeit gebrauchte, vorüber. Von noch früheren Zeiten, in denen die Nennung der Stadt Linz unfehlbar zu einem Reim, lautend auf Provinz führte, gar nicht zu reden. Im alten Österreich nannten die Wiener ihre Landsleute aus den heutigen Bundesländern der Republik die G'scherten. Nie hätte damals in Wien jemand daran gedacht, jene, die man jetzt unverständlicherweise die Sudetendeutschen nennt, als die Deutschböhm', etwa G'scherte zu nennen. Von stolzen Völkern der Monarchie, wie die Magyaren, gar nicht zu reden. Die Wiener haben schon ihre Sacherln im Kopf gehabt, ehe sie im Wasserkopf zu leben kamen.

Föderalismus, in Österreich derzeit ganz groß geschrieben, ist an sich so gedacht, daß die Bundesländer der Republik nur gerade so viel ablassen, als zum Leben des Überstaates gehört. 1920 wurden die Kompetenzen des Bundes in der neuen Verfassung erschöpfend aufgezählt, alles andere sollte Sache der Länder sein und werden. Wäre um 1920 zum Beispiel die Eisenbahn noch nicht erfunden gewesen, wäre ihre Inbetriebnahme Sache der einzelnen Länder gewesen; es sei denn, man hätte sich in den Bundesländern entschlossen, diese Aufgabe der Bundesrepublik zu übertragen. Und da der Sport um 1920 in den Augen der Väter der Verfassung etwas war, das im Katalog der Kompetenzen nichts verloren hatte, wurde und blieb er Sache der Länder. Selbst als es im Fußballsport vor Jahren ein österreichisches Wunderteam gab, das als österreichische Nationalmannschaft die Farben und das Wappen der Republik auf den weißen Dressen trug, war nationaler Sport in Österreich an sich Unfug. Anmaßung der Wiener, die die anderen in diesem Sport nur am Rand, als Kicker, mittun ließen.

Für die meisten Föderalisten, nicht nur für österreichische, ist eine gewisse Distanzierung vom Ganzen, das Glück im eigenen Land oder Gau, bei weitem wichtiger als der Beitrag zum Ganzen des Staates. In einem nach dem Tod des Landeshauptmannes der Steiermark, Josef Krainer, erschienenen Band mit Anekdoten von diesem erfolgreichen Politiker, wird diesem folgendes Abschiedswort an einen für die Bundespolitik in Wien abgestellten Steirer in den Mund gelegt: »Eigentlich bist du jetzt kein Steirer mehr und ich müßt' dich völlig abschreiben. Aber ich weiß, es muß halt so sein, daß wer hinausgeht nach Wien.« Se non è vero, è bon trovato. Keiner der Bauerngeneräle der ÖVP würde zum Beispiel seinen Sitz im Landtag seines Landes oder seinen Sitz in der Landesregierung aufgeben, um in Wien im Nationalrat zu sitzen oder Mitglied der Bundesregierung zu werden. In der Wiener ÖVP aber wurde es mehr und mehr Brauch, daß ihre Landesparteiobmänner, die Landesobmänner des Wiener Arbeiter- und Angestelltenbundes und des Wirtschaftsbundes nicht im Rathaus, sondern im Parlament oder am Ballhausplatz Politik machen. Von der Minderheit der Nationalratsmandate, die in Wien der ÖVP im Vergleich zur SPÖ zufallen, müssen zuerst jene abgezweigt werden, die für die Spitzenfunktionäre der Bundespolitik der Partei reserviert sind. Mit dieser Ia Mannschaft spielt die ÖVP in der Nationalliga, mit der verbleibenden Ib Mannschaft im Rathaus.

Für Wiener Mandatare, die im Gegensatz zu besagtem Steirer nicht aus Wien hinaus, sondern in Wien emporgekommen, gilt in den meisten Fällen das Wort, das in obigem Fall Josef Krainer zum Abschied sagte: »Sie sind für die Wien-Politik der ÖVP abzuschreiben.«

Daß Wien einmal das Rote Wien und der unverlierbare Haltepunkt der Macht der österreichischen Sozialdemokratie werden würde, haben im Jahre 1918 die Strategen des damaligen Umsturzes zuerst gar nicht bedacht. Für sie war der gesellschaftliche und staatliche Umsturz als Ganzes das Ereignis der Stunde, das die ganze Kraft der siegreichen Linken erforderte. Die Last der Verantwortung einer Verwaltung des von Hunger, Niedergang und Anarchie bedrohten Wiens, schien nicht gerade der schönste Gewinn einer Stunde wie jener zu sein. Wissend, was kommen würde, haben während des Ersten Weltkriegs die Sozialdemokraten konsequent jede verantwortliche Beteiligung an der Verwaltung der schwer bedrängten Millionenstadt abgelehnt. Für einen erfolgreichen Start nach dem Sieg schien ihnen schon damals wichtig zu sein, das notige Erbe des Krieges, dessen Folgen noch lange, wenn nicht für immer nachwirken würden, dem verwichenen System der Christlichsozialen dauernd zur Last zu legen. Noch fünfzig Jahre nach dem Untergang der k.k. Reichshaupt- und Residenzstadt Wien ist es für sozialistische Gemeinderäte ein Ausweg, momentanes Versagen der Rathausverwaltung auf Umstände längst vergangener Zeiten zurückzuführen.

Für die Wiener waren die ersten Friedensjahre schlimmer als manches vorherige Kriegsjahr. In den Ländern sträubten sich nicht nur die Bauern gegen die Ausfuhr von Lebensmitteln nach Wien. In diesem Punkt waren sich die Bauern und die Arbeiterräte in der Provinz einig. Und in einem sehr konservativen ehemaligen Kronland wurde den Wienern bedeutet, sie mögen sich mit ihren Ernährungssorgen gefälligst an die Siegermächte und an die Nachfolgestaaten wenden und das Land in Ruhe lassen. Das sind heute alte Geschichten. Aber von ihnen blieben eingealterte Mentalitäten, die sonderbarerweise in Zeiten des Wohlstands ebenso trennend wirkten, wie ehedem in Zeiten der Not.

Solange der Doktor Lueger lebte, galt für ihn die Maxime, die sich später in abgewandelter Form auch für die Sozialdemokraten als so erfolgreich erweisen sollte: zuerst sollte sich die noch klassenlose christlichsoziale Volkspartei um die klaglose Verwaltung der Hauptstadt kümmern. Dies sei nicht nur eine wichtige kommunalpolitische, sondern die Primäraufgabe der Partei.

Als 1919 der Posten des Wiener Bürgermeisters endgültig an die Sozialdemokraten verloren ging und sich die etwas schwächliche Minorität der Christlichsozialen im Wiener Rathaus in endlosen, kräfteraubenden und wenig erfolgreichen hinhaltenden Gefechten aufrieb, verstärkte sich innerhalb dieser Fraktion und bei ihren mächtigen politischen Freunden in den Bundesländern die Anschauung, man müsse sich eben damit abfinden, daß Wien rot ist und immer rot bleiben würde. Trauer um den Doktor Lueger und seine Ära kleidete fortan die Wiener Christlichsozialen und ihre Nachfahren.

In den zwanziger Jahren, während der Polarisierung der politischen Rechten des Landes mit ihren Haltepunkten in der Bundesregierung und im Parlament mit der politischen Linken, die sich auf ihre kompakte Mehrheit in Wien stützte, entwickelte sich aus einer an sich gefährlichen Koexistenz das Substrat eines echt österreichischen pactum de non petendo: »Tua ma nix, i tua da a nix.« Noch im Winter 1933 auf 1934 bot Karl Renner der Regierung Dollfuß eine Fortsetzung dieser Koexistenz an, soferne sich Bundeskanzler Dollfuß und seine Regierung dazu verstehen würden, den politischen Besitzstand der Sozialdemokratie im Wiener Rathaus unangetastet zu lassen. Und der sozialdemokratische Bürgermeister von Wien führt prompt Anordnungen der Regierung Dollfuß aus, die diese auf Grund des nachher verdammten Kriegswirtschaftlichen Ermächtigungsgesetzes aus 1917 erließ. So zum Beispiel die Aberkennung der seit 1932 den Nationalsozialisten zustehenden Mandate im Wiener Gemeinderat. Als die Sozialdemokraten letzthin auf dieselbe Scherbank kamen, auf der vorher die Nationalsozialisten gelegen haben, wurde ihr Rechtsgefühl wach.

Irgendwie kam diese Entwicklung letzthin den Interessen der christlich-sozial, später von der ÖVP verwalteten Bundesländer entgegen. An wem hätten denn wilde Bergvölker ihre Aggressionen besser auslassen können, als an einem Roten Wien? Nicht auszudenken, was man hätte tentieren müssen, wenn auf den Bürgermeisterstuhl des Doktor Lueger wieder einer von ihnen zu sitzen gekommen wäre.

Als ich Sekretär des Unterrichtsministers Felix Hurdes, des ersten Generalsekretärs der ÖVP, war, mußte ich erfahren, daß der große alte Mann der ÖVP, Leopold Kunschak, bis zuletzt dem jungen Generalsekretär der ÖVP gram blieb, weil dieser den Ruf ins Wiener Rathaus nach 1945 nicht angenommen hat. Kunschak, ganz in der Luegertradition erzogen, sah klar, daß die ÖPV eine gewisse Schwerpunktbildung im Rathaus vollziehen muß, ohne die in Krisen ihre Situation auf Bundesebene prekär werden mußte, je mehr die Zahl der Wähler aus bäuerlichen Kreisen abnahm und die in Kreisen der Arbeitnehmer wächst.

Zugleich mit dieser für die Christlichsozialen und ihre Nachfahren gefährlichen Entwicklung wuchs in den Bundesländern der Mythus vom Wiener Zentralismus. Demzufolge haben Wiener den anderen Österreichern die Republik entwunden. In Wirklichkeit wurde es immer mehr so, daß Föderalisten in Wien die Leitung der Ministerien übernahmen, um nach der Räson ihrer Herkunft und Anschauung Zentralismus zu betreiben. Eine Wiener kam jahrzehntelang nicht mehr an die Spitze dieses Zentralismus. Erst 38 Jahre nach dem Tod Ignaz Seipels wurde wieder ein gebürtiger Wiener Bundeskanzler, nämlich Bruno Kreisky.

An solches Wissen und an eigene Erfahrungen hätte ich denken müssen, als ich 1964 den Weg vom Minoritenplatz auf den Rathausplatz ging. Indessen: ein Reiter, der nur an die Gefährlichkeit einer Hürde denkt, nimmt meistens nie die Hürde. Besser ist es, wenn er zuerst sein Herz über die Hürde wirft, weil dann zuweilen Pferd und Reiter hinterherkommen.

Mir sollte das damals bedeutendste Lehen zufallen, das die herrschenden Rathaussozialisten aus reiner Gefälligkeit der ÖVP abgelassen hatten. Die Funktion eines Landeshauptmann-Stellvertreters. Wien ist nach der Verfassung Stadt und Land, seine Bürgermeister sind also zugleich Landeshauptleute bzw. Stellvertreter. Für einen ÖVP-Bürgermeister reichte im Jahre 1964 nicht die Zahl der Mandate der ÖVP Fraktion. Es hätten mehr als 33, also ein echtes Drittel der insgesamt 100 Gemeinderatsmandate, sein müssen. Den Posten des Vizebürgermeister, den in Wien die ÖVP in dem für die Partei unglücklichen Jahr 1959 verloren hatte, sollte ich bei der 1964 fälligen Gemeinderatswahl zurückerobern und nachher bekleiden.

Diese 1964 in mich gesetzte Erwartung habe ich nun tatsächlich erfüllen können. Und damit war nach der Meinung des Restes der Partei des Guten genug getan. Indem ich versuchte, unserer Rathausfraktion und der ÖVP in Wien neue Wege zu bahnen und von einer Wiener Volkspartei sprach, geriet ich in den Verdacht, ich sei daran, es den Rathaussozialisten zu leicht zu machen. Rasch war der unpopuläre Nachruhm eines Koalitionspolitikers, der mir ja anhing, wieder präsent.

Während parteiamtlich die Rathauskoalition der ÖVP mit der SPÖ bejaht wurde, gaben die Meinungskneter in der Umgebung des Generalsekretärs, also in der Kärntnerstraße, den zornigen jungen Männern recht, die meinten, die staatstragende Partei sei zu lange staatstragend gewesen und müßte jetzt einmal ins Stahlbad der Oppositionsrolle. Damit könnte sie, ohne Machtverlust, am besten im Rathaus beginnen. Daß im Zeitalter der Technokraten die Chancen der klassischen Oppositionsrolle längst dahin sind, weil zwischen Regierung und Opposition keine Waffengleichheit mehr besteht, wurde mir nicht abgenommen und als Ausdruck einer unausrottbaren Sesselkleberei angelastet.

Am Vorabend der Nationalratswahl 1966 schlug der Klub der ÖVP-Gemeinderäte und Mandatare vor, ich sollte, ebenso wie mein sozialistischer Opponent, Vizebürgermeister Felix Slavik, kandidieren. Ich nahm diesen Auftrag an, denn ich konnte nicht ahnen, daß ich damit einen Alarm in den eigenen Reihen auslösen würde. Damit schien ich nämlich den hinreichend begründeten Verdacht zu erwecken, ein Comeback in die Bundespolitik anzustreben. In der Wiener ÖVP wurde also meine gedachte Kandidatur glatt niedergestimmt. Das Dessert bei dem Ganzen war, daß gleichzeitig Josef Klaus, anders als seine Vorgänger Leopold Figl, Julius Raab und Alfons Gorbach, ein Nationalratsmandat in Wien anstrebte. Dieses wurde ihm angeboten. Es war das Mandat, das an sich mir in meinem Wiener Wohnbezirk zugestanden wäre. War das eine Gaudi im Wiener Rathaus, als die sogenannte Hirnprothese der ÖVP-Rathausfraktion sich wieder einmal derstöß'n hatte.

Ich bin in die Kulturpolitik hineingewachsen, nicht in die Kommunalpolitik. Jeder, der mehr tun möchte, als Kulturpolitik zu betreiben, sollte sich den Rat Julius Raabs zu Herzen nehmen und in der Kommunalpolitik anfangen. Ich kann dazu nur raten. In der Kommunalpolitik gibt auf die Dauer der politische Kleinkrieg zwischen Mäusen und Fröschen nichts her, der zu Zeiten ganze Seiten der Innenpolitik mit Stoff versorgt. In einer Stadt müssen Licht- und Kraftstrom, Leuchtgas und Verkehrsmittel und alle Facilities eines modernen Ballungsraumes in einem möglichst optimalen Service zur Verfügung stehen. Nie wird in Großstädten die Wohnungsnot aufhören; immer mehr Probleme entstehen im Verkehrschaos der Vollmotorisierung; und je mehr in der Industriegesellschaft die Vorsorge- und Fürsorgefunktion der Familie schwächer wird, desto mehr nimmt die öffentliche Hand das, was die Industriegesellschaft der Familie aus der Hand nimmt, unter ihre Kontrolle. Immer mehr muß die öffentliche Hand kommunalpolitisch leisten, um mit den wachsenden Problemen der Jungen und der Alten, der Kranken und der Alternden fertig zu werden. Wobei ohnedies noch genug Fälle von Not und Elend durch das immer dichter werdende Netz der öffentlichen Fürsorgepolitik fallen.

Nach unserem bei der Wiener Gemeinderatswahl 1964 erzielten Wahlerfolg, konnte ich als designierter Vizebürgermeister
am 18. Dezember 1964 zum ersten Mal das Wort ergreifen. Ich
sprach in Umrissen von einer neuen weltstädtischen Funktion
Wiens und stellte dabei Brüssel und Rotterdam, mächtige Ballungsräume in anderen Kleinstaaten, als Vorbilder bei der Be-
sorgung übernationaler Aufgaben hin. Dabei erinnerte ich auf
die den Österreichern vielfach nicht mehr bewußten Horizonte
im Kommunikationsraum des untergegangenen Staates. Nicht
neue Sendungsideen wollte ich, sondern bewußtes Erleben und
Gestalten des Raumes, der ein collekting point in Europa und
in der zweigeteilten Welt werden könnte, wenn man die Neu-
tralitätsgedanken von 1955 richtig erfaßt. Und wieder warnte
ich vor dem perpetuum mobile der Industriegesellschaft und
den ideellen und materiellen Grenzen der Möglichkeiten, die in
diesem System der allestuenden öffentlichen Hand gesetzt sind.
Probleme, die um 1974 selbstverständlich und quälend geworden sind, wurden 1964 von der unabhängigen Presse als Ausdruck kommunalpolitischen Philosophierens abgetan.
Bequem war mein Sessel im Rathaus nicht. Manchmal wäre ich
lieber auf einer glühenden Herdplatte gesessen. Weniger wegen
der Haltung der ihrer Übermacht bewußten Rathaussozialisten,
sondern: weil in der Kärntnerstraße die Freunde anfingen, auf
dem Rücken unserer Rathausfraktion ihr Kleinholz zu hacken.
In der Bundesregierung war man sich zwischen den Fraktionen
als ebenbürtig begegnet. Im Rathaus saß ich als Sprecher des
Juniorpartners, dem man die Parole: ÖVP für Wien, umso weniger abnahm, je weniger sie von meiner eigenen Partei ernst
genommen wurde. In dieser Malaise schlug ich vor, meine Wiener Parteifreunde mögen zusammen mit unserer Rathausfraktion unsere politischen Freunde in den Bundesländern aufsuchen, um dort für eine Wien-Politik um Verständnis zu wer-
ben. Wir wurden überall herzlich aufgenommen und gut be-
wirtet. Aber man war froh, wenn wir mit unseren Wiener Anliegen wieder beim Tempel draußen waren. Denn diese Pro-

bleme erwiesen sich ja als echte Konkurrenz für eigene Ansprüche an die finanzielle Kraft des Bundes. Manchmal hatte ich den Eindruck, als nähme man mit einem gewissen Erstaunen wahr, daß wir im Wiener Rathaus etwas Positives zustandebringen wollten; wo man mich doch nur deswegen dahin gewünscht hatte, damit ich nichts mehr anrichten kann und in der Nähe des Landes war, wo der Pfeffer wächst.

Ganz und gar nicht verstanden mich die jungen Herren in der Kärntnerstraße. Für sie, die im Zuge der Marx-Renaissance der sechziger Jahre anfingen, marxistisches Gedankengut und marxistische Denkmodelle ganz offen auf dem Boden der ÖVP in Betrieb zu nehmen, war es entbehrlich, mit der traditionellen Linken von Partei zu Partei zu verhandeln und sich mit einer sozialistischen Partei zu koalieren, die man ohnedies links überholen wollte. So wurde ich nicht nur den Wirtschaftsliberalen unserer Partei, sondern auch den Vorhuten einer Neuen Linken suspekt und, was politisch relevant war, so etwas wie ein Leitfossil einer Vergangenheit die endgültig gewesen ist.

Daß sowohl Liberalismus als auch Marxismus dauernde Herausforderung einer Partei christlicher Demokraten sind, galt als überholte Ansicht. Lieber wollte man offensichtlich liberale und sozialistische Modelle kopieren, als eigene zu entwickeln und in Betrieb zu nehmen. Es entstand das Paradoxon, daß dieselben Faktoren der eigenen Partei, die im Sinne der Technokraten die Entideologisierung der ÖVP betreiben, um Platz für Experimente des Neoliberalismus und Neomarxismus zu schaffen, unserer Rathaus-Fraktion den Mangel eines Fighting spirit im Umgang mit Sozialisten und Freiheitlichen vorwarfen.

Mag man darüber streiten, ob ich ein Leitfossil der Koalitionsära bin. Dankbar erinnere ich mich jener Sozialisten, die mich nach 1945 langsam auf Rufweite an die politische Linke herangeführt haben. Schon als Sekretär des Unterrichtsministers lernte ich im Parlament den sozialistischen Bürgermeister von Linz, Ernst Koref, kennen, eine der hervorragendsten Persönlichkeiten des österreichischen Parlamentarismus der vierziger und fünfziger Jahre. Ernst Koref hat mich immer am schärfsten herausgefordert, am gründlichsten zum Nachdenken gebracht und in dem gleich zu denken gelehrt, in dem wir nach Herkunft und Anschauung nie das Gleiche denken können. Das komplexe Bild einer Persönlichkeit, das nicht in den Raster des Politischen nach dem Freund-Feind-Prinzip paßt, machte er mir bewußt.

Ich denke mit großer Achtung an den Präsidenten des Wiener Stadtschulrates Leopold Zechner. So wie Julius Raab, erinnerte er mich zuweilen, festen Boden unter den Füßen zu haben, etwa wenn er ohne Spitze sagte: »Na, wir woll'n uns nicht in geistige Hochnebel verlieren.«

Human und sich selbst als Nicht-Marxisten, als Lasallerianer bezeichnend, kam Zechners Nachfolger, Otto Neugebauer, immer öfter in meinen Gesichtskreis. Zusammen gingen wir durch den Dschungel der Schulgesetzstreitigkeiten, hoffend, einen Ausweg zu finden und die österreichische Schule endlich wieder auf den Boden der Legalität, der ihr seit Jahren abging, zu stellen.

Als Leitfossil der Koalitionsära erinnere ich mich der Persönlichkeit des Vizekanzlers und Vorsitzenden der SPÖ Adolf Schärf, dessen staatsmännische Gesinnung und dessen Sinn für historische Wahrheit keine Scheuklappen eines bloßen Parteiismus vertrug. Ich nahm mir Mühe zu verstehen, warum der ehemalige Heimwehrmann Julius Raab mit dem ehemaligen Schutzbündler Oskar Helmer so gut auskam, obwohl doch beide unglaublich zäh und firm waren in ihren gegensätzlichen politischen Auffassungen. Es war wohl Temperamentssache, was diese beiden Niederösterreicher so fest an einander band, daß sie selbst in schärfsten politischen Konflikten nie in zügellose Feindseligkeiten gerieten.

Die legendäre Koalition setzte eine Bereitschaft zur Einigung im Sachlichen voraus, sie vertrug es nicht, mit der Sache Schindluder zu betreiben, um einen parteipolitisch wertvollen Augenblickserfolg zu erringen. Zwei Aussagen, deren Ohrenzeuge ich wurde, blieben mir als Kurzformeln des Koalitionssystems im Ohr. Johann Böhm, Gewerkschaftsbundpräsident nach 1945, sagte in einer Besprechung von Partei zu Partei zu seinen Genossen: »Dös könnt's den Schwarzen nicht zumuten.« Es bedarf großer Stärke, um solche angesichts des politischen Gegners bekundete Haltungen auch gegenüber den Integralisten in der eigenen Partei zu vertreten. Und Julius Raab brachte eine stundenlange, etwa zwei Virginia-lang geführte Unterredung so zu einem Schluß: »So, meine Herr'n, und was tan ma wirklich!« Nach solchen Einwürfen des Kanzlers wurden die Redseligen schweigsamer, die Schweigsamen ließen da und dort ein Wort fallen, das wog, und die Einigung im Sachlichen kam in Griffnähe.

Die nachher vielgeschmähte Koalitionsgesinnung war eine Legierung aus vielerlei Substanzen. Man wollte sie nachher theoretisch erkunden, aber das, was in Büchern gedruckt vorliegt, nimmt sich aus wie eine Tierleiche, die zwar ordnungsgemäß seziert und deren Teile verfärbt sind, dennoch aber keine Spur des ursprünglichen Lebens erkennen läßt. Die Phrase, wonach ab dem Ende der Besatzungszeit die Koalition überflüssig gewesen wäre, ja schädlich, ist eine rein taktische Erwägung, um für alle Zeit eine Koalition der beiden Großparteien unmöglich zu machen. Demnach wäre in Österreich nur eine Koalition mit Einbeziehung der FPÖ genuin demokratisch. Hier greift der Blinde mit dem Stock die diesbezügliche Räson der sogenannten unabhängigen Zeitungen. In der Sache wäre nur mehr zu bemerken, daß ohne die Regierungskoalition die Erfolge des Raab-Kamitzkurses ausgeblieben wären und die heute so gerühmte Partnerschaft der Arbeitgeber und Arbeitnehmer schwerlich in Gang gekommen wäre.

Nachdem im Rathaus, einige hundert Meter vom Parlament, die 1966 im Parlament und am Ballhausplatz zerbrochene Koalition weiterexistierte, geriet diese Rathauskoalition bald in innere Spannungen. Jeder wird verstehen, daß bei der von der

ÖVP im Parlament geübten Majorspolitik, der kompakten SPÖ-Mehrheit im Rathaus eine Koalitionspolitik zu strapaziös wurde. Mit anderen Worten: wurde die SPÖ im Parlament gehaut, bekamen wir im Rathaus unsere Hiebe. Die Kritik, die in der Kärntnerstraße an unsere Rathauspolitik geübt wurde, nahm einen immer mehr kritischen und herabwürdigenderen Ton an. Dabei zeigte sich noch folgendes überraschende Phänomen:

Die gleichen, die aus den Bundesländern zu den Sitzungen der Bundesparteileitung kamen, verlangten von der ÖVP-Minorität im Wiener Rathaus eine Härte im Umgang mit der SPÖ, die sie selbst, daheim in ihren Landesregierungen, absolut vermieden. Während es im Rathaus oft der Fall war, daß wir trotz der Rathauskoalition auf eine Kampfabstimmung losgingen, rechneten es sich einige unserer beharrlichsten Kritiker zur Ehre an, daß es bei ihnen daheim nur einstimmig gefaßte Landtagsbeschlüsse gäbe. Die Paktierer in den Bundesländern wurden also in Wien zu Vorkämpfern einer Konfrontation mit den Sozialisten. Derlei trug einmal mehr zu jenem willkürlich verfaßten Image der ÖVP bei, wonach unsere Rathausfraktion, zwischen Lässigkeit und Ängstlichkeit taumelnd, eben nie ein Profil bekäme. Und sie konnten kein Profil bekommen. Denn das in Wien erscheinende Zentralorgan der ÖVP stellte nach 1964 seine Kommunalberichterstattung ein und machte uns damit auf jene unabhängigen Blätter angewiesen, deren kommunalpolitische Reporter schließlich in den Dienst der Hausherrn im Rathaus traten. Seit ich es aber als eine Verletzung des von mir in die Rundfunkdebatte geworfenen sogenannten »Intendantursprinzips« bezeichnet hatte, daß Gerd Bacher an die Spitze der größten kulturellen Institution des Landes trat, war von dort her nicht mehr zu erwarten, als vom Ochsen Rindfleisch.

Für meine Meditationen über das Thema Luegers: zuerst braucht es eine geordnete Verwaltung der Hauptstadt Wien, hatte ich Zeit und Muße, wenn ich im Senatssitzungssaal einer der zahlreichen offiziellen Jubiläen, Ehrungen und Festakten beiwohnen mußte. In den Frühabendstunden, wenn aus dem Haus die Hektik eines Bürotages gewichen war und ein Streichquartett des Konservatoriums der Stadt Wien gute Musik machte, gelang es mir, von den Quängeleien eines im Rathaus verbrachten Tages loszukommen. Ich brauchte nur meine Augen längs der Reihe der Ganzfigurenporträts Wiener Bürgermeister, deren jüngstes das Theodor Körners war, spazierenzuführen. Die Abbildungen würdiger Herrn lassen nicht ahnen, mit welch demagogischen Mitteln sie zu ihrer Zeit um die Macht im Wiener Rathaus gerungen haben. Jede Partei, die in diesem Kampf schließlich das Rathaus verloren hat, klagte nachher über eine Demagogie, die erst ihre Nachfolger in die honette Kommunalpolitik gebracht hätten. Man muß diesbezüglich nachlesen, was der große Bürgermeister der liberalen Ära Dr. Kajetan Felder über den jungen Doktor Lueger geschrieben hat. Und dazu, um die ganze Wahrheit zu wissen, in vergilbten Jahrgängen der »Neuen Freien Presse« nachforschen, mit welchem Ton der Liberalismus seine konservativen und klerikalen Gegner fertig machte, so lange er so jung war wie später der junge Lueger.

Kajetan Felder verkörpert eine nachher nie mehr erreichte Qualitätsmarke, wenn man als Maß dafür das maximale Konzentrat aus Besitz und Bildung annimmt. Längst ist allerdings vergessen, daß die Demokratie der Liberalen eine einäugige Demokratie war; eine die mit ihrem Kurienwahlrecht einigen Dutzend Begüterten die gleiche Repräsentativgewalt einräumte, wie hunderten einfachen Steuerträgern. Von den Proletariern der Stadt gar nicht zu reden. Die Liberalen sind es, die für alle Zeiten exemplifiziert haben, was eine Partei im Besitze der kompakten Mehrheit wird, wenn ihre Stützen der Gesellschaft faul werden. Und in dieser Hinsicht hatten die christlichsozialen Agitatoren gar nicht unrecht, wenn sie den beiden letzten liberalen Bürgermeistern von Wien nachriefen:

Mit 'n Uhl
Is's Null.
Mit 'n Prix
Is's nix.

Das war keine poetische Leistung, aber es ging denen, wie man
heute sagen würde, unter die Haut, die zuschauen mußten,
während die Liberalen nach ihrer Fasson im Wiener Rathaus
selig wurden. Und es ging den Christlichsozialen nach dem
Tod des Doktor Lueger im Zehnerjahr nicht besser als ehedem
den Liberalen nach dem Ausscheiden Kajetan Felders aus der
Rathauspolitik. Die jungen sozialdemokratischen Agitatoren
wußten über die alternden christlichsozialen Stadträte der
Spätkrise der Luegerpartei noch beißendere Sprücherl, als die
Christlichsozialen, solange sie jung und rank gewesen waren.
Nur die ÖVP-Agitatoren wurden selten von der Muse geküßt,
wenn es ein Thema aus der zuletzt recht schlecht geordneten
sozialistischen Kommunalpolitik gab, dessen dichterische und
politische Bearbeitung sich lohnen würde. So wurde die Rathauspolitik im Grunde uninteressant, denn ein Streit um Rast-
plätze in der Politik reizt niemanden.

Als ich Vizebürgermeister von Wien war, fing der katholische
Historiker und Publizist Friedrich Heer eben an, sich mit der
k.k. Reichshaupt- und Residenzstadt Wien zu beschäftigen. In
den sechziger Jahren, als eine der Vergangenheit abgewandte
junge Generation zu einem politischen Überholmanöver ansetz-
te, mußte dieser Rückgriff auffallen. Und er fiel auch in dem
von Heer gewünschten Sinn auf, da Heer nichts weniger vertrat als die Theorie, der politische Glaube des Adolf Hitler sei
im geistigen Klima der Luegerzeit gewachsen.
Zu diesem Zweck holt Heer den von Liberalen und Sozialisten
reichlich abgenützten Paradefall des christlichsozialen Politikers
der Luegerzeit, Hermann Bielohlawek, hervor, um ein er-
schreckendes Banausentum dieser Partei und ihrer heutigen
Epigonen zu verkörpern. Niemand nahm sich die Mühe, Heer

auf den Boden der geschichtlichen Tatsachen zurückzuführen. Und diese lauten, daß Bielohlawek und der Doktor Lueger die anerkannten Förderer der beiden größten Wiener Architekten ihrer Zeit: Otto Wagner und Adolf Loos wurden. Ausgerechnet Bielohlawek war es, der es als zuständiges Mitglied des niederösterreichischen Landesausschusses verhindert hat, daß in der Pflegeanstalt »Auf dem Steinhof« nicht die bescheidene Interimskirche zur Ausführung kam, sondern Wagners monumentalstes Werk, die Kuppelkirche, die die Höhe über der Westeinfahrt nach Wien krönt.

Für Adolf Loos aber war der Tod des Doktor Lueger das Ende seiner auf die Achse zur Karlskirche ausgerichteten städtebaulichen Pläne.

Auf Grund von Kritiken wie jener Heers, geschah es, daß zur gleichen Zeit, als die im Anschluß an Marx entstandenen Parteien bereits mit der Heldenverehrung ihrer heroischen Epoche begannen, man in der ÖVP unsicher wurde betreffs der Qualität dessen, was sie rechtens als historisch angewachsenen Besitz in geistiger Hinsicht reklamieren dürfte und sollte. Je mehr die Illustrationstechnik des ORF in dem erwähnten Sinn Franz Kreuzers ihre willkürlichen Imagedarstellungen aus Österreichs Vergangenheit produzierte, desto ängstlicher wurde die ÖVP, in den Augen der Jungen als gegenwartsabgewandt dazustehen. So erlebte sie, in einem Palais der Ringstraßenära amtierend, eine geradezu unwahrscheinliche Renaissance liebevoller Verehrung des Ringstraßenstils seitens junger Menschen, während sie selbst in Progressismus voltigierte. Mehr noch: je mehr junge Menschen sich von sinnlosen Experimenten modernistischer Kunst abwenden, desto eher durfte der Maler Ernst Fuchs der ÖVP vorhalten, er vermisse Konservatismus dort, wo er genuin sein sollte.

Wenn der Satz stimmt, daß zuerst in der Architektur der Durchbruch des gültigen Neuen in der Kunst gelingt, gelingen muß, dann haben vor 1914 Otto Wagner, Adolf Loos und andere in Wien einen richtigen Schwerpunkt an der richtigen

Stelle gesetzt. Noch in der Zwischenkriegszeit hat auch im Roten Wien ein Continuum im kommunlaen Wohnbau Bestand gehabt. Aber die Stadt ließ viele ziehen, die nicht unbedingt Interesse an proletarischer Kultur hatten. Clemens Holzmeister durfte in Wien allenfalls das Krematorium, in Ankara jedoch den Kern der neuen türkischen Hauptstadt bauen — zwei Aufträge, die für sich sprechen.

In der Zweiten Republik riß dieses Continuum vollends ab. Nicht einmal die Chancen der Lückenverbauung wurden zu mehr genützt, als zu Füllseln aus umbautem Raum. Als Minister habe ich Roland Rainer von Deutschland nach Graz und später nach Wien gebracht. Rainer, der mit der Wiener Stadthalle so wie Karl Schwanzer mit dem jetzigen Museum des 20. Jahrhunderts, neue Maßstäbe gesetzt hat. In seinem Bildwerk »Anonymes Bauen im Burgenland«, hat Rainer von einer wohltuenden Raumbildung in einer Zeit gesprochen, in der eine modernistische Betulichkeit entweder in Beziehungslosigkeit abglitt, oder in die Kunstodengesinnung äußerlich praktizierter Denkmalpflege. Und so wie die politische Kartographie im Roten Wien der Zwischenkriegszeit keinen Platz für Clemens Holzmeister fand, ebenso wurde während der Zweiten Republik Roland Rainer als Stadtplaner von Wien zu spät reklamiert und zu früh skartiert.

Über das und anderes konnte ich als Vizebürgermeister der Stadt Wien reden und schreiben, aber ich hatte von amtswegen damit nichts zu tun. Denn ich amtierte unter den Antipoden. Nämlich unter den loyalen und ehrlich bemühten Beamten der Wiener Baupolizei, die eine im Geist des 19. Jahrhunderts verfaßte Bauordnung auf den Wust, den die Baukonjunktur entließ, anwenden mußten. War ich auf dem Minoritenplatz mit endlosen Verhandlungen über die Legalisierung des österreichischen Schulwesens befaßt, so erlebte ich eine Neuauflage dieser Sysiphusarbeit im Neuen Rathaus bei dem Bestreben, die Baupolizei von einer unbrauchbaren Bauordnung zu befreien.

Schon immer fand ich die sprachliche Verbindung von obrigkeitlicher Polizei und im Grunde künstlerischer Baugestaltung fatal. Die Baubehörde soll ja nicht Halfter der Baukunst sein, sondern Verkörperung der Ordnung, in der sich jede Kunst zu realisieren hat. Es blieb aber bei dem im Rathaus herrschenden Dirigismus, indem die Magistratsdirektion mit einem Griff die Materie, die Reform der Bauordnung, in ihre Hand nahm, um sie auf die Kriechspur der Verhandlungsprozedur zu lenken.

Als Amtsführender Stadtrat für Baupolizeiliche Angelegenheiten, für die technologische Seite der Verkehrsregelung und die Straßenbeleuchtung, sowie für Friedhofsangelegenheiten, hatte ich ein seit Jahren besonders vernachlässigtes Stiefkind der Rathausverwaltung: die Kommune Wien, weitaus mächtigster Bauherr und Baumeister der Stadt Wien, beließ die Städtische Prüf- und Versuchsanstalt in der Waschküche des Doktor Lueger. Es kostete mich in den Auseinandersetzungen mit dem Finanzstadtrat die Drohung eines Koalitionskonflikts, um endlich Geld für einen Neubau und eine Neuorientierung dieser Anstalt zu bekommen. Ehe das Neue fertig war, verließ ich das Rathaus.
Noch einmal durfte ich Clemens Holzmeister bitten, seinen Bau des Wiener Krematoriums einer Zeit anzupassen, in der die Frage: Feuer- oder Erdbestattung nicht länger ein religiös-weltanschauliches Problem ist. Bei Besuchen in Rom habe ich die Gräberfelder frühchristlicher Zeit gesehen; den Brauch der damaligen Christen, ihre Toten sowohl der Erde, als auch dem Feuer zu übergeben. Es blieb ideologischen Vorstellungen des 19. Jahrhundert vorbehalten, nach der Formel: Mit dem Tod ist alles zu Ende, die Leichenverbrennung geradezu zum Fanal materialistischer Weltanschauung zu machen. Zu lange haben kirchliche Vorschriften diese gewollte Herausforderung mit Verbotsbestimmungen quittiert, anstatt auf einen viel älteren Totenkult der Christen zurückzugreifen, in dem die Kirche

einer Modernität des 19. Jahrhunderts voraus war, ehe diese im Prinzip erdacht war.

Meine Transferierung vom Minoritenplatz zur Verwaltung der Wiener Friedhöfe war unter Freunden und Gegnern Anlaß zu Witzen und Anekdoten. Als Maria Jeritza, unsere Jeritza, eine nach New York gekommene österreichische Delegation nach meinem künftigen Schicksal fragte, drang aus dem Kreis meiner Landsleute eine fröhlich krähende Stimme: »Ah, der ist jetzt dort, wo er hingehört, auf de Friedhöf'.« Kurz nachher besuchte mich der Präsident der Wiener Israelitischen Kultusgemeinde. Ihm waren derlei Scherzworte zu Ohren gekommen. Wir kannten uns aus der Zeit, als ich im Kultusamt (c) = israelitisch, als provisorischer Kommisär »nicht ständig« beschäftigt war, sowie von Verhandlungen zum Wiederaufbau der Halle beim Vierten Tor des Wiener Zentralfriedhofs. Behutsam räumte er Spaßhaftigkeiten im Zusammenhang mit der Totenbestattung weg. Er, so sagte der gläubige Jude, sähe den Dienst an den Verstorbenen als einen der ehrwürdigsten an, den ihm der Ritus seines Glaubens ermöglicht.

So sah auch ich meine neue Aufgabe im Rathaus. Zu oft war ich Zeuge gewesen, wie Verwandte und Freunde im Krematorium ohne kirchliche Zeremonien ihrer und meiner Kirche verabschiedet wurden. Als während meiner Zeit im Rathaus, Franz Kardinal König, das unter der Obhut von Clemens Holzmeister neu gestaltete Wiener Krematorium besuchte, waren diese schmerzlichen Erinnerungen endgültig Vergangenheit.

Wann immer ich kann, suche ich bei einem längeren Aufenthalt in einer Stadt auch deren historische Begräbnisstätten auf. Es ist das für mich keine Sightseeingtour, eher die Suche nach dem Endgültigen, nach der Symbolik, mit der sie die Überlebenden sinnfällig zu machen suchen. Im Herbst 1942 habe ich auf dem Friedhof in Kursk die längst vergessenen Grüfte aus Marmor und Granit mit ihren hochaufragenden Denkmälern gesehen, und Frauen, die mit dem Popen durch die Reihen niedriger

Grabhügel huschten, um dort zu beten, wo alles andere tatsächlich zu Ende ist. Das Jahr darauf stieß ich während meiner Zeit in der Genesendenkompanie in Aschaffenburg auf die Gräber der 1866, längst nach Königgrätz, bei der Verteidigung des Deutschen Bundes gegen die Preußen gefallenen Angehörigen des niederösterreichischen Infanterie-Regiments Nummero 49, die man wegen ihrer Egalisierungsfarbe die »Mehlstauber« nannte. Auf dem alten Friedhof vor dem Frauentor in Weimar stand ich vor Goethes Begräbnisstätte, und in Springfield vor dem Tor der Gruft, in der Abraham Lincoln ursprünglich beerdigt war.

Als Kind hat mich jene Stelle der Gebete während des Abendsegens besonders beeindruckt, mit der der Verstorbenen gedacht wurde, deren sich niemand mehr besonders erinnert. Je älter ich werde, desto mehr Namen früherer Freunde kommen mir in den Sinn, denen wohl aus gutem Grund dieses Gebet zugewendet werden muß.

In einer Welt, in der der Materialismus, der bürgerliche wie der marxistische, immer mehr dem Alltäglichen das Gepräge geben, ist kein Raum für Totenkult, der einer wertlosen Materie erwiesen wird. Unerwünscht sind selbst die metallenen Aschenkapseln geworden, die einmal als unverwesbarer Protest gegen das christliche Erdbegräbnis gedacht waren. Der lässige Protest des Wieners: »Wein' mich nicht an, wie einen Grabstein«, gehört schon in eine Welt, in der Lachen und Weinen »schädliche« Luxuria der Gefühle waren. In den industriellen Ballungsräumen schafft man sich rechtzeitig die »Scherereien mit der Leich'« vom Hals, man stirbt meistens einsam in einer Spitalsecke, wenigstens hinter einem Paravant. Niemand soll von der Allgegenwart des Todes inquietiert werden. Die Restmaterie, technologisch unverwertbar, wird über Streuwiesen oder noch besser: über Flüsse und Ozeane gestreut, die ohnedies seit der Justifizierung der Hauptkriegsverbrecher in Nürnberg, 1946, spektakuläre Bestattungsorte wurden.

So wie ich bald nach meinem ersten Auszug vom Minoritenplatz im Krieg die Toten beerdigen half, habe ich es auch 1964, nach meinem zweiten Exodus, ohne Scheu und aus hoher Achtung getan.

Im Wiener Rathaus erlebte ich das Finale meiner öffentlichen Tätigkeit. Das Kombinat Hermann Withalms, des Eisernen Hermanns, mit Josef Klaus, den man noch Alfons Gorbach der ÖVP als Korsettstange einziehen wollte, erwies sich mit der Zeit weniger als ein Duumvirat, sondern als Doubleface der ÖVP. So wie ein Elektroelement, in dessen Säure zwei Stäbe des selben Metalls gesenkt sind, kein Potentialgefälle erzeugt, geschah es auch in diesem mit so hohen Erwartungen begrüßten politischen Experiment. Und das war umso mehr zu bedauern, als sowohl Hermann Withalm, als auch Josef Klaus längst politische Qualitäten bewiesen hatten, die in Österreich keine Heringsware sind. Für viele wurde es unverständlich, daß die Ära Josef Klaus, die 1963 in Klagenfurt so eindrucksvoll und versprechend begonnen hatte, wie keine seiner Vorgänger, schließlich in jenen sogenannten Bundestrend mündete, dessen Nennung Alibi bei ÖVP-Niederlagen in Landtagswahlen wurde. Ich hielt solche Ausreden wenig erfolgreicher Landespolitiker nicht nur für schmählich, sondern auch für ein Präjudiz, das der ÖVP für die 1970 fällige Nationalratswahl nur mäßige Erfolgserwartungen verschaffte.

Nach einer Serie von Mißerfolgen der ÖVP bei Landtagswahlen, waren wir in Wien im April 1969 dran, auf die Scherbank zu kommen. Daß mein Name mit der schwersten Niederlage verbunden bleiben wird, die unsere Bewegung seit 1932 in dieser Stadt erlitten hat, konnte ich in dem tatsächlich eingetretenen Ausmaße vorher freilich nicht erwarten.

Wieder war ich im Sitzungssaal des Wiener Stadtsenats. Es war Sonntag, der 27. April 1969. Für elegische Stimmungen war keine Zeit, ich hatte mich als der große Verlierer dieses Tages den präzisen Fragen des ORF-Reporters vor den Fernsehkameras zu stellen. Das Schicksal hatte für diesen meinen disaster ein perfektes Service aufgezogen und einen Reporter ins Spiel gebracht, dem es schon früher eine Freude war, mich in der Öffentlichkeit bloßzustellen. Nach dem Verlust eines Siebentels unserer Gemeinderatsmandate und meiner Hinauswahl aus dem Amt des Vizebürgermeisters, gab es nur mehr eine mich betreffende relevante Frage: Was war Ursache dieser schweren Schlappe und wer ist dafür schuldig?

Ich hätte einige Umstände ins Treffen führen können, für die ich nicht unmittelbar verantwortlich war: den legendären Bundestrend, den schon einige Verlierer der Regierung Klaus in die Schuhe geschoben hatten. Die Tatsache, daß der in Wahlkämpfen stets unermüdliche Landesparteiobmann Leopold Hartl, nach einem von Bundesparteiobmann Klaus ausgelösten Konflikt zurückgetreten, die Partei ohne Führung und der Apparat ohne Schwung war. Da war mein in hochkonservativen Kreisen scharf kritisierter angeblicher Konflikt mit Otto von Habsburg; viele Menschen aus diesen Kreisen, aber auch Geistliche, wählten lieber den nunmehr habsburgfreundlichen Franz Olah, dessen strafgerichtliche Verurteilung niemand ernst nahm. Da war mein latenter Konflikt mit Kreisen der Wirtschaft, die mich zwar im Rathaus an der Achse, die sie mit Vizebürgermeister Felix Slavik unterhielten, langsam schmoren ließen, zugleich aber meine angebliche Schwäche für den Sozialismus als Paravant für ihre eigene Zusammenarbeit mit der Rathausmehrheit benutzten. Und schließlich kam das Wetter dazu. Der Wahltag war der erste schöne Sonntag im Jahr. Rund 300 000 Wiener verließen die Stadt. Vor Öffnung der Wahllokale fuhr ich an die Ausfallsstraßen und sah dem Strom der Autofahrer nach. Freunde winkten aus den Wagen, Damen ließen ihre Kinder Winke-Winke machen, einige riefen mir zu: das wird ein herrlicher Tag. Es war nicht schwer, im voraus zu erraten, daß an diesem Tag momentan verärgerte oder lässige Parteigänger der ÖVP durch ihre Abwesenheit am Wahltag die SPÖ in eine Machtposition emporschnellen ließen, die 1973, bei

377

der nächsten Gemeinderatswahl, einen nie gekannten Grad erreichte. Es war dabei völlig gleichgültig, daß dieser Triumph der Wiener SPÖ zu einem Zeitpunkt entstand, in dem bereits ein Versagen ihrer Rathausverwaltung und eine gewisse Korrumpierung offenkundig wurde.

»Als Spitzenkandidat der Wiener ÖVP nehme ich die Schuld für die Niederlage auf mich.« Mit diesen Worten wollte ich, nachdem genug Porzellan zerschlagen war, der eigenen Partei ein Scherbengericht ersparen und alle Kräfte für die Neuwahl einer Parteiführung in Wien, sowie für die neue Stadtsenatsfraktion beisammenhalten. Es wäre zudem schäbig gewesen, von dem gewissen Bundestrend zu reden und so Josef Klaus einen Eselstritt zu versetzen.

Nie werde ich Namen und Gesichter derer vergessen, die an diesem Abend bis zuletzt bei mir in meinem Büro im Rathaus aushielten. Es waren ja nur wenige. Telefonverbindungen zur Kärntnerstraße oder zur Falkestraße schien ich keine mehr zu haben. Man ließ den Verlierer fallen wie einen heißen Erdapfel. Dennoch wollte ich nicht davonrennen wie eine trutzige Dirn', die auf dem Tanzplatz Mauerblümchen blieb. Auch als abgewählter Vizebürgermeister wollte ich nicht die Stimmen derer entwerten, die trotz Drimmel die ÖVP gewählt hatten und dadurch mich zum Gemeinderat. Sie zu enttäuschen und jenen, die mich nicht gewählt haben, eine Genugtuung zu bereiten, wäre mehr als charakterlos gewesen, nämlich ein politischer Fehler. Ende 1971, bei meinem endgültigen Ausscheiden aus der Öffentlichkeit, gab ich auch mein Gemeinderatsmandat an einen jungen Nachfolger ab.

Ehe ich mich vollends aus dem öffentlichen Leben zurückzog, lieferte ich wunschgemäß einen Kommentar zu der für 1972 vorgesehenen Reform der Statuten der ÖVP.

Für mich stand 1971/72 erneut zur Debatte, was ich schon 1960 in die Reformdebatte geworfen hatte: nämlich Generalüberholung des Vehikels der ÖVP, Modell 1945, oder Bau eines neuen Vehikels. Zeitlebens werde ich vor den Konstrukteuren des Vehikels, Modell 1945, größte Hochachtung bewahren. Sie haben unter gefährlichen Umständen, unter Verzicht auf langes Reden entschlossen gehandelt und für die damals im Politischen herrschenden Verkehrsverhältnisse ein kriegsverwendungsfähiges Vehikel auf die Straße gestellt. 1971/72 war gedacht, dem alten Vehikel aus 1945 mit der Devise: Progressive Mitte, einen neuen Motor einzubauen, im übrigen aber die alte Konstruktion zu belassen. Das hielt ich aus drei Gründen für untunlich und gefährlich:

Erstens erfolgte die Einfluchtung: Progressive Mitte, von einem Ausgangspunkt, der nur vage, manche meinen überhaupt nicht, definiert ist. Progreß an sich, ist noch keine Qualität. Über die im Progreß erzielten qualitativen Verbesserungen können nicht Programmierer und Texter befinden, sondern nur Historiker. Und zwar erst dann, wenn die angestrebte Zukunft bereits Gegenwart geworden ist. In dieser Hinsicht war der Slogan: Progressive Mitte nicht einmal eine belebende Utopie.

Dazu kommt zweitens der Umstand, daß das 1972 reparierte Vehikel die seit 1945 bestehende bündische Gliederung der ÖVP beibehalten, sogar noch vermehrt hat. Die wichtigsten Bünde, jener der Arbeiter und Angestellten, jener der Bauern und jener der Wirtschaftstreibenden besitzen Autoritäten, die nicht sie, sondern die Gesamtpartei haben müßte. Nämlich die Primärentscheidung bei der Auswahl der Funktionäre und Mandatare der Gesamtpartei; die Einhebung von Mitgliedsbeiträgen, sowie die Kontrolle über finanziell ertragreiche Quellen; und die Unabhängigkeit der Handhabung der Public Relations.

Während die Gesamtpartei längst kein Zentralorgan mehr hat, verfügen die Bünde und Vorfeldorganisationen über einen rauschenden, wenn auch nicht immer effizienten Blätterwald; während die Bünde Beiträge kassieren und finanzielle Resourcen kontrollieren, ist die Gesamtpartei finanziell auf das Wohlwollen Dritter angewiesen; und während in den Bünden Funktionäre und Mandatare sich hochdienen können, ist die Gesamtpartei oft nicht imstande, durch eine autonome Auswahl politischer Persönlichkeiten, der ÖVP Profil und ihren Grundsätzen Verkörperung zu geben.

Schließlich sind die drei Stränge der bündischen Gliederung kostspielig, manchmal der Strick für die Gesamtpartei. Daher schlug ich vor: einen durchgehenden, einzigen Strang der Organisation der Gesamtpartei auf Bundes-, Landes- und Bezirksebene; weiters die Verselbständigung des Arbeiter- und Angestellten-, des Bauern- sowie des Wirtschaftsbundes in dem Maße, daß den Bünden ein unabhängiges Manövrieren in einem gewissen Näheverhältnis zur Gesamtpartei möglich wird, ohne daß sachbedingte Interessenkonflikte zwischen den Bünden auf dem Rücken der Gesamtpartei ausgetragen werden; schließlich eine Vereinfachung des Parteiapparates zu dem Zweck, vorhandene Mittel und Möglichkeiten zu konzentrieren, um personell sowie organisatorisch und führungsmäßig leistungsfähige Aktionszentren an beliebigen Schwerpunkten der Parteiaktivität, quasi Einsatzstäbe, bilden zu können.

Ohne allzugroße Verluste könnte bei diesem Anlaß das Katakombendasein der in Souterrainlokalen existierenden Mini-Lokalorganisationen der Partei auf seinen Nutzen für die Gesamtpartei geprüft und wahrscheinlich in vielen Fällen aufgelassen werden.

Der Umbau des Vehikels müßte sorgfältig geplant, innerhalb der Partei ausdiskutiert und sodann Schritt für Schritt, ohne Überhastung ausgeführt werden. Mit der Ausgabe der neuen Mitgliedsbücher an die nunmehrigen Mitglieder der Gesamtpartei, könnte auch ein spektakuläres erneutes Rassemblement der Bewegung sowie eine innere Erneuerung der Bewegung verbunden werden. Sicher würde die Steuerung der Flottille aus den drei unabhängigen Bünden und der Gesamtpartei mit Kollisionsgefahren verbunden sein. Wenn dies aber einmal der Christlichsozialen Partei noch während ihrer Spätkrise in ihren Beziehungen zu Christlichen Gewerkschaften, Bauernbund und einem in Umrissen vorhandenen Gewerbebund gelang, dann müßte die Entflechtung mittels eines modernen Managements umso eher gelingen. Zumal in Zeiten, in denen Partnerschaft mehr wiegt und gilt, als Unterordnung.

Längst ist der Gang der großen Ereignisse über die innerparteiliche Problemstellung von 1971/72 hinweggegangen. Was wiegt die Schubladierung meines damaligen Vorschlags, verglichen mit dem erfolgreichen und weltweiten Linkstrend, der sowohl der traditionellen, als auch der neuen Linken seither mehr und gefährlichere Erfolge brachte. Bei der sogenannten Demokratisierung der Verhältnisse auf den drei großen Mittelmeerhalbinseln, in Portugal, Spanien, Italien und Griechenland bilden sich aus den Polygonen neuer politischer Kräfte Resultanten, die einen allgemeinen Linksrutsch in der künftigen Entwicklung erwarten lassen. Dazu kommt, daß es sich auch bei der von der Linken betriebenen Demokratisierung bestehender Demokratien, immer mehr um eine schon offen zur Schau getragene Verstärkung des Einflusses außerparlamentarischer Kräfte der Linken handelt. Die Gewerkschaften, eins mit dem Sozialismus im Ziel einer sozialistischen Hausordnung für alle, schirmen in Zeiten von Wirtschaftskrisen sozialistische Regierungen im Lande ab; verdrängen aber mit einer entarteten Streikpolitik nicht-sozialistische Regierungen aus dem Amt. Wo Gewerkschaften unter starkem kommunistischen Einfluß stehen, wird der Boden für das sogenannte historische Bündnis von christlichen Demokraten mit kommunistischen Marxisten vorbereitet. Längst ist in vielen Staaten das Heer nicht mehr Träger eines »verbrecherischen reaktionären Militarismus«, wenn es nur, wie 1974 in Portugal und in Griechenland, einen politischen Linksruck im Lande deckt oder ermöglicht. Länder mit sozialistischen Regierungen, wie Indien oder die Türkei, dürfen unter Duldung des Rests der freien Welt Angriffskriege gegen UNO-Staaten (Pakistan, Zypern) führen und dabei Gebiete erobern oder unter Kontrolle nehmen. Wo sozialistische Regierungen, wie im Falle Israel, Aggressoren erfolgreich widerstehen und ihrerseits Gebiete erobern, bleiben diese Gebiete trotz dagegenlautender UNO-Beschlüsse unter der Kontrolle sozialistischer Eroberer.

Unter dem unabweisbaren Zwang der Kolonialmacht Nummero 1, der USA, findet in Asien und Afrika eine Entkolonialisierung mit dem Effekt statt, daß an den früheren Stützpunkten europäischer Kolonialmächte moderne Wirtschafts- und Militärbasen des Moskauer und Pekinger Neokolonialismus eingerichtet werden.

An immer mehr Punkten der Erde wird die sogenannte friedliche Koexistenz mit dem Kommunismus zu einem haltlosen Appeasement, oft bereits eine Vorbereitung zu Kapitulation und Übergabe.

Mit dieser Situation an der Kante paktieren die meisten Parteien, die einmal von christlichen Demokraten gegründet worden sind. Sie fehlen niemals bei Deklaration oder Protestaktion gegen irgendeine Rechte oder radikale Rechte und sie können sich ihr Überdauern vielfach nur mehr in jener Mitte-links-Koalition vorstellen, die eine nach links geneigte schiefe Ebene erzeugt, an deren Basis der Kommunismus die Arme bereit hält, um die Überdauerer und die Kerenskis zu kassieren.

Die christlichen Demokraten nehmen an einem Paradoxon teil, in dem nur mehr eine definierte politische Linke existiert, in der sich ,Kommunisten, Sozialdemokraten und Sozialisten aller Konfessionen jedenfalls als links stehend und links denkend ausweisen. Dieser politischen Linken gegenüber dulden die meisten christlichen Demokraten keine ausgleichende Kraft auf Seiten der politischen Rechten. Monoton murmeln sie den Sing Sang der politischen Linken nach, daß es rechts nur mehr Faschisten oder faschistoide Konservative geben kann. In der Dritten Welt öffnen christliche Parteien ihre Flanken für Bündnisse mit der radikalen Linken und schließen sich gleichzeitig nach rechts hermetisch ab. In ihren Reihen treiben sich politische Transvestiten herum, deren eunuchoider politischer Hochwuchs Kraft und Standfestigkeit vortäuscht, die in Wahrheit längst geschwunden sind.

Politisch »in« war ich nach 1945 wohl nur während der kurzen Zeit der Endfünfziger Jahre, in der sich maßgebende Kreise des Sozialismus in Österreich vom klassischen Sozialismus lösten. Und andererseits innerhalb der Österreichischen Volkspartei fortschrittliche Katholiken den Bündnisfall mit jenem Neo-Liberalismus fanden, dem Wilhelm Röpke das Gepräge gab.

Ein solches Spiel mit drei Bällen erfordert eine enorme, theoretisch nicht erlernbare politische Begabung, wie sie vor allem Julius Raab besessen hat.

In dem Maße, in dem das Aggiornamento der katholischen Kirche nicht das Einströmen der Massen zur Folge hatte, sondern neomarxistische und neoliberalistische Infiltrate im Katholizismus spürbar wurden, wurde die Lage ganz allgemein prekär.

Die von vielen katholischen Theologen und Intellektuellen akzeptierten Lehren des jungen Marx, des Neo-Marxismus aller Schattierungen, des in religiöser Hinsicht gefährlich ambivalenten Hegelianismus, sowie des Positivismus der Technokraten, entzogen den christlichen Parteien vielfach das Fundament. Katholiken rückten als Stammwähler sozialistischer Parteien nach links hin ab, sahen keinen Grund mehr, anders als die andern ihrer neuen Umgebung auf der Linken zu sein.

Im Zeitalter: zuerst die Wirtschaft, verschwanden die Kulturpolitik und zuletzt jeder religiöse Glaube als Kriterium öffentlicher Entscheidungen, wurde ein ökonomisches Prinzip dominant und damit Wegbereiter jenes konsequenten Materialismus, in dem die Sozialisten aller Observanzen den Liberalen über sind.

Die vagen Umrisse christlicher oder konservativer, oder wie immer rechts von links stehende Parteien genannt werden mögen, wurden unansehnlich und unattraktiv, ihre Verkörperungen in neuen Führerpersönlichkeiten weniger populär, als die von intellektuellen Typen wenig geschätzten Väter christlicher Parteien ex 1945. Dem Aggiornamento in der Kirche folgte sinngemäß jenes in den christlichen Parteien, aus denen breite Ströme in neue Sammelbecken des Sozialismus und Liberalismus abgeflossen sind. Vielleicht ist es schon zu spät, um die Erkenntnis massenwirksam zu machen, die aus der moralischen Zersetzung kommt, die in Deutschland durch das Kombinat Brandt-Scheel verkörpert wurde.

Der Kommunismus steht ante portas. Wie 1930 der Nationalsozialismus. Geschichte wiederholt sich zwar nicht. Sie läßt sich aber auch nicht ad infinitum prolongieren. Das: »Verweile, Augenblick«, ist faustisch, aber es spricht das nicht der junge Doktor, sondern der dem Ende nahe.

Das Haus des Sports

Als Bub bin ich das geworden, was man in Wien einen Ballesterer nennt. Der Dichter Josef Weinheber, der selber gerne mit
seinen Freunden auf eine Wiese in der Umgebung Wiens ballestern ging, schreibt dieses Tätigkeitswort anders. In seinem
Gedicht »Impressionen im März« heißt es: »Zwischen d'Bam
palästern a paar Lackel.« Ein wirklicher Ballesterer, einer der
Fußball spielt, kann den Gebrauch des Hauptwortes Lackel im
Zusammenhang mit palästern nur bedauern. Denn ein Lackel
ist entweder ein grober, ungeschlachter Kerl oder ein unbehol-
fener, tölpelhafter Mensch. Bei allem, was man Fußballern aus
Wien einmal nachsagen konnte: schon von klein auf waren sie
nicht derlei Lackel.
Natürlich weiß der Literaturbeflissene, daß Josef Weinheber
die Bezeichnung Lackel in seinem Gedicht nur deswegen verwendet hat, weil er den Lackel im Hinblick auf das Reimwort
der nächsten Verszeile, nämlich Schinakel, einfach gebraucht hat.
Übrigens auch das Schinakel gehört zum wiener Wortschatz
für Leibesübungen. Es heißt nämlich so viel wie: Ruderboot.

Dafür, daß unsereiner beim Ballestern kein Lackel wurde,
sorgte das Basistraining, als »unsere Gaß'n« noch wirklich uns
gehörte. Das Spiel, das wir auf den im Sommer glutheißen
Asphaltflächen, die nicht bloße Verkehrsflächen waren, betrieben, hieß übrigens nicht Fußball, sonder Köschern. Ein Jaß,
ein Könner, zog mit souveräner Geste einen kleinen Voll-
gummiball aus der Hosentasche, ließ ihn einmal aufspringen
und forderte uns Armitschkerl auf, ihn anzugehen. Ein Armitschkerl ist nicht nur der Bewohner eines der Armenleut-

viertel. Wenn ballestert wurde, handelte es sich bei einem Armitschkerl um einen Anfänger. Mag in dieser, aber nur in dieser Beziehung, Josef Weinheber mit seinem unbeholfenen Lakkel im Zusammenhang mit Fußball Recht haben.

Angehen oder Köschern hieß für uns Gaß'nbuben: mit dem Jaß ein Dribbling um den Ballbesitz austragen. Manchmal machten wir mit dem harten Ball ein Köpflermatch. Aber Köschern, bloßfüßig köschern, das war das Wahre, das Geheimnis des Basistrainings der damaligen Wiener Schule des Fußballsports. Der Jaß ließ uns laufen, und das brachte Kondition ein. Er überzog uns mit einem Schustertrick, und so lernten wir die Technik des Spiels. Ein Trick, eben der Schuastertrick, erinnerte an die Herkunft einer simplen, aber nicht unwirksamen Manier, den Gegner zu überspielen. Übrigens: die Schneider in Ottakring und die Schuster in Favoriten waren meistens Böhm' und also Tschechen. Daher die Idole des Wiener Fußballs von damals: zuerst Pepi Uridil, nachher Mathias Sindelar.

Unsereinem gelang es nur selten, beim Köschern dem Jaß den Ball abzunehmen. Obwohl wir im Tackling, im körperlichen Einsatz, nicht zimperlich waren. Aber der körperliche Einsatz machte nicht das Spiel. Noch nicht. Und so kam, was kommen mußte: der Jaß nahm mit einem gekonnt ausgeführten Fersler seinen Ball wieder auf, steckte ihn mit Siegermine ein und ging mit ein bißchen mehr Ruhm weiter. Was er hinterließ, war sportfördernd: erstens wollte jeder von uns ein Jaß werden und zweitens bekamen wir nicht nur Spielfreude, sondern eine Ballwut.

Mein ältester Bruder lebte vor dem Krieg, das war für uns der 1914 angefangene, noch am Rande des Paradieses. Oder besser: eines der Paradiese der Ballesterer von damals. Nämlich in Rudolfsheim, am Rand der Schmelz. Die von unzähligen Soldatenschuhen, Pferdehufen und Radreifen beinhart und graslos gewordene Schmelz war als Exerzierplatz der Wiener Garnison nicht nur ein Fundament einer militärischen Großmacht. Sie wurde auch eines der Fundamente der Wiener Schule im Fußballsport.

Das Fußballspiel und die Leichtathletik, zuerst sagte man im Gegensatz zu den in Wien ortsansässigen Schwerathleten: die leichte Athletik, brachten Engländer nach Wien. Nicht Gentlemen aus der Internationale derer von den Galopp- und Traberbahnen, sondern gewisse Spezialarbeiter, die ihr Know-how in Wien teurer verkauften als daheim. Zum Beispiel Gärtner, die von mehr verstanden als vom englischen Rasen und die auf der Hohen Warte die Gärten der Hautevolée betreuten. Dann die Crew des Herrenmodegeschäftes Stone & Blyth in der Kärntnerstraße. Und die Hutmacher, die Huterer einer in der Nähe der Schmelz arbeitenden Hutfabrik. Das Aufkommen der Wiener Schule des Fußballsports ist aufs engste verbunden mit dem Aufstieg der Arbeiterschaft. Ob man mitspielte oder bloß beim Spielen zusah: hier fand der Arbeiter Sonntag nachmittags endlich Gelegenheit, entweder auf dem Rasen oder als souveräner Kritiker vom Stehplatz aus seiner selbst bewußt zu werden.

Besagte englische Facharbeiter, beileibe keine Fremd- oder Gastarbeiter, wollten den Wienern sowohl das Fußball-, als auch das Cricketspiel beibringen. Mit ihrem Cricketspiel konnten sie den Wienern gestohlen bleiben, ebenso wie mit ihrem Whisky, der bei örtlichen Weinbeißern nicht ankam. Aber der Fußball lockte. Und bald konnten die Engländer in Wien genug ortsansässige Ballesterer auftreiben, um mit ihnen einige Mannschaften auf die Beine zu bringen:

Den First Vienna Cricket and Football Club, die spätere Vienna, in Döbling. Den Cricket and Football Club, nach Streichung des Wortes First, die späteren Cricketer im Prater. Und den 1. Wiener Arbeiter Fußball Club. Jetzt sind wir da — wo ich den geneigten Leser haben wollte.

Ich stehe vor dem Haus in der Stättermeiergasse, in dem ich vor dreiundsechzig Jahren auf die Welt gekommen bin. Sie sehen, ich greife weit in die Vergangenheit zurück und das muß ich wohl, wenn ich mit meiner Geschichte bis in das heutige Haus des Sports kommen will. Von der Stättermeiergasse in Wien, Rudolfsheim, unternehme ich eine Reise in eine Vergangenheit, die ich selbst nicht erlebt habe. Ich würde mich in dieser alten Zeit, in der sogenannten Steinzeit des Wiener Fußballsports, gar nicht auskennen, hätte ich nicht als Unterrichtsminister den Altersrentner Karl Feldmüller kennen gelernt. Der Feldmüller Karl, der steinalt geworden ist, hat mir einen Reiseführer durch die Steinzeit des Fußballsports in Rudolfsheim hinterlassen. Jetzt muß ich sagen, daß der Feldmüller nicht irgendein Ballesterer aus der Zeit der Jahrhundertwende war, sondern ein Rapidler zu einer Zeit, als der S. C. Rapid noch gar nicht diesen Namen trug und als die berühmten Grün-weißen noch in einem blau-roten Dreß auf den Rasen liefen. Aber: ohne Rudolfsheim keine Grün-weißen, denn die von blau-rot auf grün-weiß geänderten Klubfarben tragen angeblich dem Umstand Rechnung, daß Grün und Weiß die Farben der Rudolfsheimer gewesen sein sollen.

Um auf der Reise in die Vergangenheit endlich vom Fleck zu kommen, gehe ich zuerst einmal die mäßig ansteigende Stättermeiergasse hinauf bis zur Märzstraße. Der Straßenname erinnert an den März 1848, während dem es im jetzigen Rudolfsheim unruhig wurde und bürgerliche Stadtgarden auf proletarische Mobilgarden der Vorstädte schossen. Rasch gehen wir in friedlichere Gegenden der Jetztzeit, nämlich auf den Kardinal-Rauscher-Platz. Auf diesem Platz steht die Kirche, in der ich getauft wurde, und diese Kirche hat einen Turm und der Turm eine Turmuhr. Diese Uhr notieren wir als Fact Nr. 1. Und gleich gehen wir weiter, auf Fact Nr. 2 zu. Im Haus Nummero 3 befand sich, als der Feldmüller Karl noch jung war, das Bürgerliche Gasthaus eines gewissen Köhler. So wie es der Feldmüller beschrieben hat, eines mit erstklassiger Wiener Küche, warm und kalt, natürlich; mit gepflegten, naturbelassenen Weinen, sowie mit Lager- und Abzugsbier (auch über die Gasse). Neben dem Schankzimmer war ein Speisezimmer und ein Extrazimmer, das an gewissen Tagen der Wochen für Vereine reserviert war.

Soweit Fact Nr. 2. Jetzt biegen wir gleich um die Ecke und gehen die Stelzergasse hinauf bis zur Hütteldorferstraße. Diese Straße heißt nicht deswegen so, weil später die berühmte Mannschaft des S. C. Rapid die Hütteldorfer genannt wurden, sie führt bloß nach Hütteldorf, wo sich der Ruhm besagten Clubs erfüllen sollte. Diesen Fact notieren wir zunächst nicht. An der Ecke Hütteldorferstraße - Stelzergasse bleiben wir stehen und schauen die mäßig abfallende Stelzergasse hinab. Was heißt mäßig: auf hunderte Meter, auf die Länge eines Fußballplatzes, macht das Gefälle fast zwei Meter aus. Fußballplatz, das ist Stichwort für Fact Nr. 3. Wir stehen auf jenem abschüssigen Gelände, auf dem der Aufstieg des S. C. Rapid begonnen hat.

Auf einem Fußballplatz wächst kein Gras, lautet ein Wiener Sprichwort. Und so wuchs auch auf dem längst verschwundenen Platz entlang der Stelzergasse kein Gras. Ansonsten hatte der Platz für den späteren S. C. Rapid alle Home-Vorteile, die man in Wien mit dem Sprichwort zusammenfaßt: »Na wart' nur, bis wir auf unser'n Platz spiel'n!« In Rudolfsheim tat sich jede Gastmannschaft hart. Erstens war der alte Rapidplatz steinhart, graslos und voll tückischer Unebenheiten, die man kennen mußte. Und zweitens gab es — nur damals — beim S. C. Rapid sogenannte Bäck, das waren keine Bäck', also Bäcker, sondern Fullbacks einer Fußballmannschaft, deren Härte auch dann nicht nachließ, wenn sie das Spielfeld verließen. Dazu rufe ich den Feldmüller Karl in den Zeugenstand: in der Steinzeit, als auch der Feldmüller das System: Kick and rush, auf Wienerisch: schiaß und renn!, gespielt wurde, kultivierte besagter Fullback des S. C. Rapid etwas, das er Kabinentraining nannte. Junge Nachwuchsspieler, die in der ersten Spielhälfte nicht den Erwartungen dieses Oldtimers entsprachen, wichste er in der Spielpause eins mit seinem Spazierstock übers Schienbein, daß es krachte. Nachher soll das Tackling des so aufgefrischten Nachwuchsspielers oft tatsächlich härter gewesen sein. Niemand nahm an solchen Methoden des Härtetrainings Anstoß. Am wenigsten der im wörtlichen Sinne Betroffene. Dieser sah darin einen Beweis der Tatsache, daß er keine bläßliche Spielerpersönlichkeit war, sondern eine, die der Mühe wert war und mit der man sich im Verein tatsächlich Mühe gab. Dabei muß man bedenken, daß es in jenen fernen Tagen keine Trainer im eigentlichen Sinn, auch keine Trainingslager und keine psychologisch ausgedachten Trainingsmethoden gab. Der Mannschaftskapitän, der Captain, sah auf Kondition, Spielfreude, und er war Turm in der Schlacht.

Und jetzt, da wir bereits Fact Nummero 3 voll im Bild haben, fügt sich die Folge der Facts zu einem Ganzen: im Extrazimmer von Köhlers Gaststätte war quasi die Kabine; dort zog man die Sonntagskluft aus, legte sie sorgfältig zusammen und stieg in die Dreß mit einer Sporthose, die etwa der heutigen Midi-Mode entsprach. Dann ging man über die Gaß'n bis zum Tor der Verplankung des Platzes, durch das sich, gegen Erlag von bloß 10 Hellern, die Masse der Besucher drängte. Akteure hatten freien Eintritt, denn dieses Vorrecht für Spieler war mit dem Erlag des monatlichen Mitgliedsbeitrags verbunden. Für die aller Mittel entblößte Rudolfsheimer Jugend hatten unbekannte Hände unzählige Löcher in die Planken der Umzäunung gebohrt; so hatte man doch einen gewissen Einblick in das Spielgeschehen, es sei denn, es riß einem die Geduld und man schwang sich unbemerkt über die Planke.

Stehlogen und Logensitze gab es für die Wohnungsinhaber der benachbarten Stockwohnungen. Sie hatten, falls interessiert, den besten Überblick über das Spielgeschehen. Es sei denn, sie wollten am Nachmittag des Sonntags ihre Ruah haben, so daß ihnen das »blede G'schra' der Ballesterer« zuwider war.

Und hoch über der Szenerie drehten sich mit unbestechlicher Pünktlichkeit die Uhrzeiger der Turmuhr meiner Taufkirche. Fact Nr. 1. Diese Uhr war, wohl nicht im ursprünglichen Sinne, eine der ersten Großuhren für Zwecke der Zeitnehmung im Sport auf Wiener Boden.

Und jetzt gestatten Sie dem alten Mann einen kleinen Anfall von Nostalgie. Dieses Modewort wird zwar nach eventueller Drucklegung dieser Zeilen schon wieder out sein, aber, sei's drum. Ich muß noch zwei Dinge erwähnen: erstens: Auf dem abschüssigen, kahlen und brettharten Boden entlang der Stelzergasse in Rudolfsheim schlug im Kaiser-Jubiläums-Jahr 1908 eine österreichische Fußballnationalmannschaft die des Königreichs Ungarn mit 3:1. In der damaligen österreichischen Nationalmannschaft standen nicht weniger als sieben Spieler des S. C. Rapid und jedes der drei von den Österreichern geschossenen Tore hatte einen grün-weißen Goalgetter. Dieses Ereignis deutet ein zweites an: auf dem harten Boden in der Stelzergasse wuchs die Tradition eines Fußballklubs, dessen Erfolgsserie, gewertet nach der Zahl der Siege in Meisterschafts- und Cupbewerben, nicht ihresgleichen in der Geschichte des österreichischen und europäischen Fußballsports hat.

Aber das ereignete sich, als der Klub bereits mit einer inneren Folgerichtigkeit entlang der Hütteldorferstraße nach Hütteldorf übergesiedelt war. Er kam aus klerikaler Umgebung nicht weg, und man könnte die Geschichte des Klubs übertiteln: vom Kardinal-Rauscher-Platz auf die Wiese des Pfarrers von Hütteldorf.

Bedauerlicherweise legte diese Entwicklung eine für mich während der Bubenzeit unermeßlich große Entfernung zwischen unserem Haus in Margarethen und der Pfarrwiese in Hütteldorf. Während mein älterer Bruder noch in dem Quadratkilometer rund um die Stättermayergasse seine Bubenwelt in grün-weiß erlebte, blieb es bei mir zunächst beim Ballestern in der Wehrgasse. Weitab lagen die anderen Pflanzstätten der

Wiener Schule: die Praterwiesen, die Baulücken in den Raster-vierteln, die verkommenen Wiesen zwischen den Ziegelofen-teichen in Favoriten, die Wiesen an den Rändern des Wiener-waldes von Döbling bis Hütteldorf und die ungeheuren Mög-lichkeiten in Transdanubien, in Floridsdorf und Jedlesee.

Wir hielten uns als Realschüler so gut wir konnten. In einer wilden Mannschaft spielten wir auf dem alten Wackerplatz in Meidling gegen andere Wilde einer anderen Schule oder gegen eine sogenannte kombinierte Jugendmannschaft eines Ver-eins. Kombiniert stand jeweils für: verwässerte Qualität. Für so einen Spieltag mußten wir wochenlang sammeln: Geld für die Platzmiete, Trinkgeld für den Platzmeister, Geld für weite Straßenbahnfahrten und Geld für das kostbarste: unseren Fuß-ball, der, wenn er aus dem dünn gewordenen Leder oder den Nähten platzte, vom Schuhmachermeister Trahorz, bei uns im Haus, repariert wurde. Herr Trahorz hat mir auch heimlich meine auf den betonharten Spielplätzen zu Schanden getrete-nen Schuhe, keine sogenannten Fußballpackeln, sondern Stra-ßenschuhe, geflickt. So fing bei uns die Sportförderung der Al-ten an.

In meiner Generation entschied es sich oft schon im zehnten Lebensjahr, ob man ein Fußballtiger wurde oder ein Turner, oder ob man sich der Leichtathletik zuwandte. Viele meiner Schulfreunde traten schon in der Unterrealschule einem Turn-verein bei. Es gab völkische, christliche und sozialistische Turn-vereine. In allen wurde mit der Turnerei auch eine bestimmte weltanschauliche Ausrichtung vollzogen, die oft lebenslang hielt. Trotzdem waren sie alle, die Deutschen Turner, die Christlich-deutschen Turner und die Arbeiterturner eben Turner. Sie be-trieben zum Beispiel Feldhandball, aber sie waren für das Fuß-ballspiel nicht zu haben. Im Roten Wien waren auch die Fuß-baller meistens politisch rot in der Wolle gefärbt, aber sie wa-ren im Sport so etwas wie Kosmopoliten. In den zwanziger Jahren organisierte die österreichische Sozialdemokratie einen

Verband der Arbeiter-Fußball-Vereine Österreichs, VAFÖ. Die Redakteure der »Arbeiter-Zeitung« mußten auf der Sportseite ihres Blattes über die Spiele im VAFÖ in Großaufmachung berichten. Die Spiele der kapitalistischen Vereine, wie Rapid, Amateure, Sportklub, WAC, WAF und so weiter wurden nur im Kleindruck am Rande erwähnt. Aber die armen Redakteure im Vorwärts-Verlag waren mit den Herzen natürlich bei den Kapitalisten und nicht bei den braven Kickern vom VAFÖ. An dieser ideologisch durchlässigen Stelle existierte auch ich. Diese gesinnungslose Existenz war die tollste Libertinage, die ich mir angesichts mehr weltanschaulicher Fragen erlaubte.

Verschieden von den Ballesterern und den Turnern waren die Schüler der Leichtathletik. Mein im Kriege gefallener Freund Hans von Martinek, lange Zeit Obmannstellvertreter des Anti-Turnvereins unserer Klasse, fing in der Oberstufe plötzlich an, Langlauf zu trainieren. Hans war hoch aufgeschossen, zaundürr, demonstrativ desinteressiert an allem, was ihn in der Schule nicht interessierte. Aber er hatte einen Willen, der nicht zu biegen war. Ein Ziel, das er einmal erfaßt hatte, strebte er unter härtestem Einsatz an. Und er brachte es als Langstreckenläufer zu einigem Können. Leichtathelten waren neben Ballesterern und Turnern die dritte Spezies. Das war in einer Zeit, in der noch alle Fußballvereine von Rang und Bedeutung, ihre Leichtathletiksektion hatten. Ohne die Leichtathleten des WAC und des WAF, ohne die Schwimmer von der jüdischen Hakoah und ohne die Geher von Rapid, wären viele Seiten der Geschichte des Sports leer geblieben. Wo sind die Zeiten, in denen, einmal im Jahr, zehntausende Wiener die Strecke des Staffettenlaufs »Quer durch Wien« säumten und hunderte Läufer da sein mußten, damit der Stabwechsel vom Westbahnhof bis in den Prater in vielen Mannschaften und diversen Klassen klappte.

Ein Fußballtiger ist ident mit einem Stehplatzbesucher. Unsereiner suchte diesen Platz am Sonntag kurz nach dem Mittagessen auf. Man sah sich das Spiel der Jungmannschaften und der Reserven an, weil man wußte, in einigen Jahren würden diese »Lackeln« für Rapid die Meisterschaft gewinnen. Gewiß, es wurde auch damals bei unterklassigen Vereinen Nachwuchs gekapert und der Typ des Gulasch-Amateurs war da, ehe man sich in den zwanziger Jahren in Österreich im Professional-fußball versuchte. Aber Vereinstreue stand über allem. Undenkbar wäre gewesen, daß der Standard-Zenterhalf des S. C. Wacker, der Resch Poldl, bei einem anderen Verein Turm in der Schlacht geworden wäre. Oder daß der Iszda vom Floridsdorfer Athletik Club den Sturm einer anderen Mannschaft meisterhaft, wie er es verstand, dirigiert hätte. Bei uns, ich meine beim S. C. Rapid, spielte damals der Uridil. Er war so populär, daß der Klavierhumorist Hermann Leopoldi einen Schlagertext schrieb, dessen Refrain ausdrückte, was damals an einem Sonntag viele Tausende in Richtung Fußballplatz in Bewegung setzte: »Heute spielt der Uridil.«

Es war eine notige Zeit, damals, nach dem Krieg. Ich meine den Ersten Weltkrieg. Die Masse der Männer war zwar wieder daheim, aber es gab wenig Geld, nichts zum Rauchen, nur einmal in der Zeit ein Kino; und natürlich kein Radio, kein Fernsehen. Immer wieder setzte die Versorgung mit Strom und Gas aus. Unsereiner mußte von Margarethen bis Jedlesse oder bis auf den Rudolfshügel in Favoriten zu Fuß gehen, um dort für die Grün-weißen zu drücken. Die Großen Alten, die längst unter dem grünen Rasen liegen, haben in diesem notigen Wien ein Spiel vorgeführt, daß dem Rest der Welt des Fußballs Hören und Sehen verging. Ich muß jetzt kräftig an mich halten, um nicht von einer Welle der Nostalgie weggeschwemmt zu werden. Nein. Das, was ich jetzt erzähle, geschah viel später:

Ich war schon sogenannter Sportminister und Präsident des Österreichischen Olympischen Comitees. Da starb der Uridil, und ein Raunen ging durch die Viertel in und um Ottakring, wo der Tank, wie man Uridil nannte, als Sohn eines böhmischen

Schneiders auf die Welt gekommen war. Der S. C. Rapid bat mich, am Grab zu sprechen. Als ich auf den Ottakringer Friedhof kam, fand ich nur schwer meinen Weg durch die Massen, die vor der Einsegnungshalle standen und über denen ein Qualm von Zigarettenrauch lag. Wie über Stehplatzrängen. Im roten Ottakring genoß ich eine bescheidene Sympathie und die Männer stießen sich an, als ich durch ihre Reihen ging. Manchmal hörte ich dabei: »Dös is' ea.« Das durfte mich nicht wundern. Was mich aber wunderte, war die große Zahl alter Damen, die zur Leich' gekommen waren. Alte Frauen stellen immer die Kader bei einer Leich', sei es im Zug, sei es unter den Zuschauern. Aber ein Fußballer war doch kein Idol alter Frauen. Es dauerte, bis bei mir der Groschen fiel. Die alten Damen waren fünfunddreißig Jahre früher, als sie noch Pupperln waren und mit dem Ihrigen auf den Stehplatz gingen, die Verehrerinnen des Tanks gewesen. Auch als Großmütter blieben sie dem Schwarm aus Jugendtagen treu. Was an sich für uns Mannsbilder eine Selbstverständlichkeit war. Es war Anhänglichkeit, die zum Werden des S. C. Rapid gehörte und die den Club nach schweren Rückschlägen immer wieder nach vorne brachte.

Als ich auf den Erdaushub des Grabes stieg, um zu reden, sah ich über eine unabsehbare Menschenmenge hinweg. Sie war ohne Zutun des Fernsehens und des ORF gekommen. In meiner nächsten Nähe stand einer von jenen, die in Ottakring zuhause waren und die man immer hinter dem Tor sah, in das Uridil seine Goals schoß: mager, ein sogenannter G'selchter, also ein Gebräunter; das Hemd ohne den damals aufknöpfbaren Kragen; die Hemdleiste mit einem Knöpferl adrett geschlossen; gestrickte Weste; Zieharmonikahose. Und das Kappl, das er während der Zeremonie zögernd abgenommen hatte, um es nachher sofort wieder aufzusetzen. Als ich vom Erdhügel herabstieg, bot er mir seine Hand zum daranhalten. Wir sahen uns dabei in die Augen und ich erkannte: eher würde mir Mao Tse-Tung bei einer Wahl seine Stimme geben, als dieser

Mann aus Ottakring. Als er mir auf den festen Boden herab-
geholfen hatte, zögerte er einen Moment. Dann schimmerte
das Grün-weiß durch das Rot. Er zog sein Kappl und sagte
gemessen, aber nicht unfreundlich: »Ich habe die Ehre, Herr
Drimmel.« In diesem Moment stand ich an der Hochwassermarke meiner, wenn auch nur temporären Popularität in Ottakring.

Zu Beginn meiner Ministerschaft war der Posten des Präsidenten des österreichischen Olympischen Komitees neu zu besetzen.
Als amtierender Sportminister kam und ging ich erst gar nicht
ins Rennen um die Nachfolge. Dies umso mehr, als meine Partei meinen alten Chef Felix Hurdes für den Präsidentenposten
kandidierte. Aber die Nachwahl gestaltete sich schwierig und
die Verhandlungen zogen sich über ein Jahr hin. Der Präsident
des ÖOC wird nämlich mit Zweidrittel der Stimmen in der
Vollversammlung der Mitglieder des Komitees gewählt.
Das Tackling der Vertreter der Sportverbände sowie der zum
Teil politisch instruierten Mitglieder führt zu nichts, denn das
in der Demokratie übliche einfache Majorzsystem versagt hier.
Man muß sich einig werden. So fiel zuletzt die Wahl durch
Kompromiß auf mich. Nicht weil ich Sportminister war. Ganz
im Gegenteil. Denn es war der Sinn der Existenz des ÖOC, den
Sport nicht in den Griff des Staates kommen zu lassen. Der
Staat sollte den Sport fördern, nicht aber als eines seiner Instru-
mente ausnutzen oder mittels gewisser Fittings mit seinem
Apparat gleichschalten. Von mir erwartete man, ich würde es als
Sportminister verhindern, daß das Komitee in eine so schmähliche Abhängigkeit vom Staat gerät. Indem ich die auf mich ge-
fallene Wahl annahm, lief ich allerdings Gefahr, die politischen
Erwartungen derer zu enttäuschen, die nun ihren Parteifreund
in der Position des Sportministers, des Präsidenten des ÖOC
und — nach 1960 — des Präsidenten für die ersten in Österreich abgehaltenen Olympischen Spiele, es waren die Winterspiele 1964 in Innsbruck, erblicken wollten. Andererseits war

es gerade meiner Partei bisher nur in einem bescheidenen Ausmaß gelungen, ein Näheverhältnis zum Sport zu gewinnen und ihr Aktionsprogramm auch in dieser Sparte des gesellschaftlichen Lebens nutzbar zu machen. Einer meiner Vorgänger als Sportminister hatte während eines Ländermatches im Wiener Stadion, nachdem er protokollgemäß die Hände der Spieler geschüttelt und das Abspielen der Hymnen hinter sich gebracht hatte, einen lateinischen Text aus der Tasche gezogen und diesen, während um ihn zehntausende Fans tobten, gelesen. Auch das ist zweifellos Tenue.

Einer derartigen Besinnlichkeit war ich beim Besuch des Stadions nicht fähig. Kurz nach meiner Berufung in die Regierung mußte sich Julius Raab die Frage gefallen lassen, ob das Trumm Mannsbild, das am letzten Matchsonntag von der Prominentenloge aus den Fortgang des Spieles mit Ausdrücken krasser Parteilichkeit und Voreingenommenheit verfolgte, etwa der neue Unterrichtsminister sei. Je mehr das Fernsehen meine Teilnahme an derlei Meisterschaftskämpfen ins Bild brachte, desto mehr häufte sich auf meinem Schreibtisch am Minoritenplatz die Post, in der der Typ eines Fußballtigers als politischer Ressortleiter in den Heil'gen Hallen des alten Hauses abgelehnt wurde.

Ich tat zweierlei. Zunächst habe ich den Tiger gezähmt. Andererseits schrieb ich mancher besorgten Mutter, ihr Bub sei während eines Nachmittags im Stadion sicher besser aufgehoben, als in der für die Jugend aufgezogenen modernen Unterhaltungsindustrie. Weiblichen Kritikern gegenüber unterdrückte ich den Hinweis, daß ein Mann Anspruch auf einen Nachmittag hat, an dem er sich entfesseln und der absoluten Treffsicherheit seines männlichen Urteils über den Schiedsrichter, die Mannschaft des Gegners sowie insbesonders über die Auslegung der Spielregeln Gehör verschaffen kann.

Immerhin kam ich als notorischer Fußballtiger an die Spitze des Olympischen Comitees, und ich bedurfte der Ritterlichkeit derer von der Leichtathletik und der Turnerei, um in den Dingen zurecht zu kommen. Für die Schwerathletik brachte ich wenigstens das notwendige Gewicht mit.

Für mich gehören die zwölf Jahre, die ich an der Spitze des ÖOC verbrachte, zum besten Teil meiner Erlebnisse im öffentlichen Leben. Das von der Hochschule her gewohnte Naheverhältnis zur Jugend blieb mir im Sport nicht nur gewahrt, es entwickelte sich als eine wohltuende, ausgleichende Macht zu der anderen Welt, in der mich der ständige Umgang mit Intellektuellen, Künstlern, Lehrern, kurz Kulturträgern aller Art in Bann hielt.

Je mehr mich das Showgeschäft in den Sportarten, von denen man in Österreich sagt, sie seien Nationalsport, diesen Sparten entfremdete, desto mehr Interesse und Freude bekam ich im Kontakt mit Sport, der seinem Wesen nach wenig für das Showgeschäft hergeben kann. Im Lager der Ruderer knurrte der Fußballtiger nicht mehr. Und der Tag, an dem unsere Rodler bei den Olympischen Spielen 1964 in Innsbruck ihren großen Tag hatten, gehört nach allem, was gerade zur Förderung dieses Sportzweiges getan worden war, zu den Höhepunkten der Jahre, als das Haus des Sports eines meiner Häuser war.

Die wohltätige Auswirkung dessen, was John Kenneth Galbraith die Wechselbezogenheit der Countervailing Power, der ausgleichenden Macht nennt, spürte ich nach dem Besuch der Schule im Politischen während der Ära Julius Raab/Johann Böhm auch im ÖOC. Rechts von mir saß im Präsidium des Komitees Dr. Rudolf Nemetschke, Großindustrieller, und jetzt der Österreicher im IOC, links der frühere Abgeordnete der SPÖ und Präsident des ASKÖ Karl Winterer. Als es anfing, daß man im ÖOC nicht mehr nach Herkunft und Anschauungen Dritter, das heißt: nach Fraktionen, abstimmte, entstand zunächst einige Verwirrung. Aber die Überraschung legte sich und zuletzt waren es meine roten Brüder, die mich immer noch dazu bringen wollten, die Präsidentschaft denn doch nicht abzugeben. Die beiden Vizepräsidenten brachten jene Erfahrung mit, die sie als Leiter unserer Delegation zu Olympischen Spielen besonders geeignet machten. Und so habe ich in den zwölf Jahren nur einmal als Delegationsleiter die Reise zum Austragungsort der Spiele selbst gemacht. In dieser und in anderer Hinsicht ergab sich eine Arbeitsteilung. Das war notwendig, denn wir alle waren irgendwo, andernorts, ausgelastete Profis und unsere Arbeit im ÖOC geschah ehrenamtlich. Wir gehörten zum letzten Aufgebot der Amateurfunktionäre im Spitzensport. Und ehrenamtlich besorgte auch Tag für Tag der Generalsekretär des ÖOC, Edgar Fried, seine unermüdliche Arbeit.

Bei dem nachher ganz anders ausgerichteten Fortgang der Entwicklung im Sportgeschehen konnte es nicht ausbleiben, daß unsere Crew bald um die letzte Boje halste.

Spätestens nach den Olympischen Sommerspielen 1960 in Rom, kamen bei uns im ÖOC Bedenken wegen der um sich greifenden Gigantomanie im Sport auf. Die Kosten für die Abhaltung Olympischer Spiele wurde für die Bevölkerung des betroffenen Landes eine unzumutbare staatsfinanzielle Belastung, für eine Minorität allerdings das große Geschäft. In einem Land mit einer bedeutenden Fremdenverkehrsindustrie wurde zum Beispiel der Alpine Skilauf zu jenem Image, dessen es für eine geschäftlich erfolgreiche Wintersaison bedarf. Je größer die Bedeutung des Produkts der Fremdenverkehrsindustrie für die Herstellung einer Balance in der Zahlungsbilanz des Landes, desto größer der Einfluß derer in der betreffenden Sportart, die im wirtschaftlichen Leben, vor allem in der Fremdenverkehrsindustrie und in der Sportartikelherstellungsindustrie, der Generalbaß sind.
Im Falle der Olympischen Spiele 1964 in Innsbruck wurde unsere nach den Erfahrungen in Rom ausgegebene Parole: einfache Spiele, in den meisten Fällen noch akzeptiert, vom sportlichen Teil des internationalen News Management unterstützt. Diesen Stil durchgestanden zu haben, verdankt das ÖOC vor allem dem Generalsekretär der damaligen Spiele in Innsbruck,

Friedl Wolfgang, den wir allerdings vorher mit einigem Aufwand der Fremdenverkehrsindustrie entreißen mußten.

So einfach die Formel: einfache Spiele, zu sein schien, so kompliziert wurde für mich deren Anwendung als gleichzeitiger Sportminister und Präsident des Organisationskomitees der Spiele. Im Hin-und-her zwischen Wien und Innsbruck, im Hick-Hack der Austragung der Interessenkollisionen zwischen der Bundesregierung und dem Land Tirol, sowie der Stadt Innsbruck, ging es mir manchmal wie dem Hasen im Wettlauf mit dem Igel. Für unsere Tiroler Freunde konnte der Christbaum zur Feier der Spiele gar nicht reich und schön genug aufgeputzt sein; aber die sozialistische Regierungsfraktion in der damals schon recht kurzatmig gewordenen Koalition — und nicht nur diese — belehrte mich immer wieder: nicht so viel Christbaumschmuck für Tirol. Von diesen Spielen gibt es nicht nur eine gute Dokumentation, sondern auch ein sehr umfangreiches Konvolut von Akten in der Registratur des Unterrichtsministeriums, dessen Durchsicht für Doktoranden verschiedenster Studienrichtungen reichlich Material zum Studium diverser Verflechtungen von Sport mit Politik, Wirtschaft und mancherlei anderem enthält. Ich für meinen Teil bin nach der Abschlußfeier der Spiele 1964 nicht mehr nach Innsbruck gekommen. Während der Spiele, das war kurz vor meinem Ausscheiden aus der Bundesregierung, hatte ich beim Besuch der Austragungsstätten auch Zeit zur Überlegung, ob es vielleicht besser gewesen wäre, die Zeit, die ich dem Sport in Österreich gewidmet habe, etwa dem Ausbau meiner Hausmacht im Politischen — eine solche habe ich nie gehabt — zuzuwenden. Wenn mich ein derartiger Rationalismus überfiel, dann knurrte in mir der alt gewordene Tiger. Und ich bin froh, daß es in meinem Fall beim Sport verblieb.

Die enorme world-wide publicity, die Innsbruck durch die Spiele 1964 gewonnen hatte, ließ fortan die Stadt Wien erst recht nicht ruhen, seine bereits wiederholt abgegebene Bewerbung um die Abhaltung von Sommerspielen in der Bundeshauptstadt ernster zu nehmen. In der Ära Julius Raab hatte die Bundesregierung die vom IOC verlangte Unterstützung der Bewerbung Wiens stets anstandslos erteilt. Als 1965 der Termin für die Bewerbung um die Sommerspiele 1972 näher rückte, suchte ich daher zunächst den damaligen Bundeskanzler Josef Klaus auf, um mich des Fortbestands eines Interesses der Bundesregierung für die Abhaltung von Spielen in Wien zu versichern. Zum Unterschied von diesbezüglich kritisch lautenden Stimmen im ÖOC, aber auch — so wußte ich es nach einer Unterredung mit dem hochverdienten Kulturstadtrat Hans Mandl (SPÖ) — im Wiener Rathaus, zeigte Josef Klaus vollstes Verständnis für eine derartige Bewerbung als Ausdruck eines dynamischen Gestaltungswillens. Umso kälter wirkte die Dusche, die in den letzten Wochen vor Ablauf der Frist zur Bewerbung über die Interessenten niederging. Nacheinander wurde aus dem Bundeskanzleramt, aus dem Unterrichtsministerium und aus dem Finanzministerium verlautet, der mit der Abhaltung Olympischer Spiele verbundene materielle Aufwand sei nach den Maßstäben, die für die Finanz-, die Wirtschafts- und die Budgetpolitik des Landes gelten müßten, im Falle Österreich zu hoch. Fatal war dabei nur, daß die sozialistische Regierungsfraktion derlei Bedenken nicht teilte und die sozialistische Rathausmehrheit in der Zielgeraden der Bewerbung plötzlich ein scheinbar unabweisbares Interesse an der Abhaltung der Spiele in Wien aufzeigte. Die Situation wurde erschwert, weil in politischen Kreisen der Verdacht entstand, die Rathausmehrheit bekäme mit dem Nein der gegnerischen Regierungsfraktion ihr gewünschtes Alibi für ihren guten Willen in Sachen Sport, während die Partei des Kanzlers mit dem Verdacht der Sportfeindlichkeit belastet schien. Dieser letztere Vorwurf verdichtete sich, als politische Freunde des Kanzlers in einzelnen Bundesländern eine erklärte Gegnerschaft zur Abhaltung von Spielen in Wien an den Tag legten. Es wurde ein ungebührlicher Vorteil für Wien allein schon in der Tatsache erblickt, daß

Wien als Olympiastadt vom Bund die Mittel für den Bau einer U-Bahn bekommen könnte. Andernorts wurde sogar der Landtag als Ort dazu gewählt, um wirtschaftliche Erwägungen, die doch im Falle von Innsbruck für die Spiele gesprochen hatten, als Einwände zu bringen. Den fehlenden Tupfen auf dem »i« setzte das damalige Mitglied der ÖOC aus Österreich: derart kostspielige Spiele kämen für Österreich wohl nur dann in Frage, wenn das Land einmal gezwungen sein sollte, in Zeiten der Rezession die Investitionen vom Staat her zu beleben.

In der entscheidenden Sitzung, die bezeichnenderweise im Finanzministerium stattfand, legte der Finanzstadtrat von Wien eine geplante Kostenrechnung der Spiele vor, deren Zweckoptimismus der Blinde mit dem Stock greifen konnte. Die Niederlage der Stadt Wien bei der Bewerbung um die Spiele 1972 hatte viele Väter. Einige davon waren wohl jene zuständigen Kommunalpolitiker, die diese Bewerbung en passant betrieben und sie nach dem allgemeinen Fiasko des Jahres 1965 nie mehr hochgespielt haben.

Alle, die einmal ihr Nein zu Sommerspielen 1972 in Wien gesprochen hatten, wurden scheinbar in ihrer Kritik und Skepsis bestätigt: als nämlich am Vorabend der Spiele 1972, die nach dem Ausfall der Bewerbung Wiens fast automatisch München zufielen, der sozialistische Star der dortigen Kommunalpolitik, Hans Joachim Vogel, den Stuhl des Oberbürgermeisters der Stadt räumen mußte. Und während der Spiele jener brutale Terroranschlag auf das Quartier der Mannschaft Israels stattfand.

1965, nach dem Hick-Hack bei der Bewerbung der Stadt Wien um die Spiele 1972, faßte ich zum ersten Mal die Absicht, mich aus dem öffentlichen Leben zurückzuziehen. Ursache dafür war einerseits der Stil, den einzelne meiner politischen Freunde bei der Kritik an eventuellen Spielen in Wien geübt hatten. Und andererseits die unbestreitbare Erfahrung, daß der Sport immer mehr unter den Einfluß von Pressure Groups geriet, die ihr

Lobbying mit der größten Unverfrorenheit im Haus des Sports auszuüben versuchten.

Nach meinem Ausscheiden aus dem Vorstand des ÖOC (1969) hat im Jahre 1972 die Affaire Karl Schranz den Stand der Dinge im Sport vollends bloßgelegt. Jenen Sport, den die Technokraten in die Hände bekommen wollten, ließ sich der greise Präsident des IOC, Avery Brundage, um keinen Preis aus der Hand reißen. Praktizierten einzelne Technokraten einen schamlosen Mammonismus im Sport, so zelebrierte Brundage eine Olympische Idee, von der sich Baron Pierre de Coubertin schon 1896, bei der Erneuerung der Olympischen Spiele in der Neuzeit, hätte bewußt sein müssen, daß sie bald Utopie sein würde. Je mehr die Olympischen Spiele zu einer gigantischen Show des Spitzensports wurden, der sich rein technisch mit dem sogenannten reinen Amateurbegriff nicht vertragen konnte, desto unglaubwürdiger wurde das mit den Spielen verbundene Rituale, das Brundage geradezu in den Rang einer Art von Ersatzreligion erheben wollte. Und:

Je mehr die Massen und das News Management nur mehr an der zuweilen mit dem Abstand einer Hundertstelsekunde errungenen Goldmedaille interessiert wurden, desto kostspieliger und kostbarer wurde das Idol eines Goldmedaillengewinners für die Interessenten an derlei Sport. Kostspielig, weil das Leben des Goldmedaillengewinners für lange Zeit entmenschlicht und mit erheblichen Kosten in die Existenz eines Homme machine des Sports verwandelt werden mußte. Für den Sieg des Einzigen müssen fortan Jahr für Jahr zahlreiche Experten einer Crew in einem Zwölf-Monate-Service alles darauf abstellen, daß dieser Einzige im Rennen einen Vorsprung von 0,001 Sekunden herausfährt, um nachher auf dem Siegespodest obenanzustehen. Denn: die Gewinner von Silber- und Bronzemedaillen sind nur mehr in gehäufter Zahl ein verwertbares Wirtschaftsgut der Finanziers.

Aber selbst die Goldmedaille ist nicht mehr das Non-plus-ultra für das Werbegeschäft. Im Falle des Konflikts des Ski-Weltidols Karl Schranz mit dem Präsidenten des IOC, Avery Brundage, erzeugte der von den Telekraten im ORF gestartete Putsch eine unerwartete Nebenwirkung: der sogenannte Skandal Schranz brachte noch mehr world-wide publicity ein, als eine eventuell von Schranz gewonnene Goldmedaille. Zum ersten Mal hatten auch in Österreich die Telekraten in dem Sinn über die Technokraten gesiegt, als sich ein bloßes Image für wertvoller erwies, denn ein Fact.

Um die Utopie, zu der die von Avery Brundage vertretene Olympische Idee in den sechziger Jahren geworden ist, zu verstehen, muß man sich den Unterschied der sportlichen Leistungen sowie deren Voraussetzungen, wie sie 1896 bei dem ersten Spiel in Athen Geltung hatten, zu den heutigen vor Augen halten.

1896 kam aus den USA der Kugelstoßer Robert Garett zu den Spielen von Athen. Noch nie hatte er vorher einen Diskus in der Hand gehabt. In Athen sah er jene damals übliche sonderbare Technik des Diskuswerfens, die Griechen, antiken Statuen getreu, versuchten. Garrett nahm das Ding in die Hand und distanzierte vom Fleck weg die Griechen, die sich gerade in diesem, ihrem nationalen Sport, den Sieg erwartet hatten. Wie selbstverständlich erwarb sich Garrett auch die Goldmedaille im Kugelstoßen; dazu noch eine Bronzemedaille im Hochsprung und eine Silbermedaille im Weitsprung. Garrett fuhr heim in die USA, verschwand von Olympischen Siegerpodesten und bei den nächsten Spielen, 1900 in Paris, war er verschollen. Was blieb, war eine neue Art des Starts im Laufen, über den man 1896 in Athen noch gelächelt hatte, als ein Starter gebückt, Fingerspitzen am Boden, auf das Startsignal wartete.
Avery Brundage hat sich für die Abhaltung Olympischer Spiele große Verdienste erworben und es gab Zeiten, in denen seine Person die eiserne Klammer wurde, die den Zerfall der Spiele verhinderte. Denn inzwischen geriet das IOC unter den Direkteinfluß des Politischen. Die Vertreter der Klassen-

kampfidee griffen in die Rassenkämpfe ein, die, vor allem in Afrika, während der sechziger Jahre an Schärfe zunahmen. Niemand wagte es, an der Zusammensetzung der nach rein klassenmäßigen Kriterien aufgestellten Mannschaften kommunistischer Staaten Anstoß zu nehmen. Was im Falle des Klassenkampfes im IOC toleriert wurde, das wurde in dem des Rassenkampfes der Südafrikanischten Union zum Verhängnis: ihrem Mann im IOC wurde die Mitgliedschaft abgesprochen.

Und 1964, in Tokio, ging noch einmal das Pathos über die Realität hinweg, als Avery Brundage die Olympische Idee zu einer Art moderner Religion einer Neuen Zeit machte und deklarierte: Sieg nach Verdienst der Leistung. Diese Art von Welt ist es, nach der wir streben.

Nach den IX. Olypischen Winterspielen 1964 in Innsbruck, habe ich nicht mehr für den Posten des Präsidenten des ÖOC kandidiert. Trotz der Warnung, die ich aus Erfahrungen bei der Bewerbung Wiens für die Spiele 1972 zog, nahm ich, zumal jeder Kompromißkandidat scheiterte, doch noch einmal die Wahl an.

Wie hatten sich die Zeiten doch seit den fünfziger Jahren in Österreich geändert! Starpolitiker trugen ihre bandagierten Skihaxen wie eine goldene Tapferkeitsmedaille der Moderne. In der Prominentenreihe des Wiener Stadions, angesichts von zehntausenden Besuchern zur Schau sitzend, nahm es eine neue Prominenz gern auf sich, sportliches Interesse zu miemen. Obwohl sie aus ihrem Desinteresse an sportlichen Dingen nicht einmal in die Lektüre eines lateinischen Textes flüchten konnte oder wollte. Der Small talk bei Politikertreffen bei sportlichen Anlässen wurde politisch folgenreicher, als der auf traditionellen Cocktailparties. Es kam eine Zeit, da wäre ich gerne wieder unter den überlebenden Fußballtigern gestanden, die — ein wenig schweigsam — ihren finanziell leicht gedopten Lieblingssport unter Kontrolle hielten.

Als auch im österreichischen Sport, wenigstens in jenen Sparten, die an den internationalen Level heran wollten, der Satz: Money makes it, entschied, war es für mich endgültig an der

Zeit, die Szenerie zu verlassen, ohne die Türe zuzuschlagen. Ich achte die harte Berufsarbeit eines Professionalfußballers ebenso hoch wie die eines Zirkusakrobaten. Aber ich bin deswegen kein Anhänger des Zirkus — sagen wir — Sarassani, bei dessen Besuch ich einen gewissen Artisten bewundern kann, wobei ich weiß, daß ich vielleicht demnächst denselben Artisten in einem anderen renommierten Zirkus zu sehen bekommen werde. Die Show, die ganz große Show, wie sie in vielen Sportarten noch floriert, ist nicht meine Sache. Show braucht viel innere Qualität, um Kultur zu sein. Ohne Show ging es nicht in den Ballungsräumen der Antike, und ohne Show geht es nicht im industriellen oder postindustriellen Zeitalter, im technotronischen, wie es programmiert ist. Aber dermaßen bekommt das Match zwischen den Grün-weißen und den Violetten stark den Charakter, den einmal in der Antike die Zirkuskämpfe zwischen den Grünen und den Blauen hatten.

Noch immer befindet sich an der Fassade des Hauses in der Prinz Eugen Straße die Aufschrift in Leuchtbuchstaben: Haus des Sports.

Das Haus steht in einer Zeile von Nobelhäusern, die sich die erste Garnitur des arrivierten Bürgertums im 19. Jahrhundert bauen ließ. Die Rothschilds, die Scheys und andere. Damals hieß diese Straße noch schlicht und einfach Heugasse. Und es lag mehr als eine Fahrbahn zwischen der Häuserzeile der Heugasse, die zum Gemeindebezirk Wieden gehört und der gegenüberliegenden Seite, die nicht nur zu einem anderen Gemeindebezirk, sondern zu einer anderen Welt gehört: zur Welt des Hauses Schwarzenberg und, höher gelegen, zu der des Prinzen Eugen von Savoyen, dessen Palais nach dem Tod des Prinzen Belvedere genannt wurde.

In jener Zeit, in der man in Adelspalästen die Büros der öffentlichen Hand unterbrachte, in der die Nobelhäuser der Bürger vom Management des Industriesystems beschlagnahmt und aus Restaurants und Kaffeehäusern in prominenter Lage Bankfilialen oder später Autosalons wurden; in jener Zeit also geriet das heutige Haus des Sports in den Besitz der öffentlichen Hand. Das geschah außerdem noch in jener heute unnennbaren Systemzeit vor 1938, als die »Österreichische Turn- und Sportfront« in das Haus einzog, ohne gleich ihre Lichtreklame auszuhängen. 1938 folgte dieser Front im damals üblichen Erbgang der »NS Reichsbund für Leibesübungen«. Und 1945 widerfuhr dem Haus seitens des sowjetischen Besatzungselements wegen der Bezeichnung »NS« das Schicksal, den Österreichern weggenommen und als Enklave des sogenannten Deutschen Eigentums deklariert zu werden. Nach dem Ende des Besatzungsregimes, 1955, gelang es Viktor Kollars, später während meiner Ministerschaft Leiter der Sportsektion, das Haus vor dem Zugriff anderer Interessenten zu bewahren. Als »Haus des Sports« sollte es neu adaptiert, eröffnet und den Fachverbänden sowie dem ÖOC zur Verfügung gestellt werden.

»Warum schreiben Sie nicht gleich Haus des ›Spurt‹ darüber«, war damals der Stehsatz zahlreicher Protestschreiben, die ins Haus am Minoritenplatz flatterten. Spurt, so wie das Wort Sport im Wienerischen vulgär ausgesprochen wurde, bedeutete im Falle dieser Proteste die ganze Distanz, die zwischen dem Palais am Minoritenplatz und einem neuen Haus des Sports zu liegen schien. Das Problem wuchs über die rein linguistische Frage ins Prinzipielle.

Für mich gab es in dieser Situation keinen Fachmann, der auch in hochkonservativen Kreisen unverdächtiger gewesen wäre, als Richard Meister, Professor für alte Sprachen, Vorstand des Pädagogischen Instituts der Universität Wien und Kulturhistoriker von Rang. Als langjährigem Mentor der österreichischen Rektorenkonferenz und als Präsident der Österreichischen Akademie der Wissenschaften, war Meister üble Nachrede wurscht. Sie konnte ihm auch Wurscht sein, weil er sich als Junggeselle nicht nur in Fleischwaren auskannte: es gab in einem renommierten Fremdenverkehrsort Österreichs ein gutes Gasthaus, das servierte nach den Angaben des Herrn Präsidenten das »Meister-Schnitzel«. Meister war nicht, wie behauptet, trocken, reaktionär und begriffsstutzig, sondern: saftig in einem echten Humor, zeitaufgeschlossen und einsichtig genug, um Modernismen von einer Moderne zu unterscheiden. Hätten zu seiner Zeit die Konservativen die von ihm erdachte Unterrichtsreform bejaht, sie würden nicht heute wie bellende Hunde hinter der Schulreform der Linken herrennen müssen.

Betreffs des ominösen Problems mit dem neuen Haus auf der Wieden, gab Meister, der mich 1931 in der Ergänzungsprüfung für Realschüler aus Latein abgefragt hat, folgendes zur Sache:

Sport hat nichts mit Spurt und nichts mit dem englischen Wort spurt zu tun. Es kommt aus dem Lateinischen und heißt dort in der Form desportare so viel wie: wegtragen, wegbringen, und im übertragenen Sinne: sich einer Situation entledigen, sich entspannen. Schon im Französischen des 13. Jahrhunderts ist das Tätigkeitswort se disporter im Gebrauch. Nachher im Englischen als to disport, um schließlich mit dem Wort Sport Ausdruck für eine Freizeitbeschäftigung zu werden.

Warum sollte nicht vor diesem geschichtlichen Hintergrund, der Gegenwart war, ein »Haus des Sports« bestehen können.

Nach der Fußball-Weltmeisterschaft 1974, abgehalten in verschiedenen Städten der Bundesrepublik und mit dem Zentrum der Ereignisse im Münchner Olympiastadion, bin ich betreffs der Inschrift skeptisch geworden. Längst haben sich die Cracks des Alpinen Skisports in den USA zu einem Skizirkus zusammengetan. Und der Abstand zwischen Fußball im Olympiastadion 1972 und einem Circus Maximus der Moderne war nicht mehr groß. Zumal nach den Ausdrücken einer grenzenlosen Frustration, die aus den Mündern der jüngsten Idole von München gefallen sind. Nein, die Geschichte des klassischen Altertums wiederholt sich nicht in der jüngsten Neuzeit. Sie ist gegenwärtig.

Es rieseln nicht mehr die Bächlein der Besucher auf die Stehplätze des längst aufgelassenen Fußballplatzes längs der Stelzergasse in Rudolfsheim, und es hören nicht mehr tausende Besitzer von Radiodedektorapparaten mittels Kopfhörer die Kommentare des beliebten Professors Willy Schmieger, Lehrer der klassischen Sprachen und ehedem Internationaler des Wiener Sportklubs. Man zieht en masse in die Zirkusse, Arenen und Massenshows, und wer es nicht schafft, dahin zu kommen, dem bringt die Telekratie die Show zuverlässig ins Haus. Wenn einmal die Archäologen des Jahres 3000 die Reste der Städte von heute ausgraben werden, dürften sie vor allem auf drei Typen von Monumentalbauten stoßen: Sportstadien, Einkaufszentren und unabsehbare Reihen von Hochhäusern an verwüsteten Stränden und in verwüsteten Gebirgstälern.

Das Fest am Sonntag, die Freizeit zum Wochenende, die Spannung im Genuß eines Gustostückels sportlicher Qualitätsleistung — all das wird Alltagskost. Aus der Sportseite des Leibblattes sind drei, vier, fünf und mehr Seiten voller Sportereignisse geworden. Die Sensation einer Leistung und der sensationelle Skandal im Sport haben den gleichen News-Wert. Wer als Bürgermeister überleben will in der Erinnerung, baut ein Bad; wer als Oberbürgermeister in die Unsterblichkeit eingehen möchte, ein Riesenstadion, eines der Dinger, die fast schon den Fassungsraum der Antike in Rom, 150 000 Besucher, erreicht haben. Wer aber schlechthin unsterblich werden will, der reiße die Tore zur vollendeten Freizeitgesellschaft weit auf, der Gesellschaft mit Brot und Spielen.

Und so wie die Römer wilde Tiere und Christen in die Arena holten, um den Kitzel des Todes zu spüren, bannt man die Todesgefahr der Cracks in Rennbahnen und Arenen. In den USA werden bei Spielen des American Football jährlich mehr Menschen getötet, als zu Beginn der American Revolution auf Bunker Hill im Kampf gefallen sind.

Da mit dem Tod alles für den Menschen zu Ende ist, wächst das Mysterium des Todes. Der Schrei von zehntausenden Besuchern, die sehen, wie der Rennfahrer in seiner Maschine verbrennt, wird subtiler Genuß. Immer wieder kommt man an solche fa-

tale Orte. Man nimmt Buben Bleisoldaten weg, weil ihnen nicht
der Sinn für das Töten kommen soll; aber man hört gerne den
Todesschrei. Journalisten oder Fotografen, die am besten solche
Katastrophen des Menschlichen erfassen können, sind, neben
den Stars auf der Laufbahn, Stars der Publizistik.
Gott ist nicht tot. Ein anderer Gott lebt im Evangelium des
Mr. Avery Brundage.

IM SCHATTEN DES BELVEDERES

Seit 1949 habe ich eine Mietwohnung im Gürtelgebäude neben
dem Belvedere. Aber das Belvedere erweist sich als ein fataler
Ort.

Prinz Eugen von Savoyen, zu dessen Lebzeiten das schönste
Gartenpalais Wiens nie Belvedere geheißen hat, konnte einiges
von dem Horror, der so lange über dem Wohnen im Vorfeld
der Festungsstadt Wien gelegen hat, vertreiben. Angst vor den
Türken, Kuruzzen und sonstigem Volk, das immer wieder über
die nahe Ostgrenze des Reiches quoll, machten die Gegend an
den Südosthängen der Residenzstadt unheimlich. Als der Sa-
voyer die Türkengefahr endgültig in die Beengtheiten des Bal-
kans abgedrängt hatte, war das Ende der Gefahr Zeichen für
das Neue: aus der bisher größten Front- und Festungsstadt
Europas, wurde zu Beginn des 18. Jahrhunderts eine mondäne
Stadt inmitten eines Halbkreises adeliger Gartenpaläste. Vom
Neuwaldegger Palais Strattmann im Nordwesten der Hauptstadt bis zum Palais Eugens im Südosten, entstand die großartige Szenerie für das barocke Wien.
1716 schrieb ein britischer Botschafter, der auf seiner Reise quer
durch Europa in Wien Station machte: »I must own I never
saw a place so perfectly delightful as the faubourgs of
Vienna.«
Damals entstand in den Hirnen einiger ein geheimes und ver-
messenes Vorhaben: verschwinden sollten die spitz aufragenden
gotischen Türme der Stadt, die wie Nadeln in die neue
Silhouette stachen. Statt dessen sollte die unnennbare Schönheit eines durchaus barocken Wiens Wirklichkeit werden, so wie

sie nachher Canaletto in seinem Blick vom Oberen Belvedere ahnen ließ. Für einen Kaiser wie Joseph I., der dem Phantom nachjagte, das Reich der spanischen Habsburger, das Reich, in dem die Sonne nicht unterging, seinem Bruder Karl zu gewinnen, war solches Träumen faszinierend. Aber auch sein Bruder Karl VI., dem dieses Reich vergebens zugedacht war und den dessen Verlust an die Bourbonen noch auf dem Sterbebett gequält hat, strebte aus den Beengtheiten des mittelalterlichen Wien, in denen die Stadt als eine militärische Kampfanlage existieren mußte, heraus. Die von Karl VI. zu Ehren seines Namenspatrons, des Pestheiligen Karl Borromäus erbaute Karlskirche, sollte im Südosten Richtpunkt einer Avenue werden werden; beim Schottentor beginnend und quer durch die alte Stadt auf die Favoritner Höhen, hinter denen Asien anfängt, verlaufend, Achse der künftigen Existenz Wiens werden. Noch zweihundert Jahre nachher, beim Tod des Bürgermeisters Doktor Lueger im Jahre 1910, klagte Adolf Loos, daß mit dem Heimgang des letzten großen Schirmherrn der Karlskirche, die über den geschleiften Festungswällen verwirklichte neue Einengung der Stadt innerhalb der Ringstraße über die imperiale Richtungsweisung gesiegt hätte. Ring statt Pfeil, das wurde Signet der Stadt.

Prinz Eugen hat von seinem großartigen Sommerpalais wohl nur den Teil in Tagen des Glücks und Erfolgs erlebt, den man jetzt das Untere Belvedere nennt. Und dazu die Gärten und die Tiermenagerie. Ein Geier, der nach dem Tod des Prinzen in den Schönbrunner Tiergarten kam, überlebte den Prinzen um neunzig Jahre und ging erst 1826 ein. Er soll Napoleon bei einem seiner unerwünschten Besuche in Wien so mißgünstig betrachtet haben, wie dies dem Tier angesichts des Wandels, der seit dem Tod des Prinzen Eugen die Monarchie befallen hatte, sehr wohl anstand. Von seinem großen Gegner, dem König von Frankreich, bekam Eugen einen Löwen zum Geschenk. Hugo von Hofmannsthal erzählt die schöne Legende, wie dieses Tier seinen Herrn über alle Maßen liebte und in dessen Gegenwart von niemand anderem Futter nahm. Nicht alle Tage hatte der Prinz Lust, bei den Affen und Papageien und Bären stehen zu bleiben, aber bei seinem Löwen blieb er jeden Abend stehen, sah ihm in die Augen und der Löwe widerstand dem menschlichen Blick, erwiderte ihn mit einem mächtigen, dumpfen Tierblick. Da kamen drei Tage, an denen der Löwe vom Belvedere seinen Herrn nicht sah. Das Tier verweigerte das Fressen und lief im Käfig auf und nieder. In der Nacht des dritten Tages wurde das Tier ruhig und legte sich ohne Regung hin. Aber die Augen blieben offen. Gegen drei Uhr stieß es ein solches Gebrüll aus, daß der Tierwärter und seine Gehilfen im Bett auffuhren und hinausliefen in die Menagerie, um nachzusehen, was dort geschah. Da sahen sie Lichter in allen Zimmern des Schlosses, zugleich hörten sie in der Kapelle das Sterbeglöcklein, und so wußten sie, daß ihr Herr, der große Prinz Eugen, zu eben dieser Stunde gestorben war.

Seit meinem fünften Lebensjahr kenne ich diesen Text so ziemlich. Zu Weihnachten 1917 hat mir unsere Hausfrau das Buch mit den kurzen Erzählungen vom Leben des Edlen Ritters unter den Christbaum gelegt. Hofmannsthals Lesebuchgeschichten, wie man heute sagen würde, wurden für mich Maßstab für Vorstellung von so abstrakten Dingen wie: edel, ritterlich, menschliche Größe. Es hat mich nachher nicht gestört, zu lernen, daß der Prinz nicht im Belvedere gestorben ist, sondern in seinem Stadtpalais in der Himmelpfortgasse. Bei einer Feier, die zur Zeit meiner Ministerschaft Hofmannsthal zu Ehren stattfand, zitierte ich eine Passage aus diesem meinem Buch aus Kindertagen, dessen Originallithographien von Franz Wucek mich so sehr beeindruckt haben. Eine bei der Feier anwesende Dame machte mir daraufhin ein kostbares Geschenk: sie gab mir ihr eigenes Exemplar des liebsten und eindruckstärksten Buches meiner Kindheit.

Eugen starb 1736 in der bitteren Erkenntnis, daß die Monarchie bald nicht mehr imstande sein werde, den Begehrlichkeiten gewisser Nachbarn im Westen und Norden standzuhalten. Vorbei war die verspätete Einsicht des alternden Ludwigs XIV., daß die sogenannte Erbfeindschaft Frankreichs und Österreichs, bei der England zu billigem Preis lachender Dritter wurde, ein Unheil sei. Noch einmal mußte der schon siebzig Jahre alt gewordene Prinz einen Feldzug gegen Frankreich führen, das auf die Eroberung des Erblandes des Bräutigams Maria Theresias, Lothringen, aus war. Friedrich von Preußen, Maria Theresias künftiger Feind, sah nur mehr einen Schatten des genialen Feldherrn, der sich quälte, mit bunt zusammengewürfelten Reichstruppen den Feind zu wehren. 1735 ging dieser Krieg mit dem Verlust Lothringens zu Ende, der Prinz erlebte noch die nach der Räson der großen Politik verhängnisvolle Heirat Maria Theresias mit Franz Stephan von Lothringen, um im Frühjahr darauf zu sterben.

Eugens Nichte und Erbin Victoria, ein etwas dümmliches, auf einen schönen jungen Mann erpichtes Frauenzimmer, hatte für die Größe und Bedeutung des ihr zugefallenen Nachlasses keinen Sinn. Sie versilberte bald dies bald jenes. Wie eine verschuldete Hauptmannswitwe, die Geld braucht, um sich einen Mann zu verschaffen. Mit einiger Mühe erwarb das nicht eben mit Geld gesegnete Haus Habsburg die Schlösser und Paläste des Prinzen, vor allem das Gartenpalais im Süden der Residenz. Aber die junge Kaiserin Maria Theresia, zu deren Zeit dieses Palais zuerst Belvedere genannt wurde, hatte einen anderen Traum: Schönbrunn.

Das Belvedere wurde trotzdem gut instand gehalten, denn die alten Habsburger waren sorgsame Hausväter. Es war ihm aber der äußere Glanz und die Bedeutung genommen. Wenn der Hof Schönbrunn einmal verließ, reiste das Cortège weit im Süden am Belvedere vorbei. Nach Laxenburg oder Hetzendorf, viel später nach Baden. Erst dreißig Jahre nach dem Tode Eugens fand im Belvedere ein großes Schaugepräge statt: die Aussteuer der Erzherzogin Maria Josepha, die dem König von

Neapel als Braut bestimmt war, wurde dort den neugierigen Wienern zur Schau gestellt. Aber der Trousseau blieb vorläufig in Wien, denn die blutjunge Braut starb, ehe sie Neapel und ihren Bräutigam sah, an den Blattern.

Als die Nachricht davon in Neapel eintraf, waren König Ferdinand, der Bräutigam, und seine Playboys erbost. Sie fühlten sich um den Jux einer Hochzeit betrogen. Gab es nicht diesen Jux, so sollte es wenigstens ein Juxbegräbnis geben. Und so wurde die Bestattung der kleinen Maria Josepha, als ihr Körper längst in der Wiener Kapuzinergruft lag, in Neapel noch einmal und mit dem Prunk spanischen Hofzeremoniells inszeniert. Der schönste der Playboys übernahm die Rolle der Toten. Man betropfte seine Haut mit Schokolade, um die Pusteln der schaurigen Krankheit, an der Maria Josepha gestorben war, nachzuahmen. Und dann trug man die Bahre, hinter der der König und sein Gefolge schritten, zur Gaudi der Playboys durch die Säle und Gänge des Königsschlosses. Die akkreditierten Gesandten, die kamen, um dem König zum Ableben seiner Braut zu kondolieren, wurden Zeugen dieser seltsamen Art Schwarzen Humors. Sie waren ein wenig schockiert, aber keineswegs arg überrascht, denn auf derlei mußte man damals am Hof zu Neapel gefaßt sein. König Ferdinand wurde übrigens der Großvater jenes Kaisers Ferdinand, der als der sogenannte Gütige in die österreichische Geschichte einging.

In derlei Dekadenz mußte das Königtum in Europa verfallen, ehe in der Revolution Könige ihre Kronen und zuweilen ihre Köpfe verloren. Nicht aber in Neapel. 1946, als in Italien über die Alternative Königreich oder Republik abgestimmt wurde, stimmte im ehemaligen Königreich beider Sizilien, im Gegensatz zum Norden des Landes, eine kompakte Mehrheit für die Beibehaltung der Monarchie.

Die Habsburger bekamen das Phantom Neapel nicht los. Mit einer ganz unösterreichischen Konsequenz, schickte Maria Theresia statt der vorverstorbenen Braut Maria Josepha, deren nächstjüngere Schwester Maria Carolina nach Neapel. Und Maria Theresias Sohn, der aufgeklärte Kaiser Josef II., bestimmte eine Tochter jenes neapolitanischen Ferdinands seinem Nachfolger Franz, später »der Gute« genannt, zur Frau. Das war schon die zweite Gemahlin Franzens. Sie gebar ihm zahlreiche Kinder, von denen die meisten nicht lebensfähig blieben. Überlebt haben der schwachsinnige Ferdinand, der spätere Kaiser in der Ära Metternich, und dessen unglückliche Schwester Maria Anna, sowie Marie Luise, deren neapolitanischer Mutter nur ein früher Tod ersparte, das Ungeheuerliche erleben zu müssen; nämlich Schwiegermutter jenes Mannes zu werden, den sie auf dieser Welt am meisten haßte: Napoleon.

Francesco Goya hat einmal die Porträts der abstoßenden Typen einer Generation der spanischen Bourbonen gemalt, deren neapolitanische Linie ein furchtbares Bluterbe in das Haus Habsburg brachte. Der Großvater des Regisseurs des makabren Leichenzugs starb in geistiger Umnachtung. Dessen Sohn wurde wahnsinnig. Und Ferdinands älterer Bruder mußte von der Thronfolge ausgeschlossen werden, weil er schwachsinnig war.

Nach dem traurigen Ende Maria Josephas schien die im Belvedere gefeierte Verlobung ihrer Schwester Maria Antonia besser zu geraten. Diese, die dem späteren König von Frankreich, Ludwig XVI., bestimmt war, erlebte bei ihrem Abschied von Wien im Belvedere eine riesige Maskerade. Zwei Stunden brauchten damals die Lakaien, um allein die sechstausend Kerzen für das Fest anzuzünden. Siebentausend Gäste kamen zu dieser letzten Kavalkade des Ancien Régimes in Wien. Schon stand die Ära Kaiser Josephs II. bevor, und der hatte für derlei nichtsnutzige und kostspielige Spaßettln keine Fiduz. Niemand hat in jener Ballnacht vor zweihundert Jahren geahnt, daß die nur fünfzehnjährige Braut in ein Land ziehen mußte, in dem die Regisseure des Blutbades der Revolution von 1789 mit ihrer Schreibtischarbeit schon fertig waren. Einer dieser human gesinnten Denker im Sinne des Fortschritts, J. I. Guillotin, dachte über eine neue Art des Vollzugs der Todesstrafe nach; nur das rein technische Problem der Guillotine, unter der Maria Antonia als Königin von Frankreich sterben sollte, war noch nicht gelöst.

Mit dem Fest für die schöne Erzherzogin Maria Antonia schien überhaupt das Schöne Einzug zu halten ins Belvedere. In jenem längst überwundenen Zeitalter aristokratischer Mißwirtschaft, wie man heute sagt, verfiel man auf den absurden Gedanken, das schöne Schloß für die Schaustellung der Produkte der Schönen Künste zu benutzen und die Leitung dieser kaiserlichen Kunstsammlung nicht etwa einem geschulten Beamten, sondern einem Künstler zu übertragen. Noch heute befindet sich im Kustodentrakt des Belvederes das Atelierfenster, durch das einer der Galeriedirektoren den Blick auf das Wien der Biedermeierzeit hatte. Das Bild davon ist ein reizvoller Kontrast zu dem berühmt gewordenen Blick vom Oberen Belvedere, mit dem vorher Canaletto die barocke Gebäude- und Gartenarchitektur Wiens erfaßt hat. Nein, an die Schönheit des Belvederes kam die Fatalität des Ortes nie heran. Oder fast nie. Denn 1945 geschah es zum ersten Mal.

Im Belvedere hielt die erste der vier Gemahlinnen Franzens Hof, als ihr noch kronprinzlicher Gemahl während des letzten Krieges gegen die Türken im Feld war. Die junge Kronprinzessin, Elisabeth von Württemberg, starb bei der Geburt ihres einzigen, frühverstorbenen Kindes. So machte das Schicksal den Weg frei für ihre Nachfolgerin, die Mutter Kaiser Ferdinands und seiner unglücklichen Schwester Maria Anna.

Kaiser Franz ahnte nichts vom genius loci des Belvederes. Gegebenenfalls hätte er diesbezüglich mit der ganzen Skepsis geäußert, der er als Wiener fähig war. Und so schuf er sich just im Belvedere, im Reich der Botanik, ein kleines Österreich, als ihm der junge Napoleon Stück für Stück seines großen Reiches entriß. Im Belvedere entstand in dieser wildbewegten Zeit die

Flora Austriaca viva, für die der holländische Naturforscher Nicolaus Host Pflanzen aus allen Teilen der Monarchie gesammelt hat. Mit dem Namen Host ist noch heute der Name eines Teiles der Gärten rund um das Belvedere verbunden, und Franzens botanisches Österreich lebt im Alpengarten des Belvedere fort.

In Ansehung von derlei Idyllen muß man bedenken, daß sich Kaiser Franz gerade ein wenig im Reich der Pflanzen verlor, als seine Tante, Königin Maria Antoinette, in Paris aufs Schafott kam und er im Krieg gegen Napoleon österreichische Generäle im Feld hatte, von denen der Korse zynisch sagte, sie seien ausgezeichnete Militärs gewesen. Nur hätten sie die unausrottbare Eigenschaft gehabt, sich immer wieder schlagen zu lassen. Also schickte Franz schließlich seine eigenen Brüder, Karl und Johann, Napoleon entgegen, ohne deswegen seine Kriege zu gewinnen. Da muß man verstehen, wenn der unerschütterliche Kaiser zuletzt zu der Ansicht kam, jetzt müsse er die Monarchie auch noch vor der Genialität seiner Brüder schützen, soll nicht alles verloren sein.

Er, der Gute Kaiser Franz, hatte die berühmte österreichische Nase, die ihn unbewußt davon abhielt, mit dem Belvedere mehr zu tun zu haben, als das, was ihm an der Flora Austriaca interessierte. Mag sein, daß er in der Beschaulichkeit dieses Gartens den Gedanken faßte, einmal seiner gemütskranken Tochter Maria Anna in dieser Umgebung eine Bleibe, fern dem Hofleben in Schönbrunn, zu schaffen. Für die Zeit, wenn er selbst nicht mehr am Leben sein würde.

Zunächst bekam das Belvedere nacheinander hochfürstliche Besuche. Sozusagen die Displaced Persons der Napoleonischen Kriege. In dem gleichen Rhythmus, in dem der junge Napoleon die habsburgischen Sekundo- und Tertiogarnituren sowie deren Verwandte aus Italien vertrieb, kamen diese landvertriebenen Fürstlichkeiten nach Wien ins Belvedere zu Gast. Sie alle waren felsenfest überzeugt: Cela ne durera pas longtemps. Und so logierte der Onkel des Kaisers, der gewesene Generalkapitän der Lombardei im Palais des Prinzen Eugen, der einmal in Italien seinen militärischen Ruhm mitbegründet hat. Es kam ein anderer Onkel des Kaisers, der Herzog von Modena. Und zuletzt kehrte die Tochter der im Belvedere verabschiedeten unglücklichen Maria Antonia, Prinzessin Marie Theresia Charlotte von Frankreich, an die Stätte des frühen Glücks ihrer Mutter zurück.

Die großen Zeiten des Wiener Kongresses von 1815 rauschten am Belvedere vorbei. Nachher, als Kaiser Franz schon genug hatte von den Strapazen der Imitation eines mittelalterlichen Schlosses in Laxenburg, zog der Hof zur Erholung nach Baden. So kam bekanntlich der Kaiser auch ins Schelmenloch bei Sooss. Das Belvedere, seine Galerie, seine Gärten und im Winter die Eisflächen der Teiche blieben den Wienern zur Verlustigung. Der genius Loci war dem einfachen Volke offenbar nicht böse gesinnt.

Als Kaiser Franz 1835 starb, hinterließ er zwei Sorgenkinder: seinen Thronfolger Ferdinand, aus höfischem Respekt »der Gütige« genannt, über dessen geistige Minderwertigkeit kein Zweifel bestand; sowie dessen ebenso unglückliche Schwester Maria Anna. Und damit der Monarchie nichts »passiert«, schloß Kaiser Franz seine beiden genialen Brüder Karl und Johann von der wegen der Krankheit Ferdinands unvermeidbaren Regentschaft aus. Diese fiel an den jüngsten Bruder des Verstorbenen, dem, ganz im Sinne Metternichs, der an Ferdinand I. gerichtete letzte Wille Franzens eigentlich zugedacht war: verrücke nichts an den Grundlagen des Staatsgebäudes, regiere, verändere nicht . . . In dem Paradoxon einer absoluten Monarchie ohne Monarchen und der also gewährleisteten Fortdauer des Systems Metternichs, das sich schon in seiner Spätkrise befand, liegen die Voraussetzungen für die Katastrophe des Jahres 1848.

So spielte in der österreichischen Geschichte der Zufall, den es nach Marxens materialistischer Geschichtsauffassung nicht geben kann, im Fall der Krankheit Kaiser Ferdinands I. beim Ausbruch der Revolution von 1848 ebenso seine Rolle, wie 1917 in Rußland, wo die Bluterkrankheit des jungen Thronfolgers Alexej die Folgen des Regimes Rasputins verursachte.

Aber da war noch die Erzherzogin Maria Anna. Sie starb fast genau hundert Jahre nach der im Belvedere stattgehabten Schaustellung der Heiratsausstattung ihrer Großtante Maria Josepha, die Neapel nie sehen sollte. Geht man heute, von Süden kommend, durch das Haupttor des Belvederes, dann erblickt man zu beiden Seiten des Tores, symmetrisch angeordnet, zwei Torhäuser. Eines davon ist jüngeren Datums. Es steht an der Stelle, wo einmal das Mariannenstöckl gestanden hat, das Kaiser Franz seiner 1858 verstorbenen Tochter Maria Anna zugedacht hat und das nach seinem Tod ausgebaut worden ist. So schloß sich einer der Schicksalskreise um den Mittelpunkt des Belvederes.

In der Zeit Kaiser Franz Josephs I. fing man an, das Terrain des Hostischen Gartens, den die Schloßhauptmannschaft zu Zeiten für das Belvedere reklamierte, an den Rändern zu zerstückeln. Um 1870 entstand unmitelbar neben dem Südportal, am heutigen Landstraßer Gürtel, jenes zweitraktige Gürtelgebäude, in das zunächst eine Bildhauerschule der k.k. Akademie der Bildenden Künste einzog. Anschließend daran durfte sich der Erste Obersthofmeister des Kaisers, Karl Graf Lanckoronski, ein bedeutender Kenner und Förderer der Künste, sein Gartenpalais erbauen. 1945 haben alliierte Bomber dieses Palais anstatt der Gleisanlagen der Süd- und Ostbahn getroffen und das Denkmalamt konnte nachher die Ruine beim besten Willen nicht als ein erhaltungswürdiges Objekt klassifizieren. Daß in der Zweiten Republik die Gemeinde Wien dieses Areal Ecke Jacquingasse und Landstraßer Gürtel für den Bau eines Bürogebäudes samt Fertigungsbetrieb widmete, zeigt den Unterschied in der Baugesinnung auf, der in dieser Stadt zwischen 1700 und 1970 entstanden ist.

Klöster, nach dem tragischen Tod des Kronprinzen Rudolf Gegenstand kaiserlicher Obsorge, selbst jener der so ganz unfrommen Kaiserin Elisabeth, kamen in einem Fall bei der Randabbröckelung des Botanischen Gartens ebenfalls zum Zug. Wenn ich jetzt die Klosterkirche in der Jacquingasse besuche, fällt mein Blick auf die Wappen der Häuser Habsburg und Wittelsbach, die allen Wandel der Zeit überstanden. Sie sind eine Erinnerung an Tote, deren sich sonst niemand mehr besonders erinnert.

Die reichlich mittellose Republik von 1918 aber gab nach dem Motto der Wiener: Nobel geht die Welt zugrunde, ihrem berühmten Operndirektor Richard Strauß eine weitere Parzelle des Botanischen Gartens zuerst ins Baurecht, dann ins Eigentum. Richard Strauß revanchierte sich auf seine Art: für das Baurecht gab er das Autograph des »Rosenkavaliers« hin, für das Eigentum am Grund und Boden seiner Villa hundert Dirigierabende an der Wiener Staatsoper.

Nur scheinbar ließ der genius loci das Belvedere eine Zeit lang aus. Als für die kaiserlichen Sammlungen das Kunsthistorische Museum am Ring in Bau war, erwog man höheren Orts einen Moment lang, das Belvedere für die Hofhaltung des Kronprinzen Rudolf einzurichten. Aber der Thronfolger starb, ehe noch das Museumsgebäude am Ring bezugsfertig war, und das Schicksal übernahm es zudem, für sein Ende eine makabre Szenerie ausfindig zu machen, wie sie im Belvedere beim besten Willen nicht aufzutreiben gewesen wäre. Statt des lebensmüden Erben des großen Reiches, zog für kurze Zeit ein sterbenskranker Herrscher im Reich der Musik ins Belvedere. Im Februar 1895 erinnerte der k.u.k. Hoforganist Dr. Anton Bruckner alleruntertänigst an ein freundliches Wort, das ihm die Tochter des Kaisers, Erzherzogin Marie Valerie, einmal gegeben hatte. Der in Wien viel verkannte und viel verlästerte

Komponist hatte nur die Bitte, man möge ihm eine Parterre-wohnung im Kustodenstöckl des Belvederes einräumen. Weil er so sehr an Atemnot leide und ihm die reine, frische Luft gut tun würde. Nach Einholung eines ärztlichen Pareres resolvierte das Obersthofmeisteramt in Gnaden, zumal der vom Tod gezeichnete Bruckner kein lästiger Dauermieter zu werden versprach. Schon das Jahr darauf verbrachte man den Leichnam des Komponisten ins Stift Sankt Florian, wo er in einem wahrhaft kaiserlichen Sarkophag vor einer riesigen Wand von Totenschädeln ruht.

1896, im Jahr als Bruckner das Belvedere verließ, wählte das Schicksal den nächsten vom Unglück schon gezeichneten Bewohner des Belvederes aus. Es zog zunächst gleich zwei Kandidaten in Erwägung: die Brüder Erzherzog Franz Ferdinand und Erzherzog Otto. Otto, kerngesund und fesch, kam schließlich für die Thronfolgerwohnung nicht in Betracht. Obwohl es anfänglich schien, als würde er seinen älteren, lungenkranken Bruder Franz Ferdinand überleben. Aber Franz Ferdinand genas und Otto holte sich an der Riviera den Keim einer heimtückischen Krankheit, der er in der Cottagevilla einer jungen jüdischen Schauspielerin erlag, die mutig dem Ekel der Todeskrankheit standhielt. Franz Ferdinand ging den Weg ins Belvedere und von dort aus buchstäblich nach Sarajewo. Und damit begann die ganz große Zeit, die der genius loci für die erste Hälfte des 20. Jahrhunderts in petto hielt.

Als Senior unserer Verbindung trug ich unsere Fahne. Sie wurde in Olmütz 1907 geweiht. Die Gemahlin des Thronfolgers, Sophie Fürstin Hohenberg, hatte die Courage, die Patenschaft für die Fahnenweihe zu übernehmen. Aber der k.k. Statthalter der Markgrafschaft Mähren relationierte nach Wien, es wäre ausgesprochen schlecht, wenn die Fürstin mit der persönlichen Ausübung der Ehrenfunktion die loyalen Gefühle der Tschechen, Deutschnationalen und Liberalen kränken würde. Vielleicht rechnete der Herr Statthalter damit, daß man es in Wien ohnedies nicht gerne sah, wenn die nicht ebenbürtige Gemahlin des künftigen Kaisers im Blickfeld der Öffentlichkeit stand, und so blieb die Fürstin aus und schickte dafür ein prachtvolles Fahnenband. Für uns wurde dieses Geschenk der einzige bleibende Schmuck der Fahne, die gegen alle Fährnisse der Zeit verteidigt wurde, und zugleich die Erinnerung an die Frau, die so tapfer am 28. Juni 1914 an der Seite ihres Gatten aushielt und mit ihm in den Tod ging. Die Nazis, die 1938 die beiden Söhne der Fürstin ins KZ verschleppten, wurden bei der Plünderung der Bude der Fahne nicht habhaft und ebensowenig spätere Plünderer vom Jahrgang 1945. Immer, wenn ein Junge die Fahne trägt, erscheint das Wappen der Fürstin in der Öffentlichkeit. Zum fünfzigsten Todestag der Fürstin haben die Jungen der Verbindung das Grab der Fahnenpatin besucht, darunter ein paar mit sehr langen Haaren.

Belvedere-Partei nannte man einen Kreis von Männern, den Franz Ferdinand aus allen Teilen der Monarchie, aus den verschiedensten politischen Richtungen und aus allen Nationen um sich versammelte, weil er glaubte, es müsse gelingen, das große Reich an der Hochwassermarke des Nationalismus zu erhalten. So integral der Thronfolger in diesem letzteren Punkt dachte, so liberal war er bei der Auswahl der Mitglieder der sogenannten Partei, die keine Partei war, sondern eine Mannschaft für Österreich. Mancher dieser Männer hat nach 1918, als alles vorbei war, in den Nachfolgestaaten sich als Staatsmann einen Namen gemacht. Die sogenannte Belvedere-Partei gehörte zur letzten Crew, als 1939 in Europa nicht nur, wie 1914, für eine Zeit die Lichter ausgingen, sondern es Nacht wurde.
Vom Belvedere fuhr Franz Ferdinand am 23. Juni 1914 die kurze Strecke hinüber zum Wiener Südbahnhof, um zu den Manövern in Bosnien zu reisen. Dem Erzherzog lag diese Reise zuletzt schon, um es Wienerisch zu sagen, stagelgrün auf. Und das aus vielerlei Gründen. Es war ja schon die Zeit, in der in Österreich jedermann provozieren durfte oder sich über erlit-

tene Provokationen beklagte und es schon eine Provokation war, wenn sich in Österreich einer als Österreicher bekannte. So wie 1907 die Gemahlin des Thronfolgers in Olmütz nicht in Erscheinung treten durfte, sollte auch er selbst 1914 womöglich nicht jene südslawischen Kreise provozieren, die ihn ohnedies aus dem Weg räumen wollten, um mit ihrer Politik ans Ziel zu gelangen.

Dazu kam, daß zu Beginn der Reise auch gar nichts funktionierte und der Thronfolger mehrmals auf das stieß, was ihn am meisten in Rage brachte: Österreichische Schlamperei. Bei der Anreise Franz Ferdinands fiel wegen eines an sich vermeidbaren Gebrechens sein eigener Salonwaggon aus. Für die Weiterreise von Wien nach dem Süden hatte man ersatzweise den Waggon des k.u.k. Ministers des Äußeren eingeschoben, und in diesem Fall war die Elektroanlage außer Betrieb. Als der Erzherzog in den mit Kerzen notdürftig erleuchteten Salon des Waggons trat, versuchte er es mit einem Scherzwort: »Im Äußeren herrscht Finsternis. Ich werde dem Berchtold — (dem damaligen Minister) — ein Licht aufstecken«. Dann aber roch er den Duft des heißen Wachses und den der Blumen. »Sonderbar«, wandte er sich an seine Herren, »wie bei einem Begräbnis, sonderbar . . .«.

Der Thronfolger, aufgewachsen in der Spätkrise des Fortwurstelns in der Monarchie, hätte sich die ganze Sponpanadeln und die Reise in den Tod ersparen können, hätte er sich, wie bereits vielfach landesüblich, betragen. Ausreden gab es genug dafür, um nicht zu fahren. Aber Franz Ferdinand war in einem Punkt unösterreichisch: die allgemein übliche Raunzerei, der miese Pessimismus vieler Landsleute kam an ihn nicht heran. Die Angst, es könnte etwas passieren, wenn endlich etwas geschieht, hatte er nicht. Und die Raunzerei nachher: »Ich hätt' 's eh net tun woll'n. Aber akkurat haben sie's haben wollen. Hätten sie's doch sein lass'n. Nachher ist eh nur Ärger. Aber nein, es muß was getan werden und nachher ist unsereiner schuld, wenn etwas passiert«.

Und schließlich ging der Truppeninspektor der Monarchie deswegen nach Bosnien, weil dort und in der Herzegowina noch einmal die Armee etwas bei der Kultivierung des Landes geleistet hat, womit sie in dem fortfuhr, was Prinz Eugen zu seiner Zeit begonnen hat. Dort unten hat sich jener Typ von Österreichern zerrissen, denen man dann, wie es ganz allgemein und bis in die höchsten Kreise hinauf hieß, aufs Grab geschissen hat.

Und so fuhr der Thronfolger von Wien aus dieselbe Strecke, die seit 1878 Generationen von Deutschmeistern gefahren sind, wenn Teile des Regiments in Bosnien stationiert waren. Einer hat mir erzählt, wie sie beim Transport an der offenen Schiebetür des Waggons saßen, die Beine heraushängen ließen, in das fremde Land sahen und jenes seltsam schwermütige Lied sangen, das die alten Diener aus dem Okkupationsfeldzug heimgebracht haben:

Banjaluka, luka, luka Sarajevo,
Sarajevo, Bosnia.

Zehn Tage nach der Abreise Franz Ferdinands vom Wiener Südbahnhof trug man am 2. Juli 1914 die Särge des Thronfolgers und seiner Gemahlin, die 1945 zerbomte Prunktreppe der Bahnhofshalle hinab. Als Toter hatte der Erzherzog Ruhe vom Belvedere. Der Kondukt ging am Palais vorbei und in die Hofburg, wo man dem Toten eine kurze Rast und den Wienern was zum Schauen gewährte. Ehe man die Särge der Gemeinde Wien, Städtische Leichenbestattung, überantwortete, die mit prompter Bedienung und mit ihrem kleinbürgerlichen Pomp funèbre die Überführung in die Gruft von Artstetten besorgte. Nicht auszudenken wäre es gewesen, wenn bei dieser Gelegenheit die Truppen ausgerückt wären, ihrem Truppeninspektor die Ehrenbezeigung erwiesen hätten und ein Abglanz davon auf dessen unebenbürtige Frau gefallen wäre, die das erste Todesopfer des Weltkriegs von 1914 war. So inkonsequent war man nun in Österreich wieder nicht.

Und außerdem: man hatte schon genug Bredouillen in diversen Büros. Jetzt, mitten während der Urlaubszeit und Reisesaison.

Um diese Zeit, 1912, hatte sich das Schicksal eines Gebäudeobjekts bemächtigt, dessen es zur Abrundung des Schauplatzes künftiger Staatsaffairen im Umkreis des Belvederes brauchte. In den letzten Jahren der Hofhaltung Franz Ferdinands im Belvedere wurden im benachbarten Gürtelgebäude Wohnungen für das Personal des Thronfolgers geschaffen. Einige dieser Alten habe ich als späterer Inwohner des Gürtelgebäudes nach 1948 kennengelernt. Wir, die Alten und ich, haben oft über die Zeit vor 1914 gesprochen und vor allem über die menschlichen Qualitäten des ermordeten Thronfolgers. Darnach habe ich einige Züge am Franz-Ferdinand-Bild, das der Dichter Bruno Brehm technisch brillant gezeichnet hat, korrigiert, soweit es meine Vorstellung betrifft.

Kurz vor dem Ende der Dollfuß-Ära, nicht genannt soll sie werden, die Systemzeit, wurde im Hoftrakt des Gürtelgebäudes eine Dienstwohnung für den amtierenden österreichischen Bundeskanzler eingerichtet. Kurt von Schuschnigg hat sie als erster und einziger Kanzler bewohnt. Hierher brachte ihn am Abend des 11. März 1938 sein Nachfolger, Arthur Seyss-Inquart, um sich auf Nimmerwiedersehen mit den besten Wünschen zu verabschieden. Der genius loci übernahm es, diese Wünsche zu exekutieren. Er tat es mittels jener SA-Männer, die über Nacht den Wohntrakt in einen von aller Welt abgeschiedenen Gefängnistrakt verwandelten. Schuschnigg verließ die Räume im Schatten des Belvederes, als er ins Gestapohauptquartier am Morzin-Platz, in das ehemalige Hotel »Metropol«, verbracht wurde. Von dort beförderte ihn die schauerliche Untergrundbahn der Gestapo in die Station München und weiter ins KZ. Kurt von Schuschnigg war der einzige Gegner Hitlers, der das: et respice finem, buchstabengetreu befolgte und vor der Gewalt des Hitlerismus weder davon lief, noch, wie

1940 sein sozialdemokratischer Amtskollege in Dänemark, im Amt geblieben ist.

Der genius loci des Belvederes zog die Machthaber des Dritten Reiches mit unheimlicher Kraft an. Sie fingen an, in den Spuren des Prinzen Eugen zu wandeln oder das zu tun, was sie eine diesbezügliche Nachfolge nannten. Für das theatralische Tun des Reichsaußenministers von Ribbentrop, bot das Belvedere bei gewissen Anlässen eine phantastische Kulisse. Am 30. August 1940 wurde im Oberen Belvedere der »Zweite Wiener Schiedsspruch« gefällt, nach dem die ewigen Grenzstreitigkeiten der Rumänen mit den Ungarn quasi mit der Gartenschere bereinigt wurden. Das Jahr darauf, am 25. März 1941, fand im Belvedere die Unterzeichnung des Abkommens statt, mit dem das Königreich Jugoslawien dem Dreimächtepakt unter der Führung Adolf Hitlers beitrat. Der Führer war bei der Vertragsunterzeichnung nicht im Belvedere anwesend. Nicht ahnend, welchen Boden er betrat, kam er nachher ins Belvedere.

Wieder, wie 1914, erwies sich die Konfrontation mit dem Staat der serbischen Karageorgevič als das Sarajewo eines Weltkriegs. Die jugoslawischen Politiker, die am 25. März 1941 im Belvedere das Abkommen mit dem Hitlerismus unterzeichnet haben, wurden nachher, sofort nach ihrer Ankunft in Belgrad, von Militärputschisten gestürzt. Und am Tag des Besuches im Belvedere unterzeichnete Adolf Hitler die Führeranweisung Nummero 25 betreffs der neuen Lage auf dem Balkan: Demnach sollte Jugoslawien auch dann, wenn die Putschregierung zunächst eine Loyalitätserklärung abgeben sollte, als Feind betrachtet und daher so rasch als möglich zerschlagen werden. Von Wien fuhr Hitler in sein Hauptquartier in Aspang, seine Wehrmacht aber überschritt jenen Rubikon, hinter dem Deutschlands gefürchteter Zweifrontenkrieg Wirklichkeit wurde und der bisherige Krieg gegen die europäischen Westmächte sich zum Zweiten Weltkrieg weitete.

Denn schon am 5. April 1941 vollzog die Sowjetunion ihre Rochade ins Lager der militärischen Feinde Hitlers, indem sie mit dem bereits mit dem Deutschen Reich im Krieg befindlichen Jugoslawien einen Freundschafts- und Neutralitätspakt abschloß. Im ersten Punkt dieses Paktes kontrierte die Sowjetunion Hitlers erklärte Absicht, Jugoslawien zu zerschlagen, indem es diesem Land versprach, dessen territoriale Unversehrtheit zu achten und im Falle einer Gefährdung derselben, dem Königreich der Karageorgevič gegenüber eine Politik der Freundschaft zu betreiben.

Mit Rufen wie: Lieber Krieg als Pakt, hatten die serbischen Putschisten den Pakt vom Belvedere als für sie unverbindlich erklärt. Den Krieg sollten sie bekommen, und auch Hitler sollte mit seiner Absicht, dieses Jugoslawien zu zerschlagen Recht kriegen. Die eindrucksvolle Präzision mit der der Balkanfeldzug der Deutschen Wehrmacht im Frühling 1941 abrollte, hatte nur eine, damals in der Öffentlichkeit kaum registrierte Nebenfolge, die schließlich Keim der Todeskrankheit des Dritten Reiches werden sollte.
So blitzartig die Wehrmacht die Balkanhalbinsel und die griechischen Inseln mit ihrem Angriff durchfegte — es erwies sich selbst dieses bisher unvorstellbare Tempo der Kriegsführung als nicht rasch genug, um damit rechtzeitig vor dem Beginn des nachfolgenden Krieges gegen die Sowjetunion zu einem Ende zu kommen. Denn wegen des Jugoslawien- und Balkanfeldzuges mußte der Beginn der Kampfhandlungen gegen die Sowjetunion um vier Wochen verschoben werden. Das war ein Zeitverlust, der für den Rußlandsfeldzug schwerwiegende Folgen hatte:
Denn um die vier Wochen, in denen im Frühjahr 1941 der Feldzug von Spielfeld bis Kreta so rasch, aber doch zu wenig rasch abrollte, geriet im Sommer und im Herbst 1941 der Rußlandfeldzug zu langsam, versackte er stellenweise in Schlamm und Schnee und Eis, ehe Moskau erreicht wurde.

Im Zweiten Weltkrieg traf das Kriegsschicksal das Gebäude des Belvederes sozusagen nur normalmäßig, wenn auch erstmalig. Das Obere Belvedere bekam einige schwere Bombentreffer ab. 1945 wurde es leicht überplündert. Im Hoftrakt des Gürtelgebäudes, dort wo zuletzt Kurt von Schuschnigg gewohnt hat, quartierten sich in das zum Teil zerstörte Haus sowjetische Soldaten ein, die es sich richtig heimisch machten. In den Ecken der Zimmer brachten sie auf den Parkettböden ihr offenes Feuer an, die übrigen Räumlichkeiten wurden als kriegsmäßige Ubikationen benutzt: Täglich von einer anderen Truppe, um so täglich mehr zu verrotten.

Noch schlechter kam, wie bereits angedeutet, das Palais Lanckoronski weg. Seine Zerstörung im Bombenkrieg erwies sich indessen letzthin als ein wirtschaftlich brillant verwertbarer Vorgang. Auf den Grundstücksmarkt geworfen, erwies sich das einmal vom Kaiser an seinen Ersten Obersthofmeister vergebene Grundstück als eine Goldgrube, für deren Verkehrswert nur ein ausländischer Käufer genug Valuten aufbringen konnte.

Zuletzt bemächtigte sich die von Franz Ferdinand so gehaßte Schlamperei des Schicksals des Oberen Belvederes: 1950 brannte in einer Nacht, trotz sogenannter Nachtwachen, das Goldkabinett im Nordostturm aus. Immer weniger blieb von dem Original des Interieurs, auf das noch die Blicke des Prinzen Eugen gerichtet gewesen sind. Dafür wurde die Technik der Restaurierung immer perfekter.

Am 15. Mai ging ich von meiner Wohnung im Hoftrakt des Gürtelgebäudes ums Eck' ins Obere Belvedere. Wieder einmal war das Belvedere Ort der Unterzeichnung eines Staatsvertrages. Diesmal jenes, in dem sich die Vier Großen des Zweiten Weltkrieges mit dem winzig kleinen Österreich über dessen Wiedererrichtung und Unabhängigkeit, indirekt auch über Österreichs künftigen Status der immerwährenden Neutralität, einig wurden. Für die Österreicher in der sowjetisch besetzten Zone bedeutete das, im Gegensatz zum übrigen, des Drucks der

Besatzungsmächte längst ledigen Österreich, das Ende einer quälenden Besatzungsära und die wohl endgültige Überwindung des zweigeteilten Österreichs.

Als ich an den Massen der neugierigen Zuschauer vorbei durch das Tor des Vorgarten des Belvederes ging, salutierte der dort postierte Sicherheitsbeamte, und ein Strahl Glücks dieses Tages traf auch mich, den Statisten des folgenden Staatsakts im Belvedere.

Während Julius Raab, Adolf Schärf, Leopold Figl und Bruno Kreisky nach Ostern 1955 nach Moskau reisten, um das NIHIL OBSTAT der Sowjetunion zur Unterfertigung des in rund zweihundert Sitzungen textierten Staatsvertrags einzuholen, folgten den Unterhändlern manche sorgenvolle Bedenken und bedenkenvolle Sorgen ihrer politischen Freunde. Noch in Moskau waren in der Umgebung des sozialistischen Vizekanzlers Adolf Schärf, Vorbehalte wegen des Zusammenhalts dieses Staatsvertrags mit der im Anschluß daran verkündeten immerwährenden Neutralität Österreichs laut geworden. Um diese Zeit hat mir Julius Raab einmal, ein wenig unwirsch, vorhergesagt: »Auch du wirst einmal nach Moskau fahren«.

Am 15. Mai 1955, im Marmorsaal des Oberen Belvederes bei der Unterzeichnung des Österreichischen Staatsvertrags von 1955, war ich mir des fatalen genius loci nicht bewußt. Mit einer vorbehaltslosen Opinio necessitatis setzte ich meinen Namen unter das am 30. Juli 1955 ausgegebene Bundesgesetz, mit dem dieser Staatsvertrag der Ratifizierung zugeführt wurde. Und ebenso unter das Bundesverfassungsgesetz vom 26. Oktober 1955, mit dem der Nationalrat zum Zwecke der dauernden Behauptung der Unabhängigkeit Österreich sowie der Unverletzlichkeit seines Gebiets, aus freien Stücken, die immerwährende Neutralität Österreichs deklarierte.

Von den zwölf Männern, deren Namen unter diesen beiden Bundesgesetzen stehen, sind die meisten inzwischen gestorben, andere krank oder endgültig aus dem staatlichen Leben ausgeschieden. Verschollen, wie ich.

Die Endfünfziger Jahre schienen zu gedeihen, als verbreite sich eine Befriedung über die Erde. 1958 kam Johannes XXIII. auf den Stuhl Petri. Wieviel das damals vor allem von jungen Menschen aufgegriffene Wort: Aggiornamento in sich hatte, war mir weniger wichtig, als ein humanes Wirken, das im Umkreis des nur kurz regierenden Heiligen Vaters geradezu typenbildend wurde. Solange Johannes XXIII. keine Einzelerscheinung den Rängen der Großen dieser Welt war, schien sein Versuch, die Katholische Kirche an die Verhältnisse des modernen Lebens anzupassen, mutig und wertvoll genug zu sein, um das gleichzeitige kalkulierte Risiko nicht vom Fleck weg abzulehnen. Nämlich, die Lehre der Kirche in das Aggiornamento einzubeziehen. Meine Begegnungen mit der Persönlichkeit Johannes XXIII. zählen jedenfalls zu den eindrucksvollen Ereignissen meiner öffentlichen Tätigkeit; und so ging es wohl auch Klügeren und Größeren.

Dazu kam, daß in dem selben Jahr, in dem Roncalli Papst, der alternde Nikita S. Chruschtschow Ministerpräsident der UdSSR wurde. Auch ihn habe ich persönlich kennen gelernt. Mich erinnerte er an jene riesigen afrikanischen Dickhäuter, die scheinbar schwer beweglich, durchaus imstande sind, einen rasanten Angriff auf jeden Gegner zu starten, den ihre relativ kleinen Augen wahrnehmen. Als bei Chruschtschows Besuch im Bundeskanzleramt die österreichische Regierung der sowjetischen Delegation gegenübersaß, pendelte ein Gespräch zwischen merkwürdigen Tangentialpunkten. Es fiel auch das Wort Gott. Scheinbar wurde Chruschtschow einen Moment nachdenklich; dann sprach er vom Popen seines Heimatdorfes, um, zur allgemeinen Überraschung der Runde, zu schließen: »Der Pope war ein guter Mensch«. Derlei Statements wurden im allgemeinen bei sowjetischen Staatsbesuchen in den Staatskanzleien jener Ära nicht deponiert. Ich wartete auf den nächsten relevanten Tangentialpunkt. Er ereignete sich prompt binnen einigen Minuten. »Wenn die Republik Österreich«, so fuhr Chruschtschow in seinem Text fort, »einmal um die Aufnahme in die Zahl der Sowjetrepubliken ansuchen wird, dann wird auch die Zeit gekommen sein, Julius Raab, dem kleinen Kapitalisten, eines unserer großen Wirtschaftsunternehmen anzuvertrauen«.

Das konnte die Formel: dies certus incertus quando für die Sowjetisierung Österreichs sein. Oder die Hoffnung auf den Endsieg des Sowjetsystems in allen Teilen Europas und der Welt. Oder ein hingeworfenes Kompliment an den sogenannten »Kleinen Kapitalisten« Julius Raab, um dessen Rußlandpolitik im eigenen Lager abzustützen. Oder bloßer Small talk. Aber Small talk gehört noch nicht zum Repertoire eines Sowjetstaatsmannes oder -diplomaten.

Jedenfalls war ich nach gewissen, seit 1955 eingetretenen Änderungen der Lage, gewarnt, als ich 1963, anläßlich der Eröffnung des neuen Kulturinstituts in New York den damaligen US-Ausenminister Dean Rusk besuchte.

Rusk haspelte die gewohnte Rede von den so guten Beziehungen seines Landes zu Österreich ab. Es blieb an mir, für manches, was dieses Land und sein Volk in Zeiten der Not nach 1945 für Österreich getan hat, zu danken. Als das Wort vom schönen Österreich fiel, schien es mir an der Zeit zu sein, mein Ministergehalt zu verdienen. Ich verglich Österreich unter Bezugnahme auf das Kompliment des Außenministers des damals noch mächtigsten Staates der Erde, mit einer liebenswürdigen Dame, die tatsächlich und in allen Ehren einen Schwarm von Verehrern um sich hat. Die aber in der fatalen Lage ist, daß es keiner dieser Kavaliere mit ihr ernst meinen würde, wenn sie in Schwierigkeiten geriete. Das Lachen, mit dem der Außenminister meine Story verfolgte, brach jäh ab, als ich im Schlußsatz den Teufel an die Wand malte. Er schwieg und fragte dann, ob ich nicht mit ihm am Fernsehschirm die Übertragung der Begrüßung Kennedys nach einer Reise, von der der US-Präsident an diesem Tag zurückkam, ansehen möchte. Kennedy, der jungenhafte, sympathische und most effizient tätige John Fitzgerald Kennedy, hat vielleicht noch mehr Verwirrung in die Lage der sechziger Jahre getragen, als Papst Johannes XXIII. mit seinem, wohl von ihm selbst mißverstandenen, Aggiornamento. Unter den Starpolitikern der ÖVP von damals war Kennedy Idol. Er war Idol der Hippies von jenseits und diesseits des Antlantiks, die erklärtermaßen hoffen wollten, Kennedy würde ein Hippie im Weißen Haus werden. Enttäuscht von Kennedy waren zuerst jene Katholiken Amerikas, die anfangs einige Erwartungen in den sogenannten ersten Katholiken im Weißen Haus setzten, und die nachher mit der Erfüllung ihrer Erwartungen auf die nachfolgende Präsidentschaft des Nicht-Katholiken Lyndon B. Johnson warten mußten. Wohl die verheerendste Nachwirkung hatte die Kennedy-Ära deswegen, weil der junge Präsident als Präsidentschaftskandidat scheinbar auf die Probleme und Erwartungen der Hippiegeneration einging, um sie, was unausbleiblich war, als Präsident zu vergessen oder über sie hinwegzugehen.

1960, bei der Tagung des Internationalen Olympischen Komitees in San Francisco, dem ich als Präsident des Organisationskomitees der Winterspiele 1964 in Innsbruck Bericht erstatten mußte, gewann ich einen Einblick in die Revolte, die schon damals an Universitäten des Westens der USA in Gang war. Dort war in raschen, raumgreifenden Sprüngen der Aufruhr junger Linksintellektueller und ihrer uralten Lehrer, wie Herbert Marcuse und anderer, übergesprungen in den Aufruhr gegen eine Gesellschaftsordnung, als deren Opfer sich die Jungen ansahen, und schließlich gegen den Staat, der diese verdammte Gesellschaftsordnung trug. Wie ein Präriebrand ging der Aufruhr über den nordamerikanischen Kontinent hinweg, um anfangs der sechziger Jahre in den deutschen Importhäfen des Amerikanismus, Frankfurt und Westberlin, nach Deutschland und von dort nach Österreich importiert zu werden. Als ich 1960 dem nach seiner Resignation als Bundesparteiobmann der ÖVP weiterhin amtierenden Bundeskanzler Julius Raab von dem Gesagten berichtete, tat er den Bericht mit den

Worten ab: »Da is' wieder einmal ein Intelligenzler seinen amerikanischen Kollegen, die auch nicht wissen, was sie wollen, aufgesessen.« Auch der damalige Bundespräsident Adolf Schärf, bei dem ich mich, wie es sich gehörte, von dieser Reise meldete, konnte sich nicht vorstellen, daß das ungereimte Zeug der langhaarigen Hippies einmal in Europa, vor allem unter gebildeten Menschen, Bedeutung erlangen könnte. Um 1960 stand die Zeit erst bevor, in der Europa von unzähligen Hippies, Gammlern, Provos und Beatniks überschwemmt wurde. Für die meisten dieser Marschierer war das Ganze ein Jux, eine Mode; aber für die Auguren des Unternehmens und ihre Jünger war das die Revolution. Die sexuelle, moralische, intellektuelle und politische Revolution, die an den Universitäten ausgerufen, das Establishment der Wohlstandsgesellschaft wegschwemmen sollte.

Daß Chruschtschow den Zweck dieses Beginnens einer Neuen Linken klarer sah als Kennedy oder Johannes XXIII., möchte ich annehmen. Die Kommunistische Partei der Sowjetunion hat sich vorbehaltslos hinter die Aufstände junger Menschen, insbesondere der Studenten gestellt, so wie diese gewalttätigen Angriffe auf die Ordnung der Freien Welt des Westens an Bedeutung gewannen.

Noch gefährlicher erwies es sich für den Westen, als die jungen Menschen, die einmal das Kommen Johannes XXIII. und Kennedys begeistert begrüßt haben, nach dem Tod der beiden im Jahre 1963 in den Sog der Marx-Renaissance der sechziger Jahre gerieten und mit ihr auf breiten Fronten quer durch die Katholische Kirche und durch die einmal von christlichen Demokraten getragenen Parteien zogen.

Aber derlei Endkonsequenzen konnte ich 1963, nach Österreich zurückgekehrt und damit vorläufig vom Rest der Welt abgeschnitten, selbst mit meiner von Julius Raab beanstandeten Phantasiekraft nicht ahnen. Damals stand ich in der großen Zahl derer, die den Heimgang Johannes XXIII. aufrichtig beklagten und erschüttert waren, als Kennedy im November des gleichen Jahres auf eine heute noch nicht aufgeklärte Art ermordet wurde. Vom Heiligen Vater behielt ich das Bild des geduldigen und duldsamen Papstes, von Kennedy den letzten Brief, den dieser mir unmittelbar vor seinem Tod geschrieben hat und der wohl das letzte Gedenken des Ermordeten an Österreich enthält. Das Schreiben betraf eine Matinee im Burgtheater, bei der am 100. Jahrestag der berühmten Ansprache Lincolns von Gettysburg der Humanismus dieses nachher ermordeten US-Präsidenten herausgestellt wurde. »Those who cherish freedom and human dignity«, sollten, so Kennedy am Vortag seiner Ermordung, verbunden bleiben; »to represent a force of great spiritual power in the world of today.«

The world of today im Sinne Kennedys ging zu Ende, als 1963 Johannes XXIII. starb, Kennedy ermordet und Chruschtschow 1964 von den Industriemanagern der sowjetischen Kommandowirtschaft abgesetzt wurde. Sofort, kaleidoskopartig änderte sich damals das politische Bild Europas. Der vom klassischen Marxismus abweichende Kurs der demokratischen Marxisten wurde von einer Neuen Linken im Sinne des Neomarxismus rektifiziert. Die außerparlamentarische und undemokratische Opposition der Neuen Linken bemächtigte sich zwar nur langsam der Apparate der sozialistischen Parteien in der Neuen Welt, drängte diese jedoch gerade so weit von dem bisherigen Naheverhältnis zur Christlichen Demokratie ab, daß die von Kennedy angesprochene Allianz christlicher Demokraten und demokratischer Marxisten in Europa zerbrach. Gleichzeitig erwies es sich, daß die Technikraten in den bisherigen christlichen Parteien nicht imstande waren, die in der Ära Konrad Adenauer sowie Julius Raab in Deutschland und Österreich bestandene Allianz zwischen christlichen Demokraten und Neoliberalen aufrechtzuerhalten. Angefeuert von den Linksintellektuellen in den Massenmedien, ging eine neue Welle des Neoliberalismus weit nach links, wo es nach dem Liberalismus des 19. Jahrhunderts für Linksliberale überhaupt keinen Feind geben kann.

Indem der Antikommunismus der vierziger und fünfziger Jahre als die »Waffe der Kapitalisten, Imperialisten und Revanchisten im Kalten Krieg« preisgegeben wurde und Anti-Antikommunismus die Tarnbezeichnung für die Fünfte Kolonne der linken Linken in der freien Welt des Westens wurde, fing diese freie Welt an, Selbstmord zu betreiben. 1963 erregte der Bau der Mauer quer durch Berlin eine politische Sensation; den Sinn des Ganzen, nämlich die Verewigung der sowjetischen Herrschaft über Mitteleuropa, haben nur wenige erkannt, noch weniger in der Absicht eines Gegenschlags bloßgestellt; die wenigstens wären vor einer Konfrontation als Folge dieses Aggressionsakts des Kremls nicht zurückgeschreckt.

Als 1965 die Sowjetunion in aller Offenheit die Aggression Nordvietnams auf das nicht-kommunistische Südvietnam unterstützte, stieß die militärische Unterstützung, die die USA der Regierung Südvietnams erwiesen, bereits auf den fanatischen Widerstand der Neuen Linken des eigenen Landes. Zehntausende junge Amerikaner desertierten während der sechziger Jahre unter dem Beifall aller fortschrittlich gesinnten Intellektuellen des Westens. Grundsätzliche Verneinung des Kommunismus, Kampf aus dieser Grundeinstellung oder auch nur Widerstand gegen kommunistische Aggressionsakte, wurde als bourgeoiser unkritischer und rein emotional gelenkter Antikommunismus bloßgestellt, der eines unvoreingenommenen, gebildeten Menschen unwürdig ist.

Der Tag konnte nicht ausbleiben, an dem ich mir, im Schatten des Belvederes lebend, Gedanken darüber machte, daß auch mein Name unter den Gesetzen zur Ratifizierung des Staatsvertrags 1955 und zur Erklärung der immerwährenden Neutralität des Landes steht.

Die Gewissensorgen wurden umso drückender, je mehr ich mich nach meinem Ausscheiden aus der Politik in den letzten Jahren meiner Tätigkeit als Ministerialrat im Bundesministerium für

Unterricht, mit den Fragen der geistigen Landesverteidigung beschäftigte.

Um diese Zeit wurde bereits der Kernsatz der Neutralitätserklärung vom 26. Oktober 1955, wonach Östereich diese Neutralität mit allen ihm zu Gebote stehenden Mitteln aufrechterhalten und verteidigen werde, vielfach bagatellisiert. Auch Politiker und Staatsmänner von Rang fingen an, über diese conditio sine qua non unserer Neutralität bei deren Erörterung hinwegzugleiten. Je mehr die Jugendverbände aller Richtungen, die der FPÖ anfänglich noch ausgenommen, anfingen, die mit der bewaffneten Neutralität untrennbar verbundene militärische Landesverteidgung als wertlos und überflüssig hinstellten; sie als Anstiftung zum Mord abzuwerten; und junge Menschen in dem Bestreben zu unterstützen, sich von jeder Teilnahme an einer bewaffneten Neutralität fernzuhalten, verlor in meinen Augen der Staat von 1955 seinen Pivot, den Haltepunkt seiner ferneren Existenz.

Ich war naiv genug, zu erschrecken, als auch Priester von der Abschaffung des Bundesheeres zu jungen Menschen sprachen, obwohl sie als Intellektuelle wußten, daß laut internationalem Recht dermalen eine Neutralität nur als eine bewaffnete den Anspruch auf internationale Geltung hat. Und Österreich in dem Maße den Anspruch auf die Berücksichtigung seiner Neutralität verwirkt, in dem der Staat seine bewaffnete Landesverteidigung ideell und materiell verkümmern läßt; und der Staat es dem eigenen Ermessen unreifer junger Menschen anheimgibt, darüber zu entscheiden, ob sie sich nicht besser von ihrer höchstpersönlichen Teilnahme an der Landesverteidigung absentieren. Oder ob sie zu den Dummen gehören möchten, die man, wie es Günther Nenning einmal ausdrückte, von staatswegen befragen müßte, wie sie denn auf den Gedanken kommen, Soldaten zu werden.

Immer mehr schwand für mich die Möglichkeit, als Beamter des Staates solche Ansichten im Sinne einer Geistigen Landesverteidigung den gegen das Heer gerichteten Polemiken entgegenzuhalten. Ich nahm Zuflucht zu den wenigen publizistischen Möglichkeiten, die mir geboten wurden, so lange die katholische Wochenzeitschrift »Die Furche« die Courage hatte, meine Beiträge im redaktionell gestalteten Teil der Zeitung abzudrucken. Und dazu gehört Courage. Denn in früher mir nahestehenden Kreisen wurde immer mehr der Verdacht laut, es handle sich in meinem Fall bloß um die Obstinanz eines geschaßten, alternden Politikers, der sich mit seinem Los nicht abfinden kann; oder um die skurrilen Gedankengänge eines Halbgebildeten, der auf seinen Dreitausendern herumkraxelt und der gefälligst damit fertig werden sollte, wenn er wieder einmal in einen Kuhfladen tritt.

Es dauerte geraume Zeit, bis ich selbst in der Lage war, die Feststellung, ich sei nicht »in« in einem polemischen Sinn zu akzeptieren und meinerseits festzustellen, daß ich in mehrfacher Hinsicht nicht »in sein« will, daß es gar nicht meine Absicht sein kann, jetzt »dabeizusein« oder »dazuzugehören«.«

Dort, wohin die politische Bewegung, der ich seit meinem siebzehnten Lebensjahr angehöre, derzeit geraten ist, will ich nicht »in« sein, auch nicht in dem Vehikel, das sie fährt. Und ebensowenig konnte und wollte ich »in sein«, wo der Katholizismus in einem Versuch der Anpassung an das moderne Leben daran ist, Wahrheiten, die absolut ungeschichtlich sind, selbst in Frage zu stellen oder gar fallen zu lassen. Ich bin auch nicht »in« in einem Staat, in dem eine sozialistische Regierung daran ist, mit dem, was sie Demokratisierung der Demokratie nennt, andere Parteien zu überrunden, um durch ihr Ziel, nämlich ein sozialistisches Österreich, zu gehen.

Ich bin »in« im wahren Glauben meiner Kirche. Ich bin »in« in einem politischen Denken, dessen Continuum anfängt mit dem CREDO IN UNUM DEO, und ich bin »in« in allen Regungen eines Umdenkens und Neudenkens jener Menschen, die nicht der Mode gemäß links denken, sondern rechts stehen, weil sie rechts denkend sind: Meta-physisch bedingt, solidarisch denkend und handelnd, konservativ im Prinzip und damit der Revolution ad infinitum sowie der Re-aktion abgewandt. Dazu gehört ein Österreichertum, das neue Anreicherungen nicht aus einem rezipierten Amerikanismus empfängt, sondern, seiner selbst durchaus mächtig, eigener Entwicklung und Entfaltung in Freiheit fähig ist.

In letzter Konsequenz denke ich nicht anders als Goethe, wo dieser in den Noten zum Westöstlichen Divan zu dem Schluß kommt: Das eigentliche, einzige und tiefste Thema der Welt- und Menschheitsgeschichte, dem alle übrigen untergeordnet sind, bleibt der Konflikt des Unglaubens mit dem Glauben. Dazu brauchte ich für meinen Teil keinen bloßen Anti-Marxismus, keine Konfrontation mit den Linkskatholiken meiner Tage und kein gewesenes »in sein« in einer linksgedrallten christlichen Demokratie. Vielmehr die Erkenntnisse der Physik nach der Ära Einstein. Karl Marx, so wie Sigmund Freud und Albert Einstein blieben der Simplizitas der Wissenschaft des 19. Jahrhunderts verhaftet. Für die Intellektuellen des 19. Jahrhunderts schienen die Gesetze der Wissenschaft absolute Gültigkeit zu erlangen. Man kam so zu der Überzeugung, es werde der Wissenschaft im Laufe der Zeit möglich werden, für alles eine Erklärung zu finden.

Während der vierzig Jahre meines Lebens im Umkreis der Hochschule und als Kulturpolitiker hatte ich hinreichend Gelegenheit, aus nächster Nähe zu beobachten, wie diesem wissenschaftlichen Absolutismus sukzessive der Boden entzogen wurde. Vorläufig halten wir bei der Einsicht, wonach der Wissenschaft letzter Schluß die Einsicht ist, an die Gesetzmäßigkeit von ganzen Serien wissenschaftlicher Gesetze zu *glauben;* hoffend, daß sich diese Gesetze, oder wenigstens ihre wichtigsten, Teile nicht ändern.

Nun weiß aber jeder in der Geschichte der Wissenschaft einigermaßen Bewanderte, daß der momentane Fortschritt in der Wissenschaft zu einem größeren oder geringeren Teil in nichts anderem besteht als darin, bisherige Irrtümer der Wissenschaft zu eliminieren oder zu berichtigen. Es ist in unserem Zeitalter des allgemeinen Unglaubens das große Verdienst der Naturwissenschaften, nicht der Theologie, den gebildeten Menschen zum Glauben an ein geordnetes und dem menschlichen Verstand zugängliches Universum geführt zu haben, und zu dem Vertrauen, daß das Universum eine feste Ordnung hat. Damit ist der Glaube in der Wissenschaft unentbehrlich geworden. Und es war nachgerade eine Verleitung zum religiösen Unglauben, wenn unlängst glaubensverwirrt gewordene Priester gläubige Menschen zu einem »Umdenken« im Glauben zu überreden versuchten; mehr Wissen sollte weniger Glauben kompensieren.

Ich theoretisiere nicht am Schluß. Ich versuche einen Vorgang in meinem Inneren sichtbar zu machen, der das letzte Jahrzehnt meines Daseins so sehr in Anspruch nahm, daß nichts geblieben ist, womit ich irgendwo »in sein« konnte. Schon vorher habe ich, inmitten des öffentlichen Lebens stehend, Zeiten zur Einsamkeit und zum Schweigen gesucht. Dankbar war ich, wenn ich in Krankheitszeiten ein solches Geschenk annehmen durfte, ohne Pflichten zu verletzen, deretwegen ich Dritten Rechenschaft schuldete.
Wer so wie ich in dem Verdacht stand, es triefe ihm ein rhetorischer Exzeß aus dem Mund, wie dem Schauspieler der Speichelfluß im Gefolge des perfekten Ausdrucks von Silben und Worten, weiß um das Wort ebenso Bescheid, wie um die Wortlosigkeit. Insbesonders muß der, der sein Wort aus dem religiösen Glauben und aus dem Wissen ableiten möchte, Zeit zur Betrachtung haben. Derlei habe ich von christlichen Heiligen gelernt, weniger von Predikanten eines modischen quasi-fernöstlichen Denkens. Zu den Qualen des modernen öffentlichen Lebens gehören das müßige Einherlaufen von Termin zu Termin, das unausweichliche Anhören von News und die Berieselung mit Gerüchten. Wer sich diesen Umwelteinflüssen entziehen will, gerät unfehlbar in eine Eremitage.

440

Wohl die meiste Zeit habe ich mit der Teilnahme an unnützen Sitzungen, ich meine jene Orgien der Schwatzhaftigkeit, verloren. Glücklicher war ich bei der Erfüllung meines Versprechens bei Amtsantritt, das müßige Einherlaufen zwischen Empfängen und gesellschaftlichen Präsentationen aller Art zu vermeiden. Auch dafür ist der Preis für den Politiker hoch: der Vorwurf des Mangels an Kontaktfreude und der Zurückhaltung gegenüber dem News Management sowie der Verdacht einer erfolgten Verletzung der Psyche. Auch diesen Preis der Nachrede habe ich schließlich gezahlt. Und ich tat es gerne, als ich lernte, Menschen zu beobachten, die dem zuneigen, was man jetzt einsame Entschlüsse nennt. Inmitten der Überflutung mit Informationen wird es immer schwerer, jene Einsamkeit zu gewinnen, die zu dem gehört, was Goethe mit das Verehrungswürdigste am Menschen gehört: die Entschiedenheit.
Der von Drittinformationen abhängige Politiker ist abhängig vom Sieb, das in sein Informationsservice eingebaut ist. Er wird nolens volens Dinge erfahren, deren Informationswert ihm in überhöhtem Maße hingestellt wird, und andere nie zu wissen zu bekommen, weil das erwähnte Sieb sie ihm vorenthält. Zugegeben: es wird immer schwerer, die Berge von printed material, die die Post auf den Tisch häuft, zu sichten. Indessen halte ich dafür, daß es besser ist, das zu trinken, was uns aus der eigenen Lektüre zufließt, als die Tropfen unter dem Informationssieb zu schlürfen. In diesem Sinne wähle ich immer sorgfältig jeweils drei Arten von Publikationen aus, in denen sich dann mein Denken momentan bewegt: einen Roman; ein Sachbuch; eine Zeitschrift. Um in dieser Hinsicht mit meiner Lektüre voranzukommen, habe ich auf dem Höhepunkt meiner öffentlichen Tätigkeit gelernt, die Nacht zu nutzen. Um dieser Stille willen habe ich mehr und mehr auf Abendgesellschaften verzichtet und bei offiziellen Anlässen getrachtet, stets womöglich vor Mitternacht daheim zu sein. Auch den unter meiner Ägide eingeführten Opernball habe ich unter dieses Gesetz der Zeitökonomie gestellt.

Der Tisch, an dem wir daheim zu dritt sitzen, ist die Drehscheibe meiner Existenz geworden. Mag man einwenden, daß das im Fall eines Politikers klerikaler Herkunft nicht eben originell ist. Über den Grad dieser Originalität wäre zu streiten — doch nicht in diesem Buch und an dieser Stelle.

Ich für meinen Teil bemerke, daß die in der Familie erlebte Freude und ebenso die in diesem Kreis durchgestandene Not für mich umso wertvoller wurden, als ich dieses Erleben nicht mit der Öffentlichkeit zu teilen brauchte. Die in Politikerheimen geschossenen Starfotos, die daher geholten Reportagen und dergleichen, erreichten zu meiner Zeit ein Ausmaß, wie es früher nicht einmal die heute diskriminierten Berichte vom Allerhöchsten Hoflager hatten. Für einen Kulturpolitiker, der ich wurde, stellt die Familie zudem den ersten und durch nichts zu ersetzenden Kulturvermittler der Menschheit dar. Es kam mir zunächst hart an, als ich gerade in diesem Punkt während der sechziger Jahre in einen scharfen Konflikt mit dem herrschenden Zeitgeist kam, der sich in Pädagogischen Instituten, im Umkreis soziologischer und politologischer Lehrkanzeln, in einzelnen Seelsorginstituten und insbesonders in den Intellektuellenlabors der Parteien und Verbände breit machte.

Die Familie soll demontiert werden. In Österreich hat der jetzt amtierende Präsident des Obersten Gerichtshofs die Familie als ein rechtswidriges Sexualmonopol hingestellt. Es kann nicht länger getarnt werden, daß in Österreich eine Legalisierung der sexuellen Promiskuität maßgebendenorts gefördert wird.

Indessen: je mehr Ideologen die von der Familie losgelöste Erziehung propagieren; je mehr Menschen die Existenz abseits der Familie idealisieren oder statistisch als begründet hinstellen; und je mehr Väter und Mütter vom Industriesystem verschluckt werden — desto mehr wird die Unheimlichkeit in einer familienfeindlichen Ordnung spürbar. In der Politik entsteht andererseits das Paradoxon, daß Menschen, die für sich nicht imstande sind, eine Frau oder einen Mann oder Kinder zu gewinnen, mit größter Intoleranz dabei sind, dem Rest der

Menschheit ihr Nessushemd aus krasser Individualisation und Emanzipation überzuwerfen.

Am Abend des 11. März 1938, in Gewärtigung der mir zustehenden Verhaftung, fragte ich meine Braut, ob sie es vom Fleck weg, vor meiner Verhaftung, auf sich nehmen würde, mich zu heiraten. Als Aspirant ohne Gehalt und nachher als provisorischer Kommissär mit einem Monatsbezug von Schilling 90,00, hatte ich gezögert, meiner Braut einen solchen Notstand zuzumuten. Jetzt war eine Hochzeit ohne Drum und Dran, eine Kriegshochzeit quasi, ein Start, bei dem drohende Handikaps nicht mehr galten. Soferne man uns überhaupt Zeit und Gelegenheit ließ.

Das damalige Ja meiner Braut war unser um und auf. Und blieb es. Unsere Entschiedenheit hatte sich in den folgenden acht Jahren bis 1946, in denen wir praktisch getrennt lebten, zu bewähren. Ohne diese Bewährung hätte sich meine Frau noch schwerer getan, auch die fünfzehn Jahre des Daseins einer politischen Witwe zu durchstehen.

Umso bedeutender waren in diesen Jahren das Aufblitzen des kurzen Glücks der Kindheit unserer Tochter, die schönen und echten Hoffnungen, die uns gegeben waren. Meine Hybris des Intellektuellen geriet, Gott sei Dank, unter die Gartenschere meiner Frau. 1938 sagte sie es jedem, der es hören wollte, die einzige gute Tat Hitlers sei es gewesen, meinen damaligen Senkrechtstart im Unterrichtsministerium raschest zu beenden. Und ich muß zugeben, daß ich die mir damals erteilten Vorschußlorbeeren nicht an die Wand gehängt, sondern ums Haupt gewunden habe. Das Schicksal hielt, Gott sei Dank, bis zuletzt seine schwer lastende Hand über mich. War eine Last von der Schulter genommen, lud es die andere richtig zugewogen auf. Lasten, die meine Frau und ich gemeinsam tragen.

Hätten Dekorationen überhaupt noch Wert, dann würde ich meiner Frau eine Medaille für Tapferkeit verleihen und ein Abzeichen für so viele schmerzhafte Verwundungen einer Mut-

ter. Daneben würde es für mich gerade noch für ein Dienst-
zeichen auf Grund der langen Zeit langen, in der ich täglich
aufs hohe Roß mußte. Meine Frau ist also, um im mehr modernen
Sprachgebrauch fortzufahren, ein Trampel. Ein Küchentrampel. Ein Trampel von der Kinderwiege bis über Jahrzehnte im
häuslichen Lazarett. Ein Trampel mit religiösen Vorstellungen.
Sie macht uns den Trampel. Und sie wird nicht wie die Witwe
jenes berühmten Theologen Paul Tillich aus der Welt scheiden,
die, nach altersbedingtem Verlust des Schamgefühls, der Welt
die angebliche Chronique scandaleuse ihrer Ehe mit Paul Tillich als Bestseller verhökerte.
In einer Zeit, in der eine meiner Partei nahestehende Studentenpartei zwecks innerer Reform der Kirche vorschlägt, die Pfarr-
büchereien mit Pornoliteratur auszustatten, ist es eine Ehre,
von den Managern der sexuellen Revolution als »bürgerlich«
hingestellt zu werden. Und da in Österreich ein Konservativer
eo ipso in dem Verdacht steht, auch in politischer Hinsicht »bürgerlich« zu sein, hält in meinem Fall das Signet »bürgerlich«
besser, weil doppelt genäht. Procul negotiis brauche ich keine
Hobbies als Füllsel meines Daseins in Pensionopolis. Nach
meiner Demission als Minister wurde ich wieder Ministrant in
dem Dienst, den Gott mir zuletzt zugeteilt hat. Krankenge-
schichten haben, Gott sei Dank, keinen News-Wert, und so
bleibe ich in meinem letzten Los bei mir selbst. Ich existiere in
dem, aus dem es keinen Auszug geben kann: aus meinem katholischen Glauben. Als Österreicher. Und in dem Bemühen, die
Idee eines christlichen Humanismus dennoch zu realisieren. Das
ist aber mehr als »bürgerlich«.

Aber das Belvedere und alles, was dazu gehörte und gehört, ist
um mich. Die Fenster unserer drei Zimmer gehen nach Norden,
denn es sind einmal Atelierfenster gewesen, in Richtung Belvedere. Der Blick aus ihnen ist freier geworden. Die uralten Ul-
men, die einmal feierlich vor dem Haus standen, sind standesge-
mäß und zur richtigen Zeit während der sechziger Jahre dem all-

gemeinen Ulmensterben zum Opfer gefallen. Dafür geht jetzt der Blick auf Nadel- und Laubgehölz, das den Wienerwald, dessen Silhouette zuweilen sichtbar ist, ahnen läßt. Dahinter hohe Bäume, zu denen aufzuschauen ich mir angewöhnt habe.

Der Ort ist fatal geblieben. Noch ist der Welt, aus der ich kam, nicht das letzte abverlangt. Gehe ich aus dem Haus, dann sehe ich auf dem Sockel des Gitters zum Belvedere die Einschüsse eines Punktfeuers, mit dem im April 1945 eine sowjetische Angriffsspitze ein MG der Deutschen niedergekämpft hat. Diese Einschüsse sind unweit der Hausmauer, an der man unlängst einen Blindgänger fand, eine jener Granaten, die die Granatwerfer der deutschen Infanterie verfeuerten.

Das sind Monitoren. Der genius loci lächelt nicht. Ich bleibe gewarnt.

ERICH SCHENK

Mozart
sein Leben — seine Welt

744 Seiten mit 12 Bildern, Leinen mit Schuber

Diese Mozartbiographie ist das Ergebnis einer Forschungs-
arbeit, wie sie gründlicher und verantwortungsvoller kaum gedacht werden kann. Neue biographische Forschungsergeb-
nisse, der minuziöse Lebensablauf anhand von Tagebuch-
notizen, Briefen und Aufzeichnungen des Komponisten und
seiner Zeitgenossen sind nur ein Teil des Werkes. Das Biographische ist auch Zielsetzung von sozialwissenschaftlichen
Untersuchungen an Personen aller Schichten, die zu Mozart
in Beziehung getreten waren, ihrem Schicksal, Verhalten
und Reaktionen dem Komponisten und seinem Werk gegenüber, orts- und territorialgeschichtlicher Untersuchungen,
kunstwissenschaftlicher und medizinischer, historischer und
politischer Forschungen.

Ein Werk von einer Detailfülle und einem Informationsreich-
tum, über Mozart und seine Welt, wie es bisher nicht vorlag.

AMALTHEA

RODERICH MENZEL

Als Böhmen
noch bei Österreich war

Hier werden am Schicksal der Familie Tannhoff die
letzten Jahre der Donaumonarchie geschildert, die
spannungsgeladene Atmosphäre des aufbrechen-
den Vielvölkerstaates.»Ein Roman mit hohem po-
litischem wie geschichtlichem Wert, dessen plasti-
sche, zügig geschilderten Handlungsabläufe es
schwer machen, das Buch aus der Hand zu legen.«
WOCHENPRESSE, Wien

320 Seiten · Leinen

AMALTHEA

FRIEDRICH TORBERG

Die Tante Jolesch
oder
Der Untergang des Abendlandes
in Anekdoten

336 Seiten · Leinen

Pressestimmen zu einem literarischen Ereignis:

Aus Anekdoten, aus witzigen und lebensklugen Aussprüchen ent-
wirft Torberg ein Bild der Käuze und Originale, die seinen Lebensweg gekreuzt haben und die von der Tante Jolesch und dem
Wiener Rechtsanwalt Hugo Sperber bis zu Kisch und Kuh, bis
zu Polgar und Molnar reichen . . . Damit entsteht zugleich das
Bild einer versunkenen Zeit, das Bild der altösterreichischen Kulturlandschaft, wie es sich im jüdischen Bürgertum und seiner Bo-
hème ausgeprägt hatte. *Süddeutsche Zeitung*

Zwischen Cabaret und Kulturgeschichte öffnet sich hier noch einmal das Reich, das sich vom Hohen Rabbi Löw bis zum guten
Soldaten Schwejk erstreckte. *Heinz Politzer, FAZ*

Ein brillant geschriebenes Buch, das vor Anekdoten aus allen
Nähten platzt und in seiner weisen Komik doch ein Buch der
Wehmut darstellt. *Otto F. Beer, Der Tagesspiegel, Berlin*

LANGEN MÜLLER